Disney · PIXAR

INCREDIBLES 2

30장면으로 끝내는

스크린 영어회화

Disney · PIXAR

인크레더블 2

스크린 영어회화 – 인크레더블 2

Screen English - INCREDIBLES 2

초판 1쇄 발행 · 2018년 8월 10일
초판 2쇄 발행 · 2019년 1월 30일

해설 · 라이언 강
발행인 · 김경숙
발행처 · 길벗이지톡
출판사 등록일 · 2000년 4월 14일
주소 · 서울시 마포구 월드컵로 10길 56(서교동)
대표 전화 · 02)332-0931 | **팩스** · 02)323-0586
홈페이지 · www.eztok.co.kr | **이메일** · eztok@gilbut.co.kr

기획 및 책임 편집 · 신혜원 (madonna@gilbut.co.kr) | **표지 디자인** · 황애라 | **본문 디자인** · 조영라
제작 · 이준호, 손일순 | **영업마케팅** · 김학흥 | **웹마케팅** · 이승현, 최소영 | **영업관리** · 심선숙 | **독자지원** · 송혜란

편집진행 및 교정 · 오수민 | **전산편집** · 조영라 | **오디오 녹음 및 편집** · 와이알 미디어
CTP 출력 · 상지사 | **인쇄** · 상지사 | **제본** · 신정제본

ISBN 979-11-5924-185-7 03740 (길벗 도서번호 000943)

▶ 이 도서의 국립중앙도서관 출판예정도서목록(CIP)은 서지정보유통지원시스템 홈페이지(http://seoji.nl.go.kr)와
국가자료공동목록시스템(http://www.nl.go.kr/kolisnet)에서 이용하실 수 있습니다. (CIP제어번호: CIP2018017635)

정가 18,000원

독자의 1초를 아껴주는 정성 길벗출판사

(주)도서출판 길벗 | IT실용, IT/일반 수험서, 경제경영, 취미실용, 인문교양(더퀘스트) www.gilbut.co.kr
길벗이지톡 | 어학단행본, 어학수험서 www.eztok.co.kr
길벗스쿨 | 국어학습, 수학학습, 어린이교양, 주니어 어학학습, 교과서 www.gilbutschool.co.kr

페이스북 · www.facebook.com/gilbutzigy
트위터 · www.twitter.com/gilbutzigy

30장면으로 끝내는

스크린 영어회화

Disney · PIXAR

인크레더블 2

해설 라이언 강

재미와 효과를 동시에 잡는 최고의 영어 학습법!
30장면만 익히면 영어 왕초보도 영화 주인공처럼 말한다!

재미와 효과를 동시에 잡는 최고의 영어 학습법!

영화로 영어 공부를 하는 것은 이미 많은 영어 고수들에게 검증된 학습법이자, 많은 이들이 입을 모아 추천하는 학습법입니다. 영화가 보장하는 재미는 기본이고, 구어체의 생생한 영어 표현과 자연스러운 발음까지 익힐 수 있기 때문이죠. 잘만 활용한다면, 원어민 과외나 학원 없이도 살아있는 영어를 익힐 수 있는 최고의 학습법입니다. 영어 공부가 지루하게만 느껴진다면 비싼 학원을 끊어놓고 효과를 보지 못했다면, 재미와 실력을 동시에 잡을 수 있는 영화로 영어 공부에 도전해보세요!

영어 학습을 위한 최적의 영화 장르, 애니메이션!

영화로 영어를 공부하기로 했다면 영화 장르를 골라야 합니다. 어떤 영화로 영어 공부를 하는 것이 좋을까요? 슬랭과 욕설이 많이 나오는 영화는 영어 학습에는 별로 도움이 되지 않습니다. 실생활에서 자주 쓰지 않는 용어가 많이 나오는 의학 영화나 법정 영화, SF영화도 마찬가지죠. 영어 고수들이 추천하는 장르는 애니메이션입니다. 애니메이션에는 문장 구조가 복잡하지 않으면서 실용적인 영어 표현이 많이 나옵니다. 또한 성우들의 깨끗한 발음으로 더빙 되어있기 때문에 발음 훈련에도 도움이 되죠. 이 책은 디즈니-픽사의 최신작 〈인크레더블 2〉의 대본을 소스로, 현지에서 사용하는 신선한 표현을 배울 수 있습니다.

전체 대본을 공부할 필요 없다! 딱 30장면만 공략한다!

영화 대본도 구해놓고 영화도 준비해놨는데 막상 시작하려니 어떻게 공부를 해야 할 지 막막하다고요? 영화를 통해 영어 공부를 시도하는 사람은 많지만 좋은 결과를 봤다는 사람을 찾기는 쉽지 않습니다. 어떻게 해야 효과적으로 영어를 공부할 수 있을까요? 무조건 많은 영화를 보면 될까요? 아니면 무조건 대본만 달달달 외우면 될까요? 이 책은 시간 대비 최대 효과를 볼 수 있는 학습법을 제시합니다. 전체 영화에서 가장 실용적인 표현이 많이 나오는 30장면을 뽑았습니다. 실용적인 표현이 많이 나오는 대표 장면 30개만 공부해도, 훨씬 적은 노력으로 전체 대본을 학습하는 것만큼의 효과를 얻을 수 있죠. 또한 이 책의 3단계 훈련은 30장면 속 표현을 효과적으로 익히고 활용하는 데 도움을 줍니다. ❶ 핵심 표현 설명을 읽으며 표현에 대한 전반적인 이해를 하고 ❷ 패턴으로 표현을 확장하는 연습을 하고 ❸ 확인학습으로 익힌 표현들을 되짚으며 영화 속 표현을 확실히 익히는 것이죠. 유용한 표현이 가득한 30장면과 체계적인 3단계 훈련으로 영화 속 표현들을 내 것으로 만드세요!

Disney · PIXAR
INCREDIBLES 2

이 책의 구성 How to Use This Book

이 책은 스크립트 북과 워크북, 전 2권으로 구성되어 있습니다. 이 책은 스크립트 북으로 전체 대본과 번역, 주요 단어와 표현 설명이 포함되어 있습니다. 각 Day마다 가장 실용적인 표현이 많이 나오는 장면이 표시되어 있습니다. 이 장면을 워크북에서 집중 훈련합니다.

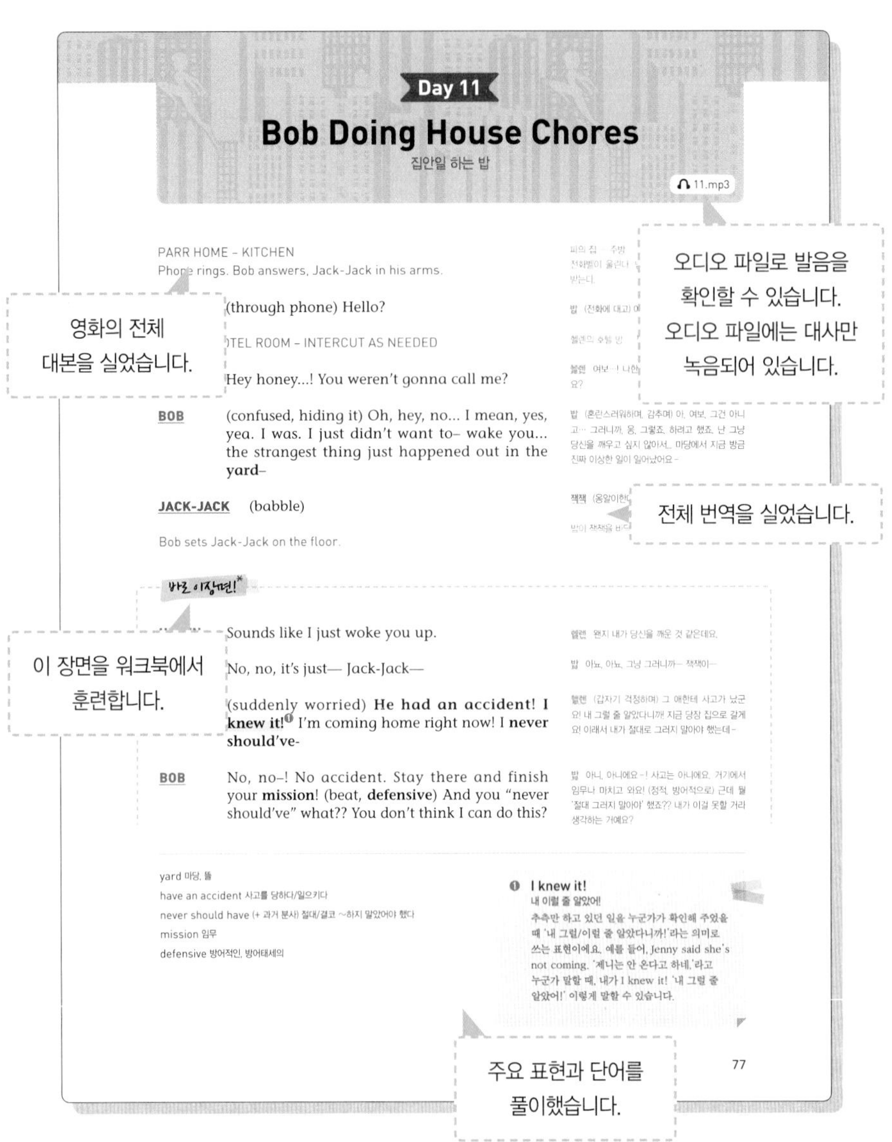

주인공 소개 Main Characters

밥 파 Bob Parr

최강 슈퍼히어로 미스터 인크레더블. 보통의 슈퍼히어로들과는 비교하기 어려울 정도의 엄청난 괴력을 소유하여 정의 실현에 발 벗고 나서지만 그가 나설 때마다 적지 않은 부수적 피해가 발생합니다. 2편에서는 미션 수행자로 나선 아내 헬렌을 대신하여 집안일과 육아를 도맡습니다.

헬렌 파 Helen Parr

밥의 아내이자 무한대의 유연성을 가진 슈퍼히어로 엘라스티걸. 슈퍼히어로로 활동을 할 수 없게 되어 평범한 세 아이의 엄마로 그녀의 능력을 감추고 살아가다가, 2편에서는 그녀의 능력을 인정받아 슈퍼히어로 합법화를 위한 운동의 첫 번째 미션 수행자로 나서게 됩니다.

바이올렛 파 Violet Parr

인크레더블 가의 장녀로 투명인간이 되고, 자기 주위에 포스필드라는 보호막을 칠 수 있는 능력이 있어요. 평소에는 수줍음 많고 학교에서 한 남학생을 짝사랑하는 사춘기 소녀랍니다.

대쉬 파 Dash Parr

초광속 스피드가 무기인 인크레더블 가의 아들. 빛의 속도만큼 빠르게 달릴 수 있지만, 그 능력을 감추고 살아야 하는 게 불만이에요. 여느 남매들처럼 누나 바이올렛과 늘 티격태격한답니다.

잭잭 파 Jack-jack Parr

인크레더블 가족의 막내. 갓난아기이지만 감춰놓은 슈퍼파워가 있답니다. 2편에서는 그의 다이나믹한 슈퍼파워가 만천하에 드러납니다.

루시우스 Lucius

주변을 온통 얼음으로 만드는 힘을 가진 인크레더블 부부의 친구, 프로존(Frozone). 악당과 싸움에 인크레더블 가족과 함께 싸우는 든든한 친구이자 멋진 슈퍼히어로랍니다.

데버 남매 Winston Deavor / Evelyn Deavor

세계적인 통신 회사 소유주로 오빠인 윈스턴 데버는 탁월한 사교 능력으로 기업을 이끌어 가고 여동생 에블린은 혁신 기술을 만들어 내는 능력이 뛰어 납니다. 슈퍼히어로 합법화 운동을 최전방에서 이끕니다.

차례

Day 01 **Superheroes Are Illegal!** ···· 10
슈퍼히어로는 불법!

Day 02 **Underminer Vs. The Incredibles** ···· 15
언더마이너 대 인크레더블 가족

Day 03 **The Motel Life** ···· 22
모텔 인생

Day 04 **The Elephant in the Room** ···· 29
방 안의 코끼리

Day 05 **What a Friend Lucius Is!** ···· 34
참 좋은 친구 루시우스!

Day 06 **Meeting With Deavors** ···· 41
데버 남매와의 만남

Day 07 **Helen in Demand** ···· 49
잘 나가는 헬렌

Day 08 **Elastigirl With Elasticycle** ···· 56
엘라스티사이클을 탄 엘라스티걸

Day 09 **A Potential Threat** ···· 62
잠재적 위협

Day 10 **Elastigirl in Action** ···· 70
작전에 나선 엘라스티걸

Day 11 **Bob Doing House Chores** ···· 77
집안일 하는 밥

Day 12 **Meeting With the Ambassador** ···· 83
대사와의 만남

Day 13 **Lost Memories** ···· 92
잃어버린 기억들

Day 14 **Leaders and Supers From All Over the World** ···· 98
전 세계에서 오는 지도자들과 슈퍼히어로들

Day 15 **It's a Man's World!** ···· 104
남자들의 세상이야!

C o n t e n t s

Day 16 **The Happy Platter** ···· 111
해피 플래터 레스토랑

Day 17 **The Incredibile, Whose Car Is It?** ···· 118
인크레더빌, 누구의 차인가?

Day 18 **Jack-Jack With Powers** ···· 125
초능력자 잭잭

Day 19 **Jack-Jack's Babysitter, E** ···· 133
잭잭의 베이비시터, E

Day 20 **The Screenslaver, Too Easy for Elastigirl?** ···· 139
일레스티걸에게 스크린슬레이버는 너무 쉬운 상대인가?

Day 21 **Who Is the Real Screenslaver?** ···· 145
누가 진짜 스크린슬레이버인가?

Day 22 **The Ship at DevTech** ···· 154
데브텍에 있는 배

Day 23 **No Mom, No Dad, No Lucius!** ···· 160
엄마도 없고, 아빠도 없고, 루시우스 아저씨도 없다!

Day 24 **Where Are the Supers Now?** ···· 166
슈퍼히어로들은 지금 어디에 있는가?

Day 25 **Amused but Quiet Jack-Jack?** ···· 173
신났지만 조용한 잭잭?

Day 26 **May the Fittest Survive!** ···· 179
적자들만이 살아남을지어다!

Day 27 **Not Enough Time** ···· 185
촉박한 시간

Day 28 **Nobody Wants to Die!** ···· 191
죽고 싶은 사람은 아무도 없다!

Day 29 **A Good Feeling** ···· 196
좋은 느낌

Day 30 **Date With the Whole Family** ···· 201
온 가족과 함께하는 데이트

Day 01

Superheroes Are Illegal!

슈퍼히어로는 불법!

01.mp3

BLACKNESS. Then –
RICK DICKER **snaps** on a **bright LIGHT**, **revealing**–

어두워진다. 그리고 –
릭 딕커가 밝은 불을 켜니, 보인다 –

A DARK, **WINDOWLESS** ROOM
Dicker speaks into a microphone–

암흑, 창문이 없는 방
딕커가 마이크에 대고 말한다 –

DICKER File 82-712, **Agent** Rick Dicker **interrogating**. **State** your name please.

딕커 파일 82-712, 릭 딕커 요원 심문 중. 이름을 말해 보게.

We now see the very uncomfortable person he's **questioning**;

아주 불편한 모습으로 그에게 심문을 받는 사람이 보인다;

TONY Uh... Tony. Tony Rydinger.

토니 어… 토니. 토니 라이딘저예요.

DICKER Tell me about the **incident**.

딕커 그 일에 대해 말해 보겠니.

TONY Well, there's this girl.

토니 음, 어떤 여자애가 있는데요.

FLASHBACK: **TRACK MEET** – TONY'S POV
–**pushing in** on VIOLET'S FACE as she talks with a girlfriend.

회상 장면: 육상 대회 – 토니의 시점
–바이올렛이 친구들과 이야기를 나누고 있고 그녀의 얼굴이 클로즈업된다.

TONY (V.O.) In my class. I saw her at the track meet.

토니 (목소리) 우리 반에요. 그 아이를 육상 대회에서 봤어요.

TONY You're uhh– Violet, right?

토니 네가 어 – 바이올렛이지, 맞지?

VIOLET That's me.

바이올렛 응, 맞아.

TONY You look...different.

토니 너 좀 다르게…보인다.

VIOLET I feel different. (beat) Is different okay...?

바이올렛 기분도 달라졌어. (정적) 다르다는 게 괜찮은 건가…?

TONY (V.O.) I **sorta** knew her, but she'd changed. **Relaxed**. She **was** more **sure of herself**. Cool. Cute.

토니 (목소리) 그 아이를 원래 조금 알긴 했어요. 그런데 그녀가 변했더라고요. 여유 있어 보이고, 자신감이 넘치더라고요. 멋지고, 귀엽고.

---

blackness 암흑
snap 찰칵, 딸깍닥, 탁 하는 소리
bright light 밝은 빛/조명
reveal 드러내다, 밝히다
windowless 창문이 없는
agent 요원, 대리인, 중개상
interrogate 심문하다, 취조하다
state (정식으로) 말하다/쓰다, 진술/서술하다
question 질문하다, 심문하다
incident (불쾌하거나 특이한) 일/사건
flashback (영화, 연극) 플래시백, 회상 장면
track meet 육상 경기대회
push in 안으로 들이밀다, 디밀다
sorta 어느 정도, 다소, 일종의 (sort of의 속어식 표기)
relaxed 느긋한, 여유 있는, 편안한
be sure of oneself 자신만만한, 자신감이 있는

TONY (V.O.) I **asked her out** to a movie.

TONY So...Friday?

VIOLET (big smile) Friday.

TONY (to himself) Friday.

Tony walks with some friends in the parking lot. They become still as the ground begins to RUMBLE. An enormous **hulking**, **ARMORED DRILLING** VEHICLE **explodes** from the ground, flipping CARS **out of its way**–.

TONY (V.O.) ...and I went to watch the track meet. **Not long after**, this THING happened in the parking lot –

TONY & FRIENDS (talking)

TONY & FRIENDS OH! WOW! WHOA! RUN!! GO!!!

TONY and friends SCATTER as CARS **RAIN DOWN**. The TUNNELER **CRESTS** like a **breaching** whale and **CRASHES to a STOP**.

UNDERNEATH A CAR – WITH TONY
He hugs the ground, watching the TUNNELER through a **thicket** of cars and running people. A PLATFORM extends from the TUNNELER and—

THE UNDERMINER APPEARS. This is EXACTLY the point at which the last film ended: THE UNDERMINER stands atop a PLATFORM and speaks to the startled **BYSTANDERS**—

UNDERMINER **Behold** the Underminer! I am always beneath you, but nothing is beneath me!

UNDERMINER I **hereby** declare war! On peace and happiness! All will **tremble** before me!

토니 (목소리) 제가 그녀에게 같이 영화 보러 가자고 했어요.

토니 그러면…금요일?

바이올렛 (활짝 웃으며) 금요일.

토니 (자신에게) 금요일.

토니가 주차장에서 친구들과 걷고 있다. 땅이 우르르 진동하기 시작하면서 그들이 그 자리에 멈춰 선다. 엄청나게 거대한 기갑 장비를 갖춘 드릴처럼 생긴 차가 땅에서 갑자기 펑 하고 튀어 나오더니 주변의 차들을 마구 뒤집어버린다–.

토니 (목소리) …그러고는 전 육상 대회를 보러 갔어요. 그런데 얼마 지나지 않아, 주차장에서 그 일이 일어난 거예요.

토니와 친구들 (이야기를 나눈다)

토니와 친구들 오! 와우! 워! 뛰어!! 어서!!!

하늘에서 차량들이 비 오듯이 쏟아지자 토니와 친구들이 사방으로 흩어진다. 터널러가 마치 수면 위로 떠오르는 고래처럼 솟아오르다가 쾅 하고 떨어지며 멈춘다.

차량 밑 – 토니의 모습
달아나는 사람들과 차들이 복잡하게 뒤얽힌 사이로 터널러를 바라보며 그가 땅에 엎드린다. 터널러에서 연단이 나오고—

언더마이너가 나타난다. 정확하게 이 부분이 전 영화의 엔딩 장면이다: 언더마이너가 연단 위에 서서 놀란 행인들에게 말한다—

언더마이너 언더마이너를 주시하라! 나는 항상 너희들 밑에 있다. 하지만 내 밑에는 아무것도 없다!

언더마이너 난 이로써 평화와 행복에 대한 전쟁을 선포한다! 내 앞에선 모두가 공포에 떨 것이다!

---

ask someone out ~에게 데이트 신청을 하다
hulking (흔히 불안감을 줄 정도로) 거대한
armored 장갑한, 기갑 장비를 갖춘
drill (드릴로) 구멍을 뚫다
explode (폭탄이/을) 터지다/터뜨리다, 폭발하다
out of the/one's way (방해가 안 되게) 비켜
not long after 오래지 않아, 바로 뒤에
rain down 비 오듯 쏟아지다
crest 산마루, 꼭대기/정상에 이르다
breach (방어벽 등에) 구멍을 뚫다
crash to a stop 쾅 하고 떨어지며 멈추다
thicket 복잡하게 뒤얽힌 것, 덤불
bystander 구경꾼, 방관자, 행인
behold 〈격식〉 (바라)보다
hereby (법률 문서 등에서) 이에 의하여
tremble (몸을) 떨다/떨리다, 떨림, 전율

Tony runs UNDER A NEARBY CAR.

토니가 근처에 있는 차 밑으로 뛰어든다.

TONY (V.O.) As if things aren't weird enough, I look over and I see these boots.

토니 (목소리) 그날은 이미 충분히 너무 이상한 일들이 벌어지고 있었지만, 저쪽을 보니 부츠가 보이더라고요.

UNDER THE CAR WITH TONY
Tony stares at MATCHING BOOTS over RED **SPANDEX** – **belonging to** the only people not running or hiding – THE INCREDIBLES.

차 밑에 있는 토니의 모습
토니의 눈에 빨간 스판덱스 위로 그와 어울리는 부츠가 보인다 – 유일하게 뛰고 있지도 않고 숨어 있지도 않은 사람들에게 속한 그러한 부츠가 – 인크레더블 가족이다.

MR. INCREDIBLE'S VOICE You two stay here–

인크레더블의 목소리 너희 둘은 여기에 있어 –

ELASTIGIRL Wait– should we be doing this? It is still illegal...

엘라스티걸 잠깐– 우리 이렇게 해도 괜찮은 건가요? 이건 여전히 불법인데…

TONY (V.O.) They look like...Superheroes.

토니 (목소리) 그들은 마치…슈퍼히어로들 같았어요.

Tony **is FASCINATED**. The UNDERMINER **disappears** into the TUNNELER, which begins to drill into the earth.

토니가 매료되었다. 언더마이너가 드릴로 땅을 파기 시작한 터널러 안으로 사라진다.

MR. INCREDIBLE (**impatient**, to Elastigirl) We're gonna lose him—

인크레더블 (조급해하며, 엘라스티걸에게) 이러다가 놓쳐요—

ELASTIGIRL Oh, all right–! (to kids) One of you **patrol** the **perimeter**, keep the crowds back and safe, the other **watch after** Jack-Jack!

엘라스티걸 아, 알았어요 –! (아이들에게) 너희 둘 중의 한 명은 주위를 순찰하면서 사람들을 안전하게 뒤로 물러서게 하고, 다른 한 명은 잭잭을 돌봐라!

VIOLET But I thought we were gonna go with—

바이올렛 우리도 같이 가는 줄 알았는데—

MR. INCREDIBLE (to Violet & Dash) You heard your mother!

인크레더블 (바이올렛과 대쉬에게) 엄마가 하시는 말씀 들었지!

Mr. Incredible and Elastigirl **take off** after the UNDERMINER.

미스터 인크레더블과 엘라스티걸이 언더마이너의 뒤를 추격하기 시작한다.

MR. INCREDIBLE (to Elastigirl) **Trampoline** me!

인크레더블 (엘라스티걸에게) 트램펄린으로 나를 날려 줘요!

Elastigirl **forms** a trampoline. Mr. Incredible **propels** to the top of the **departing** TUNNELER, which **heads underground**.

엘라스티걸이 트램펄린을 만든다. 미스터 인크레더블이 땅속으로 향해 떠나고 있는 터널러의 위쪽으로 나아간다.

---

spandex 스판덱스
belong to ~에 속하다, ~의 소유/것이다
be fascinated 매료/매혹되다
disappear 사라지다
impatient 초조해하는, 안달하는, 짜증 난
patrol 순찰을 돌다
perimeter (어떤 구역의) 주위/주변
watch after 돌봐 주다
take off (서둘러) 떠나다, 출발하다
trampoline 트램펄린
form 형성시키다, 형성되다
propel (몰거나 밀어서) 나아가게 하다
depart (여행을) 떠나다/출발하다
head (특정 방향으로) 가다/향하다
underground 지하의

DASH I call perimeter!

대쉬 주변 순찰은 내가 할래!

VIOLET **You're not going anywhere!**❶

바이올렛 가긴 어딜 가!

VIOLET YOU LITTLE **MAGGOTY** CREEP!

바이올렛 이 성격 더럽고 짜증 나는 꼬마 녀석!

Dash TAKES OFF. Vi throws a **FORCE FIELD** to block him, but Dash **jukes** around it and is GONE. Tony moves out from underneath the car.

대쉬가 출발한다. 바이가 그를 막기 위해 포스필드를 쏘지만, 대쉬는 날쌘 몸놀림으로 그것을 피하고 이미 사라졌다. 토니가 차 밑에서 나온다.

바로 이 장면!*

TONY (V.O.) I see my chance to get outta there— but there's something familiar about one of the kids voices–

토니 (목소리) 그곳을 벗어날 기회를 봤는데— 하지만 그 아이들 중 한 명의 목소리가 왠지 귀 익은 느낌이었어요 –

VIOLET Oh great, he gets to be a hero while I'**m stuck** ALONE in a parking lot, babysitting, like an IDIOT!!

바이올렛 오 좋았어. 난 주차장에 갇혀서 멍청이처럼 아기나 돌보는 동안 저 녀석은 영웅이 되는 군!

Violet **pulls off** her mask, throwing it to the ground.

바이올렛이 복면을 벗고, 땅 위로 집어 던진다.

TONY (V.O.) –the girl, she's upset and she throws down her mask and– and it's her!

토니 (목소리) – 그 여자애, 그녀가 화나서 복면을 던지는데 – 그녀예요!

Violet looks up to see – TONY, staring **in disbelief** at Vi in her "Incredibles" supersuit.

바이올렛이 고개를 들어보니 – "인크레더블" 복장의 바이를 깜짝 놀라서 바라보고 있는 토니가 있다.

VIOLET (to Tony) Oh. Tony! Hi. Uhh, **this isn't what you think it is—**❷

바이올렛 (토니에게) 오. 토니! 안녕. 어어. 이건 네가 생각하는 그런 거 아냐—

TONY (V.O.) It was just getting too **freaky**. I couldn't handle it and ran off.

토니 (목소리) 그건 정말이지 너무 당황스러웠어요. 전 감당이 안 돼서 도망쳤어요.

Wide-eyed, Tony makes a **hasty** EXIT.

눈이 휘둥그레진 토니가 급히 떠난다.

---

maggoty 화가 난, 성질이 나쁜
force field 힘의 장, 포스필드
juke (상대방을 속이기 위한) 몸놀림을 하다
be/get stuck 꼼짝도 못 하다, 강요당하다
pull off 벗다, 뜯어내다
in disbelief 불신하는, 믿지 않는
freaky 기이한, 괴상한, 너무 이상한
hasty 서두른, 서둘러 하는, 성급한

❶ **You're not going anywhere!**
가긴 어딜 가!
상대방이 지금 있는 자리에서 벗어나려고 하거나 어딘가로 가려고 할 때, '어딜 가려고 해!' '가긴 어딜 가!'라는 표현이에요.

❷ **This isn't what you think it is.**
이건 네가 생각하는 그런 거 아냐.
상대방이 오해할 수밖에 없는 상황에서 오해하지 말라며 변명하듯 쓰는 표현이에요. 상황이 눈에 보이는 것과는 다르다는 의미이지요.

RESUME INTERROGATION ROOM – PRESENT
Dicker switches on a strange, **ceiling-mounted gadget**.

다시 취조실 – 현재
딕커가 천장에 탑재된 이상한 장치를 켠다.

TONY **I feel kinda bad about it.**❶ Maybe I should've said "hi" or something? It's not her fault Superheroes are illegal. And it's not like I don't like strong girls, I'm pretty secure... **manhood-wise**, – what is that...?

토니 조금 마음이 안 좋더라고요. 그냥 "안녕"이라든지 뭐 그런 인사라도 할 걸 그랬나 봐요? 슈퍼히어로가 불법인 건 그녀의 잘못이 아니잖아요. 그리고 제가 강한 여자아이를 안 좋아하는 것도 아니고, 전 상당히 안정적이거든요… 남자다움 면에서. – 그게 뭔가요…?

Dicker ignores the question, continues to **adjust** the machine, **training** a laser light on the center of Rydinger's forehead.

딕커가 그의 질문을 무시하고 계속해서 라이딘저의 이마 중심부 쪽으로 레이저 조명이 향하도록 기계를 조정한다.

DICKER Have you told anyone else about this? Your parents?

딕커 누구 다른 사람에게 이 이야기를 한 적이 있나? 부모님에게라도?

TONY No. They'd only think I was hiding something. You know what I mean?

토니 아니요. 괜히 말해봤자 우리 부모님은 내가 뭔가를 숨기고 있다고 생각하실 거예요. 이해하시죠?

DICKER Sure, kid.

딕커 당연하지, 얘야.

TONY I liked this girl, Mr. Dicker. I'm supposed to go out with her Friday night. Now things are just gonna be...weird. I wish I could forget I ever saw her in that suit.

토니 전 그 여자애를 좋아했어요, 딕커 씨. 원래 금요일 밤에 그녀와 데이트하기로 했었어요. 그런데 이젠 상황이 많이…어색하겠네요. 차라리 그녀가 그 복장을 한 모습을 잊어버릴 수 있었으면 좋겠어요.

DICKER You will, kid. You will.

딕커 잊게 될 거야, 얘야. 잊게 될 거라고.

A **SUCTION CUP** FIRES from the machine– it hits Rydinger in the forehead. He – and the IMAGE – **BLACK OUT**.

기계에서 부항이 발사된다 – 라이딘저의 이마를 맞힌다. 그가 – 그리고 이미지가 – 암전.

FADE TO BLACK. MAIN TITLES.

화면이 점점 희미해지다가 검게 된다. 영화 제목.

---

ceiling-mounted 천장에 탑재된
gadget (작고 유용한) 도구/장치
manhood 남자다움, 남성성
-wise ~한 방식/방향으로, ~에 관하여
adjust 조정/조절하다
train (카메라, 불빛 등을) ~로 향하게 하다
suction cup 흡입 컵, 부항
black out 암전, 정전, 의식을 잃음

❶ **I kind of feel bad about it.**
마음이 좀 안 좋다.
feel bad about something은 '(화를 내며) ~에 대해서 기분이 나쁘다'는 뉘앙스가 아닌, 안타까움이나 후회를 나타내는 표현이에요. 상대방에 대해 안쓰러운 마음이 생기거나, 내가 잘못한 것에 대해 후회가 되어 마음이 안 좋을 때 쓴답니다.

Day 02

Underminer Vs. The Incredibles

언더마이너 대 인크레더블 가족

02.mp3

ON TOP OF TUNNELER – MOVING WITH MR. INCREDIBLE –as he **clings** to the heavy machine as it **chews through** the earth, large ROCKS **slamming against** him.

터널러의 위 – 인크레더블과 함께 이동 중 –이 육중한 기계가 지구를 갉아먹는 동안 인크레더블이 그 위에 매달려서 그를 향해 날아드는 큰 돌들을 맞고 있다.

MR. INCREDIBLE COME ON!!

인크레더블 제발!!

Mr. Incredible gets thrown off the tunneler.

미스터 인크레더블이 터널러에서 떨어진다.

MR. INCREDIBLE (choking / **gagging**)

인크레더블 (숨이 막히는 / 구역질을 하는)

CAVERNOUS UNDERGROUND HOLLOW – BELOW FINANCIAL DISTRICT
The TUNNELER **spirals** through a massive wall of dirt and into an enormous **CAVERN**, where it stops. A **hatch** opens and the UNDERMINER emerges, a REMOTE in his **CLAMP**-like hands. He points it at a seventy foot high floor to ceiling **COMBLIKE** STRUCTURE of rock and dirt, that he himself has drilled.

동굴 같이 생긴 지하 구멍 – 금융가 아래
터널러가 엄청난 양의 흙을 나선형으로 뚫고 들어가다가 거대한 동굴에 다다르자 멈춘다. 해치 커버를 열며 언더마이너가 나오는데 죔쇠처럼 생긴 그의 손에 리모컨이 들려있다. 그가 그 리모컨으로 자신이 드릴로 뚫어 만든 돌과 흙으로 이루어진 천고가 70피트에 이르는 빗처럼 생긴 구조물을 조준한다.

UNDERMINER Consider yourselves– UNDERMINED! (**maniacal laugh**)

언더마이너 너희들을– 묻어 주겠다! (미친 듯한 웃음)

He presses the button; a TREMENDOUS EXPLOSION SHATTERS the precisely tunneled structure and–

그가 버튼을 누르자; 엄청난 폭발이 일어나며 터널로 된 구조물이 정확하게 산산조각 나고 –

RESUME THE AREA ABOVE – PARKING LOT – SAME MOMENT –causes a FULL CITY BLOCK of large BANK BUILDINGS to JUMP – then DROP **several stories** STRAIGHT DOWN into the earth.

다시 그 위 구역 – 주차장 – 같은 시간 –이 폭발로 인해 큰 은행의 건물 단지 전체가 위로 들렸다가 – 몇 층 높이만큼 깊은 땅속으로 떨어진다.

CAVERN – SAME MOMENT
The BLOCK of BUILDINGS slam into the cavern floor. A wave of dust clears to REVEAL the buildings **at rest**, damaged but **INTACT**. The TUNNELER DRILLS directly THROUGH the THICK WALLS of the **contiguous** BANKS and into their giant **VAULTS**.

동굴 – 같은 시간
건물 단지가 동굴 바닥에 쿵 하며 떨어진다. 먼지의 파도가 걷히자 건물들이 가만히 서 있는 것이 보인다. 조금 손상은 입었지만 멀쩡하다. 터널러가 인접한 은행들의 두꺼운 벽들을 드릴로 직접 뚫으며 거대한 금고들을 향해 들어간다.

---

cling 꼭 붙잡다, 매달리다
chew through 갈아서 뚫다
slam against ~에 쾅 하고 충돌하다
gag ~의 입을 막다, 재갈을 물리다
cavernous 동굴 같은, 휑뎅그렁한
spiral 나선(형), 나선형으로 움직이다
cavern 동굴
hatch 해치, 창구, 위로 젖히는 출입문
clamp (나사를 이용한) 죔쇠/죄는 기구
comb-like 머리빗 같은
maniacal laugh 광적인/미친듯한 웃음
several stories 여러 개의 층
at rest 움직이지 않는
intact 온전한, 전혀 다치지 않은
contiguous 인접한, 근접한
vault (은행의) 금고, 귀중품 보관실

THE VAULTS
Darkness. The alarm is ringing, only the emergency lights are on. Pulling a large, **lengthy** TUBE connected to the tunneler behind him, the Underminer rushes into the bank's vaults. He **plants himself** in the center of the room and, **BRACING** his legs, turns on the suction, which is so powerful –it instantly pulls him toward the wall. The air becomes a blizzard of paper; **bonds**, **deeds**, and cash, sucked through the tube and into the tunneler.

금고들
암흑. 알람이 울리고 유일하게 비상등이 켜져 있다. 언더마이너가 그의 뒤로 터널러에 연결된 크고 긴 관을 잡아당기며 은행의 금고들 쪽으로 서둘러 들어간다. 그가 방의 중앙에 자리를 잡고 자신의 다리를 단단히 고정시킨 후, 엄청나게 강력한 흡입 장치를 켠다. –그것은 즉각적으로 그를 벽으로 끌어당긴다. 공기가 종이 눈보라가 된다: 채권, 부동산 증서, 현금 등이 관을 통해 터널러 속으로 빨려 들어간다.

UNDERMINER WHOOOO HO HO HA HA HA!!!!!

언더마이너 우후우 호 호 하 하 하!!!!!

바로 이 장면!*

Mr. Incredible **STEPS INTO FRAME**, **every inch** a SUPERHERO.

미스터 인크레더블이 화면에 나타나는데, 모든 면에서 슈퍼히어로의 모습 그 자체이다.

MR. INCREDIBLE Underminer. We meet again—ahhh!!! (sucked into tube reaction)

인크레더블 언더마이너. 다시 만났군—아아!!! (관으로 빨려 들어가는 반응)

Startled, the Underminer turns toward the sound – and Mr. Incredible is sucked inside the tube, his **BULGE** snaking its way into the TUNNELER.

놀라서 언더마이너가 소리 나는 쪽으로 고개를 돌리고 – 미스터 인크레더블은 관 속으로 빨려 들어갔고, 그의 불룩해진 부분이 구불구불하며 터널러 안쪽으로 침입하고 있다.

UNDERMINER (turning, startled) Oh, GREAT–!! Now HE'S **on the agenda.**

언더마이너 (돌아서며, 놀라서) 오, 이런–!! 이제 저놈이 골칫거리군.

INSIDE THE TUNNELER'S VAULT
Mr. Incredible flies out of the tube and tumbles into darkness and piles of **LOOT** as another BLIZZARD of COINS & CASH fill the air.

터널러의 금고 내부
미스터 인크레더블이 관에서 튀어나와 어둠 속으로 굴러가는데 동전들과 현금 등의 전리품들이 무더기로 방 안에 가득 찬다.

INSIDE THE TUNNELER
Making his getaway, the Underminer is growing worried as a DEEP **BANGING SOUND** gets louder and louder from inside the tunneler's VAULT, which begins to **DENT** from the pounding within. He sets the tunneler on "**AUTOPILOT**" and turns to face–

터널러 내부
터널러의 금고에서 나오는 쿵쿵 두들겨대는 소리가 점점 크게 들리면서 언더마이너가 달아나면서 걱정이 커지고, 금고가 두들겨대는 충격으로 찌그러지기 시작한다. 그가 터널러를 '자동조종장치' 모드로 바꿔놓고 마주하기 위해 돌아선다–

–MR. INCREDIBLE as he BURSTS through the metal and **lunges** at the Underminer, who's metallic CLAWS punch like **JACKHAMMERS**.

–착암기처럼 강펀치를 날릴 수 있는 철제 발톱을 가진 언더마이너를 향해, 쇠를 뚫고 튀어나와 달려드는 미스터 인크레더블.

lengthy (시간, 치수가) 너무 긴, 장황한
plant oneself 자리 잡다, 서다
brace 고정시키다, 대비하다
bond 채권
deed (주택, 건물의 소유권을 증명하는) 증서
step into frame 화면 안으로 들어오다
every inch 전부 다, 속속들이
bulge ~으로 가득 차다/불룩하다
on the agenda 의제인, 문제/관건이 되는
loot 훔치다, 약탈하다, 전리품, 노획물
make one's getaway 도망/도주/탈출하다
banging sound 쾅 쾅 두드리는/충돌하는 소리
dent 움푹 들어가게 만들다, 찌그러뜨리다
autopilot (항공기, 배의) 자동조종장치
lunge 달려들다/돌진하다
jackhammer (휴대용) 착암기, 공기드릴

UNDERMINER INCREDIBLE!! Meet JACK HAMMER!!

A short FIGHT **ENSUES** between Mr. Incredible and Underminer, during which the tunneler's **throttle** is pressed to FULL and BROKEN OFF, throwing the metal **behemoth** OUT OF CONTROL, and drilling upwards towards the surface.

UNDERMINER BUH BYE!!!

The UNDERMINER **falls back**, closing himself inside the VAULT. Suddenly the vault SEPARATES, **DETACHING** from the tunneler– an **ESCAPE POD** DETACHES from its side; a MINI-TUNNELER that contains the money TANK– and quickly **burrows** into the dirt floor, vanishing as the big TUNNELER continues on...

INSIDE THE TUNNELER
Mr. Incredible tries every button, switch and lever on the control panel to try to stop the machine's progress, to **no avail**. A SCREEN flashes: **BREACH** IN 3... 2... 1...

MR. INCREDIBLE No, no, no NO NO NO NO!!!!!!

CITY STREETS – SAME MOMENT
The tunneler EXPLODES through **asphalt**, breaching like a whale onto the street.

NEAR STADIUM PARKING LOT
Dash keeps a **dwindling** CROWD back, SEES A GIANT DUST CLOUD **BILLOWING amidst** buildings blocks away–

DASH (to crowd) Everybody stay back, okay?! **Stay back**!!

Dash **zooms off**.

WITH VIOLET
–as she sees the same **DUST CLOUD** and her little brother going after it.

언더마이너 인크레더블!! 착암기와 인사 나눠라!!

미스터 인크레더블과 언더마이너의 싸움이 잠시 진행되는 동안, 터널러의 연료 조절판이 최대치로 압력을 받아서 떨어져 나가면서 터널러가 동제력을 잃고 위를 향해 지면을 드릴로 뚫고 있다.

언더마이너 잘 가거라!!!

언더마이너가 뒤로 떨어지며 금고 안으로 들어가서 자신을 가둔다. 그 순간 금고가 갈라지면서 터널러로부터 분리된다 – 탈출용 소형비행체가 옆에서 떨어져 나온다: 돈 탱크를 담고 있는 소형 터널러 – 그러고는 대형 터널러가 계속하고 있는 동안, 잽싸게 흙 바닥 밑으로 굴을 파고 들어가 사라진다…

터널러 내부
미스터 인크레더블이 터널러의 진행을 멈추기 위해 제어판에 있는 모든 버튼과 스위치와 레버들을 만져보지만 소용이 없다. 스크린에 메시지가 뜬다: 폭발까지 3… 2… 1…

인크레더블 안돼, 안돼, 안돼 아니 아니 아니 아니!!!

도시의 거리 – 같은 시간
터널러가 폭발하듯 아스팔트를 뚫고 수면 위로 등장하는 고래처럼 길거리 위로 나온다.

경기장 주차장 근처
대쉬가 점점 줄어들고 있는 사람들을 뒤로 물러서게 하다가 몇 블록 떨어진 건물들 사이에서 거대한 먼지구름이 자욱하게 피어오르는 것을 본다 –

대쉬 (군중에게) 모두 뒤로 물러서요, 알았죠?! 물러서라고요!!

대쉬가 잽싸게 출발한다.

바이올렛의 모습
– 그녀도 같은 먼지구름을 보는데 그녀의 남동생이 그것을 쫓아가는 것을 본다.

ensue (어떤 일, 결과가) 뒤따르다
throttle 목을 조르다, (자동차 등의 연료) 조절판
behemoth 거대 기업/조직체
fall back 뒤로 물러서다, (가치, 양이) 줄어들다
detach (큰 것에서) 따로 떼어내다, 분리되다
escape pod 탈출을 위한 소형 비행체
burrow 굴을 파다, ~속으로 파고들다
no avail 소용이 없는

breach 붕괴하다, 파괴하다, 위반
asphalt 아스팔트
dwindle (점점) 줄어들다
billow (연기, 구름 등이) 피어오르다
amidst ~ 가운데, 속에
stay back 나서지 않다, 뒤로 물러서 있다
zoom off 급히 나가다, 도망치다, 사라지다
dust cloud 먼지구름

VIOLET You're not sticking me with babysitting!

바이올렛 나만 아기를 돌보고 앉아있을 수는 없지!

Violet runs after Dash, wheeling Jack-Jack in his **stroller**.

바이올렛이 잭잭을 태운 유모차를 굴리며 대쉬 뒤를 추격한다.

CITY STREETS – MOVING WITH ELASTIGIRL
Elastigirl stretches across rooftops, landing atop the TUNNELER as Mr. Incredible emerges **from within**.

도시의 거리 – 엘라스티걸과 함께 이동
엘라스티걸이 옥상들 위로 몸을 늘려서 가다가 터널러의 위에 착지하고 미스터 인크레더블이 안에서 나온다.

MR. INCREDIBLE I can't **steer** it or stop it! AND the Underminer's escaped!

인크레더블 이 기계를 조종할 수도 없고 멈출 수도 없어요! 그리고 언더마이너는 탈출했어요!

Elastigirl sees the **monorail** whip past.

엘라스티걸이 옆으로 쉬잉 지나가는 모노레일을 본다.

ELASTIGIRL We'll have to stop it from—BOB! THE MONORAIL!!

엘라스티걸 이것을 못 하게 막아야 하는데—밥! 모노레일이 있잖아요!!

The tunneler **COLLIDES** with a **stanchion holding up** the **elevated** TRACKS, causing the **oncoming** MONORAIL TRAIN TO FALL—

터널러가 고가철도를 받치고 있는 지지대와 충돌하면서 달려오던 모노레일 기차는 떨어지는데—

-but an ICY BLUR **sweeps in**, laying down a STRUCTURE made of snow and ice that CATCHES & **REDIRECTS** the monorail train.

–하지만 얼음에 뒤덮인 흐릿한 형체가 갑자기 등장해서 모노레일 기차를 붙잡아 방향을 돌릴 얼음과 눈으로 만들어진 구조물을 깔아놓는다.

MR. INCREDIBLE FROZONE!!! Yeah!!!

인크레더블 프로즌!!! 예!!!

ELASTIGIRL We have to stop this thing before it gets to the **overpass**!!

엘라스티걸 이놈이 고가도로에 다다르기 전에 멈춰야만 해요!!

MR. INCREDIBLE I'll try to keep it away from the buildings!

인크레더블 이놈이 건물들에 가까이 가지 못하게 해 볼게요!

Mr. Incredible runs to the bottom of the tunneler to redirect its path.

미스터 인크레더블이 터널러의 방향을 바꾸려고 그의 바닥 쪽으로 달려간다.

WITH DASH
-racing through the scattered **debris in the tunneler's wake.** A CAR is **flung** into the air by the tunneler. DASH **sweeps** an OLD LADY from being crushed beneath it.

대쉬의 모습
– 터널러의 뒤로 흩뿌려진 잔해들 사이를 뚫고 질주한다. 터널러에 의해 차 한 대가 공중으로 내던져졌다. 대쉬가 그 밑으로 깔릴 뻔한 할머니를 구해낸다.

stroller 유모차
from within 안으로부터
steer 조종하다/운전하다
monorail 모노레일, 단궤철도
collide 세게 부딪치다, 충돌하다
stanchion 지지대, 받침대
hold up 들어 올리다
elevated (주변이나 지면보다) 높은
oncoming 다가오고 있는~
sweep in (갑자기) 엄습하다/몰려오나
redirect 방향을 돌려놓다, 다시 보내다
overpass 고가도로, 고가선로, 육교
debris (파괴된 후의) 파편, 잔해, 쓰레기
in one's wake ~에 뒤이어, ~을 뒤따라
fling 집어 내던지다, 내팽개치다
sweep (빗자루, 손 등으로) 쓸다/털다

DASH Hey lady!

대쉬 저기요, 할머니!

OLD LADY (reaction to falling debris)

할머니 (떨어지는 잔해에 반응)

OLD LADY Thank you so much, young man–

할머니 정말 고맙네, 젊은이–

Dash looks up; JACK-JACK in his stroller, rolls up to Dash.

대쉬가 고개를 들어 보니: 유모차를 탄 잭잭이 대쉬에게 굴러온다.

JACK-JACK (happy **babble**)

잭잭 (행복한 옹알이)

DASH (**aggravated**) What?! Violet!

대쉬 (짜증 내며) 뭐야?! 바이올렛!

Violet REAPPEARS, chasing the tunneler to town center, using force fields to shield herself from flying **wreckage**.
Mr. Incredible struggles, using his entire body to try to stop the tunneler's **tank treads**.
ELASTIGIRL SWINGS and propels herself from the tunneler to the–

바이올렛이 다시 나타나고, 날아드는 파편들로부터 자신을 보호하기 위해 포스필드를 이용해 번화가 쪽으로 가는 터널러를 추격하고 있다.
미스터 인크레더블이 온몸으로 터널러의 탱크 체인 바퀴를 막으려고 안간힘을 쓰고 있다.
엘라스티걸이 스스로를 터널러에서 고가도로 위로 밀어 올리기 위해 그네 타듯 몸을 흔들고–

OVERPASS
–and stretches her arms in both directions to **halt** cars from entering the bridge MOMENTS BEFORE the TUNNELER –

고가 도로
–그리고 터널러가 들어오기 전에 다리에 들어서려고 하는 차들을 멈추려고 두 팔을 양쪽으로 뻗는다.

ELASTIGIRL (towards traffic) STOP! EVERYBODY STOP!

엘라스티걸 (도로 쪽을 향해) 멈춰요! 모두 멈춰요!

-grinds through its supports, collapsing the BRIDGE. Elastigirl stretch-grabs a **STREETLIGHT**, **pulls herself to safety**, then rescues a woman from a flying car.

–기둥들 사이로 삐걱거리며 다리가 붕괴하려고 한다. 엘라스티걸이 몸을 늘려 신호등을 붙잡고 안전한 곳으로 피한 후 날아오는 차량으로부터 한 여성을 구한다.

WOMAN DRIVER (reactions / screams being pulled to safety)

여성 운전자 (반응 / 안전한 곳으로 대피하며 비명을 지른다)

WITH MR. INCREDIBLE
–as he seizes a fallen STREETLIGHT and **JAMS** it into the tunneler's tank treads.
DASH blurs past him– suddenly Mr. Incredible finds himself holding Jack-Jack.

미스터 인크레더블의 모습
–그가 넘어진 신호등을 잡아 터널러의 탱크 체인 바퀴 밑으로 세게 밀어 넣는다.
대쉬가 인크레더블의 옆을 쓰윽 지나가는데– 그 순간 자신이 잭잭을 들고 있는 모습을 발견한다.

DASH **Heads up,**[1] Dad!

대쉬 조심해요, 아빠!

---

babble 옹알이를 하다, 중얼거리다
aggravate 악화시키다, 짜증 나게 만들다
wreckage (사고 자동차, 비행기 등의) 잔해
tank treads 탱크의 바퀴 체인/무한궤도식 바퀴
halt 멈추다, 서다, 세우다
streetlight 가로등
pull oneself to safety 안전한 곳으로 피하다
jam (세게) 밀다/밀어 넣다, 쑤셔 넣다

❶ **Heads up!**
조심해!
어떤 위험한 일이 닥치기 전에 경고하거나 주의를 주는 표현이에요. '조심해!'라는 의미인데, 꼭 명령문에서만 쓰이는 것은 아니에요. 예를 들어, I'll give you a heads up when he shows up. '그가 나타나면 너에게 미리 알려 줄게 (주의를 줄게).' 이렇게 쓸 수 있지요.

MR. INCREDIBLE Dash!

인크레더블 대쉬!

Violet runs beside the opposite side of the tunneler. Elastigirl **spots** her from atop a streetlight.

바이올렛이 터널러의 반대편 옆으로 달려간다. 엘라스티걸이 신호등의 꼭대기에 올라 그녀를 발견한다.

ELASTIGIRL VIOLET?!! WHO'S WATCHING JACK-JACK?!

엘라스티걸 바이올렛?!! 잭잭은 누가 돌보고 있니?!

VIOLET Dash is watching him!

바이올렛 대쉬가 돌보고 있어요!

Mr. Incredible **sprints past** Violet and **hands** her Jack-Jack.

미스터 인크레더블이 바이올렛 옆으로 전력 질주하며 잭잭을 그녀에게 건네준다.

MR. INCREDIBLE Violet, here! You take him!

인크레더블 바이올렛, 여기! 네가 맡아라!

Elastigirl **LEAPS** — DROPS THROUGH THE open hatch into the tunneler and **sizes up** the **machinery**. Mr. Incredible and the kids **chase after** the tunneler, **realizing** what's in its path –

엘라스티걸이 뛰어오른다 — 열린 해치 구멍으로 들어가 터널러 안으로 떨어지며 터널러에 대해 파악한다. 인크레더블과 아이들이 터널러의 뒤를 쫓는데 그들 앞에 무엇이 있는지를 인지한다 –

MR. INCREDIBLE IT'S HEADED FOR CITY HALL!!

인크레더블 이놈이 시청을 향해 가고 있다!!

DASH Mom needs help!

대쉬 엄마를 도와야 해요!

Mr. Incredible and the KIDS quickly climb to the top of the TUNNELER.

미스터 인크레더블과 아이들이 재빨리 터널러의 위로 올라간다.

SAME MOMENT
Winston Deavor exits his **TOWNCAR** as the tunneler moves past. Frozone **WHOOSHES** past on an ice **path**. Deavor calls inside to his DRIVER—

같은 시간
터널러가 옆으로 지나가는 동안 윈스턴 데버가 고급 승용차에서 내린다. 프로존이 얼음 위로 휙 휙 지나간다. 데버가 차 안에 있는 기사를 부른다—

DEAVOR They're **out in public** again, this is our chance! Follow them— follow Frozone!!

데버 그들이 다시 대중 앞에 나섰어. 이건 우리에겐 기회야! 그들을 쫓아— 프로존을 쫓으라고!!

The DRIVER **hits the gas**, the car takes off after Frozone.

기사가 가속페달을 밟으며, 프로존을 쫓아 차를 출발한다.

ON TOP OF TUNNELER
Mr. Incredible and the kids **dip** inside the tunneler. Frozone continues to ice the tunneler's path.

터널러의 위
미스터 인크레더블과 아이들이 터널러의 안으로 내려간다. 프로존은 계속해서 터널러가 지나는 길목을 얼어붙게 한다.

---

spot ~의 위치를 파악하다, 찾아내다
sprint (짧은 거리를) 전력 질주하다
past ~을 지나서
hand 건네주다, 전해주다
leap 뛰어오르다
size something up ~에 대해 평가를 내리다
machinery 큰 기계(류)
chase after ~를 쫓다
realize 깨닫다, 인식하게 되다
town car 고급 대형 승용차
whoosh (아주 빠르게) 휙/쉭 하고 지나가다
path 길, 방향
out in public 대중 앞에 모습을 드러내다
driver 운전자
hit the gas 가속페달을 밟다
dip (아래로) 내려가다/떨어지다

INSIDE THE TUNNELER
Elastigirl stretches and winds her body through its machinery, using all her strength to pull loose the **coolant** and force the engine to OVERHEAT. Just then Mr. Incredible ENTERS.

터널러의 내부
엘라스티걸이 몸을 늘려 그녀의 몸으로 터널러를 감는다. 혼신의 힘을 다해 냉각수를 풀어서 엔진이 과열되도록 한다. 바로 그때 미스터 인크레더블이 들어온다.

ELASTIGIRL (to Mr. Incredible, strained) Help me with the boiler!

엘라스티걸 (미스터 인크레더블에게, 힘겨워하며) 보일러 작업 하는 것 좀 도와줘요!

Mr. Incredible rushes to the boiler, helping Elastigirl to **pry** it loose.

미스터 인크레더블이 보일러로 달려가서, 엘라스티걸이 그것을 비틀어서 헐겁게 하는 일을 돕는다.

SAME MOMENT – CITY HALL – OUTER STEPS
FROZONE forms a massive ICE WALL in front of CITY HALL, trying to arrest the progress of the **relentless** TUNNELER.

같은 시간 – 시청 – 외부 계단
프로존이 무자비한 터널러가 계속 나아가는 것을 저지하기 위해 시청 앞에 거대한 얼음벽을 만든다.

RESUME INSIDE TUNNELER / ELASTIGIRL / MR. INCREDIBLE
The boiler becomes **unmoored** from its base and **TOPPLES**.

다시 터널러의 내부 / 엘라스티걸 / 미스터 인크레더블
보일러가 매여있던 토대에서 풀려 쓰러진다.

ELASTIGIRL That should do it!❶

엘라스티걸 이거면 됐어요!

Elastigirl spots her KIDS as they appear on the **catwalk**.

엘라스티걸이 보행자용 통로에 모습을 드러낸 그녀의 자녀들을 발견한다.

ELASTIGIRL What are you kids doing?! GET OUTTA HERE! This thing's gonna blow!!

엘라스티걸 너희들 뭐 하는 거니? 여기에서 빨리 나가라! 이거 터질 거야!!

VIOLET THERE'S NO TIME!!

바이올렛 그럴 시간이 없어요!!

Violet hands Jack-Jack to Elastigirl and throws a force field around the family a **millisecond** before– a **CONCUSSIVE** BOOM RIPPLES throughout the machinery, and the engine... SHUTS DOWN.

바이올렛이 잭잭을 엘라스티걸에게 넘기고 가족 주변으로 포스필드를 던지는데, 터지기 바로 직전에– 터널러 전체에 뇌진탕을 일으킬만한 폭발음이 요동을 치며 퍼지다가 마침내 엔진이… 정지된다.

---

coolant 냉각수
pry (남의 사생활을) 캐다/캐묻다, 엿보다
relentless 가차 없는, 가혹한, 무자비한
unmoor 매었던 밧줄을 풀다
topple 전복되다, 무너지다, 넘어지다
catwalk 보행자용 통로, 무대
millisecond 1000분의 1초
concussive 뇌진탕의

❶ **That should do it!**
이 정도면 충분해.
상대방에게 무엇을 더 이상 원하지 않거나 필요하지 않다고 할 때, 또는 무엇을 막 마무리하려고 하거나 마무리했을 때 '이 정도면 됐어!'라는 의미로 쓰는 표현이에요. 같은 상황에서 That will do it! 이라고도 합니다.

Day 03

The Motel Life

모텔 인생

03.mp3

OUTSIDE THE TUNNELER / CITY HALL STEPS
The GIANT MACHINE **STALLS**, **just short of tearing** through the entrance of CITY HALL. Frozone spots the **authorities** and takes off on his ice path.

터널러 외부 / 시청 계단
거대한 기계가 시청 정문을 뜯어버리기 직전에 멈춰 선다. 프로존이 경찰들을 보고 자신의 얼음 길을 타고 떠난다.

SAME TIME – INSIDE TUNNELER – PARR FAMILY
The Incredibles are **huddled** together on the floor of the tunneler, laughing with **relief**.

같은 시간 – 터널러 내부 – 파 가족
인크레더블 가족이 안도의 웃음을 웃으며 터널러의 바닥에 옹기종기 모여 앉아있다.

DASH We did it!

대쉬 우리가 해냈어요!

THE INCREDIBLES look up: the open HATCH is now filled with AUTHORITIES, **WEAPONS DRAWN** and **aimed** down **at** them.

인크레더블 가족이 위를 올려다본다: 열려있는 해치 구멍이 이젠 경찰들로 가득 차 있고 그들이 무기를 꺼내서 인크레더블 가족을 향해 조준하고 있다.

AUTHORITY Freeze, Supers!

경찰 꼼짝 마라, 슈퍼들!

MR. INCREDIBLE Ahh, what did we do?

인크레더블 아아, 우리가 뭘 어쨌길래?

OUTSIDE – **BACK ALLEYS**
Frozone moves quickly, a BLACK CAR blocks his icy path.

외부 – 뒷골목
프로존이 빠르게 움직이는데 까만 차 한 대가 그의 얼음 길을 막는다.

The DRIVER gets out— FROZONE IS GONE (**magically**, **inside of a second**). A COLD **BLAST** from under his car **FREEZES** the DRIVER'S FEET & LEGS TO THE **PAVEMENT**–!

기사가 나오고— 프로존이 사라졌다 (마술처럼, 1초도 안 되어). 그의 차 밑에서 나오는 냉풍이 기사의 발과 다리를 도로에 얼어붙게 한다–!

DRIVER Excuse me, Mr. Zone?

운전기사 실례지만, 미스터 존인가요?

Frozone rises **from the other side** of the car—

프로존이 차의 반대편에서 일어선다 –

FROZONE Sorry, but I'm not really supposed to be here...

프로존 미안하지만, 제가 원래 여기에 있으면 안 될 것 같은데…

Frozone turns to go. The DRIVER **calls out** to him;

프로존이 가려고 돌아선다. 기사가 그에게 큰 소리로 말한다:

---

stall (갑자기) 시동이 꺼지다, 멎다, 가판대
just short of 바로 거의 ~할 뻔한
tear 찢다, 뜯다
authorities 관계자, 당국
huddle 옹송그리며 모이다
relief 안도, 안심, 경감
draw a weapon 무기를 뽑아 들다
aim at ~에게 겨냥/조준하다
back alley 뒷골목
magically 마술적으로, 불가사의하게
inside of a second 1초 이내에, 순식간에
blast 폭발, 강한 바람/공기
freeze 얼어붙게 하다, 얼리다
pavement 인도, 보도, 포장도로
from the other side 반대/다른 쪽에서
calls out (위급한 상황) ~를 부르다/호출하다

DRIVER Which seems wrong, doesn't it?

운전기사 그건 뭔가가 좀 잘못된 것처럼 보이는데요, 안 그래요?

Frozone stops.

프로존이 멈춘다.

DRIVER Perhaps you'd be interested in changing that law?

운전기사 혹시 그 법을 바꾸는 데 관심이 있으신지?

POLICE STATION – INTERROGATION ROOM & **ADJACENT** – LATER
CLOSE ON A **WALL-MOUNTED TV**. **FOOTAGE** from the **hours-old** UNDERMINER **assault** plays while an **elaborately coiffed** WOMAN ANCHOR describes the scene.

경찰서 – 취조실과 그 옆방 – 나중에
벽걸이형 TV를 가까이 보여준다. 몇 시간 전에 있었던 언더마이너의 공격 장면의 영상이 돌아가면서 아주 공들여 치장을 한 여성 앵커가 그 상황을 묘사하고 있다.

WOMAN ANCHOR In a **failed attempt** to stop the Underminer, **rogue** superheroes including Frozone, Mr. Incredible, and Elastigirl caused further damage to the city. The Underminer **remains at large**.

여성 앵커 언더마이너를 멈추려고 시도했지만 실패한 상황 속에서, 독자적으로 행동했던 프로존, 미스터 인크레더블, 엘라스티걸과 같은 슈퍼히어로들이 도시에 더 많은 해를 끼쳤습니다. 언더마이너의 행방은 여전히 오리무중입니다.

CAMERA moves to an INTERROGATION ROOM VIEWING AREA –where a pair of **OFFICIALS** are speaking **heatedly** to MR. INCREDIBLE AND ELASTIGIRL behind **double-paned glass**.

카메라가 취조실을 들여다보는 구역으로 이동한다
–그곳에서 경찰관 두 명이 이중유리창 뒤로 미스터 인크레더블과 엘라스티걸에게 열변을 토하고 있다.

POLICE STATION – INTERROGATION **CHAMBER**
Grey and windowless, with a single table and chairs bolted to the floor in the center of the room. Two OFFICIALS **sit opposite** Mr. Incredible and Elastigirl.

경찰서 – 취조실
중앙에 탁자 하나와 의자들이 바닥에 볼트로 접합된 우중충하고 창문이 없는 방.
미스터 인크레더블과 엘라스티걸 맞은편에 경찰관 두 명이 앉아있다.

OFFICIAL #1 (yelling at Mr. Incredible and Elastigirl)

경찰 #1 (미스터 인크레더블과 엘라스티걸에게 소리를 지른다)

MR. INCREDIBLE We didn't start this fight!!

인크레더블 우리가 먼저 싸움을 시작한 게 아니에요!!

OFFICIAL #2 Well you didn't finish it either!

경찰 #2 그렇다고 끝낸 것도 아니잖소!

OFFICIAL #1 Did you stop the Underminer from **inflicting** more damage? Did you stop him from **robbing** the banks? Did you catch him?

경찰 #1 당신이 언더마이너가 더 많은 피해를 입히지 못하게 막았냐고요? 은행을 털지 못하도록 막았냐고? 그를 잡기는 했나요?

---

adjacent 근처의, 부근의, 바로 옆의
wall-mounted TV 벽에 설치/장착된 TV
footage 장면/화면/자료 영상, 동영상
hours-old 몇 시간 지난/된
assault 공격, 폭행
elaborately 공들여, 정교하게
coiffed 머리치장을 한, 머리를 매만진
failed attempt 실패로 끝난 시도, 무산된 계획
rogue 악당/불한당 같은 녀석
remain at large (범죄자가) 수배 중인
official 공식적인, 공적인, (고위) 공무원/관리
heatedly 열띠게, 격렬하게
double-paned glass 이중 유리
chamber ~원, ~실, 공간/방
sit opposite 맞은 편에 앉다
inflict (괴로움 등을) 가하다/안기다
rob (사람, 장소를) 털다, 도둑질하다

MR. INCREDIBLE No... (**reluctantly**) ...no... (**getting irritated** now) ...NO.

인크레더블 아니... (마지못해) ...아니... (이젠 짜증을 내며) …아니요.

OFFICIAL #2 The banks were **insured**. We have **infrastructure** in place to **deal with** these matters. If you had simply done nothing, everything would now be proceeding **in an orderly fashion**.

경찰 #2 은행들은 보험을 들어놨어요. 이런 사건들에 대해서 대응할 수 있도록 우리에겐 인프라가 갖춰져 있다고요. 당신들이 그냥 아무 짓도 하지 않았다면 모든 것이 질서 있게 잘 처리되고 있었을 거라고요.

MR. INCREDIBLE (**appalled**, fighting words) You would've preferred we do nothing?!

인크레더블 (질겁하며, 전투적인 말투로) 우리가 아무것도 안 하는 게 더 나았을 거라는 말인가요?!

OFFICIAL #1 **WITHOUT A DOUBT.**

경찰 #1 의심의 여지없이.

The two OFFICIALS exit. Bob looks over at RICK DICKER sitting in the corner.

경찰 두 명이 나간다. 밥이 구석 쪽에 앉아있는 릭 딕커를 본다.

MR. INCREDIBLE You weren't much help.

인크레더블 우리가 별로 도움이 안 됐군요.

DICKER You want out of the hole, first you gotta put down the **shovel**.

딕커 구멍에서 빠져나오고 싶으면, 우선 먼저 삽을 준비해야지.

Dicker gets up and leaves the room.

딕커가 일어나서 방을 나간다.

INSIDE ARMORED POLICE VAN – MOVING
The PARR family, back in **civilian** clothes, sit in silence, **downcast** and **mildly jostled** by the moving car. Finally, Bob speaks.

장갑을 두른 경찰 승합차 내부 – 이동 중
파 가족이 다시 민간인의 복장을 하고 아무 말 없이 풀이 죽어 앉아있고 움직이는 차 안에서 가볍게 흔들리고 있다. 마침내, 밥이 입을 연다.

BOB Well, that went **poorly**.

밥 음, 일이 이상하게 꼬였군.

Violet looks at Bob. Something is troubling her.

바이올렛이 밥을 바라본다. 뭔가 문제가 있는 눈치다.

VIOLET Dad–this is probably not the best time to tell you about this, but something else happened today... with a kid...and my mask...

바이올렛 아빠 – 이 얘기를 꺼내기에 지금이 아마도 그렇게 좋은 타이밍은 아니겠지만, 오늘 또 다른 일이 있었어요… 어떤 애가…그리고 제 복면을…

SAFARI COURT MOTEL PARKING LOT – LATE AFTERNOON
The VAN **pulls up** in front of the SAFARI COURT MOTEL. The rear doors open and the Parr family **empties out**. Helen and the kids move off. Bob approaches Dicker sitting in the front of the van.

사파리 코트 모텔의 주차장 – 늦은 오후
밴이 사파리 코트 모텔 앞에 멈춰 선다. 차량의 뒷문들이 열리고 파 가족이 내린다. 헬렌과 아이들이 자리를 비킨다. 밥은 밴 앞에 앉아있는 딕커에게 다가간다.

---

reluctantly 마지못해, 꺼리며
get irritated 짜증이 나다
insure 보험에 들다/가입하다
infrastructure 기초적 구조, 기본 체제
deal with (문제, 과제 등을) 처리하다
in an orderly fashion 질서정연하게
appall 오싹하게 하다
without a doubt 의심의 여지없이
shovel 삽
civilian 민간인
downcast 눈을 내리뜬, 풀이 죽은
mildly 약간, 가볍게, 살짝
jostle 거치게 밀치다/떠밀다
poorly 좋지 못하게, 형편없이
pull up (차량 운전자가) 멈추다, 서다
empty out 텅 비게 하다, 몽땅 비워 내다

BOB	Oh, hey, Rick...?	밥 오, 저기, 릭…?
BOB	Violet thinks a friend of hers, a kid named Tony, might've seen her in the outfit without her mask.	밥 바이올렛이 그녀의 친구 중에 토니라는 애가 슈퍼히어로 옷을 입고 복면을 벗은 그녀의 모습을 봤을지도 모르겠다고 하네요.
DICKER	**Talkative** type?	딕커 말이 좀 많은 타입인가?
BOB	Don't know. Last name is Rydinger.	밥 글쎄요. 성이 라이딘저예요.
DICKER	(writing in pad) Tony Rydinger. I'll check it out.	딕커 (패드에 대고 쓴다) 토니 라이딘저. 내가 한번 확인해보지.

Bob moves to join the family. Dicker calls out to Bob and Helen.

밥이 가족과 함께하려고 움직인다. 딕커가 밥과 헬렌을 부른다.

DICKER	(as Bob turns to go) Bob, Helen...? A word if you don't mind?	딕커 (밥이 돌아서서 가려는데) 밥, 헬렌…? 괜찮다면 잠시 대화 좀?

They move back to Dicker. Dicker looks **grim**.

그들이 다시 딕커 쪽으로 간다. 딕커의 표정이 암울하다.

바로 이 장면!*

DICKER	(heavy sigh) The program's been shut down.	딕커 (무거운 한숨) 프로그램이 종료되었다네.
BOB	What...??	밥 뭐라고요…??
DICKER	**Politicians** don't understand people who do good simply because it's right. Makes 'em nervous. They've been **gunnin' for supers** for years. Today was all they needed–	딕커 정치인들은 단순히 옳은 일이기 때문에 선한 일을 하는 사람들을 이해하지 못한다네. 그런 사람들은 그들을 초조하게 만들지. 벌써 수년 동안 그들은 슈퍼히어로들을 노리고 있었어. 그들에게 필요했던 것이 오늘 벌어진 일로 다 충족됐어.

He **trails** off, staring at them, his **basset** eyes getting wet.

그가 떠나며 그들을 쳐다보는데, 그의 강아지 같은 눈망울이 촉촉해진다.

DICKER	Anyway...I'm done. I'm afraid two more weeks in the motel is **the best I can do** for ya. **It ain't much.** ❶	딕커 아무튼…난 이걸로 끝이네. 모텔에서 앞으로 2주 동안 더 지내게 해 주는 것이 내가 할 수 있는 최선이야. 별건 아니네만.
HELEN	You've done **plenty**, Rick.	헬렌 이미 충분히 많이 편의를 봐 주셨어요, 릭.

talkative 말하기를 좋아하는, 수다스러운
grim 아주 단호한, 엄숙한, 암울한
politician 정치인
gun for someone (해치려고) 찾아다니다
trail (지치거나 싫증을 내며) 느릿느릿 걷다
basset 바셋 개 (다리가 짧고 몸통과 귀가 기다란 개)
the best I can do 내가 할 수 있는 최선
plenty 충분한/풍부한 양(의), 많이

❶ **It ain't much.**
별 것 아니에요.
ain't는 속어적으로 쓰는 표현인데, be동사 + not 또는 have + not과 동의 표현이랍니다. 예를 들어, It ain't good. 이라고 하면 It's not good. 과 같고, I ain't got money. 라고 하면 I don't have money. 와 같은 표현이랍니다.

Helen **leans** through the window to **give Dicker a hug**.

헬렌이 창밖으로 몸을 내밀어 딕커에게 포옹하려 한다.

BOB We won't forget.

밥 잊지 않을 거예요.

DICKER Well, **it has been a great honor workin' with you**❶ **good people.**

딕커 음, 자네들처럼 좋은 사람들과 일해서 영광이었어.

The old friends **shake hands**.

오랜 친구들이 서로 악수를 나눈다.

BOB Thanks for everything. And good luck.

밥 모든 것에 대해서 감사 드려요. 그리고 행운을 빌게요.

DICKER Yea, you too.

딕커 그래, 자네들도.

Bob **waves goodbye** as Dicker's van drives off.

밥이 손을 흔들어 작별인사를 하고 딕커의 벤이 떠난다.

lean (몸을) 숙이다/굽히다/젖히다
give someone a hug ~을 포옹하다/껴안다
old friend 오래된 친구
shake hands 악수하다
wave goodbye 손을 흔들어 (작별) 인사를 하다

❶ **It has been a great honor working with you.**
같이 일하게 되어 영광이었어요.
'~하게 되어 영광이다/기뻤다'라는 표현을 할 때 It's a great honor/pleasure ~라는 패턴을 주로 쓴답니다. 예를 들어, It's a great pleasure/honor to have you here. '당신이 여기에 오시니 기쁘네요/영광이네요.' 이렇게 쓰여요.

D04-21T

Disney · PIXAR
INCREDIBLES 2

Day 04

The Elephant in the Room

방 안의 코끼리

04.mp3

INT. SAFARI COURT MOTEL – PARR'S ROOM
The family is gathered around a small table, several **cartons** of **CHINESE TAKE-OUT** are **clustered** in the center.

내부. 사파리 코트 모텔 – 파 가족의 방
가족이 작은 탁자 주변에 모여 있고, 탁자 가운데에 중국 요리 테이크 아웃 포장 박스들이 여러 개 널브러져 있다.

Helen **fastens** Jack-Jack into a **high-chair**. Dash **reaches for** the **EGG ROLLS**.

헬렌이 잭잭에게 유아용 식탁 의자 안전벨트를 착용해 준다. 대쉬가 에그롤을 잡으려고 손을 뻗는다.

VIOLET Did you wash your hands?

바이올렛 손 씻었어?

Dash **scowls** at Violet. **IN A FLASH**: Dash **ZIPS** offscreen, we hear a **burst** from a WATER **FAUCET** and DASH is back at the table, his wet hands reaching for an egg roll.

대쉬가 바이올렛을 노려본다. 순식간에: 대쉬가 화면 밖으로 사라지고, 수도꼭지 트는 소리가 들린 후 대쉬가 식탁으로 돌아온다. 그의 젖은 손이 에그롤을 향해 간다.

VIOLET With soap?

바이올렛 비누로?

Dash SCOWLS, ZIPS OFF, FAUCET sound, zips back.

대쉬가 노려보고, 순식간에 사라지고, 수도 소리가 들리고, 다시 쓩 하고 돌아온다.

VIOLET Did you dry them?

바이올렛 손을 말리기는 했니?

Dash **GLOWERS**, SPEED-SHAKES his hands dry, water scattering. Then grabs a **damn** egg roll. Dash opens a carton and stares inside, **frowning**.

대쉬가 쏘아보고, 엄청 빠른 속도로 손을 털자, 물이 사방으로 날린다. 그러고는 그 잘난 에그롤을 집어 든다. 대쉬가 박스를 열고 속을 들여다보며, 얼굴을 찡그린다.

DASH (eating eggroll)

대쉬 (에그롤을 먹으며)

DASH (eating) What?! Is this ALL vegetables? Who ordered all vegetables?

대쉬 (먹으며) 뭐야?! 이건 채소만 들어간 거야? 누가 채소만 들어간 거 시켰어요?

HELEN I did. They're good and you're going to have some.

헬렌 내가 시켰어. 얘네들이 몸에도 좋으니 넌 먹어야 해.

Helen puts vegetables on Dash's plate. He frowns. Violet **speaks up**.

헬렌이 대쉬의 접시에 채소를 올려놓는다. 그가 얼굴을 찡그린다. 바이올렛이 말한다.

---

carton (음식이나 음료를 담는) 갑/통
Chinese take-out 중국 음식 테이크 아웃
cluster (조밀하게 모여있는 사람/것) 무리
fasten (두 부분을 연결하여) 매다/채우다
high-chair 유아의 식사용의자
reach for 손을 뻗다
egg roll 에그롤 (계란말이 같이 만든 춘권)
scowl 노려보다, 쏘아보다
in a flash 순식간에, 눈 깜짝할 사이에
zip 핑하고 소리 내며 나아가다/움직이다
burst 터지다, 파열하다
faucet 수도꼭지
glower 노려/쏘아보다
damn (실망, 짜증 등을 나타내는 욕설) 제기랄
frown 눈살을 찌푸리다
speak up 더 크게 말하다

바로 이장면!*

VIOLET	Are we going to talk about it?	바이올렛 우리 그 얘기는 할 건가요?
BOB	(eating) What...?	밥 (먹으며) 무슨 얘기…?
VIOLET	**The elephant in the room.**❶	바이올렛 방 안의 코끼리 이야기.
BOB	What elephant?	밥 무슨 뜬금없이 코끼리?
VIOLET	**I guess not**, then.	바이올렛 그럼 없나 보네요.
HELEN	You're **referring to** today.	헬렌 오늘 일에 대해서 말하는 거로구나.
DASH	Yeah, **what's the deal with today?**❷	대쉬 맞아요. 오늘 도대체 어떻게 된 거예요?
HELEN	We all **made mistakes**. For example, you kids were supposed to watch Jack-Jack.	헬렌 우린 모두가 다 실수를 한 거야. 예를 들어, 너희들은 원래 잭잭을 돌보기로 되어 있었잖니.
VIOLET	Babysitting. While you guys did the important **stuff**.	바이올렛 아기 돌보기. 엄마 아빠가 중요한 일을 하는 동안.
HELEN	We talked about this. You're not **old enough to** decide about these things–	헬렌 이 얘긴 이미 나눴잖니. 이런 일들에 대해서 결정을 내리기엔 아직 너희는 어려서 안 돼 –
VIOLET	We are old enough to **help out**–	바이올렛 우리도 충분히 도울 수 있는 나이라고요 –
DASH	Yeah!	대쉬 옳소!
VIOLET	Isn't that what you tell us, Dad?	바이올렛 아빠는 우리에게 그렇게 가르치시지 않나요?
BOB	(looks down at his food) Yea, well, "help out" can mean many different things...	밥 (자신의 음식을 내려다보며) 응, 그래, "도와준다"고 하는 것에는 여러 가지의 의미가 있을 수 있지…
VIOLET	But we're supposed to help if there's trouble...	바이올렛 하지만 누군가가 곤경에 처하면 도와주는 게 맞잖아요…

(I) guess not. 그렇지 않다고 생각한다
refer to ~에 대해 말하다, 언급하다
make a mistake 실수하다, 저지르다
stuff (중요하지 않은 것을 가리킬 때) 것/것들
be old enough to ~해도 될 정도의 연령인
help out 도와주다, 거들다

❶ **The elephant in the room.**
방 안의 코끼리.
코끼리가 방에 있어서 엄청 불편한데도 아무도 그것이 없는 것처럼 행동하는, 즉 서로 말하기 꺼리지만 모두가 알고 있는 소재/문제에 대한 은유적인 표현입니다.

❷ **What's the deal with today?**
오늘 무슨 일이 있었길래 그래요?
평소와는 다른 행동을 하는 사람에 대해서 '도대체 왜 저러는 거지?'라는 의미로 쓰는 표현이에요.

BOB	Well... yea, but–	밥 글쎄··· 맞긴 하지만–
VIOLET	Aren't you glad we helped today?	바이올렛 오늘 우리가 도와서 기쁘지 않았나요?
BOB	Yea, I know, but—	밥 응, 그래 맞아, 하지만—
VIOLET	You said that you **were proud of** us—	바이올렛 아빠는 우리가 자랑스럽다고 하셨잖아요—
BOB	Well, yea. I was– AM—	밥 글쎄, 응, 내가 그랬지– 그래—
DASH	We wanna fight bad guys!	대쉬 우리도 악당들과 싸우고 싶어요!

Jack-Jack **voices** his **approval**.

잭잭이 찬성한다는 듯이 소리를 낸다.

JACK-JACK	(babble)	잭잭 (옹알이)
HELEN	No– you don't!	헬렌 안돼– 그렇지 않아!
VIOLET	(to Helen) You said things were different now—	바이올렛 (헬렌에게) 엄마가 이제는 상황이 예전과 다르다고 하셨잖아요—
HELEN	And they were. ON THE ISLAND. But I didn't mean that from now on you can–	헬렌 달랐지, 섬에 있을 때는, 그렇지만 내 얘기는 이제부터 너희들이 그럴 수 있다는 의미는 아니었다고–
VIOLET	So now we've gotta go back to never using our **powers**?	바이올렛 그래서 이제 우린 또다시 절대 우리의 초능력을 사용하지 말아야만 한다는 건가요?
DASH	**It defines who I am.**❶	대쉬 초능력이 나의 존재의 의미인데.
BOB	We're not saying you have–(stops, to Dash) – what??	밥 너희들이 그래야만 한다는 의미가 아니라– (말을 멈추고, 대쉬에게) – 뭐라고??
DASH	Someone on TV said it.	대쉬 TV에 나온 어떤 사람이 그렇게 말했어요.
HELEN	Ca–Can we just eat? The dinner? While it's– hot?	헬렌 그– 그냥 식사나 하면 안 될까? 저녁 식사? 따뜻– 할 때?
DASH	Did we do something wrong?	대쉬 우리가 뭐 잘못했나요?

---

be proud of ~을 자랑으로/뿌듯하게 여기다
voice (말/목소리로) 나타내다/표하다
approval 승인, 찬성, 인정
powers (천사/악마의) 힘, 초능력
define 정의하다, 규정하다

❶ **It defines who I am.**
그것이 내 존재의 이유예요.
직역하면 '그것이 내가 누구인지 정의하는 것이다'인데, 대쉬의 멋진 대사네요. define이 들어간 영화 〈배트맨〉 속 멋진 대사도 소개할게요. It is not who I am underneath but what I do, that defines me. (나를 나타내는 것은 내면이 아닌 행동이다)

HELEN Yes.

헬렌 그래.

BOB No.

밥 아냐.

Helen gives Bob a sharp look, which he returns, **unyielding**.

헬렌이 밥을 날카롭게 쏘아보고, 밥 역시 굴하지 않고 같이 그녀를 쏘아본다.

BOB We didn't do anything wrong.

밥 우린 아무것도 잘못한 게 없어요.

HELEN Superheroes ARE illegal. Whether it's fair or not, that's the law.

헬렌 슈퍼히어로는 불법이에요. 공정하건 그렇지 않건 간에, 그게 법이라고요.

BOB "The law" should be fair. What are we teaching our kids?

밥 "법"은 공정해야만 해요. 우리가 우리 아이들에게 뭘 가르치는 거예요?

HELEN To respect the law!

헬렌 법을 존중해야 한다는 것을!

BOB (heated) Even when the law is **disrespectful**?

밥 (격분하며) 무례한 법까지도요?

HELEN (**getting heated**) If laws are **unjust** there are laws to change them– otherwise it's chaos!–

헬렌 (열을 내며) 어떤 법들이 부당하다면 그것들을 고칠 수 있는 법들도 존재해요 – 그렇지 않으면 난장판이 되겠죠! –

BOB (heated too) Which is exactly what we have!

밥 (역시 열을 내며) 그래 지금 우리 시대가 바로 난장판이잖아!

Helen SLAMS her hand on the table, rattling silverware. Everyone watches, **STUNNED**. A **charged**, awkward moment of silence and exchanged glances. Slowly everyone resumes eating. Then softly, Violet speaks–

헬렌이 식탁을 손으로 쾅 내려치자 식기와 수저들이 덜커덕거린다. 모두가 놀라며 바라본다. 격하고 어색한 침묵의 순간과 서로 힐끗힐끗 쳐다봄. 천천히 모두가 다시 먹기 시작한다. 그리고 조용히 바이올렛이 말을 한다 –

VIOLET I just thought it was kind of cool.

바이올렛 난 그냥 오늘 일이 좀 멋졌다고 생각한 거예요.

HELEN What was?

헬렌 어떤 부분이?

VIOLET Fighting crime. As a family.

바이올렛 범죄와 싸우는 것. 가족으로.

The moment is heavy with **unspoken agreement**. Helen nods.

암묵적인 동의와 함께 무거운 정적이 흐른다. 헬렌이 고개를 끄덕인다.

HELEN It was cool. But it's over. (looking at Bob now) **The world is what it is.**❶ We have to...**adapt**.

헬렌 멋졌지. 하지만 이젠 끝난 일이야. (이제 밥을 보며) 세상은 그대로야. 우린…적응해야만 하고.

---

unyielding 고집이 센
disrespectful 무례한, 실례되는
get heated 격렬해지다, 열기를 띠다
unjust 부당한, 불공평한
be stunned 정신이 멍해지다, 망연자실하다
charged 격한, 열정적인
unspoken agreement 무언의 동의
adapt (새로운 상황에) 맞추다, 적응하다

❶ **The world is what it is.**
세상은 그런 것이다.
세상에 대한 회의적인 시각으로 '사는 게/세상이 원래 그런 거야'라는 뉘앙스의 표현을 할 때 쓰는 표현이에요. 같은 상황에서 That's the way the world goes round. '세상은 그런 식으로 돈다.'라는 표현도 쓸 수 있답니다.

DASH (pause, **concerned**) Are things... bad?

대쉬 (정적, 걱정하며) 상황이… 안 좋은가요?

Helen's expression turns **convincingly** light. Calmly–

헬렌의 표정이 설득력 있게 밝아진다. 침착하게 –

HELEN Things are fine.

헬렌 아무런 문제가 없단다.

DASH (rushed) **May I be excused?!**❶

대쉬 (서두르며) 잠시 실례해도 될까요?!

Happily **unburdened**, Dash, lighting fast, clears his paper plate and **chucks** it into the trash, turns on the TV and **settles in**. A GIANT MONSTER **ravages** a city.

근심을 덜어내고 기분이 좋아진 대쉬가 금세 밝아지고, 자신의 종이 접시에 있던 음식을 바로 먹어치운 후 휴지통에 던져 버리고, TV를 켜고 자리를 잡는다. 거대한 괴물이 도시를 파괴한다.

Violet gets up from the table and turns to Bob.

바이올렛이 식탁에서 일어나 밥에게로 돌아선다.

VIOLET How much longer in the motel, Dad?

바이올렛 모텔에 얼마나 더 있을 건가요, 아빠?

Bob **is taken aback by the question**, and **hesitates**.

밥이 그 질문에 깜짝 놀라서 주저한다.

BOB (hesitates) Uhhh...

밥 (망설이며) 어어…

HELEN Not much longer, honey.

헬렌 그렇게 오래 있지는 않을 거란다, 얘야.

Bob and Helen look at each other.

밥과 헬렌이 서로를 바라본다.

concerned 걱정/염려하는
convincingly 납득이 가도록, 설득력 있게
unburden (걱정, 부담 등을) 덜어주다
chuck (아무렇게나) 던지다
settle in (새집, 직장 등에 자리를 잡고) 적응하다
ravage 황폐/피폐하게 만들다, 파괴하다
be taken aback by something ~에 깜짝 놀라다
hesitate 망설이다, 주저하다

❶ **May I be excused?!**
실례해도 될까요?
다른 사람들과 모인 장소에서 잠시 자리를 비우거나 먼저 나가봐야 할 때 양해를 구할 때 쓰는 예의 있는 표현이에요.

Day 05

What a Friend Lucius Is!

참 좋은 친구 루시우스!

05.mp3

SAFARI COURT MOTEL – POOLSIDE – NIGHT
The pool **patio** is empty **save for** Bob and Helen, who stare the water, **wavy blue** light playing across their faces.

사파리 코트 모텔 – 수영장 가 – 밤
수영장의 뜰에 아무도 없이 밥과 헬렌만 있고, 그들이 물을 응시하는데 푸른 빛의 물결이 그들의 얼굴 위로 어른거린다.

HELEN What are we gonna do?

헬렌 우리 이제 어쩌죠?

BOB I don't know. Maybe Dicker'll find something–

밥 나도 모르겠소. 어쩌면 딕커가 뭔가 찾아줄지도 모르죠 –

HELEN Dicker is done, Bob. Any thought we had about being supers again is fantasy. One of us has gotta get a job.

헬렌 딕커는 임무를 마쳤어요, 밥. 우리가 다시 슈퍼히어로가 될 수 있을 거라는 그 어떠한 생각도 헛된 망상이에요. 우리 둘 중의 한 명은 일을 해야만 해요.

BOB "One of us"...?

밥 "우리 둘 중의 한 명"…?

HELEN (**sympathetic**) You did a long **stint** at Insuricare.

헬렌 (동정하며) 당신은 인슈리케어에서 참 오랫동안 일했잖아요.

BOB **Hated every minute of it.**❶

밥 매 순간이 정말 너무 끔찍했지.

HELEN I know it **was hard on you**. Maybe it's my turn in the **private sector** and you take care of the ki–

헬렌 당신에게 너무 심했다는 것 알아요. 어쩌면 제가 이제 민간부문은 담당할 차례고 당신은 아이들을 돌볼–

BOB NO. I'm doing this. I need to do this. You know where my suit and ties are...?

밥 아니에요. 내가 할 거예요. 내가 해야만 해요. 내 양복하고 넥타이 어디에 있는지 알아요…?

HELEN **Burned up** when–the jet destroyed our house. (chuckle) Yea.

헬렌 다 타 버렸죠 – 제트기가 우리 집을 부쉈을 때. (싱긋 웃으며) 그랬죠.

BOB –the jet destroyed our house.

밥 – 제트기가 우리 집을 부쉈을 때.

Helen gently rests her hand atop his.

헬렌이 그의 손 위로 부드럽게 그녀의 손을 포갠다.

---

patio 파티오 (집 뒤쪽의 테라스)
save for ~을 제외하고, ~만 빼면
wavy blue 물결/파도 모양의 푸른색
sympathetic 동정적인, 동조적인
stint 일정 기간의 일/활동
be hard on someone ~에게 고통을 안겨주다
private sector 민간 부문
burn up (열기에) 전소되다, 깡그리 태우다

❶ **Hated every minute of it.**
매 순간을 증오했다.
매 순간, 매초, 매분 등을 강조할 때 every를 넣어서 뒤에 시간 단위만 바꿔주면 된답니다. 예를 들어, I loved every minute of it. '난 매 순간이 너무 좋았다', You need every second of this. '넌 단 1초도 허비할 수 없다' 이렇게 씁니다.

HELEN We can't count on anyone else now, Bob. It's just us. We can't wait for–

헬렌 이제 우리가 의지할 수 있는 사람은 없어요, 밥. 우리들이 알아서 해야만 해요. 기다릴 수가 없다고요 –

Helen stops **abruptly**, **alert** now, her attention **riveted** to–
–a SILHOUETTE watching them from the far side of the pool. The figure moves. Bob and Helen **assume** a **defensive stance** as the figure steps into the light— LUCIUS.

헬렌이 갑자기 멈추고, 이제 경계하며, 그녀의 시선이 고정된다 –
–수영장 저편에서 그들을 주시하고 하는 실루엣. 사람의 형상이 움직인다. 그 형상이 조명 안으로 들어오자 밥과 헬렌이 방어적 태세를 취한다—루시우스다.

LUCIUS No lifeguard on duty. Swim **at your own risk.**

루시우스 근무 중인 안전요원이 없네. 각자들 위험 감수하고 수영하라구.

BOB (**grumpy**) Well where'd YOU go today? I noticed you missed all the fun.

밥 (퍽퍽대며) 뭐야, 너 오늘 어디 갔었어? 얼마나 재미있었는데 다 놓쳤네.

LUCIUS Don't be mad because I know when to leave a party. I'm just as illegal as you guys. Besides, I knew the cops would let you go.

루시우스 파티를 떠나야 할 때가 언제인지 내가 안다고 화내지 마. 나도 너희들만큼 불법인 몸이야. 그 외에도, 난 경찰들이 너희들을 놓아줄 걸 알고 있었어.

HELEN (smiling) Yea, **in spite of** Bob's best efforts.

헬렌 (웃으며) 맞아. 밥이 아무리 노력을 해도 붙잡아 가질 않더라고.

BOB Yea, yea, yea.

밥 네, 네, 네.

Bob wants to be angry, but smiles at the joke. Shakes hands with Lucius.

밥은 화를 내고 싶지만, 농담을 듣고 웃는다. 루시우스와 악수를 한다.

바로 이 장면!*

LUCIUS I heard the program shut down. (they are silent) How much longer you in this motel?

루시우스 프로그램이 종료되었다고 들었네. (그들이 침묵한다) 이 모텔에서 언제까지 있을 건가?

BOB Two weeks.

밥 2주.

LUCIUS Now you know **the offer still stands.**❶

루시우스 그 제안은 여전히 유효한 거 알고 있겠지.

HELEN You're very generous, but there's five of us. We wouldn't do that to you and Honey.

헬렌 네 배려는 정말 고맙지만, 우린 다섯 식구야. 너하고 허니에게 우리가 그런 짓을 할 수는 없어.

abruptly 갑자기
alert 기민한, (문제, 위험 등을) 경계하는
rivet (흥미, 관심을) 고정시키다/사로잡다
assume (사실일 것으로) 추정/상정하다
defensive stance 방어적 태도/자세/입장
at one's own risk 자기 책임하에
grumpy 성질이 고약한, 성격이 나쁜
in spite of ~에도 불구하고

❶ **The offer still stands.**
이 제안은 아직 유효하다.
stand는 보통 '일어서다'라는 의미로 알고 있지만, 이 문장에서처럼 이미 앞서서 했던 제의, 결정 등이 아직도 유효하다/변함없다는 의미로도 쓰일 수 있답니다.

LUCIUS Door's always open. You know, the news isn't all bad. While you guys were being– **DETAINED**, I was approached by a dude who **represents** this **tycoon**.

루시우스 언제든지 환영이니까 그것만 알아둬. 그리고, 나쁜 소식만 있는 건 아냐. 너희들이– 구류되어 있는 동안, 어떤 거물 기업가를 모신다는 남자가 내게 접근해 왔어.

Lucius **pulls out** a **BUSINESS CARD** and hands it to Helen.

루시우스가 명함을 하나 꺼내서 헬렌에게 건넨다.

BOB (reading over Helen's shoulder) Winston Deavor.

밥 (헬렌의 어깨너머로 읽으며) 윈스턴 데버.

LUCIUS Wants to talk. With me, with you two. About hero stuff.

루시우스 얘기를 좀 하고 싶어 하더군. 나와, 그리고 너희 둘과. 히어로 일에 관해서.

LUCIUS I checked him out. He's **legit**. Trained under Dicker. He wants to meet.

루시우스 그에 대해 내가 좀 알아봤어. 사기꾼은 아니야. 딕커 밑에서 훈련받았더군. 그가 만나고 싶어 해.

HELEN Aw, geez, more superhero trouble? We just came from the police station, Lucius.

헬렌 아, 참내, 또 슈퍼히어로 문제야? 우리 지금 막 경찰서에서 나왔다고, 루시우스.

BOB (interested) When?

밥 (관심을 가지며) 언제?

LUCIUS Tonight. I'm going there now.

루시우스 오늘 밤. 난 지금 거기로 가는 중이야.

HELEN You enjoy. **I'm sittin' this one out.**[1]

헬렌 즐거운 시간 되길. 난 이 일에서는 빠질게.

LUCIUS He wants all three of us...

루시우스 그가 우리 셋 다 왔으면 좋겠다고 하던데…

BOB Honey, let's just at least hear what he has to say.

밥 여보, 그 사람이 뭐라고 하는지 들어보기라도 합시다.

Helen **slumps**. Nods without enthusiasm. Bob **BEAMS**.

헬렌이 털썩 앉는다. 열의 없이 고개만 끄덕인다. 밥이 활짝 웃는다.

LUCIUS You got the address. (Bob holds up the card) I'll meet you guys there.

루시우스 주소는 거기 있네. (밥이 명함을 든다) 거기서 보자고.

Lucius turns to go– then STOPS.

루시우스가 돌아서서 가다가– 멈춘다.

---

detain 구금하다, 억류하다
represent 대표/대신하다
tycoon (재계의) 거물
pull out (안에서) 꺼내다, 빼내다
business card (업무용) 명함
legit 〈비격식〉 합법적인, 정직한
slump 털썩 앉다, 푹 쓰러지다
beam 활짝 웃다

[1] I'm sittin' this one out.
난 이 일에서는 빠질게.
sit something out은 (어딘가 안에 있으면서) ~이 끝나기를 기다린다는 의미인데, 어떤 계획이나 활동 등에 동참하지 않고 빠져 있다는 의미로도 쓸 수 있어요. sittin'은 sitting을 구어적으로 발음이 나는 대로 표기한 것이고요.

HELEN Go... in our Supersuits?

헬렌 갈 때… 슈퍼히어로 옷 입고 가야 하나?

Lucius again turns to go... and again– **calls back**.

루시우스가 다시 돌아서서 간다… 그리고 다시 – 뒤돌아서 외친다.

LUCIUS Yea, might want to wear the old Supersuits. Gotta feeling he's **nostalgic**.

루시우스 그래, 예전에 입던 슈퍼히어로 옷을 가는 게 좋을 것 같아. 왠지 그 사람이 옛날을 그리워하는 것 같아.

Bob and Helen exchange glances.

밥과 헬렌이 눈빛을 교환한다.

BOB & HELENA ROOM – SAFARI COURT MOTEL – NIGHT
Violet and Dash **lounge** on the large motel bed, watching a MONSTER MOVIE. Helen and Bob have **pulled on** long coats and are headed out the door. Helen kisses Dash.

밥과 헬렌의 방 – 사파리 코트 모텔 – 밤
바이올렛과 대쉬가 모텔의 큰 침대에 편안히 누워 몬스터 영화를 보고 있다. 헬렌과 밥이 긴 코트를 입고 밖으로 나가려고 한다. 헬렌이 대쉬에게 뽀뽀한다.

VIOLET Where are you going?

바이올렛 어디 가시는 거예요?

BOB The fresh air is especially good tonight.

밥 오늘 밤공기가 특별히 상쾌하네.

HELEN If Jack-Jack wakes up—

헬렌 혹시 잭잭이 깨면—

VIOLET **I know the drill.**❶

바이올렛 제가 알아서 할게요.

Vi's eyes drop to the RED BOOTS visible beneath Helen's trench coat as Bob & Helen head out into the night.

밥과 헬렌이 밤공기를 쐬러 나가려는데 헬렌의 바바리코트 밑으로 빨간 부츠가 드러나고 바이올렛의 눈이 그쪽으로 향한다.

EXT. SHOT DEVTECH **HEADQUARTERS**
Mr. Incredible, Elastigirl, and Frozone arrive in a towncar in front of DEVTECH.

데브텍 본사 외부 장면
미스터 인크레더블, 엘라스티걸, 그리고 프로존이 데브텍 앞에 있는 고급 승용차 안에 도착한다.

Outside the car, Deavor's SECURITY GUARD **presents** the three supers **with** badges and **ushers** them to front of building.

차 밖에서 데버의 보안 요원이 슈퍼히어로 세 명에게 배지를 주고 빌딩 앞으로 그들을 안내한다.

SECURITY GUARD Your security badges...

보안 요원 보안 배지입니다…

SECURITY GUARD Please, this way... (fan-ing on supers) Hey listen, you're my biggest fan...uhhh, I–I'm YOUR biggest– biggest...ok... (**embarrassed**)

보안 요원 이쪽으로… (슈퍼히어로들을 보며 팬 행각을 벌인다) 저기요 근데, 당신들은 저의 열혈 팬…어어, 그게 아니라 저–제가 당신들의 열혈–왕…오케이… (창피해하며)

---

calls back 다시 부르다, 전화하다
nostalgic 향수를 불러일으키는
lounge 느긋하게 서/앉아/누워 있다
pull on (옷 따위를) 걸치다/입다
headquarters 본부, 본사
present someone with ~을 (선물로) 주다
usher 안내하다
embarrass 당황스럽게 만들다

❶ **I know the drill.**
어떻게 해야 할지 잘 알아요.
drill은 공구로 쓰이는 '드릴', 또는 '구멍을 뚫다'라는 의미 이외에도 군대 훈련이나 소방 훈련 같은 것을 의미하는 '훈련'이라는 의미로도 쓰이는데, 이 문장에 쓰인 know the drill이라는 표현은 '훈련을 많이 해 봐서 잘 알고 있다'라는 뜻이라고 볼 수 있습니다.

INT. ELEVATOR – DEVTECH **PENTHOUSE** – NIGHT
The supers climb the elevator **overlooking** Municiberg. They reach the top floor.

내부. 엘리베이터 – 데브텍 팬트하우스 – 밤
슈퍼히어로들이 뮤니시버그가 내려다보이는 엘리베이터에 올라선다. 꼭대기 층에 다다른다.

DEVTECH PENTHOUSE – EVENING
A **BUTLER** opens a large door. The three SUPERHEROES enter, VISITOR BADGES **affixed** to their chests. It's a **world-class** PENTHOUSE; large, **surrounded by** enormous floor-to ceiling windows that look down at the clouds in the **dusky** sky. If success had a point of view, this would be it.

데브텍 팬트하우스 – 저녁
집사가 큰 문을 연다. 세 명의 슈퍼히어로가 가슴에 방문객 배지를 차고 들어선다. 세계 최상급의 팬트하우스다: 황혼이 지는 하늘의 구름이 내려다보이는 거대한 통유리로 둘러싸인 큰 방. 만약 성공에 대한 견해가 있다면, 바로 이 모습일 것이다.

VOICE I LOVE SUPERHEROES!

목소리 난 슈퍼히어로들을 사랑해요!

All heads turn to WINSTON DEAVOR (late forties), smiling as he **descends** a curved staircase, arms **outstretched**.

모두가 두 팔을 활짝 벌리고 웃으며 곡선형 계단을 내려오고 있는 윈스터 데버에게 (40대 후반) 고개를 돌린다.

DEAVOR The powers, the costumes, the **mythic** struggles!

데버 초능력들, 의상들, 신화적인 투쟁들!

He **crosses to** the group, **oozing charisma** and **self-assurance**.

카리스마와 자신감을 내뿜으며 그가 히어로들에게 다가온다.

DEAVOR Winston Deavor, you can call me Win. **Genuine** pleasure to meet you- (a handshake for each) Frozone.

데버 윈스턴 데버입니다. 그냥 윈이라고 불러도 되고요. 만나서 진심으로 반가워요– (세 명 모두에게 각각 악수를 하며) 프로존.

FROZONE Oh, good to see you.

프로존 오. 만나서 반갑습니다.

DEAVOR Elastigirl.

데버 엘라스티걸.

ELASTIGIRL Nice to meet you.

엘라스티걸 반가워요.

DEAVOR Mr. Incredible.

데버 미스터 인크레더블.

MR. INCREDIBLE Hello.

인크레더블 안녕하세요.

DEAVOR "Mister- (starts to sing to Mr. Incredible) INCREDIBLE, INCREDIBLE, INCREDIBLE! Catching the bad guys **POW** POW POW!" (laughs)

데버 "미스터– (미스터 인크레더블에게 노래를 부르기 시작한다) 인크레더블, 인크레더블, 인크레더블! 악당을 잡는다네 팡 팡 팡!" (웃는다)

---

penthouse 펜트하우스
overlook 간과하다, 내려다보다
butler 집사
affix 부탁하다, 붙이다
world-class 세계 최상급의
be surrounded by ~에 둘러싸이다
dusky 어스름한, (색깔이) 탁한
descend 내려오다, 하강하다
outstretch 펴다, 뻗다, 확장하다
mythic (대단히 유명해서) 신화적인
cross to ~로 가로지르다, 가로질러가다
ooze (특징 등을) 내뿜다/발산하다
charisma 카리스마, 사람들을 휘어잡는 매력
self-assurance 자신(감), 자기 과신
genuine 진짜의, 진실한, 진심 어린
pow (폭발, 총, 때리는 소리) 펑/빵 소리

MR. INCREDIBLE (joins in) "–INCREDIBLE! Catching the bad guys POW POW POW!" (laughs)

인크레더블 (같이 부른다) "–인크레더블! 악당을 잡는다네 팡 팡 팡!" (웃는다)

Just then, a WOMAN (**striking**, late thirties) blows through the front door, **harried** and **distracted**. She busily **attempts to shed** her **over-stuffed** HANDBAGS, **PAPERWORK**, a HAT, and a LONG COAT– FINALLY **SHRUGGING** all of it **off** into the waiting arms of the BUTLER.

바로 그때, 한 여자가 (매력적인, 30대 후반) 문을 박차며 들이오는데 몹시 곤란해 하며 정신이 신란한 모습이다. 그녀가 속이 지나치게 두툼한 핸드백들과 문서들, 모자, 그리고 롱 코트를 분주하게 치워버리려는데– 마침내 대기하고 있는 집사의 팔에 그 물건들을 대충 던져 놓는다.

This is EVELYN DEAVOR.

그녀는 에블린 데버이다.

DEAVOR (turns to Frozone, sings) Who's the cat who's always chill, when **survival odds** are **close to nil**–

데버 (프로존에게 돌아서며, 노래한다) 항상 차가운 고양이는 누구인가, 생존 확률이 거의 0에 가까울 때 –

DEAVOR (**arpeggio** style) "–Fro-ZOOOOOOOOOOONE!!" "–Fro-ZOOOOOOOOOOONE!!" "–Fro-ZOOOOOOOOOOONE!!"

데버 (펼침화음 스타일로) "–프로–조오오오오오온!!" "–프로–조오오오오오오오온!!" "–프로–조오오오오오오온!!"

FROZONE "–Fro-ZOOOOOOOOOOONE!!" (laugh)

프로존 "–프로–조오오오오오오온!!" (웃는다)

MR. INCREDIBLE YEA!!!

인크레더블 예!!!

They all laugh, **ice broken**.

모두 웃고, 첫 만남의 어색한 분위기가 사라진다.

DEAVOR Can't tell you what a **thrill** this is.

데버 정말 신나는군요.

Deavor introduces Evelyn.

데버가 에블린을 소개한다.

DEAVOR And this–

데버 그리고 이쪽은 –

EVELYN Hello hello there, superheroes. I'm so sorry I'm late. (to Deavor)

에블린 안녕 안녕하세요, 슈퍼히어로님들. 늦어서 정말 미안해요. (데버에게)

DEAVOR –is my **tardy** sister, Evelyn.

데버 – 나의 지각 대장 여동생, 에블린이에요.

EVELYN And I am – I'm **scolding** myself, so you don't have to, Winston.

에블린 그리고 저는 – 내 스스로를 꾸짖고 있으니, 오빠는 그럴 필요 없어요, 윈스턴.

---

striking 눈에 띄는, 매력적인
harried 겪는, 어찌할 바를 모르는
distracted (정신이) 산만/산란해진
attempt to ~하려고 시도하다
shed (원하지 않는 것을) 없애다/버리다
over-stuff ~에 지나치게 많이 채워 넣다
paperwork 서류 작업, 문서 업무, 서류
shrug off ~을 어깨로 밀치다
survival 살아남을 수 있는, 생존
odds (어떤 일이 있을) 공산/가능성
close to 거의 ~인, ~에 가까운
nil (경기에서) 0점, 무, 영
arpeggio 아르페지오, 펼침화음
ice broken 어색함이 깨졌다
thrill 황홀감, 설렘, 흥분
tardy 느린, (도착 등이) 늦은, 지각한
scold 야단치다, 꾸짖다

Deavor **shoots her a look**, then changes the conversation.

데버가 그녀를 한번 힐끗 보고, 화제를 바꾼다.

DEAVOR Spectacular.

데버 굉장하군요.

Deavor walks over to a large portrait of his father.

데버가 커다란 그의 아버지 초상화 앞으로 걸어간다.

DEAVOR My father was SO proud that I was even **remotely** connected to you guys, **used to** call you **the "last line of defense".**❶ He was your top **supporter**.

데버 우리 아버지는 내가 아주 조금이나마 당신들과 연관이 있다는 사실에 대해 정말 자랑스러워하셨는데, 당신들을 '최종 방어선'이라고 부르곤 하셨죠. 그는 당신들의 최고 지지자였어요.

---

shoot someone a look ~을 힐끗 보다
spectacular 장관을 이루는, 극적인
portrait 초상화
remotely 아주 약간, 원격으로
used to ~하곤 했다
supporter 지지자, 후원자

❶ **the last line of defense**
최종방어선
이 표현은 전쟁 관련 게임, 축구나 야구 같은 운동 경기, 책과 팝송 제목에도 자주 쓰이는 용어입니다. 말 그대로 '마지막 방어(물)/수비'라는 의미로 '죽기 살기로 싸운다'라는 뉘앙스가 담겨 있습니다.

Day 06

Meeting With Deavors

데버 남매와의 만남

06.mp3

FLASHBACK: DECLAN DEAVOR – **DECADES EARLIER** – VARIOUS SHOTS

회상장면: 데클랜 데버 – 수십 년 전 – 다양한 장면

DEAVOR (V.O.) He **donated** to superhero **causes**, he **raised money for** the Dynaguy statue in Avery Park. He **got to know** many supers **personally**, even **installed** a phone with **direct lines** to Gazerbeam and Fironic **in case of emergencies**. He loved that, **showed** it **off** to everyone.

데버 (목소리) 그는 슈퍼히어로들을 돕기 위해 기부를 하고, 에이브리 공원에 다이너가이 동상을 세우기 위해 모금을 했어요. 그는 많은 슈퍼히어로들과 개인적으로 친분을 쌓기도 했는데, 게이저빔과 파이로닉과는 비상시에 대비해 직통전화선을 설치하기까지 했답니다. 그는 그런 사실에 대해 너무 뿌듯해했고 모두에게 자랑하고 다녔어요.

RESUME DEAVORS AND OUR HEROES

다시 데버와 우리의 히어로들 모습

DEAVOR He was **heartbroken** when you **were** all **forced to go underground**.

데버 당신들이 모두 강압적으로 활동을 중단해야만 했을 때 아버지는 억장이 무너졌지요.

EVELYN Father believed the world would be more dangerous without you.

에블린 아버지는 당신들이 없으면 세상이 더 위험해질 거라고 믿으셨어요.

DEAVOR He didn't know how right he was...

데버 당시 그는 자기 생각이 얼마나 옳았는지를 몰랐죠....

This **hangs in the air** for a **beat**. Then Deavor clarifies:

잠시 그의 말이 허공을 맴돌고 있다. 그러고는 데버가 더 명확하게 이야기한다.

FLASHBACK: DEAVOR MANSION – NIGHT – FIFTEEN YEARS EARLIER
DECLAN DEAVOR and his wife KATHLYN **SIT UP in bed**, ALERT.
We see the EVENTS as Deavor describes them—

회상장면: 데버의 저택 – 밤 – 15년 전
데클랜 데버와 그의 아내 캐틀린이 침대 위에 앉아있다, 경계하며.
데버가 그 일들에 대해서 설명하고 어떤 일이 있었는지가 보인다 –

---

decades earlier 몇십 년 전에
donate 기부하다, 기증하다
cause (정치) 조직/대의명분/이상
raise money for ~을 위해서 돈을 모금하다
get to know 알게 되다, 친해지다
personally 개인적인 의견을 말하면, 나로서는
install 설치하다, 장착하다
direct line 직통전화
in case of emergency 비상사태에 대비해서
show off ~을 자랑하다, 과시하다
heartbroken 슬픔에 잠긴, 크게 상심한
be forced to ~을 억지로/강요해 의해 하다
go underground 지하에 숨다, 숨어서 지내다
hang in the air (문제가) 미해결 상태에 있다
beat 심하게 피곤한, (잠시) 정적
sit up in bed 잠자리/침대에서 일어나 앉다

바로 이장면!*

DEAVOR (V.O.) There was a **break in**. My father called Gazerbeam– the direct line. No answer. He called Fironic, no answer. Superheroes had just been made illegal. The robbers discovered him on the phone... and shot him. So...

데버 (목소리) 집에 강도가 들었었어요. 아버지는 게이저빔에게 전화를 하셨죠 – 직통전화로. 응답이 없었어요. 파이로닉에게도 전화했지만, 응답이 없었죠. 슈퍼히어로들이 불법화된 지 얼마 되지 않았던 때였거든요. 강도들이 그가 통화하는 모습을 보고… 그에게 총을 쐈어요. 그래서…

RESUME PRESENT
Deavor's voice **trails off**.

다시 현재
데버의 목소리가 차츰 잦아든다.

ELASTIGIRL Must have been hard.

엘라스티걸 많이 힘들었겠어요.

EVELYN Especially for mother. She died, a few months later. Heartbreak.

에블린 어머니가 특히 많이 힘드셨죠. 그녀는 그 일이 있고 몇 달 후에 돌아가셨어요. 너무 큰 상심 때문이었죠.

DEAVOR If superheroes had not been forced underground, it never would've happened.

데버 슈퍼히어로들이 강압적으로 잠적하게 하지 않았더라면, 그런 일은 절대 일어나지 않았을 테죠.

EVELYN Or... Dad could've taken Mom to the safe room as soon as he knew there was trouble.

에블린 그게 아니면… 문제가 생긴 것을 알자마자 아빠가 엄마를 안전한 곳으로 데려갈 수도 있었을 테고요.

DEAVOR (**interrupts**) I **disagree STRONGLY**, but **we're not going into it right now.**[1] (to Supers) The point is– nobody expected us to be able to actually **run** dad's **company**, but with Evelyn as designer and myself as operator, we threw ourselves into building DEVTECH into what it is today.

데버 (중간에 끼어든다) 난 그 의견엔 전혀 동의하지 않아요. 하지만 지금 그 얘기는 더 하지 맙시다. (슈퍼히어로들에게) 핵심은 – 그 누구도 우리가 아버지의 회사를 제대로 운영할 수 있을 거라고 기대하지 않았지만, 설계자로서의 에블린과 운영자로서의 내가 온몸을 던져 지금의 데브텍을 이루었다는 거예요.

FROZONE (**interjecting**) A world class telecommunications company.

프로존 (불쑥 끼어들며) 세계 최고 수준의 통신 회사를.

DEAVOR (gestures around them) Bigger than ever. Perfectly **positioned to** make some wrong things right. **Hence**, this meeting!

데버 (그들 주변을 가리키며) 그 어느 때보다도 더 성장했어요. 잘못된 것들을 바로잡을 수 있는 완벽한 조건을 갖췄죠. 그래서 이 미팅도 할 수 있는 것이고요!

break-in (보통 절도를 위한) 침입
trail off 차츰 잦아들다
interrupt (말, 행동을) 중단시키다
disagree strongly 전혀 동의하지 않다
run a company 회사를 운영하다
interject 말참견을 하다, 불쑥 끼어들다
positioned to ~한 자리/지위에 있다
hence 이런 이유로

❶ We're not going into it right now.
지금 그 얘긴 하지 않을 거예요.

go into something이라고 하면 '~에 들어가다'라는 의미와 동시에 '(어떤 일, 행동을) 하기 시작하다'라고도 쓸 수도 있습니다. 이 문맥에서는 '이야기를 시작하다'라는 의미가 된 거죠. 전체 문장은 괜히 그 얘기를 하면 길어질 것 같으니 지금은 하지 말고 나중에 다시 하자는 의미입니다.

LIVING ROOM – PENTHOUSE
The three superheroes are seated on a couch as Deavor stands before them, starting his **pitch**. Evelyn stands behind and shuts the blinds.

거실 – 펜트하우스
세 명의 슈퍼히어로들이 소파에 앉아있고 데버가 그들 앞에서 설득하기 시작한다. 에블린이 뒤쪽에서서 블라인드를 닫는다.

DEAVOR Let me ask you something– (beat) What is the main reason you were all forced underground?

데버 한 가지만 물어볼게요– (정적) 당신들이 잠적해야만 했던 주된 이유가 뭘까요?

MR. INCREDIBLE **Ignorance.**

인크레더블 무지함.

Deavor plays **footage** from the Undeminer fight.

데버가 언더마이너와의 싸움 영상을 튼다.

DEAVOR **Perception. Take today for example;**❶ with the Underminer. Difficult situation. You **were faced with** a lot of hard decisions–

데버 인식. 오늘을 예로 들어 봅시다: 언더마이너와의 상황을. 힘든 싸움이었어요. 여러분들은 수많은 어려운 결정들을 맞닥뜨려야 했고요–

MR. INCREDIBLE Ah, **tell me about it.**❷

인크레더블 아, 그것에 관해 좀 얘기해 주세요.

DEAVOR I can't. (beat, he leans in) Because I didn't see it.

데버 전 할 수가 없어요. (정적, 그가 몸을 숙이며) 내가 그 상황을 못 봤기 때문이죠.

This LANDS. The Supers **exchange glances**.

그들 앞에 뭔가 돌덩이가 쾅 하고 떨어진 느낌이다. 슈퍼히어로들이 눈빛을 교환한다.

DEAVOR Neither did anyone else. So, when you fight bad guys– like today— people don't see the fight or what **led up to** it. They see what politicians tell them to see; they see **destruction**, and they see you.

데버 다른 사람들 역시 아무도 못 봤어요. 그러니까 당신들이 악당들과 싸울 때– 오늘처럼 말이죠— 사람들은 그 싸움도 보지 않고 무엇 때문에 싸우게 되었는지도 보지 않죠. 그들이 보는 것은 정치인들이 그들에게 보라고 말해 주는 것들이에요: 그들은 파괴를 보고 그리고 당신들을 보죠.

DEAVOR So, if we want to change people's perceptions about superheroes, we need YOU to share YOUR perceptions with the world.

데버 그래서, 슈퍼히어로들에 대한 대중들의 인식을 바꾸기 원한다면, 당신들이 세상과 함께 당신들의 인식을 나눌 필요가 있어요.

ELASTIGIRL How do we do that?

엘라스티걸 그걸 어떻게 할 수 있죠?

EVELYN With cameras.

에블린 카메라를 이용하면 되죠.

---

pitch (설득을 위한) 권유/주장, 홍보
ignorance 무지, 무식
footage (특정한 사건을 담은) 장면/화면
perception 지각, 자각, 인식, 통찰력
be faced with ~와 마주하게 되다
exchange glances 눈빛 교환을 하다
lead up to ~쪽으로 이끌다
destruction 파괴, 파멸, 말살

❶ **Take today for example.**
오늘을 한 번 예로 들어보죠.
'~을 한 번 예로 들어보자'라고 할 때 'Let's take ~ for example'의 패턴을 쓸 수 있어요.

❷ **Tell me about it.** 그러게 말이에요.
직역하면 '내게 그것에 대해 말해줘!'이지만, 상대방의 말에 맞장구치거나 전적으로 공감할 때 '누가 아니래요!', '그러게 말이에요!'라는 의미로도 자주 쓰인답니다.

Deavor SMILES, nods at Evelyn, who again presses his **remote**. THREE IMAGES of DEAVOR appear on the screen; **candidly** framed at a close **low-angle** –

데버가 미소 지으며 에블린에게 고개를 끄덕이자 에블린이 다시 한 번 리모컨의 버튼을 누른다. 스크린에 데버의 사진 세 장이 보인다: 낮은 각도로 근접 촬영하여 자연스러운 표정으로 프레임한 사진들 –

DEAVOR (on screen) – we need YOU to share YOUR perceptions with the world.

데버 (스크린) – 당신들은 세상과 함께 당신들의 인식을 나눠야 해요.

ELASTIGIRL (on screen) How do we do that?

엘라스티걸 (스크린) 그걸 어떻게 할 수 있죠?

– this is the same moment we just saw. The three supers look down at the VISITOR **BADGES clipped** to their supersuits.

– 우리가 지금 방금 보았던 그 상황이다. 세 명의 슈퍼히어로들이 자신들의 옷에 부착된 방문객 배지를 내려다본다.

EVELYN We **embed tiny** cameras like those, into your supersuits.

에블린 우리가 당신들의 옷 안에 그렇게 생긴 소형카메라를 심어놨어요.

ELASTIGIRL Wow. So small, and the picture is **outstanding**.

엘라스티걸 와우. 정말 작네요. 그리고 화질도 끝내주고요.

EVELYN Thanks. Designed 'em myself.

에블린 고마워요. 제가 디자인 한 거예요.

Elastigirl looks at Evelyn, **impressed**, smiling. **Gives her a nod of respect**. She smiles, nods back.

엘라스티걸이 감동하여 미소를 띤 얼굴로 에블린을 본다. 고개를 끄덕여 경의를 표한다. 에블린이 웃으며 고개를 끄덕여 답한다.

DEAVOR We've got **resources**, **lobbyists**, **WORLDWIDE connections**, and very important: INSURANCE.

데버 우리에겐 자원과 로비스트들과 전 세계적인 관계망이 있고, 또 가장 중요한: 보험이 있어요.

MR. INCREDIBLE Insurance is key.

인크레더블 보험이 핵심이죠.

DEAVOR All we need now are the superest superheroes. It needs you three! Ca'mon! Help me make ALL supers **legal** again!

데버 이제 우리에겐 가장 뛰어난 슈퍼히어로들만 있으면 됩니다. 당신들 세 명이 필요해요! 자 이제! 모든 슈퍼히어로들이 다시 합법화될 수 있도록 저를 도와주세요!

MR. INCREDIBLE This sounds GREAT! (slaps his hands together) Let's **get this goin'**! What's my first **assignment**?

인크레더블 정말 멋진 계획인걸요! (손뼉을 친다) 어서 빨리 진행하죠! 저의 첫 임무는 무엇인가요?

---

remote 리모컨 (=remote control)
candidly 솔직히, 숨김없이
low-angle 앙각, 낮은 각도
badge 표, 배지
clip 클립/핀으로 고정하다
embed (단단히) 박다/끼워 넣다
tiny 아주 작은/적은
outstanding 뛰어난, 걸출한
impressed 감명/감동을 받은
gives her a nod of respect 존경을 표하며 고개를 끄덕이다
resource 자원, 재원
lobbyist 로비스트
worldwide connections 전 세계적 연줄/인맥
legal 합법적인
get something going ~을 하기 시작하다/진행하다
assignment 임무, 과제

DEAVOR That enthusiasm is golden. Hold on to it. But for our first move, well, Elastigirl is our best play.

데버 그러한 열정은 정말 소중해요. 잃지 마세요. 하지만 우리의 첫 번째 작업을 위해서는 흠, 엘라스티걸이 우리의 최고 카드예요.

Mr. Incredible is **GOBSMACKED**. AWKWARD PAUSE.

미스터 인크레더블이 너무 놀라 정신을 못 차릴 정도이다. 어색한 침묵.

MR. INCREDIBLE Better than... me–? (awkward, Elastigirl clears her throat) I mean, she's good – she uh— really– a credit to her– but, uh... you know. You know...?

인크레더블 더 낫다고요… 저보다–? (어색한 기운. 엘라스티걸이 헛기침을 한다) 그러니까 내 말은, 그녀는 훌륭하죠 – 그녀는 어– 정말 – 인정하는데 – 하지만, 어… 있잖아요. 아시죠…?

DEAVOR (**measured**) **With great respect,**❶ let's not test the whole "insurance-will-pay-for-everything" idea on the first go 1 round, okay?

데버 (침착하게) 정말 대단히 죄송하지만, 우리 첫 번째 라운드부터 "보험이 다 해결해줄 거야"라는 생각으로 접근하지는 말자고요. 아셨죠?

Frozone **represses** a laugh. Bob notices it.

프로존이 웃음을 억지로 참는다. 밥이 눈치챈다.

MR. INCREDIBLE Wait a minute. You're saying what? I'm– messy?

인크레더블 잠시만요. 그러니까 당신 말씀은 뭐죠? 제가 – 엉망이라는 건가요?

Ready, Deavor hands Mr. Incredible a LARGE FOLDER. He examines it, **bewildered**.

데버가 미리 준비해 두었던 큰 폴더를 미스터 인크레더블에게 건넨다. 그가 자세히 살펴보더니, 혼란스러워한다.

DEAVOR Well, Evelyn did a **cost-benefit analysis**, comparing all of your last five years of crime-fighting before going underground, and Elastigirl's numbers are **self-explanatory**.

데버 흠, 에블린이 활동중단이 되기 전 당신들의 지난 5년간의 범죄와의 싸움 활동을 비교해서 손익 분석을 해봤는데, 엘라스티걸의 수치를 보시면 알겠지만 따로 설명이 필요 없을 겁니다.

Elastigirl glances at Evelyn, who gives her a thumbs up **in recognition**.

엘라스티걸이 에블린을 힐끗 보니, 그녀가 인정한다며 엄지손가락을 척하고 올린다.

MR. INCREDIBLE Well it's not a **fair comparison**, I mean– heavyweight problems need heavy weight solutions–

인크레더블 음, 그건 공정한 비교가 아니군요. 제 말은 그러니까 – 헤비급 문제들엔 헤비급 해결책이 필요하다는 거죠 –

---

gobsmacked 너무 놀라 정신을 못 차리는
measured 신중한, 침착한
repress 참다, 억누르다, 억압하다
bewilder 어리둥절하게 하다
cost-benefit analysis 손익 분석, 비용 편익 분석
self-explanatory 따로 설명이 필요 없는
in recognition ~을 인정하며
fair comparison 공정한 비교

❶ **with (great/all due) respect**
죄송하지만, 무례하게 들릴지는 모르겠지만
상대방의 의견/생각에 반하는 말을 하기 전에 격식을 차리기 위해 하는 말이에요. 간단하게 with respect라고만 해도 되고 중간에 great이나 all due를 넣으면 더 좋고요.

Deavor, all smiles, **signals** the end of the meeting.

모두가 미소 짓는 가운데, 데버가 회의의 종료를 알린다.

DEAVOR Of course, we're gonna solve all kinds of problems together, after the perfect **launch** with Elastigirl.

데버 물론이죠, 우린 함께 온갖 종류의 문제들을 해결할 거예요. 우선 엘라스티걸의 완벽한 개시를 성공시킨 후에 말이죠.

All eyes go to Elastigirl.

모두의 시선이 엘라스티걸을 향한다.

EVELYN **So whad'ya say?**[1]

에블린 그래, 어떻게 생각하세요?

ELASTIGIRL What do I say...? (looks at Mr. Incredible, **nervous laughter**) ...I don't know.

엘라스티걸 어떻게 생각하냐고요…? (미스터 인크레더블을 보며, 걱정스러운 웃음) …글쎄요 잘 모르겠네요.

---

signal 신호를 보내다
launch 개시/출시/발사
nervous 긴장한
laughter 웃음

❶ Whad'ya say?
어떻게 생각하세요?
자신의 어떤 제안/제의에 대해서 상대방의 의견을 물을 때, What do you say? '당신의 의견은 어떠세요?', '어떻게 생각해요?'라는 표현을 쓴답니다. Whad'ya say? 는 What do you say? 를 구어체에서 발음하는 대로 쓴 표기법이고요.

Disney · PIXAR
INCREDIBLES 2

WINSTON DEAVOR
CHIEF EXECUTIVE OFFICER
DEVTEC
Life...made easier
1200 PARK AVENUE MUNICIBERG 94602 TEL (510) 555-0113

Day 07

Helen in Demand

잘 나가는 헬렌

07.mp3

SAFARI COURT MOTEL – HELEN AND BOB'S ROOM
Dressed in pajamas. Bob sits up in bed under the **covers**, frowning. Helen **brushes her teeth** in the bathroom.

사파리 코트 모텔 – 헬렌과 밥의 방
잠옷을 입고 있다. 밥이 침대보를 덮고 찡그린 표정으로 침대에 앉아있다. 헬렌은 욕실에서 양치질하고 있다.

BOB Whaddya mean you "don't know"? A few hours ago you were saying it was over and being a superhero was a **fantasy**! Now you **get the offer of a lifetime** and you don't know???

밥 "잘 모르겠네요"라니 당신 도대체 그게 무슨 뜻이에요? 몇 시간 전까지만 해도 당신이 이젠 다 끝났다고, 슈퍼히어로서의 삶은 몽상이라고 했잖아요! 이제 평생에 한 번 올까 말까 한 기회가 생겼는데 잘 모르겠다고요???

HELEN (**toothpaste** in mouth) It's not that simple, Bob. I wanna **protect** the kids–

헬렌 (입에 치약을 머금고) 그리 간단한 문제가 아니에요, 밥. 우리 아이들을 보호하고 싶다고요 –

BOB So do I.

밥 그건 나도 마찬가지예요.

HELEN – from jail, Bob!

헬렌 – 감옥에 가지 않도록요, 밥!

Helen **spits** the toothpaste into the **sink**.

헬렌이 세면대에 치약을 뱉는다.

HELEN (spit toothpaste)

헬렌 (치약을 뱉는다)

BOB And how do you do that? By **turning down** a chance to change the law that forces them to hide what they are?

밥 그걸 어떻게 하려고요? 그들 자신을 감추도록 강요하는 법을 바꿀 기회를 거절해서 하려고요?

Helen **exits** the bathroom.

헬렌이 욕실에서 나온다.

HELEN They haven't decided what they are! They're still kids—

헬렌 그들은 자신이 무엇인지 아직 결정하지 않았어요! 아직 애들이라고요—

BOB Kids with powers, which makes them supers— whether they decide to use those powers or not! This will **benefit** them!

밥 초능력을 가진 아이들이고, 그래서 그들도 슈퍼히어로들인 거죠— 그들이 초능력을 사용하기로 하건 말건 상관없이! 이 일은 아이들에게 득이 되는 일이에요!

---

dress in ~한 종류의 옷을 입고 있다
pajamas 파자마, (바지와 상의로 된) 잠옷
cover 침대 커버, 이불
brush one's teeth 이를 닦다, 양치하다
fantasy 환상
get the offer of a lifetime 평생에 한 번 올까 말까 한 제의를 받다
toothpaste 치약
protect 보호하다, 지키다
spit (입에 든 음식 등을) 뱉다, 침을 뱉다
sink (부엌의) 싱크대, (화장실의) 세면대
turn something/someone down ~을 거절/거부하다
exit 나오다
benefit 혜택/이익을 주다, 유익/유용하다

HELEN (climbs into bed) Look, it's not a good time to **be away**. Dash is **having trouble with** homework. Vi is worried about her first date with that boy she likes– Tony. And Jack-Jack...

헬렌 (침대에 오르며) 여보, 지금은 아이들과 떨어져 지낼만한 때가 아니에요. 대쉬는 숙제를 잘 못하고 있어요. 바이는 좋아하는 남자, 토니라는 애와 하는 첫 데이트에 대해서 걱정을 하고 있고요. 그리고 잭잭은…

She PAUSES. Bob looks at her.

그녀가 잠시 멈춘다. 밥이 그녀를 바라본다.

바로 이장면!*

BOB Jack-Jack? What's wrong with him?

밥 잭잭? 잭잭에게 무슨 문제가 있어요?

HELEN (she thinks, PAUSE) Okay, nothing's wrong with Jack-Jack. But even a normal baby needs a lot of attention. I'm just not sure I can leave.

헬렌 (그녀가 생각한다. 잠시 멈춤) 알았어요. 잭잭에겐 아무 문제도 없어요. 하지만 정상적인 아기도 엄청난 보살핌이 필요한데. 아무래도 내가 떠나는 건 힘들 것 같아요.

BOB Of course you can leave! You**'ve got to!** So that I— WE can be supers again, **so our kids can have that choice!**❶

밥 당신은 당연히 떠날 수 있어요! 또 그래야만 하고요! 그래서 내가— 우리가 다시 슈퍼히어로가 될 수 있도록. 그래서 우리 아이들도 그러한 선택권을 가질 수 있도록!

HELEN (little laugh) So YOU can have that choice.

헬렌 (조금 웃으며) 그래서 당신이 그러한 선택권을 가질 수 있도록 말이죠.

BOB Alright– yes! So I can have that choice! And I would do a GREAT job, **regardless of** what Deavor's **pie charts** say or what-ever. But they want you.

밥 그래요– 맞아요! 그래서 내가 그러한 선택권을 가질 수 있도록 말이에요! 그리고 난 아주 훌륭하게 할 수 있어요. 데버의 원그래프인지 뭔지가 뭐라고 하건 상관없이. 하지만 그들은 당신을 원하는군요.

It **sticks in his throat**–

이 말이 그의 목구멍에 걸린다–

BOB – and you'll... **do a great–job**. Too.

밥 –그리고 당신은… 아주– 훌륭하게 잘 해낼 거예요. 당신 역시.

Helen stares at Bob; he's miserable. She smiles.

헬렌이 밥을 바라보는데; 그의 모습이 처량하다. 그녀가 미소 짓는다.

HELEN Well that was **excruciating** to watch.

헬렌 안쓰러워서 못 봐주겠네요.

Bob chuckles.

밥이 싱긋 웃는다.

---

be away 떨어져 있다, 부재중이다
have trouble with ~로 인해 고생하다/애를 먹다
have got to ~해야만 한다
regardless of ~에 상관없이, ~에 구애받지 않고
pie chart 파이/원 그래프
stick in one's throat (말이) 입 밖으로 나오지 않다
do a great job 아주 잘/훌륭히 해내다
excruciating 몹시 고통스러운, 극심한

❶ **So (that) you can have that choice.**
그래서 네가 그런 선택권을 가질 수 있도록.
'~해서 ~라는 결과/효과를 가지다/있다'라는 개념으로, 주로 '그래서 ~할 수 있도록'이라는 의미로 해석되는 문장을 만들 때 so that을 활용합니다. so that 뒤에는 〈주어 + can/could + 동사〉 형식이 따라옵니다.

HELEN I can't lie to you, it's nice to **be wanted**, **flattering**, you know? But...

헬렌 전 거짓말은 못하겠어요. 솔직히 누군가가 나를 필요로 한다는 건 정말 기분 좋은 일이에요. 알죠? 하지만…

She pauses.

그녀가 잠시 멈춘다.

BOB What's the choice? One: **do this right, get well paid**, we'**re out of** the motel and **things get better** for all supers – INCLUDING our kids. OR two: I find a job in two weeks or we're **homeless**.

밥 무엇을 선택할 건가요? 하나: 이 일을 제대로 처리하고, 돈도 많이 받고, 우리 식구는 모텔에서 벗어나고 모든 슈퍼히어로들의 상황이 좋아지는 것 – 우리 아이들까지 포함해서. 그렇지 않으면 둘: 내가 2주 안에 취업하거나 우리가 노숙자가 되는 거죠.

Helen **weighs** this.

헬렌이 저울질한다.

HELEN You know it's crazy, right? To help my family I gotta to leave it, to **fix the law** I gotta **break** it...

헬렌 이거 많이 이상한 거 알죠, 그죠? 우리 가족을 돕기 위해서 내가 가족을 떠나야 한다는 거, 법을 고치기 위해서 법을 어겨야 한다는 거…

BOB You'll be great.

밥 당신은 훌륭하게 잘 해낼 거예요.

HELEN I know I will. But what about you? We have kids.

헬렌 나도 내가 잘할 거라는 건 알아요. 하지만 당신은요? 우리에겐 아이들이 있다고요.

BOB I'll watch the kids, no problem. Easy.

밥 아이들은 내가 돌볼게요. 전혀 문제없어요. 껌 먹기에요.

HELEN (**grins**, takes Bob's hand) Easy, huh? You're **adorable**. Well if there IS a problem, I'll **drop** this thing and come right back–

헬렌 (활짝 웃으며 밥의 손을 잡는다) 껌 먹기라고요, 응? 당신 정말 귀여워요. 혹시라도 문제가 생기면 내가 이거 바로 그만두고 다시 돌아올게요 –

BOB You won't need to. I got it. You go, do this thing. (turns over in bed) Do it so-(pause, grins) –I can do it better.

밥 그럴 필요 없어요. 내가 잘할 거니까. 당신은 가서, 해 봐요. (침대에서 몸을 돌린다) 하라고요 그래서–(잠시 멈췄다가, 활짝 웃으며) – 내가 더 잘할 테니까.

Helen **slugs** him with her **pillow**.

헬렌이 베개로 그를 강타한다.

CLOSE ON: DEAVOR'S PHONE AT DEVTECH
Deavor answers his phone.

점점 가깝게: 데브텍에 있는 데버의 전화기
데버가 전화를 받는다.

---

be wanted 수요가 있다, 타인들이 자신을 원하다
flattering 돋보이게 하는, 으쓱하게 하는
do something right ~을 제대로/옳게 하다
get well paid 급여를 많이 받다
be out of ~에서 나오다/벗어나다
things get better 상황이 나아지다
homeless 집이 없는, 노숙자의
weigh 무게를 달다, 따져보다
fix the law 법을 고치다/개정하다
break the law 법을 어기다/위반하다
grin (소리 없이) 활짝/크게 웃다
adorable 사랑스러운
drop (하던 일, 논의를) 그만두다/중단하다
slug (주먹으로) 세게 치다/강타하다
pillow 베개

DEAVOR'S VOICE Deavor here.

데버의 목소리 데버입니다.

HELEN This is Elastigirl. I'm in.

헬렌 엘라스티걸이에요. 함께하겠어요.

INSIDE A LIMO – DRIVING – DAY
The Parr family sits inside a **ROOMY** LIMOUSINE as it climbs the hill. Helen talks on the CAR PHONE, BOB listening in.

리무진 내부 – 운전 중 – 낮
실내가 넓은 리무진이 언덕 위로 올라가고 파 가족이 그 안에 타고 있다. 헬렌이 차 안에 설치된 전화로 통화하고 있고 밥이 엿듣고 있다.

HELEN Mr. Deavor... it's wonderful, but it's too generous.

헬렌 데버 씨… 정말 멋지지만, 너무 과한 대접을 받는 것 같네요.

DEVTECH – DEAVOR'S OFFICE – SAME TIME
Deavor sits at his desk, on the phone, feet up.

데브텍 – 데버의 사무실 – 같은 시간
데버가 그의 책상에 앉아 발을 책상에 걸치고 통화를 하고 있다.

DEAVOR Nonsense. **That's the least we can do.**[1] We're partners now. Can't have my partners livin' in a motel.

데버 무슨 말씀을. 정말 최소한의 성의 표현일 뿐이에요. 이제 우리가 파트너가 되었잖아요. 파트너들을 모텔에서 머물게 할 수야 없죠.

RESUME LIMO – HELEN

다시 리무진 – 헬렌

HELEN But who–whose house– is it a house?

헬렌 하지만 누구–누구의 집인가요– 집이긴 한가요?

Gawking out the window. Dash spies the large, striking house through the trees on the hill above them. He beams.

넋을 놓고 창밖을 바라보는 중. 대쉬가 그들의 위 언덕에 있는 나무 사이로 크고 멋진 집을 본다. 그가 활짝 웃는다.

DEAVOR (V.O.) It's my house, I have several, I'm not using that one. Stay as long as you need.

데버 (목소리) 내 집이에요. 제 소유의 집이 몇 채가 있는데, 그 집은 사용하고 있지 않아서요. 필요하시다면 언제까지라도 계셔도 됩니다.

HELEN I don't know what to say...

헬렌 뭐라 말씀을 드려야 할지 모르겠네요…

BOB How about– THANKS!

밥 고맙다고 하면 되지.

DEAVOR DREAM HOUSE – DAY
Keys RATTLE in a lock. The front door **swings open**; revealing the startled Parr family. They enter a massive, **mid-century** modern SUPER HOUSE, with **heavily designed stonework**. It is like the luxurious **lair** of a **Bond villain**.

데버의 꿈의 집 – 낮
자물쇠 안에서 열쇠들이 덜커덕거린다. 현관문이 활짝 열리며 파 가족이 놀라는 모습이 보인다. 그들이 심하게 디자인이 많이 들어간 석조 작품들이 있는 거대한 50년대풍의 모던 슈퍼 하우스에 들어간다. 마치 007 영화에 나오는 악당들의 호화로운 은신처 같은 느낌이다.

---

roomy 널찍한
gawk 얼빠진 듯이 바라보다
swing open 활짝 열리다
mid-century 이번 세기의 중엽에
heavily designed 심하게 디자인을 많이 넣은
stonework (건축물에서) 석조 부분
lair 은신처, 집/굴, 소굴
Bond villain 제임스 본드 007 영화에 나오는 악당

1 **That's the least we can do.**
우리가 최소한 그 정도는 해드려야지요.
상대방에게 자신의 배려 또는 감사 표시가 대단한 게 아님을 겸손하게 나타내고자 할 때 쓰는 표현이에요. can을 could로 바꿔 써도 무방하겠어요. That's the least I can/could do. '제가 그 정도는 기꺼이 해 드릴 수 있어요' 이렇게 해석해도 좋겠네요.

Though Violet is a bit **reserved**, all are impressed.

바이올렛은 딱히 별말이 없지만, 모두가 감탄한다.

DASH THIS... is our new house???

대쉬 여기가… 우리의 새집이에요???

HELEN Okay, **easy tiger**, it's being **loaned** to us.

헬렌 자자, 진정해. 이 집은 우리에게 잠시 빌려주는 거야.

The Parrs **make their way** through the house.

파 가족이 집 안으로 계속 들어간다.

VIOLET Ehhh, this is...**homey**.

바이올렛 에에, 이 집…편안하네요.

BOB I mean look at this place. Deavor bought it from an **eccentric billionaire** who liked to come and go without being seen, so the house has multiple hidden exits.

밥 이 집을 좀 보라고. 데버가 이 집을 몰래 들락날락하고 싶었던 어떤 괴짜 같은 억만장자에서 사서. 이 집에는 여러 개의 비밀통로가 있어.

Dash zooms upstairs.

대쉬가 쏜살같이 위층으로 올라간다.

VIOLET **Good thing we won't stand out.**❶ Wouldn't want to **attract** any unnecessary attention.

바이올렛 우리가 눈에 띄진 않을 테니 다행이네요. 쓸데없이 주목을 받고 싶지는 않으니까요.

We hear DASH'S VOICE from outside the house–

집 밖에서 대쉬의 목소리가 들린다 –

DASH (O.S.) IT'S GOT A BIG YARD!

대쉬 (화면 밖) 큰 마당도 있어요!

HELEN (unsure to Bob) This is...isn't this a bit much?

헬렌 (불안해하며 밥에게) 이건…좀 과하지 않나요?

DASH (O.S.) NEAR A FOREST!

대쉬 (화면 밖) 바로 옆에 숲도 있고!

BOB Would you rather be at the motel?

밥 당신은 그냥 모텔에 있고 싶나요?

DASH (O.S.) AND A POOL!

대쉬 (화면 밖) 수영장도 있어요!

A splash is heard.

물이 첨벙 하는 소리가 들린다.

VIOLET What exactly IS Mom's new job?

바이올렛 엄마의 새로운 직업이 정확하게 뭐라고요?

BOB The important thing is, we're out of the motel.

밥 중요한 건, 우리가 모텔에서 벗어났다는 거야.

---

reserved 말을 잘하지 않는, 내성적인
Easy tiger! 진정해라, 너무 나대지 말라!
loan (돈을) 빌려주다, 대출/융자하다
make one's way 나아가다, 가다
homey 제집 같은, 편안한
eccentric 괴짜인, 별난, 기이한
billionaire 억만장자
attract 마음을 끌다, (어디로) 끌어들이다

❶ **Good thing we won't stand out.**
우리가 튀지 않을 테니 다행이다.
〈Good thing (that) + 주어 + 동사〉 형식은 '~해서 다행이다'라는 의미로 쓰이는 패턴식 표현이에요. 맨 앞에 It's a를 넣어서 It's a good thing (that)으로 써도 되는데, 구어체에서는 주로 It's a 부분을 생략한답니다. stand out은 '튀다, 눈에 띄다, 도드라지다'라는 의미의 숙어입니다.

Dash ZIPS upstairs, soaking wet. He **shakes himself dry** (like a dog).

대쉬가 흠뻑 젖은 채, 위층으로 잽싸게 올라간다. 그가 (마치 강아지처럼) 몸을 흔들어서 말린다.

DASH I LIKE Mom's new job! (gasp at buttons) Oh, oh ho ho ho ho!

대쉬 난 엄마의 새 직업이 좋아요! (버튼들을 보며 허걱 하며 놀란다) 오, 오 호 호 호 호!

His eyes lock on a cluster of BUTTONS on a **raised panel** in the wall. He grabs a remote and starts pressing buttons.

벽에 설치된 조종패널에 있는 수많은 버튼에 대쉬의 시선이 고정되었다. 그가 리모컨을 들고 버튼을 누르기 시작한다.

Dash jumps at the deep WHUM sound that comes from the **bowels** of the house. Delighted, Dash presses another button:
SECTIONS OF THE FLOOR start to PART, exposing designed STREAMS underneath. The PARRS OOOHH and AAAHH.

집의 가장 깊은 곳으로부터 나오는 우우웅 소리가 들리자 대쉬가 흥분한다. 아주 즐거워하며, 대쉬가 또 다른 버튼을 누른다:
바닥이 부분별로 나눠기 시작하며, 밑으로 인조 시냇물이 드러난다. 파 가족이 우우 아아 하며 감동한다.

BOB WHOA-HO HO!

밥 우와-호 호!

HELEN (laugh)

헬렌 (웃는다)

DASH WHOA HO HO HO!

대쉬 우와 호 호 호!

THEN, WATER spills forth from near the high ceiling, dropping in a **succession** of **intricate**, **rolling** PATTERNS, falling into CATCHING pools beneath the floor.

그리고 나서, 물이 높은 천장 근처에서 앞으로 떨어지는데, 복잡하게 엉켜 구르는 패턴의 연속으로 떨어져서 바닥에 있는 물을 받는 웅덩이로 들어간다.

BOB Well, check out the water features. (chuckles)

밥 와, 인공폭포 좀 봐라. (빙긋 웃는다)

HELEN (reacting to moving floor & waterfalls) Wow.

헬렌 (움직이는 바닥과 폭포에 반응하며) 와우.

Dash presses two more BUTTONS: and two more WATERFALLS appear, falling from the vast ceiling in perfect vertical sheets. Bob, Violet and Jack-Jack stare, **agog**.

대쉬가 두 개의 버튼을 더 누른다: 폭포 두 개가 더 나타나는데, 거대한 천장에서 완벽하게 수직으로 물이 떨어진다. 밥, 바이올렛, 그리고 잭잭이 들뜬 모습으로 바라본다.

DASH **WICKED COOL!**❶

대쉬 짱 멋져요!

BOB (chuckles)

밥 (빙긋 웃는다)

Suddenly, a large **SECTIONAL COUCH** begins to tumble into one of the gaps in the floor.

갑자기, 커다란 조립식 소파가 바닥의 틈새 중 한 부분으로 굴러 들어가기 시작한다.

---

shake oneself dry 몸을 흔들어서 말리다
raised panel 주변보다 높이 올려 박은 벽판자
bowel 창자, 장, ~의 내부
succession 연속, 잇따름, 연쇄
intricate (여러 부분으로) 복잡한, 엉클어진
rolling 규칙적인 단계로 이뤄진
agog 기대감에 들뜬, 몹시 궁금해하는
sectional couch 분리형 소파

❶ **WICKED COOL!**
초대박 멋져! / 쩐다!
wicked의 원래 뜻은 '사악한'이지만, 속어로는 '아주 좋은, 죽여주는'의 의미로 쓰이기도 한답니다. 형용사 앞에 쓰이면 '대단히, 엄청, 몹시'라는 의미의 부사가 되기도 하지요.

Alarmed, Dash **pokes** the button again– and the floor starts to close, CRUSHING THE COUCH. **Panicking**, he presses another–

깜짝 놀라, 대쉬가 다시 한 번 버튼을 누르니 – 바닥이 닫히기 시작하며, 소파를 뭉개 버린다. 당황하며 그가 또 다른 버튼을 누르는데–

BOB Dash! STOP IT!!

밥 대쉬! 그만해!!

HELEN Not the couch!

헬렌 소파는 안 돼!

BOB Dash!

밥 대쉬!

Dash nervously starts pressing more buttons.

대쉬는 긴장해서 더 많은 버튼을 누르기 시작한다.

HELEN Stop it!

헬렌 그만하라고!

DASH (nervous about buttons) THE COUCH.

대쉬 (버튼에 대해 긴장하며) 소파.

BOB Stop! Don't touch the buttons!

밥 멈춰! 버튼들 건드리지 마!

HELEN Dash!

헬렌 대쉬!

BOB NOOO! NO NO!

밥 아아안 돼! 안 돼 안 돼!

Dash **chucks** the remote and **runs off**.

대쉬가 리모컨을 던지고 줄행랑친다.

---

alarmed 불안해하는, 두려워하는
poke (손가락 등으로) 쿡 찌르다
panic (갑작스러운) 극심한 공포, 공황
chuck (아무렇게나) 던지다
run off 달려나가다

Day 08

Elastigirl With Elasticycle

엘라스티사이클을 탄 엘라스티걸

08.mp3

PARR BEDROOM
A gift basket sits in Helen and Bob's bedroom. Bob holds Jack-Jack. Helen **emerges** from the bathroom in a redesigned, darker, more **contemporary** Elastigirl supersuit.

파의 침실
헬렌과 밥의 침실에 선물꾸러미가 놓여있다. 밥이 잭잭을 안고 있다. 헬렌이 새로 디자인한, 더 어둡고, 더 현대적인 엘라스티걸 의상을 입고 욕실에서 나온다.

ELASTIGIRL Oh no, oh boy. This isn't me... I mean the whaaa–what is the... I'm not all dark and **angsty**. I'm Elastigirl! I'm, ya know, **flexible**! I mean look at the–

엘라스티걸 오 안 돼, 오 이런. 이건 내가 아니야… 내 말은 그러니까 이게 뭐-뭐냐고… 난 어둡고 고뇌하는 타입은 아니잖아요. 난 엘라스티걸이야! 난, 알잖아요, 유연하다고요! 좀 보라고요-

BOB E designed this?

밥 이거 E가 디자인했나요?

ELASTIGIRL No, some guy named Alexander Galbaki.

엘라스티걸 아뇨, 알렉산더 갈바키인가 뭔가 하는 남자가 만든 거예요.

BOB (chuckle) Glad it's you and not me. Cuz' you're gonna hear from her...

밥 (씨익 웃는다) 내가 아니라 당신이라서 다행이네요. 왜냐하면 E가 당신에게 분명 연락할 테니…

Bob hands Elastigirl a card, she opens it.

밥이 엘라스티걸에게 카드를 건네고, 그녀가 열어 본다.

BOB This note came with it.

밥 이 메모도 같이 있었어요.

It reads:
Elastigirl, There's an **accessory** in the garage... –Evelyn.

이렇게 쓰여있다:
엘라스티걸, 차고에 액세서리가 있어요…
-에블린.

ELASTIGIRL What?

엘라스티걸 뭐지?

LOWER GARAGE – MINUTES LATER
Elastigirl and Bob (with Jack-Jack) enter the garage and SEE—
–a **GLEAMING**, **radical**, but **enticingly** designed piece of **TECH**, a **futuristic**, **nearly indescribable blend** of **connected** twin **unicycles** and a tiny ROCKET. Elastigirl is **AWESTRUCK**.

지하 차고 - 몇 분 후
엘라스티걸과 밥이 (잭잭과 함께) 차고로 들어와서 본다—
-빛나고, 과격하지만, 매혹적으로 디자인된 첨단 기술, 미래공상소설에 나올만한, 거의 묘사할 수조차 없는 쌍둥이 외발자전거와 작은 로켓을 연결해 혼합해 놓은 듯한 모습. 엘라스티걸이 경외심을 느낀다.

---

emerge 나오다, 모습을 드러내다
contemporary 현대의, 동시대의
angsty 안달하는, 늘 불안해하는
flexible 유연한, 신축성/융통성 있는
accessory 부대 용품, 액세서리
gleam 어슴푸레/희미하게 빛나다
radical 근본적인, 급진적인, 과격한
enticing 유혹적인
tech 전문가, 기술자, 과학기술, 하이테크
futuristic 초현대적인, 미래를 상상하는
nearly 거의
indescribable 형언할 수 없는
blend (여러 종류의) 혼합
connected 연속된, 일관된
unicycle 외바퀴 자전거
awestruck 경이로워하는, 위압 당한

바로 이 장면!*

ELASTIGIRL A new Elasticycle...

엘라스티걸 새 엘라스티사이클…

BOB "Elasticycle"? I didn't know you had a bike.

밥 "엘라스디시이클"? 당신에게 오도바이가 있다는 건 금시초문인데요.

ELASTIGIRL Hey, I had a **mohawk**. There's a lot about me you don't know.

엘라스티걸 이봐요, 난 예전에 모호크식 헤어스타일도 한 적이 있어요. 난 당신이 모르는 게 많은 여자예요.

BOB (with **distaste**) Yeah, but a mohawk?

밥 (떨떠름해 하며) 알아요, 그런데- 모호크 헤어스타일을 했다고요?

ELASTIGIRL Eh, you didn't miss anything.

엘라스티걸 네, 그때 안 보길 잘했어요.

She sits on the bike like a favorite chair. **Activates** the handles, sparking the cycle with a futuristic HUM. The dash lights up.

그녀가 마치 제일 좋아하는 의자에 앉는 것처럼 오토바이에 앉는다. 핸들을 작동시키고, 초현대적인 웅웅 소리와 함께 시동을 건다. 계기판에 불이 들어온다.

ELASTIGIRL Oh... yeah. This one's electric...

엘라스티걸 오… 예. 이건 전자로 되어 있고…

BOB Wh—what's that mean?

밥 뭐—그게 무슨 의미죠?

She gives it a little **THROTTLE** and the bike –**GUNS**, ELASTIGIRL HOPPING ONE LEG as it **SWERVES** A NEAR CIRCLE, INTO THE WALL.

그녀가 연료 조절판을 조절하여 속도를 높이자 오토바이가 총알처럼 튀어나간다. 거의 한 바퀴 빙 돌면서 오토바이가 벽을 향해 달려가고 엘라스티걸이 다리 한쪽을 들어 올린다.

ELASTIGIRL WO WO WO!! OHH!!!

엘라스티걸 워 워 워!! 오!!!

ELASTIGIRL Means it's **torque**-y. (beat, **reassuring** herself) Eh, **I'll get the hang of it.**❶

엘라스티걸 이게 회전력이 엄청 좋다는 뜻이에요. (정적, 안심하며) 뭐, 난 금방 잘 탈 수 있을 거예요.

BOB You will be great.

밥 당신은 정말 잘할 거예요.

ELASTIGIRL I will be great. And you will, too—

엘라스티걸 난 잘할 거예요. 당신도 그럴 거고요—

BOB We will both be great.

밥 우리 둘 다 아주 잘 해낼 거예요.

ELASTIGIRL Bye, sweetie.

엘라스티걸 잘 있어요, 여보.

Mohawk 모호크족 (모호크식 헤어스타일)
distaste 불쾌감, 혐오감
activate 작동시키다, 활성화시키다
throttle 속도를 조절하다
gun 고속으로 돌아가다, (차량을) 총알같이 몰기 시작하다
swerve (자동차가 갑자기) 휙 방향을 바꾸다/틀다
torque 회전력, 토크
reassure 안심시키다

❶ **I'll get the hang of it.**
난 곧 감을 잡을 거야.
get the hang of something은 '~을 할/쓸 줄 알게 되다, ~을 이해하다, (무엇에 대한) 감을 잡다'라는 의미로 쓰이는 숙어예요. 처음 접해서 어색한 것에 대해 곧 친숙/익숙해진다는 어감으로 get used to something '~에 익숙해지다'와 비슷한 표현이에요.

Bob hits a button on the wall. Quick and silent, the GARAGE DOOR slides OPEN, **revealing** a floor to ceiling window into **lush landscape** through a veil of FALLING WATER.
Elastigirl **hits the accelerator** and jets toward the entrance-

밥이 벽에 있는 버튼을 누른다. 빠르고 조용하게, 차고 문이 미끄러지며 열리고, 통유리 속으로 폭포수의 베일 사이로 펼쳐지는 푸른 수목의 경관이 드러난다.
엘라스티걸이 가속페달을 밟으며 입구 쪽으로 질주한다-

LUSH LANDSCAPE - **CONTINUOUS**
-the WATERFALL stops for a **precise** instant, carving a HOLE that ELASTIGIRL **SHOOTS THROUGH**, and out onto a **BACK ROAD**.

푸른 숲 경관 - 계속
-엘라스티걸이 폭포를 지나서 뒤쪽 도로로 나갈 수 있도록, 폭포수가 정확한 순간에 멈추더니 찰나적으로 구멍이 생긴다.

RESUME BOB
He holds Jack-Jack, stares out through the waterfall.

다시 밥
그가 잭잭을 안고, 폭포 저편을 응시한다.

BACK ROAD
Elastigirl smiles wide with **exhilaration**. She rips down the road as it **merges** with a **two-lane highway**.

뒤쪽 도로
엘라스티걸이 기분이 들떠 함박웃음을 짓는다. 2차선 고속도로로 들어가는데 그녀가 도로를 찢을 듯이 빠른 속도로 폭주한다.

ELASTIGIRL (screams of exhilaration and impact when Elasticycle lands on highway)

엘라스티걸 (엘라스티사이클이 고속도로에 들어서자 흥분과 충격으로 소리를 지른다)

HIGHWAY
Elastigirl passes CARS on her Elasticycle, pulling **alongside** an open **CONVERTIBLE** of college kids. They excitedly wave and shout when they see her-

고속도로
엘라스티걸이 엘라스티사이클을 타고 차 옆을 지나가다가, 대학생들이 타고 있는 오픈 컨버터블 옆으로 다가선다. 대학생들이 그녀를 보고 흥분해서 손을 흔들며 소리를 지른다-

GIRL Wait a minute, is that Elastigirl?!

여학생 잠깐, 저기 엘라스티걸 아냐?!

GUY That's Elastigirl. Hey Elastigirl!

남학생 엘라스티걸이다. 헤이 엘라스티걸!

COLLEGE KIDS WHOOO ELASTIGIRLI!! YEAH!!

대학생들 우후 엘라스티걸!! 예!!

ELASTIGIRL:
-loving the **adulation**. She smiles **megawatts** at them and GUNS it, accelerating **into the distance**.

엘라스티걸:
-그녀가 찬사를 한껏 즐긴다. 그들에게 백만 와트짜리 미소를 날려준 후 저 먼 곳으로 총알처럼 사라진다.

COLLEGE KIDS WHOOO!! STRETCH ON! YEA!

대학생들 우후!! 몸을 늘려봐요! 예!

GUY MARRY ME ELASTIGIRL!

남학생 저랑 결혼해줘요. 엘라스티걸!

---

reveal (비밀 등을) 드러내다/밝히다
lush (식물, 정원 등이) 무성한, 우거진
landscape 풍경, 풍경화/법
hit the accelerator 가속페달을 밟다
continuous 계속되는, 지속적인
precise 정확한, 정밀한
shoot through (터널 등에서) 빠져나가다
back road 뒷길, (포장하지 않은) 시골길
exhilaration 유쾌한 기분, 들뜸, 흥분
merge 합병하다, 합치다
two-lane highway 2차선 고속도로
alongside ~옆에, 나란히
convertible 오픈카, 컨버터블
adulation 과찬, 지나친 칭찬
megawatt 메가와트 (전력 단위, 100만 와트)
into the distance 저 멀리, 먼 곳에

AIRPORT **TARMAC**
Elastigirl drives her Elasticycle onto the tarmac toward a luxurious PRIVATE JET, its tail **emblazoned** with the DEVTECK logo. WINSTON DEAVOR and EVELYN greet her **at the foot of** the **air stairs**. The Elasticycle is **loaded** into **cargo** while she boards the jet.

공항 활주로
엘라스티걸이 엘라스티사이클을 타고 활주로로 들어서서 데브텍 로고가 새겨진 호화로운 자가비행기 쪽으로 다가간다. 윈스턴 데버와 에블린이 비행기의 승강용 계단 아래쪽에서 그녀를 맞이한다. 그녀가 비행기에 탑승하는 동안 엘라스티사이클이 화물칸에 실려진다.

DEAVOR (singing) Here comes Elastigirl, stretching her arms, Elastigirl–

데버 (노래하며) 저기 엘라스티걸이 온다네, 그녀의 팔을 늘리며, 엘라스티걸 –

ELASTIGIRL Ha ha! No theme song or I'll turn this bus right around!

엘라스티걸 하하! 제 주제곡 부르지 마세요. 계속 그러시면 이 버스를 뒤집어버릴 거예요!

ABOVE THE CLOUDS
DEVTECH'S PRIVATE JET **streaks** across the **sunset sky**.

구름 위
데브텍의 자가비행기가 석양이 지는 하늘을 가로지르며 나아간다.

INSIDE THE JET
Deavor and ELASTIGIRL look out the LARGE WINDOW at the approaching **metropolis** ahead; NEW URBEM.

비행기 내부
데버와 엘라스티걸이 큰 유리를 통해 앞쪽으로 점점 가까워 오는 대도시를 바라본다: 뉴 우르벰.

DEAVOR Look at that. New Urbem. You wanna **make a** big crime-fighting **statement**, you go where the crime is BIG.

데버 저길 봐요. 뉴 우르벰. 당신이 기념비적인 범죄와의 전쟁을 보여주는 거예요. 큰 범죄가 일어나는 곳으로 가는 거죠.

ELASTIGIRL Strange thing to be excited about, Winston.

엘라스티걸 이상한 것에 흥분하시네요, 윈스턴 씨.

DEAVOR Well, it's like a Superhero's playground!

데버 뭐, 여기가 슈퍼히어로들의 놀이터 같은 곳이잖아요!

DOWNSTAIRS KITCHEN – MORNING
Sunlight **streams** through the kitchen window as Bob **inefficiently** prepares breakfast for the kids. Jack-Jack eats dry BREAKFAST CEREAL by hand from his highchair tray. Dash rushes in and quickly starts to fill a cereal bowl with **SUGAR BOMBS**.

아래층 주방 – 아침
주방 창문으로 햇빛이 흘러 들어오고 밥이 비효율적으로 아이들의 아침 식사를 준비하고 있다. 잭잭이 유아용 식탁 의자에 앉아 아침 시리얼을 손으로 집어먹는다. 대쉬가 뛰어 들어와서 시리얼 그릇에 '설탕 폭탄' 시리얼을 담기 시작한다.

DASH (excited sigh)

대쉬 (흥분된 한숨)

Bob **plucks** the box of SUGAR BOMBS from him, replacing it with **FIBER O's**. Dash **shrugs**.

밥이 대쉬에게 '설탕 폭탄' 박스를 빼앗아 '섬유질 오' 시리얼로 바꾼다. 대쉬가 어깨를 으쓱한다.

---

tarmac (공항) 타맥으로 포장한 구역, 활주로
emblazon (상징, 문구 등을) 선명히 새기다
at the foot of ~의 하단부에서
air stair (항공기의) 승강용 계단
load (~에 많은 짐, 사람을) 싣다/태우다
cargo (선박, 비행기의) 화물
streak (줄같이) 기다란 자국/흔적을 내다
sunset sky 해 질 녘의 하늘
metropolis 주요 도시
make a statement 성명하다, 진술하다
stream 줄줄 흐르다, 계속 흘러나오다
inefficiently 비능률적으로, 무능/미숙하게
SUGAR BOMBS 설탕이 많이 들어간 시리얼의 상표명
pluck (잡아당겨) 빼내다/뽑아내다
Fiber O's 시리얼 상표명
shrug 어깨를 으쓱하다

DASH (**grumbles**)

대쉬 (투덜댄다)

BOB No Sugar Bombs **on my watch**.

밥 내가 보는 데서 '설탕 폭탄'은 어림도 없지.

DASH (grumbles again)

대쉬 (다시 투덜댄다)

DASH (eating cereal) Where's mom?

대쉬 (시리얼을 먹으며) 엄마는 어디 계세요?

DASH (eating cereal)

대쉬 (시리얼을 먹으며)

Bob finishes cleaning dishes.

밥이 설거지를 끝낸다.

BOB She's **up and out**. She's at her new job doing hero work.

밥 일어나자마자 나가셨다. 히어로 일하러 새로운 직장에 나가셨지.

VIOLET But I thought superheroes were still illegal...

바이올렛 근데 슈퍼히어로 일은 여전히 불법으로 알고 있는데…

BOB They are. **For now**.

밥 불법이지. 아직은.

VIOLET So Mom is **getting paid** to break the law.

바이올렛 그러니까 엄마는 법을 어겨서 돈을 버는 거네요.

BOB She's not break- she's an **advocate** for superheroes. It's a new job.

밥 법을 어기는 게 아니라– 슈퍼히어로 일에 대한 옹호자란다. 새로운 직업이야.

VIOLET So Mom is going out, illegally– to explain why she shouldn't be– illegal.

바이올렛 그러니까 엄마는 불법적으로 나서서– 왜 그녀가 불법이 아니어야만 하는 건지 해명하고 있는 거네요.

Bob **squirms**, looks out the window, SAVED–

밥이 당혹스러워하다가, 창밖을 보고, 모면한다 –

BOB Heey...AAAAAY! The bus is here! Whoa, **grab** your stuff!

밥 아…아아아! 버스가 왔구나! 워, 빨리 가방 챙겨!

BOB –quickly–go on! Get on the–!

밥 –빨리–가라고! 버스 타야지–!

In seconds, Dash FINISHES his cereal, **REFILLS** and **SPEED-EATS** a second **bowl** of SUGAR BOMBS and grabs his **backpack**. Vi heads out the door. Bob **SNAGS** Dash and **stuffs** school books into his backpack as he **races** out the door.

몇 초 만에, 대쉬가 시리얼을 다 먹더니, '설탕 폭탄'으로 그릇을 다시 채워서 잽싸게 들이킨 후 책가방을 집어 든다. 바이가 문밖으로 나간다. 대쉬가 문밖으로 뛰어나가는 동안 밥이 대쉬를 잡고 그의 가방에 책들을 쑤셔 넣는다.

---

grumble 투덜/툴툴거리다
on one's watch 재임 기간(에), ~가 지켜보는 중에
up and out 일어나서 나가다, 떠나다
for now 우선은, 현재로는, 당분간은
get paid 급료를 받다
advocate 지지자, 옹호자, 후원자
squirm 꿈틀대다, 꼼지락거리다
grab (와락, 단단히) 붙잡다, 움켜잡다
in seconds 몇 초 만에
refill 다시 채우다
speed-eat 빠른 속도로 먹다
bowl (우묵한) 그릇, 통
backpack 배낭
snag (날카로운 것에) 걸리다/찢다/찢기다
stuff (아무렇게나) 채워 넣다
race 전속력으로 달리다

BOB Put your homework in your pack!

밥 가방에 숙제도 챙겨 넣어!

Bob waves to the kids from the **doorstep**.

밥이 현관 앞에서 아이들에게 손을 흔든다.

BOB Bye bye! (sigh)

밥 안녕! (한숨을 쉰다)

Bob **exhales**, **relishing** the **calm**. He goes back inside and picks up Jack-Jack from his highchair, holding him up in the air—

밥이 숨을 내쉬고, 신성된 상황을 만끽한나. 그가 다시 안으로 들어가서 유아용 식탁 의자에서 잭잭을 빼내고 위로 들어 올린다—

BOB Oh, **we're gonna get along just fine,**❶ cause you don't ask any hard questions.

밥 오, 우리 둘은 정말 잘 지낼 거야. 왜냐하면 넌 어려운 질문들은 안 하니까.

JACK-JACK (laughs / babbles)

잭잭 (웃는다 / 옹알이한다)

BOB (sigh)

밥 (한숨을 쉰다)

There is a sudden, heavy **DROOP** in Jack-Jack's diaper. Bob **winces**. Jack-Jack LAUGHS. Bob SIGHS.

갑자기, 잭잭의 기저귀에 묵직한 게 느껴진다. 밥이 움찔한다. 잭잭이 웃는다. 밥이 한숨을 쉰다.

---

doorstep 문간(의 계단)
exhale (숨, 연기 등을) 내쉬다/내뿜다
relish (대단히) 즐기다/좋아하다
calm 평온, 진정
get along 잘 어울리다, 잘 지내다
droop (지쳐서) 아래로 처지다/늘어지다
wince (통증, 당혹감으로) 움찔하고 놀라다

❶ **We're gonna get along just fine.**
우리 둘은 정말 잘 지낼 거야.
gonna는 going to의 비격식 표현이고, get along은 '잘 지내다'라는 의미입니다. just fine '괜찮다'라는 의미로, 위 문장은 자연스럽게 '우리는 꽤 잘 어울릴 수 있을 거야'라고 해석할 수 있습니다.

Day 09

A Potential Threat

잠재적 위협

09.mp3

TENDERLOIN – NEW URBEM – NIGHT
ELASTIGIRL **sits astride** her ELASTICYCLE, waiting in a dark **alleyway** listening to a **police scanner**.

중심가 – 뉴 우르벰 – 밤
엘라스티걸이 그녀의 엘라스티사이클에 양다리를 걸치고 앉아 어두운 골목에서 경찰 무선장치를 들으면서 대기하고 있다.

바로 이장면!*

SCANNER VOICE #1 (V.O.) Alright, all locations we need to know where you want us.

스캐너 음성 #1 (목소리) 자, 우리가 어디에 있어야 할지 위치를 모두 알려주기 바란다.

SCANNER VOICE #2 (V.O.) **Standby**...Corner of MacArthur and Broadway.

스캐너 음성 #2 (목소리) 대기하라…맥아더와 브로드웨이 모퉁이에서.

ELASTIGIRL Seems strange to wait for crime.

엘라스티걸 범죄가 일어나기를 기다리는 게 좀 이상해 보이네요.

DEVTECH – LIVE CAMERA SUITE – SAME TIME
Winston and Evelyn watch a **LIVE FEED** from Elastigirl's SUITCAM, speaking to her through headsets. **INTERCUT AS NEEDED**.

데브텍 – 생방송용 카메라 방 – 같은 시간
윈스턴과 에블린이 엘라스티걸이 헤드셋을 통해 말하고 있는 상황을 그녀의 옷에 장착된 소형카메라를 통해 생방송으로 보고 있다. 필요에 따라 화면 중간 삽입.

DEAVOR Relax. You're **smack in the middle of** the worst crime area in the city. It's perfect. It's a superhero's playground!

데버 진정해요. 당신은 도시의 최악 우범지역 한가운데 떨어져 있는 거예요. 완벽하잖아요. 여기는 슈퍼히어로의 놀이터라고요!

ELASTIGIRL (**overlapping**) –it's a superhero's playground, right. You know, after we went underground, my husband used to listen to a police scanner, waiting for something to happen. And I **got mad at him** for it. (chuckle) I'm such a **hypocrite**...

엘라스티걸 (겹쳐지며) – 여기는 슈퍼히어로의 놀이터죠, 맞아요. 우리가 수면 아래 숨어 살 때, 남편은 경찰 스캐너를 들으면서 무슨 일이든 일어나기를 바랐었죠. 그리고 난 그런 짓을 하는 남편에게 화가 났고요. (빙긋 웃는다) 그러고 보면 나도 참 위선자예요…

Deavor and Evelyn laugh. Elastigirl is suddenly alert. Police scanner **comes through** on the Elasticycle.

데버와 에블린이 웃는다. 엘라스티걸이 갑자기 경계태세를 갖춘다. 엘라스티사이클에 경찰 스캐너 신호가 들어온다.

---

tenderloin 부패의 중심지, (쇠고기, 돼지고기의) 안심
sit astride (말, 오토바이, 자전거 등에) 올라/걸터앉다
alleyway 골목, 좁은 길
police scanner 경찰들이 라디오 망으로 연결되어 서로에게 범죄현장에 대해 알리는 것
standby 대기, 예비
live feed 생중계/실황중계로 알리는 것
intercut 〈영화〉 (중간에) 장면삽입
as needed 필요에 따라, 필요하다면
smack 철썩 치다, 세게 부딪히다, 정통으로
in the middle of ~의 한가운데, ~하는 도중에
the worst 최악, 최악의
overlap (두 가지가 동시에) 겹쳐지다, 포개지다
get mad at someone ~에게 화가 나다
hypocrite 위선자
come through (전화, 무선을 통해) 들어오다/도착하다

SCANNER VOICE #3 All **unite**.

ELASTIGIRL Something's up...

SCANNER VOICE #3 We've been **picking up** some chatter about a potential **disruption** to the Mayor's ceremony to open the new Hovertrain line.

Elastigirl leans in. **Turns up the volume**.

SCANNER VOICE #4 "Disruption" or "threat"...?

SCANNER VOICE #3 Both. Station's at 54th and Nottingham.

스캐너 음성 #3 모두 협력하라.

엘라스티걸 무슨 일이 생겼어요…

스캐너 음성 #3 새로운 호버열차 선을 개통하는 시장의 기념행사에 그것을 방해하려는 소식이 있다.

엘라스티걸이 몸을 숙여 귀 기울인다. 볼륨을 높인다.

스캐너 음성 #4 '방해'인가 혹은 '위협'인가…?

스캐너 음성 #3 둘 다. 54가와 노팅엄 역에 있음.

DEAVOR A potential threat! PERFECT!! 54th and Nottingham– go go go!

Elastigirl nods; that'll do. Starts her bike and **takes off**.

PARR HOUSE – UPSTAIRS
Readying for her date, Violet blow dries her hair in the bathroom mirror. Bob passes by, **carrying Jack-Jack in his arms**.

BOB Hey Vi! **I want you back here by ten thirty!**[1]

VIOLET Eleven-ish?

BOB Ten-ish, **heading for** nine thirty-ish!

VIOLET Ten-thirty-ish it is. Sheesh.

BOB Enjoy the movie.

데버 잠재적 위협! 완벽하군!! 54가와 노팅엄으로– 어서 가자고 개!

엘라스티걸이 고개를 끄덕인다: 그 정도면 충분하다. 오토바이에 시동을 걸고 출발한다.

파의 집 – 위층
데이트에 갈 준비를 하며, 바이올렛이 화장실 거울 앞에서 헤어드라이어로 머리를 말리고 있다. 밥이 잭잭을 안고 그 옆을 지나간다.

밥 헤이 바이! 10시 반까지는 돌아와야 해!

바이올렛 11시쯤으로 하죠?

밥 10시쯤, 9시 반 정도로 할까 고려 중!

바이올렛 10시 반쯤으로 하죠. 칫.

밥 영화 재미있게 보고 와라.

---

unite 연합하다, 통합하다, 합치다
pick up (어떤 정보를) 듣게/알게 되다
disruption 방해, 지장, 분열
turn up the volume 볼륨을 높이다
take off 떠나다, 출발하다, 이륙하다
carry something in one's arms ~을 팔에 안고 다니다
Eleven-ish 11시쯤, (시간+-ish: ~시쯤)
head for ~을 향해가다, ~을 겨냥하다

1 I want you back here by ten thirty!
10시 반까지 돌아오도록 해!
'~까지'라고 할 때 until과 by 중 어떤 단어를 사용해야 할지 헷갈리지요? 마감 시한이나 기한을 표현할 때는 by를 쓴다는 것을 알아두면 더 정확하게 쓸 수 있어요. 예를 들어, 숙제를 금요일까지 제출해야 한다거나, 몇 시까지 시간에 맞춰 어디에 와야 한다거나 할 때는 until이 아닌 by를 써야 합니다.

INT. JACK-JACK'S BEDROOM
Bob **reclines** on an **easy chair**, Jack-Jack on his chest, sleepily **sucking on** a bottle while Bob READS a storybook to him.

내부. 잭잭의 침실
밥이 편안한 의자에 기대앉아 잭을 가슴 위에 앉혀 놓고 동화책을 읽어주고, 잭잭은 졸린 듯 젖병을 빨고 있다.

BOB (reading, tired) In the county of Noddoff, the Frubbers of Freep are all **giving in to** the sweet **succor** of sleep...

밥 (읽다가, 피곤해하며) 노도프라는 나라에, 프립의 프러버들이 잠의 달콤한 구조자에게 항복하고 있는데…

Jack-Jack's head **LOLLS**, the bottle's **nipple** slipping from his mouth; he'**s OUT**. Bob **SAGS** with relief; closing the book. He puts Jack-Jack down in his crib.

잭잭의 머리가 축 늘어지고, 젖병의 꼭지가 그의 입에서 미끄러져 내린다; 그가 곯아떨어졌다. 밥이 안도하며 축 늘어지고; 책을 덮는다. 그가 잭잭을 아기 침대에 눕힌다.

LIVING ROOM – NIGHT
Exhausted, Bob **flops down** on the couch to watch TV. His show is interrupted by DASH, who stands directly in front of Bob, blocking the TV. He holds up his MATH BOOK. Bob clicks off the TV.

거실 – 밤
녹초가 된 밥이 TV를 보려고 소파에 털썩 주저앉는다. 갑자기 TV에 바로 앞에 서서 TV를 막고 있는 대쉬로 인해 그의 시청이 방해를 받는다. 대쉬가 수학책을 들고 있다. 밥이 TV를 끈다.

DINING ROOM – NIGHT
Bob sits with Dash, **sweating** his math, **furiously scrawling equations**.

식당 – 밤
밥이 대쉬와 앉아서 미친 듯이 방정식을 휘갈겨가며 수학 문제를 푸는데 너무 어렵다.

DASH That's not the way you're supposed to do it, Dad. (points at open book) They want us to do it this way...

대쉬 그런 식으로 하는 게 아니에요, 아빠. (펼쳐진 책을 가리키며) 이런 식으로 하라고 했단 말이에요…

BOB (**snapping**) I don't know that way. Why would they change math? Math is math! MATH IS MATH!!

밥 (발끈 화를 내며) 난 그런 방식은 몰라. 수학을 도대체 왜 바꾸는 거지? 수학은 수학이야! 수학은 수학이라고!!

DASH Ehh– it's okay. Dad. I'll just wait for mom to get back.

대쉬 어– 괜찮아요, 아빠. 그냥 엄마 돌아올 때까지 기다릴게요.

BOB What–? Well, she won't understand it any better than I do–uh!— (**distracted** by Jack-Jack)

밥 뭐–? 음, 엄마가 나보다 더 잘하진 않을 거야–어!— (잭잭 때문에 산만해진다)

Bob suddenly hears the TV **BLARING** from the other room.

밥은 갑자기 다른 방에서 TV 소리를 듣는다.

---

recline 눕듯이 앉다, 비스듬히 기대다/눕다
easy chair 편안한 의자, 안락의자
suck on ~을 빨다
give in to ~에 굴복하다/굴하다
succor (위급할 때의) 구조, 원조, 구조자
loll 나른하게 누워/서/앉아 있다, 늘어지다
nipple 공갈 젖꼭지
be out 정신이 나가다, 곯아떨어지다
sag (가운데가) 축 처지다/늘어지다
exhausted 녹초가 된, 기진맥진한
flop down 털썩 주저앉다
sweat something ~을 하면서 땀을 흘리다
furiously 미친 듯이 노하여, 광란하여
scrawl 휘갈겨 쓰다, 낙서하다
equation 방정식, 등식
snap 갑자기 화를 내다, 발끈하다
distract (정신이) 산만/산란하게 하다
blare (큰 소리가) 울리다, 쿵쾅거리다

LIVING ROOM
Bob enters to discover JACK-JACK seated on the couch, happily **flicking through channels** with the REMOTE.

거실
밥이 거실에 들어와 보니 잭잭이 소파에 앉아, 행복한 표정으로 리모컨을 들고 채널을 돌리고 있다.

INT. JACK-JACK'S BEDROOM – MINUTES LATER
Bob is back reading to Jack-Jack.

내부. 잭잭의 침실 – 몇 분 후
밥이 다시 잭잭에게 책을 읽어주고 있다.

BOB (reading, **drowsy**) All over Doozle-Dorf, the Fribbers of Frupp are going to sleep, cuz' they just can't **keep up**- (**drifting off**) –all over Doozle-Dorf... Doozles are **dozing**... their eyelids so heavy... they're... **drooping** and...

밥 (읽으면서, 졸고 있다) 두즐도르프 방방곡곡에서, 프루프의 프리버들이 잠을 잘 건데, 왜냐하면 그들이 계속할 수가 없어서– (졸음 속으로 빠져들며) –두즐도르프 사방에... 두즐들이 졸고 있고… 그들의 눈꺼풀이 너무 무거워져서… 그들이… 축 늘어지고 그리고…

Bob's head droops. Asleep. Without **taking his eyes off** the **illustrations**, Jack-Jack gives Bob's face a gentle slap–

밥의 머리가 축 늘어진다. 잠들었다. 그림에서 눈을 떼지 않다가 잭잭이 밥의 얼굴을 살짝 친다 –

BOB –CLOSING! The point is: (**pointedly** to Jack-Jack) EVERYONE, EVERYONE'S **hitting the sack**, everyone's getting the sleep that they lack.

밥 –끝났어! 중요한 건: (잭잭에게 강조하듯이) 모두가, 모두가 다 자려고 하네, 모두가 다 부족한 잠을 자는 거야.

NEW HOVERTRAIN STATION – MAGIC HOUR
A **sizable** crowd has gathered at a sleek, new STATION for a **RIBBON-CUTTING CEREMONY**. At the center of the cluster; a **sparkling** and elegantly futuristic HOVERTRAIN. The MAYOR of New Urbem is speaking from a specially designed **podium**. Elastigirl watches from atop her Elasticycle.

새로운 호버열차 역 – 마법의 시간
리본 커팅 축하행사를 보기 위해 매끈하게 멋진 새로운 역에 꽤 많은 사람이 모였다. 그 무리 들 중심에, 반짝반짝 빛나며 우아하게 초현대적인 호버열차가 있다. 뉴 우르벰의 시장이 특수 제작한 연단에 올라서서 연설하고 있다. 엘라스티걸이 엘라스티시이클 위에서 바라보고 있다.

MAYOR –Mayors often **brag** about their cities and I'm **no exception**. And I'm willing to admit that New Urbem is not the only city where great things happen. But it is the city where great things happen first.

시장 –많은 시장들이 자신들의 시에 대해서 자랑을 늘어놓곤 하는데, 저도 마찬가지입니다. 위대한 일들이 일어나는 시가 뉴 우르벰만이 아니라는 것에 대해서는 저도 기꺼이 인정합니다. 하지만 위대한 일들이 가장 먼저 일어나는 곳은 바로 우리 뉴 우르벰 시입니다.

ELASTIGIRL ON ELASTICYCLE – SAME MOMENT
Elastigirl talks to THE DEAVORS through her Elasticycle.

엘라스티사이클을 타고 있는 엘라스티걸 – 같은 시간
엘라스티걸이 엘라스티사이클에 있는 장치를 통해 데버 남매에게 말을 한다.

ELASTIGIRL Are you sure the police are gonna be ok with this?

엘라스티걸 이 일에 대해서 경찰들이 혹시 문제 삼지는 않겠죠?

---

flick through channels 채널을 이리저리 돌리다
drowsy 졸리는, 나른하게 만드는
keep up (~의 진도를) 뒤처지지 않게 따라가다
drift off 잠/졸음에 빠져들다
doze 졸다, 잠들다
droop 축 처지다
take one's eyes off something ~에서 눈을 떼다
illustration 삽화/도해
pointedly 날카롭게, 비난하듯이
hit the sack 〈비격식〉 잠자리에 들다
sizable 상당한 크기의, 꽤 큰
ribbon-cutting ceremony 개관식, 개통식
sparkling 반짝이다, 생기 넘치다
podium 연단, 단/대
brag 자랑하다, 뽐내며 허풍을 떨다
no exception 예외가 아닌

EVELYN (V.O.) Sure, you're making life easy for 'em.

에블린 (목소리) 물론이죠, 자기들 살기 편하게 해준다는데.

ELASTIGIRL They still haven't forgiven us for the last time we made life easy for them.

엘라스티걸 지난번에 우리가 살기 편하게 해줬을 때에 대해서는 그들이 아직도 우릴 용서하지 않고 있어서요.

CUT TO EDIT VAN

밴 장면으로 전환

DEAVOR I know the Chief of Police. There won't be a problem.

데버 제가 경찰국장하고 알아요. 문제없을 거예요.

EVELYN With all due respect, if YOU had handled the Underminer, things would have been different.

에블린 죄송한 말씀이지만, 당신들이 언더마이너 건을 제대로 처리했으면 아마 상황이 좀 달랐을걸요.

Elastigirl chuckles.

엘라스티걸이 싱긋 웃는다.

EVELYN (V.O.) **I'm just saying.**❶

에블린 (목소리) 그냥 하는 말이에요.

RESUME MAYOR AT RIBBON

다시 리본 커팅 행사장의 시장 모습

MAYOR But I am happy to report that we are here today on **time budget** and **ahead of schedule**, to launch our **magnificent** new Hovertrain. It can get you where you need to go at ridiculous speeds. The future is open for business!

시장 우리가 시간 운영을 잘해서 일정보다 빨리 참으로 멋진 신형 호버열차를 개통하게 된 것을 알리게 되어 너무나도 기쁩니다. 이제는 말도 안 되는 속도로 여러분이 가고자 하는 곳으로 갈 수 있을 겁니다. 사업 분야에서도 미래가 짱짱하게 열렸고요!

He cuts the ribbon. CHEERS. A storm of FLASHBULBS. The train doors slide open and New Urbem's elite quickly step inside.

그가 리본을 자른다. 환호한다. 카메라 플래시가 사방에서 터진다. 열차의 문이 양옆으로 열리고 뉴 우르벰의 지도층 인사들이 빠르게 안으로 들어선다.

The train doors shut as a BAND **strikes up** a **BALLSY**, **BRASSY** GIACCHINO TUNE. The TRAIN RISES visibly, **hovering** over the track. More CHEERS. It starts to **pull out** of the station–
– then STOPS. And DROPS back to the track with a loud THUD.
ELASTIGIRL: –sits up, tensing.

열차의 문이 닫히면서 밴드가 우렁찬 금관악기로 마이클 지아치노의 음악을 연주한다. 일반인들도 볼 수 있도록 열차가 선로 위로 올려진다. 환호 소리가 더 커진다. 열차가 역에서 빠져나가기 시작한다–
– 그러고는 멈춘다. 커다란 쾅 소리와 함께 열차가 선로 위로 떨어진다.
엘라스티걸: –허리를 세우고 긴장한다.

ELASTIGIRL Wait, the train has stopped.

엘라스티걸 잠깐, 열차가 멈췄어요.

---

time budget 시간 분배
ahead of schedule 원래 일정보다 빠른
magnificent 참으로 아름다운, 감명 깊은
strike up ~을 연주하기 시작하다
ballsy 〈비격식〉 배짱 있는, 활기가 넘치는
brassy 금관악기의
hover (새, 헬리콥터 등이 허공을) 맴돌다
pull out (차량) 정차했던 자리에서 떠나다

❶ **I'm just saying.**
그냥 하는 말이에요.
내가 한 말에 대해 상대방이 반박하거나 이의를 제기할 때, 제대로 해명하지 않고 '특별한 이유/의미 없이 그냥 하는 말이야'라고 말할 때 쓰는 표현이에요.

RESUME THE HOVERRAIL
The CROWD **murmurs**, confused. A loud **HUM** as the train again **lifts** off the track. **Scattered applause**... until the train starts to pull out of the station –**BACKWARDS**. A murmur of **confusion** rises from the crowd as the TRAIN quickly **ACCELERATES**. CITY **OFFICIALS** are **dumbstruck**.

다시 호버선로
군중들이 혼란스러워하며 웅성거린다. 열차가 다시 선로 밖으로 들어 올려지며 커다란 굉음이 들린다. 산발적인 환호 소리… 열차가 역에서 빠져나가기 시작할 때까지 – 역방향으로. 갑자기 열차가 가속하기 시작하자 군중들의 혼란에 빠진 웅성거림이 커진다. 시 관계자들이 망연자실한다.

ELASTIGIRL It's **going the wrong direction.**

엘라스티걸 열차가 반대 방향으로 가고 있어요.

INSIDE TRAIN

열차 내부

MAYOR (worried / confused)

시장 (걱정하며 / 혼란스러워한다)

MAYOR It's going the wrong way!

시장 열차가 역주행하고 있어!

RESUME ELASTIGIRL

다시 엘라스티걸

ELASTIGIRL I'm **going after** it.

엘라스티걸 제가 추격할게요.

---

murmur 속삭이다, 중얼/웅얼거리다
hum 웅웅/웅성거리는 소리
lift (위로) 들어 올리다
scatter 뿌리다, 황급히 흩어지다
applause 박수, 박수갈채
backwards 뒤로, 거꾸로
confusion 혼란
accelerate 가속화하다, 가속도를 붙이다
official (고위) 공무원/관리, 임원
dumbstruck 놀라서 말도 못 하는, 멍한 상태가 된
go the wrong direction 잘못된/반대 방향으로 가다
go after ~ ~을 쫓아가다, 따라가다

Fiber O's
MILK
Fresh MILK

Disney · PIXAR
INCREDIBLES 2

Day 10

Elastigirl in Action

작전에 나선 엘라스티걸

10.mp3

ON ELASTIGIRL
The crowd's murmur has quickly grown into alarmed shouts and **screams**. Elastigirl TAKES OFF after the **runaway train**.

엘라스티걸 모습
군중들의 웅성거리는 소리가 빠른 속도로 겁에 질린 비명과 고함으로 바뀌었다. 엘라스티걸이 폭주 열차를 추격한다.

Thus begins an –
AMAZING ACTION **SEQUENCE**:
Elastigirl accelerates, using her ELASTICYCLE (specially designed to separate, **widen**, **lower**, etc – **useful** only for someone who can stretch and **contort**) to CATCH the high speed train as it winds through the city –

그렇게 시작한다 –
놀라운 액션 장면:
엘라스티걸이 그녀의 (늘어나고 뒤틀고 하는 능력이 있는 사람에게만 유용하도록 나뉘고, 넓어지고, 낮아지는 등의 기능을 할 수 있게 특수 제작된) 엘라스티사이클을 이용해 시내로 들어서고 있는 고속열차를 잡으려고 속도를 높인다 –

바로 이 장면!*

ELASTIGIRL This thing's really movin'! 200 and **climbing**! How much track is **built**??

엘라스티걸 이거 정말 장난 아닌데요! 200을 훌쩍 넘어요! 이 선로가 얼마나 완공됐죠??

EVELYN (V.O.) About 25 miles.

에블린 (목소리) 약 25마일 정도요.

Police begin to **pursue** the train.

경찰이 열차를 쫓기 시작한다.

ELASTIGIRL No one can shut this thing down??

엘라스티걸 아무도 이 열차를 멈출 수 없는 건가요?

EVELYN (V.O.) They've tried! No go!

에블린 (목소리) 시도는 해봤대요! 실패했지만!

Cops see Elastigirl pass by their vehicle on Elasticycle:

경찰들이 엘라스티사이클을 타고 그들의 차량 옆으로 지나가는 엘라스티걸을 본다:

COP #1 Is that Elastigirl?

경찰 #1 저거 엘라스티걸인가?

COP #4 (**screeching to halt**) Ahhhh!!!

경찰 #4 (끼익 멈추며) 아아아!!!

ELASTIGIRL **Overrides**??

엘라스티걸 중단장치는요??

---

scream 비명, 비명을 지르다
runaway train 폭주 열차
sequence 연속적인 사건들, (사건, 행동) 순서/차례
separate 분리되다
widen 넓어지다, 넓히다
lower ~을 내리다/낮추다
useful 유용한
contort 뒤틀다/뒤틀리다, 일그러지다
climb 오르다, 올라가다
built ~하게 지어진
pursue 추격하다, 뒤쫓다
screech to (a) halt 끼이익 소리를 내며 멈추다
override (자동으로 진행되는 과정을) 중단시키다, (결정, 명령 등을) 기각/무시하다

EVELYN (V.O.) They're **locked out** of the system!

에블린 (목소리) 시스템 접근이 불가능한 상태라고 하네요!

ELASTIGIRL What about a **failsafe**??

엘라스티걸 자동안전장치는요??

EVELYN (V.O.) Not enough time!

에블린 (목소리) 시간이 넉넉지 않아요!

ELASTIGIRL (beeping sound) Someone's calling! **Switching over**!

엘라스티걸 (삐삐 신호음) 누가 전화를 걸었어요! 통화 전환!

DASH (V.O.) Hey Mom– I can't find my **HI-TOPS** and Dad can't find 'em either, but he won't call you and ask, so I am.

대쉬 (목소리) 엄마 – 내 농구화가 어디 갔는지 안 보이는데 아빠도 못 찾겠대요. 그런데 아빠가 엄마한테 전화를 안 하겠다고 해서 제가 하는 거예요.

BOB'S VOICE (in background) DO NOT CALL YOUR MOTHER!!

밥의 목소리 (배경 소리에서) 엄마한테 전화하지 말라고!!

ELASTIGIRL Dash, honey?? Can't talk right now, but look under your bed, okay? (Elastigirl switches call) How much time??

엘라스티걸 대쉬, 얘야?? 지금은 엄마가 통화하기 힘들어. 근데 침대 밑에 봐봐, 알았지? (엘라스티걸이 다른 선으로 전환한다) 시간이 얼마나 있나요??

EVELYN (V.O.) Less than 2 minutes! There's a **shortcut**! **Cut through** the **culvert** up ahead!

에블린 (목소리) 2분 이내! 지름길이 있어요! 앞쪽에 나오는 지하배수로를 통해서 가요!

Elastigirl rides through tunnels and onto **rooftops**.

엘라스티걸이 오토바이로 터널을 통과해서 옥상으로 올라간다.

ELASTIGIRL I don't know if I can **stay with** it!

엘라스티걸 계속 놓치지 않고 따라갈 수 있을 지 모르겠어요!

Elastigirl finally **makes it to** the top of the hovertrain, then **loses control of** the Elasticycle. It crashes into a tunnel.

엘라스티걸이 드디어 호버열차의 위로 올라섰다. 그런데 엘라스티사이클을 제어하지 못해 놓쳐버린다. 오토바이가 터널에 충돌한다.

LATER...
Elastigirl realizes the train engineer is **unresponsive**. She **manages to** use her **parachute capabilities** and the train comes screeching to a stop, through a **construction barricade**, hovering slightly over the edge of the train tracks.

나중에…
열차의 기관사가 반응을 보이지 않는 것을 엘라스티걸이 알아챈다. 그녀가 가까스로 그녀의 낙하산 능력을 활용해서 열차가 건설 바리케이드를 치며 끼익하며 멈추게 만들고, 열차가 선로 가장자리에 살짝 걸쳐져 있다.

---

be locked out (자물쇠가 잠긴 채) 다시 들어갈 수가 없다
failsafe 자동안전장치
switch over (라디오, TV, 전화 채널) 바꾸다/돌리다
hi-tops 발목까지 올라오는 신발, 특히 농구화
shortcut 지름길
cut through ~사이로 질러가다/뚫고 가다
culvert 지하배수로
rooftop 옥상

stay with (원하지 않는 일 따위를) 계속하다/고수하다
make it to ~에 이르다, 도착하다
lose control of ~을 제어할 수 없다/잃다
unresponsive 무응답의, 묵묵부답의
manage to 간신히/가까스로 ~하다
parachute 낙하산
capability 능력, 역량, 힘
construction barricade 공사현장의 바리케이드/장애물

ELASTIGIRL (pulling / parachute effort)

엘라스티걸 (잡아당기며 / 낙하산으로 인해 애쓴다)

ELASTIGIRL (exhausted sigh)

엘라스티걸 (지친 한숨을 쉰다)

ELASTIGIRL (impact of train hitting)

엘라스티걸 (열차 충돌로 인한 충격)

INSIDE THE TRAIN
Elastigirl runs through a cabin of shocked passengers.

열차 내부
엘라스티걸이 충격 받은 승객들을 살피려고 객실을 돌아다닌다.

ELASTIGIRL (to passengers) Is everybody alright, is anybody injured? Are you alright?

엘라스티걸 (승객들에게) 모두 괜찮으신가요, 다친 분은 없나요? 괜찮으세요?

Elastigirl's eyes move to the **opposite end** of the train, and a **STROBING LIGHT** inside the engineer's CABIN.

엘라스티걸의 시선이 열차의 반대쪽 끝으로 옮겨지고, 기관실에서 화려한 점멸 조명등 불빛이 비친다.

INSIDE THE TRAIN
Elastigirl **KICKS OPEN** the door to the engineer's cab, and finds him just **coming back to consciousness**. Elastigirl helps him to sit up.

열차 내부
엘라스티걸이 기관실 문을 발로 걷어차며 열자, 그 순간 기관사의 의식이 돌아온다. 엘라스티걸이 그를 부축해서 일으킨다.

ELASTIGIRL **Your story better be good!**❶ (he's out, coming to) Hey! HEY!!

엘라스티걸 이야기를 꾸며대지 않는 게 좋을 거예요! (그가 의식을 잃었다, 알아차리며) 이봐요! 이봐!!

Elastigirl slaps the engineer. He wakes.

엘라스티걸이 기관사의 뺨을 때린다. 그가 깨어난다.

ENGINEER (confused) Huh? Uhh–what happened?

기관사 (혼란스러워하며) 네? 어-무슨 일이 일어난 거죠?

Just then, she notices a message on the large MONITOR on the train's control panel, which reads:
Welcome back, Elastigirl.
– The Screenslaver

바로 그때, 그녀가 열차의 제어판에 있는 큰 모니터에 쓰여 있는 문구를 보게 되는데, 이렇게 쓰여 있다:
돌아온 걸 환영해, 엘라스티걸.
– 스크린스레이버

After a moment, the screen **BLINKS OUT**.

잠시 후, 스크린이 꺼진다.

JACK-JACK'S **NURSERY** – NIGHT
Bob lowers a sleeping JACK-JACK into his crib. He snaps out the reading lamp, which **gives way to** the soft glow of the **nightlight**. As he heads out the door, he stops, pausing to stare at the sleeping baby.

잭잭의 놀이방 – 밤
밥이 잠들어 있는 잭잭을 아기 침대에 눕힌다. 그가 독서 등을 끄니 흐린 불빛의 야간 등이 켜진다. 그가 방을 나가다가 잠자고 있는 아기의 얼굴을 바라보기 위해 멈춘다.

---

opposite end 반대쪽 끝
strobing light 섬광등
kick open 발로 걷어차서 열다
come back to consciousness 의식이 돌아오다
blink out 불빛이 깜박거리며 꺼지다
nursery (가정의) 아기 방, 탁아시설
give way to ~에 굽히다, ~에게 자리를 내주다
nightlight 야간등, 밤새도록 켜놓는 불

❶ **Your story better be good!**
헛소리할 거면 각오해!
이 문장을 직역하면 '네 이야기가 좋아야만 할 거야!'라는 의미인데, 이야기를 들어보고 믿을만한 이야기를 하는 건지 거짓말을 하는 건지 판단하겠다는 뜻이네요. better be 부분에서 문법적으로 원래 그 앞에 had가 들어가야 하는데 구어체에서는 had 부분을 생략하기도 한답니다.

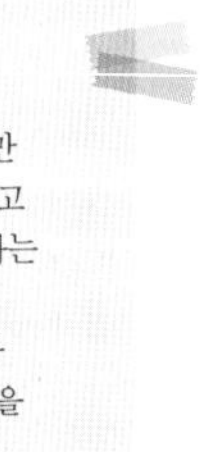

TIME CUT – A MINUTE LATER
Bob **flips** a CARD TABLE **upside down** and covers the top of JACK-JACK'S CRIB. **Sets** a **stack** of books on top... THERE.

시간 전환 – 1분 후
밥이 카드 테이블을 거꾸로 뒤집어 잭잭의 아기 침대 위를 덮는다. 그 위에 책 한 뭉텅이를 올려놓는다… 거기에.

FRONT ROOM
Bob heads downstairs, suddenly notices –
– VIOLET HASN'T LEFT. Bob **freezes**. Tony has **stood her up**.

응접실
밥이 아래층으로 향하다가 갑자기 깨닫는다 –
– 바이올렛이 외출하지 않았다. 밥이 얼어붙는다. 토니가 그녀를 바람맞힌 것이다.

BOB Honey, why are you—

밥 얘야, 너 왜—

Violet **cuts him off**.

바이올렛이 그의 말을 차단한다.

VIOLET DON'T say anything.

바이올렛 아무 말도 하지 마세요.

Bob watches in silence as Violet **skulks** off to her bedroom.

밥은 바이올렛이 그녀의 방으로 슬그머니 들어가는 것을 묵묵히 지켜본다.

OUTSIDE VIOLET'S ROOM – A MOMENT LATER
BOB knocks on her bedroom door.

바이올렛의 방 밖 – 잠시 후
밥이 그녀의 침실 문을 두드린다.

BOB It's Dad. Are you okay?

밥 아빠야. 괜찮니?

VIOLET'S VOICE (not okay, behind door) I'm fine. I don't want to talk about it.

바이올렛의 목소리 (괜찮지 않은 목소리로 문 뒤에서) 괜찮아요. 그 얘기는 하고 싶지 않아요.

BOB Tony didn't even call?

밥 토니가 전화도 안 했니?

VIOLET'S VOICE I DON'T wanna talk about it.

바이올렛의 목소리 얘기하고 싶지 않다고요.

BOB Aw honey... you–

밥 아 얘야… 넌–

VIOLET'S VOICE Dad! If you want me to feel better, then **leave me alone**. Please?

바이올렛의 목소리 아빠! 내 기분이 좋아지길 원하신다면 날 그냥 혼자 두세요. 그래 주시겠어요?

Bob wants to say something **comforting**, but **stays silent**. He slowly turns and heads downstairs.
Then another sound: the downstairs TV, blaring again.

밥이 위로의 말을 건네고 싶지만 그냥 조용히 있는다. 그가 천천히 돌아서서 아래층으로 향한다.
그러고는 또 다른 소리: 아래층의 TV가 또다시 요란하게 울린다.

BOB (reaction to TV) Huh?

밥 (TV 소리에 반응하며) 응?

---

flip 확 뒤집다/젖히다
upside down 거꾸로, 뒤집혀
set 놓다
stack 무더기, 더미, 많음, 다량
freeze 얼어붙다, 얼어붙게 하다
stand someone up ~를 바람맞히다
cut someone off 말을 끊다
skulk (나쁜 짓을 꾸미며) 몰래 숨다
leave someone alone ~을 혼자 있게 하다
comforting 위로가 되는
stay silent 침묵을 지키다

FAMILY ROOM – CONTINUOUS
Bob comes downstairs and –
– finds JACK-JACK there, mysteriously escaped from his crib, sitting on the couch with the REMOTE, watching TV. BOB stares, **unamused**.

거실 – 계속
밥이 아래층으로 내려오는데 –
– 잭잭이 신기하게도 아기 침대에서 탈출하여 소파에 앉아 리모콘을 들고 TV를 보며 거기에 있다. 밥이 즐겁지 않은 표정으로 바라본다.

PARR HOME – LIVING ROOM – NIGHT
Bob, now in a **bathrobe** and pajamas, is DEAD ASLEEP on the couch. Jack-Jack sits **nestled** in his lap, sucking on a bottle, **attentively** watching TV.

파의 집 – 거실 – 밤
밥이 잠옷과 샤워가운을 걸치고 소파에서 깊게 잠들어 있다. 잭잭이 그의 무릎에 앉아서 젖병을 빨며, 열심히 TV를 보고 있다.

BOB (light snore)

밥 (가볍게 코를 곤다)

An OLD CRIME MOVIE is on; a **MASKED ROBBER** holds a store owner **at gun point** as he **cleans out** a **cash register**. Jack-Jack climbs down from the couch to sit closer to the TV, still sipping on his bottle. He hears a SOUND in the BACKYARD, and turns to SEE–
–A RACCOON, **rummaging** through the Parr's TRASH CAN.

옛날 범죄 영화가 틀어져 있다: 복면을 한 강도가 계산대를 털면서 가게주인을 향해 총구를 겨누고 있다. 잭잭이 여전히 젖병을 빨면서 TV에 더 가까이 가서 앉으려고 소파에서 기어 내려온다. 그가 뒷마당에서 들리는 소리를 듣고 몸을 돌리는데–
–너구리 한 마리가 파의 집 쓰레기통을 뒤지고 있다.

JACK-JACK looks at the MASKED TV ROBBER, rummaging through the register drawer, then back at the RACCOON– rummaging through the trash. He decides a **crime** is being **committed**.

잭잭이 TV 속의 복면강도가 계산대 서랍을 뒤지는 것을 보다가 다시 쓰레기통을 뒤지고 있는 너구리를 본다. 그는 범죄가 일어나고 있다고 마음먹는다.

The RACCOON looks up from his rummaging, turns to Jack-Jack with a face that says "What're YOU looking at?". He HISSES. Jack-Jack babbles back.

너구리가 쓰레기를 뒤지다가 고개를 들어 잭잭을 보는데 마치 "넌 뭘 보는 거야?" 하는 표정이다. 그가 쉭쉭 소리를 낸다. 잭잭이 옹알이로 되받는다.

JACK-JACK (angry babble)

잭잭 (성난 옹알이)

Jack-Jack **toddles** to the sliding door and presses his hands against the glass– FROWNING at the **intruder**.

잭잭이 미닫이문 쪽으로 아장아장 걸어가서 유리창에 손을 밀착시키며– 침입자를 향해 얼굴을 찌푸린다.

Suddenly, Jack-Jack **penetrates** through the glass and **stands on two feet**. He **waddles** toward the raccoon and steals a chicken leg from him, tossing it into the trash can. He uses his powers to **levitate** the lid onto the trash can.

갑자기 잭잭이 유리를 관통하더니 두 발로 일어선다. 그가 너구리를 향해 뒤뚱뒤뚱 걸어가더니 그에게서 닭다리를 빼앗아 쓰레기통에 던져 넣는다. 그가 초능력을 이용해서 뚜껑을 쓰레기통 위로 공중부양 시킨다.

---

unamused 즐기지 않는, 재미없어하는
bathrobe 목욕용 가운
nestle 따뜻이 앉다/눕다
attentively 유심히, 귀 기울여
masked robber 복면강도
at gunpoint 총구를 들이대고, 위협하며
clean out 일소하다, 깨끗이 치우다
cash register 금전등록기, 계산대

rummage 뒤지다, 뒤지기
commit a crime 범죄를 저지르다
toddle 아장아장 걷다
intruder 불법 침입자
penetrate 뚫고 들어가다, 관통하다
stand on two feet 두 발로 서다
waddle 뒤뚱뒤뚱 걷다
levitate (마술, 정신력으로) 공중에 뜨다

Jack-Jack's multiple powers are **on FULL DISPLAY** as he **takes on** the raccoon, who is **mystified**— but not **cowed**-- by any power Jack-Jack displays. WRESTLING, PUNCHES, KICKS from both Jack-Jack and the raccoon.

잭잭의 초능력에 얼떨떨해하면서도—주눅들지는 않은 너구리를 상대하면서 잭잭은 그의 수많은 초능력을 한꺼번에 다 보여준다. 잭잭과 너구리의 싸움에 레슬링, 펀치, 발차기가 난무한다.

BOB snores inside the house.

밥이 집 안에서 코를 골고 있다.

RACCOON FIGHT **ESCALATES**. JACK-JACK VS. THE RACCOON. **Flaming** patio furniture is thrown. Jack-Jack uses his LASER EYES to shoot at the raccoon. Jack-Jack then turns **goopy**, the raccoon **sticks** to him.

너구리 싸움이 고조된다. 잭잭과 너구리의 대결. 불타는 베란다의 가구가 던져진다. 잭잭이 너구리를 향해 눈에서 레이저 광선을 쏜다. 잭잭이 끈적거리는 몸으로 변하고 너구리가 그에게 달라붙는다.

JACK-JACK (fighting)

잭잭 (싸우며)

JACK-JACK (giggles)

잭잭 (낄낄거린다)

RACCOON (hisses / noises)

너구리 (쉭쉭 소리 / 소음)

RACCOON **Bonzai!**

너구리 빠샤!

RACCOON What?!

너구리 뭐야?!

BOB is WAKENED by CRASH- He **STARTLES** AWAKE TO FIND:
-JACK-JACK AND THE RACCOON **TUSSLING** in the back yard!

밥이 충돌 소리에 깨어난다- 그가 깨어나서 깜짝 놀라며 본다:
-잭잭과 너구리가 뒷마당에서 난투극을 벌이는 모습을!

Bob UNLOCKS THE SLIDING GLASS DOOR, RUSHING outside to stop the **oddly well-matched** fight. Bob reaches for Jack-Jack when-

밥이 문고리로 닫혀 있던 미닫이문을 열고, 기이하게도 잘 어울리는 결투를 멈추게 하려고 밖으로 뛰어간다. 밥이 잭잭에게 손을 뻗는데-

BOB (**agitated**) No no NO-! NO! NO! NO! NO! NO! NO!

밥 (흥분하며) 안 돼 안 돼 안 돼-! 아니! 아니! 아니! 아니! 안 돼! 안 된다고!

-the baby suddenly **MULTIPLIES**, **stunning** the RACCOON and BOB. Multiple JACK-JACKS surround the raccoon-

-아기가 갑자기 분신술을 써서 여러 명의 아이로 나뉘어져서 너구리와 밥을 놀라게 한다. 여러 명의 잭잭이 너구리를 둘러싼다-

BOB (again, agitated) NOOO-! NO! NO! NO! NO! NO NO NO NO NO! NO NO NO-NO!!!

밥 (다시, 흥분하며) 아냐-! 아니! 아니! 아니! 아니! 아니 아니 아니 아니 아니! 아니 아니-안 돼!!!

---

on full display 완전히 공개하는
take on ~와 대전/대결하다
mystify 혼란스럽게/얼떨떨하게 만들다
cow 겁을 주다
escalate 확대/증가/악화되다
flaming 불타는, 불같이 화가 난
goopy 끈적거리는, 끈적끈적한
stick 붙이다/붙다, 달라/들러붙다
bonzai 뛰어내리거나 결투를 할 때 외치는 소리
startle 깜짝 놀라게 하다
tussle (차지하기 위한) 몸싸움, 몸싸움을 벌이다
oddly 이상하게, 특이하게
well-matched 배합이 잘 된, 잘 어울리는
agitate (마음을) 뒤흔들다, 불안하게 만들다
multiply 곱하다, 많이 증가/증대하다
stun 기절/실신시키다, 망연자실하게 만들다

Bob **scoops up** the multiple Jack-Jacks, they **VIBRATE** & MERGE back into normal Jack-Jack.

밥이 여러 명의 잭잭을 들어 올리자, 그들이 진동하며 다시 정상적인 하나의 잭잭으로 돌아온다.

The raccoon takes off, pausing long enough to HISS at Jack-Jack ("**This isn't over!**")❶ before disappearing into the woods. Jack-Jack **back-sasses** the creature.

너구리가 떠나면서 오랫동안 멈추었다가 잭잭에게 쉭쉭 소리를 내고 ("두고 봐!") 덤불 속으로 사라진다. 잭잭이 너구리에게 웃기시네 하는 느낌으로 옹알이를 해 댄다.

JACK-JACK (babble / giggle)

잭잭 (옹알이 / 킥킥 댄다)

BOB You... have...POWERS!!! Yeah BABY! And there's not a scratch on you!

밥 너··· 초능력이···있구나!!! 이야 아가! 몸에 상처 하나 없네!

Bob **inspects** Jack-Jack for injuries. Not a scratch. Bob looks at the sliding glass door, then at Jack-Jack, **marveling**.

밥이 잭잭에게 부상이 없는지 살핀다. 털끝만큼의 상처도 없다. 밥이 경이로워하며 미닫이문과 잭잭을 번갈아 가며 본다.

BOB Did you go through the locked door? Are those your powers? Ha HAAH! Who can multiply like rabbits and go right through any... solid... oh... my... God.

밥 문고리가 걸린 문을 관통해서 나간 거야? 그게 네 초능력인 거니? 하 하아! 토끼들처럼 막 몸이 여러 개가 되고 고체를··· 뚫고 나가고··· 오··· 맙··· 소사.

Bob's **exhilaration** vanishes as the **disastrous** potential of these **revelations** land. Inside the house, the phone RINGS.

이러한 발견으로 인한 재앙적 잠재성에 대한 생각이 들자 밥의 흥분했던 표정이 사라진다. 집에서 전화벨이 울린다.

---

scoop up 퍼/떠 올리다, 주워 담다
vibrate 진동하다, 떨다/흔들리다
back-sass 말대꾸하다
inspect 점검/검사하다
marvel 경이로워하다, 경탄하다
exhilaration 기분을 돋움, 들뜸
disastrous 처참한, 형편없는
revelation 폭로, 드러냄, 계시

❶ **This isn't over!**
아직 안 끝났어! / 두고 봐!
싸움이나 경쟁을 마무리하지 못하고 상대와 다음을 기약해야만 할 때 우리 말로 '두고 봐!' '다음에 보자!'라는 식의 표현을 하는데, 그것의 영어 버전이라고 보면 되겠어요.

Day 11

Bob Doing House Chores

집안일 하는 밥

11.mp3

PARR HOME – KITCHEN
Phone rings. Bob answers, Jack-Jack in his arms.

파의 집 – 주방
전화벨이 울린다. 밥이 잭잭을 팔에 안고 전화를 받는다.

BOB (through phone) Hello?

밥 (전화에 대고) 여보세요?

HELEN'S HOTEL ROOM – INTERCUT AS NEEDED

헬렌의 호텔 방 – 필요에 따라 장면 중간 삽입

HELEN Hey honey...! You weren't gonna call me?

헬렌 여보…! 나한테 전화 안 하려고 했던 거예요?

BOB (confused, hiding it) Oh, hey, no... I mean, yes, yea. I was. I just didn't want to– wake you... the strangest thing just happened out in the **yard**–

밥 (혼란스러워하며, 감추며) 아, 여보, 그건 아니고… 그러니까, 응, 그렇죠, 하려고 했죠. 난 그냥 당신을 깨우고 싶지 않아서… 마당에서 지금 방금 진짜 이상한 일이 일어났어요 –

JACK-JACK (babble)

잭잭 (옹알이한다)

Bob sets Jack-Jack on the floor.

밥이 잭잭을 바닥에 내려놓는다.

바로 이 장면!*

HELEN Sounds like I just woke you up.

헬렌 왠지 내가 당신을 깨운 것 같은데요.

BOB No, no, it's just— Jack-Jack—

밥 아뇨, 아뇨, 그냥 그러니까— 잭잭이—

HELEN (suddenly worried) He **had an accident**! I **knew it!**[1] I'm coming home right now! I **never should've**-

헬렌 (갑자기 걱정하며) 그 애한테 사고가 났군요! 내 그럴 줄 알았다니깐! 지금 당장 집으로 갈게요! 이래서 내가 절대로 그러지 말아야 했는데 –

BOB No, no–! No accident. Stay there and finish your **mission**! (beat, **defensive**) And you "never should've" what?? You don't think I can do this?

밥 아니, 아니에요 –! 사고는 아니에요. 거기에서 임무나 마치고 와요! (정적, 방어적으로) 근데 뭘 '절대 그러지 말아야' 했죠?? 내가 이걸 못할 거라 생각하는 거예요?

---

yard 마당, 뜰
have an accident 사고를 당하다/일으키다
never should have (+ 과거 분사) 절대/결코 ~하지 말았어야 했다
mission 임무
defensive 방어적인, 방어태세의

❶ I knew it!
내 이럴 줄 알았어!
추측만 하고 있던 일을 누군가가 확인해 주었을 때 '내 그럴/이럴 줄 알았다니까!'라는 의미로 쓰는 표현이에요. 예를 들어, Jenny said she's not coming. '제니는 안 온다고 하네.'라고 누군가 말할 때, 내가 I knew it! '내 그럴 줄 알았어!' 이렇게 말할 수 있습니다.

HELEN N– sorry. I **misspoke**. (takes a breath) Do you need me to come back?

헬렌 아니– 미안해요. 말이 잘 못 나왔어요. (숨을 들이쉬며) 내가 집으로 돌아갔으면 좋겠나요?

BOB NO, no no. **I've got this.**❶ Everything's GREAT.

밥 아니, 아니, 아뇨. 내가 할 수 있다니까요. 다 좋아요.

HELEN What happened with Jack-Jack?

헬렌 잭잭에게 무슨 일이 있었던 거죠?

LONG BEAT.

긴 정적.

BOB Nothing. He's **in excellent health**.

밥 아무 일도 아녜요. 잭잭은 아주 건강해요.

An **invisible** Violet enters, **sobbing** quietly. She heads for the fridge.

투명인간 바이올렛이 조용히 흐느끼며 들어온다. 그녀가 냉장고 쪽으로 간다.

VIOLET (sobbing)

바이올렛 (흐느끼며)

HELEN Well, that's good. How was Violet's date?

헬렌 네, 좋네요. 바이올렛 데이트는 어땠어요?

BOB Uhh—

밥 어—

HELEN That was tonight, right?

헬렌 오늘 밤이었죠, 그죠?

Invisible Violet takes a tub of ICE CREAM from the fridge, grabs a big spoon and goes back upstairs, still crying.

투명인간 바이올렛이 냉장고에서 아이스크림 통을 꺼내고, 큰 스푼 하나를 들고, 계속 울며 위층으로 올라간다.

BOB Oh–yes. Good. All fine and...good.

밥 오–네. 좋아요. 모든 것이 괜찮고…좋아요.

HELEN And Jack-Jack **went down with** no trouble?

헬렌 그리고 잭잭이 아무 말썽 일으키지 않았나요?

JACK-JACK (angry babble)

잭잭 (성난 옹알이)

Bob looks up; JACK-JACK is **pressed against** the sliding glass **door**, **glaring** at the returned RACCOON, who hisses at him.

밥이 고개를 들어 보니; 잭잭이 미닫이문에 얼굴을 밀착하며, 다시 돌아와 그에게 쉭쉭 거리고 있는 너구리를 노려보고 있다.

BOB (blocks **phone receiver**) Fine. Yes. No trouble.

밥 (수화기를 막으며) 좋아요. 네. 말썽 안 부렸죠.

HELEN And Dash got his homework done?

헬렌 그리고 대쉬는 숙제 다 하고요?

---

misspeak 잘못 말하다
in excellent health 건강 상태가 아주 좋은
invisible 보이지 않는
sob 흐느끼다, 흐느껴 울다
go down with ~에 걸리다, ~로 앓아눕다
press against a door 문 쪽으로 밀어붙이다
glare 노려/쏘아보다
phone receiver 수화기

❶ **I've got this.**
이것은 내가 알아서 할게요.
I got this 또는 I've got this라고 말하는데, '내가 이것을 맡아서/알아서 할 수 있다', '잘 처리할 수 있다'라는 의미로 쓰는 표현이에요. 예를 들어, Don't worry. I've got this. '걱정 마, 내가 알아서 할 수 있어.' 이렇게 쓰지요.

Bob glances toward the dining room. Dash sits at the table, **hunched** over his math **assignment**, asleep.

밥이 식당 쪽으로 힐끗 본다. 대쉬가 식탁에 앉아 수학 숙제 위로 등을 구부리고 잠들어 있다.

DASH (snoring)

대쉬 (코 고는 중)

BOB All done.

밥 다 했죠.

HELEN So things haven't **spiraled out of control the moment I left?**

헬렌 그러니까 내가 떠나자마자 난장판이 되고 그러진 않았나 보네요?

BOB (defensive) **Amazing as it may seem**. It has been quite **uneventful**, in fact. How about you??

밥 (방어적으로) 놀랍게도 안 그렇네요. 별일 없었어요, 실제로. 당신은요??

HELEN **(can't hold it any longer)** I SAVED A RUNAWAY TRAIN! (delighted laughter) It was SO GREAT! The Mayor was there to cut the ribbon on this new train, you know, a ceremony to open this **rail line**, so I'm just standing there, the Mayor's like "I hereby declare this train bla bla bla–

헬렌 (더 이상 못 참겠다는 듯이) 내가 폭주 열차를 구했어요! (기쁜 웃음) 정말 대단했다고요! 시장이 새로운 열차에 대한 리본 커팅을 하러 왔었는데요, 새로운 선을 개통하는 기념식에서 내가 그냥 서 있었더니, 시장이 와서 뭐라 그러냐 하면 이제 이 열차가 어쩌고저쩌고 선포합니다 어쩌고저쩌고–

Bob picks up the remote and changes the channel, **surfing** from the crime movie to the nearest NEWS CHANNEL. An **enthused** ANCHOR **blathers** under a **CHYRON**: "ELASTIGIRL SAVES NEW TRAIN".
Bob quickly channel surfs; **variations** of the story are EVERYWHERE.

밥이 리모컨을 들어 범죄영화 채널에서 바로 옆 뉴스 채널로 채널을 바꾼다. 열의에 찬 앵커가 자막 밑에서 열심히 지껄여댄다: "엘라스티걸이 신형 열차를 구했습니다".
밥이 여기저기로 빠르게 채널을 돌린다; 같은 이야기가 여러 가지 버전으로 모든 채널에서 나온다.

ANCHOR #1 Elastigirl pursued the train and was able to successfully **activate** the–

앵커 #1 엘라스티걸이 열차를 추격해서 성공적으로 가동하게 했고–

ANCHOR #3 –track of its **brand new** Hovertrain–

앵커 #3 –이 최신형 호버열차 선로–

ANCHOR #5 –**malfunctioned** on–

앵커 #5 –오작동을 했는데–

ANCHOR #1 –thanking Elastigirl–

앵커 #1 –엘라스티걸에게 감사하며–

ANCHOR #3 –put into an almost–

앵커 #3 –거의 그런 상황이–

---

hunch (등을) 구부리다
assignment 과제, 숙제, 임무
spiral out of control 통제 불능의 상태가 되다
the moment someone left ~가 떠나자마자
amazing as it may seem 놀랍게 보이긴 하겠지만
uneventful 특별한 일/사건이 없는
can't hold it any longer 더 이상 버틸 수가 없다
rail line 철도

surf 통신망/인터넷/TV 등을 검색하다/보다
enthuse 열변을 토하다, 열광해서 말하다
blather 계속 지껄이다
chyron 키론 (TV, 영화 화면의 전자 자막)
variation (양, 정도의) 변화/차이
activate 작동시키다, 활성화시키다
brand new 신형의, 완전 새것인
malfunction 고장, 기능 불량, 제대로 작동하지 않다

ANCHOR #1	–the successfully–	앵커 #1 – 그 성공적으로 –
ANCHOR #3	–superhero Elastigirl–	앵커 #3 – 슈퍼히어로 엘라스티걸 –
ANCHOR #4	–Elastigirl–	앵커 #4 – 엘라스티걸–
ANCHOR #5	–Elastigirl–	앵커 #5 – 엘라스티걸–

Bob can't take it any more. He turns the TV off.

밥이 더 이상은 못 견딘다. 그가 TV를 끈다.

HELEN	**I'm tellin' ya honey,**❶ it was a SAGA!	헬렌 진짜로 여보, 정말 엄청났다고요!
BOB	(**genuine**, but struggling) That's fantastic, honey. And on your first NIGHT. I am so proud of you. (Bob bangs head) Really.	밥 (진심으로, 하지만 힘겹게) 정말 멋져요, 여보. 게다가 나가자마자 첫날 밤에 이룬 성과잖아요. 너무 자랑스러워요. (밥이 머리를 찧으며) 정말로.
HELEN	I'm proud of you, honey. I know you want to get out there and you will, soon. And you'll be amazing. I couldn't have done this if you hadn't **taken over** so well.	헬렌 전 당신이 자랑스러워요, 여보. 당신이 현장에 나가고 싶어 하는 거 알아요. 그리고 앞으로 그렇게 될 거고요, 곧. 그리고 당신은 정말 잘할 거예요. 당신이 아이들을 이렇게 잘 봐주지 못했다면 저도 이 일을 못해냈을 거예요.
HELEN	(O.S.) Thanks for handling everything. (sigh)	헬렌 (화면 밖) 이 모든 일을 감당해줘서 고마워요. (한숨을 쉰다)
BOB	It's nothing.	밥 아무것도 아닌걸요.
HELEN	I love you, honey. I'll be back soon. (O.S.) **Sweet dreams.**	헬렌 사랑해요, 여보. 곧 돌아갈게요. (화면 밖) 좋은 꿈 꿔요.
BOB	Sweet dreams, honey.	밥 좋은 꿈 꿔요, 여보.

Bob **hangs up the phone**. He is **introspective**, **rueful**. He looks at sleeping Dash at the table, then Jack-Jack - who is now asleep at the sliding glass door.

밥이 전화를 끊는다. 그가 생각에 잠겨 유감스러워한다. 그는 식탁에 앉아 자고 있는 대쉬를 보고, 그 다음에는 미닫이문 앞에서 잠들어 있는 잭잭을 본다.

STAIRS
Bob quietly **ascends** the stairs, a sleeping son in each arm.

계단
밥이 잠자고 있는 아들 둘을 양팔에 안고 조용히 계단을 오른다.

---

saga 대하소설, 영웅전설
genuine 진짜의, 진품의, 진실한
take over 인수하다, 넘겨받다, 대체하다
Sweet dreams! 달콤한/좋은 꿈 꿔!
hang up the phone 전화를 끊다
introspective 자기 성찰적인
rueful 후회하는, 유감스러워하는
ascend 오르다, 올라가다

❶ **I'm tellin' ya!**
정말로, 정말이야!
보통 문장 앞쪽에 위치하며 강조 용법으로 '정말이야, 정말 그렇다니까!' 정도의 의미로 쓰이는 표현이에요. 예를 들어, I'm telling you I'm not going! '정말 나는 안 갈 거라니까!' 이런 식으로 쓰여요. 원래 표현은 I'm telling you인데 구어체에서 발음 나는 대로 표기하면 I'm tellin' ya라고 쓸 수도 있답니다.

MASTER BEDROOM – LATER
Clock on **nightstand** reads 2:17AM.
BOB **tosses** in bed, **unable** to sleep. **Annoyed**.

안방 – 나중
침실용 스탠드의 시계가 새벽 2시 17분을 가리킨다. 밥이 침대에 몸을 던지지만 잠이 오지 않는다. 짜증이 난다.

BOB (grumbling to himself) "Eh, dad, it's okay. I'll just wait for mom to get"–as if SHE could— I know how to d– I can do math.

밥 (혼자 투덜대며) "에, 아빠, 괜찮아요. 그냥 엄마 올 때까지 기다리죠" – 마치 엄마는 할 수 있다는— 나도 어떻게 하는지– 나도 수학할 수 있다고.

Bob checks the clock, **lets out a sigh**. He sits up and heads downstairs, grumbling.

밥이 시계를 보고 한숨을 쉰다. 그가 일어나 앉아 투덜대며 아래층으로 향한다.

BOB (continues grumbling to himself) "Wait for mom." What am I? A **substitute** parent?

밥 (계속 혼자 투덜대며) "엄마 올 때까지 기다려." 그럼 난 뭔데? 대타야?

THE KITCHEN – A FEW MINUTES LATER
The lights go on. Dressed in a robe. Bob **pours** himself a cup of coffee and sits down at the kitchen table.

주방 – 몇 분 후
불이 켜진다. 샤워가운을 입고 있다. 밥이 자기가 마실 커피를 따르고 식탁에 앉는다.

BOB (still grumbling) It's not my fault they changed math.

밥 (여전히 투덜대며) 수학을 바꾼 놈들이 문제지 내 잘못이 아니라고.

Bob **puts on** his **glasses**, **cracks open** Dash's NEW MATH BOOK and starts to read.

밥이 안경을 끼고 대쉬의 새로운 수학책을 편 후 읽기 시작한다.

DASH'S BEDROOM
– Dash is sleeping. He is gently wakened by Bob.

대쉬의 침실
– 대쉬는 자고 있다. 그가 밥 때문에 조용히 잠에서 깬다.

BOB **Ca'mon**, buddy. Ca'mon. I think I understand your math assignment. We still have some time to finish it before your test.

밥 야, 얘야. 이걸 좀 봐. 내가 네 수학 숙제를 좀 알 것 같구나. 너 시험 때까지는 아직 시간이 좀 있으니까 천천히 같이하자고.

Dash tosses the **bed sheet** over his head.

대쉬가 머리 위로 침대보를 뒤집어쓴다.

DASH (tired grumbles)

대쉬 (피곤한 투덜거림)

---

master bedroom 안방, 큰방
nightstand 침실용 탁자
toss (가볍게, 아무렇게나) 던지다
unable ~할 수 없는, ~하지 못하는
annoy 짜증 나게 하다
let out a sigh 한숨을 쉬다
substitute 대신하는 사람/것, 교체선수, 대리의
pour 붓다/따르다, 마구 쏟아지다
put on (옷, 신발, 안경) 입다/신다/쓰다
glasses 안경
crack open 소리 내며 열리다/벌어지다
Ca'mon 자, 오너라, 어서, 왜 이래 (=Come on!)
bed sheet 시트, 침대에 까는 천

THE KITCHEN TABLE – **DAWN**
Bob **patiently goes over** Dash's MATH assignment, **problem by problem**, explaining the **methodology**. Dash NODS, understanding and quickly **scribbling** as he solves the equations in pencil.

주방 식탁 – 새벽
밥이 조심스럽게 한 문제 한 문제씩, 방법론을 설명하며 대쉬의 수학 숙제를 풀고 있다. 대쉬가 연필로 방정식을 풀고 재빨리 휘갈겨 쓰며 이해한다고 고개를 끄덕인다.

BOB (**mumbling** to Dash) So first you want to put all the numbers by themselves on one side, and then all the **variables** by themselves on the other...then on the other side you change it's sign...that means a plus becomes a minus and a minus becomes a plus.

밥 (대쉬에게 중얼거리며) 그러니까 우선 이 숫자들을 얘네들끼리만 한쪽으로 모아두고 그다음에 나머지 변수들을 다른 한쪽에 모으고…그리고 다른 쪽에서는 이 부호를 바꿔서…그러면 플러스가 마이너스가 되고 마이너스가 플러스가 된다는 말이겠네.

MOMENTS LATER

잠시 후

BOB You got it? Yea baby.

밥 이해했어? 오 예.

Dash FINISHES, they **clink** glasses. Bob looks at the clock and **signals** Dash to **get dressed**.

대쉬는 숙제를 마치고 밥과 유리잔을 마주친다. 밥이 시계를 보고 대쉬에게 학교에 갈 옷을 입으라고 신호를 준다.

He closes Dash's math book and puts it inside his **backpack**. Bob grins, a **feeling of accomplishment** as Dash runs upstairs.

그가 대쉬의 수학책을 접어 그의 책가방에 넣는다. 대쉬가 위층으로 올라갈 때 밥이 성취감을 느끼며 활짝 웃는다.

---

dawn 새벽, 여명
patiently 끈기 있게, 참을성 있게
go over ~을 점검/검토하다
problem by problem 문제 하나하나씩
methodology 방법론
scribble 갈겨쓰다, 휘갈기다
mumble 중얼/웅얼거리다
variable 변수
clink 쨍그랑/짤랑하는 소리를 내다
signal (동작, 소리로 하는) 신호, 신호를 보내다
get dressed 옷을 입다, 외출 준비를 하다
backpack 배낭
feeling of accomplishment 성취감

Day 12

Meeting With the Ambassador

대사와의 만남

12.mp3

EXT. SHOT WESTERN VIEW JUNIOR HIGH SCHOOL

외부. 웨스턴 뷰 중학교

INT. WESTERN VIEW JUNIOR HIGH SCHOOL – **HALLWAY** – DAY
A BELL sounds. The HALLWAYS **full of** STUDENTS at their **lockers** begins to clear as they head to their next class. TONY RYDINGER **checks** himself in his locker mirror, grabs his book bag, then slams his locker shut, REVEALING–
–VIOLET, waiting patiently next to him.

내부. 웨스턴 뷰 중학교 – 복도 – 낮
종소리가 울린다. 개인 사물함에 모인 아이들로 가득했던 복도가 다음 교실로 가려고 아이들이 이동하면서 조용해지기 시작한다. 토니 라이딘저가 사물함 거울로 매무새를 다듬은 후 책가방을 들고 사물함 문을 쾅 닫는데, 모습이 보인다 –
–바이올렛이 그의 옆에서 인내하며 기다리고 있는 모습.

TONY (confused, but **friendly**) Hello...

토니 (혼란스러워하며, 하지만 다정하게) 안녕…

VIOLET We're in a new house. I did write my address on your locker, in **permanent ink**.

바이올렛 우리 집 이사 갔어. 네 사물함에 우리 집 주소 써 놨어. 안 지워지는 펜으로.

TONY (Tony **stares blankly**) Oh, is that what that is?

토니 (토니가 멍하니 쳐다본다) 오, 이게 그건가?

VIOLET Did you forget?

바이올렛 잊었던 거니?

TONY Forget... what?

토니 잊다니… 뭘?

LONG AWKWARD BEAT.

길고 어색한 정적.

VIOLET (awkward chuckle) That's funny. (maniacal laugh) **Points for funny.**[1]

바이올렛 (어색한 웃음) 웃긴다. (광적인 웃음) 만점짜리 농담이네.

ANOTHER AWKWARD BEAT.

다시 어색한 정적.

VIOLET Ohhh...was it the **weird outfit**? 'cause there's a reason...

바이올렛 오…그 이상한 의상 때문에 그런 건가? 왜냐하면 그건 이유가 있거든…

---

hallway 복도
full of ~으로 가득한
locker 사물함
check 살피다/점검하다
friendly 친절한, 우호적인
permanent ink 바래지 않는 잉크, 만년 잉크
stare blankly 우두커니 바라보다
weird outfit 이상한 복장/의상

❶ **Points for funny.**
웃긴 것에 대해 점수 줄게.
point가 '점수'라는 의미로 쓰인 문구예요. 원래 표현은 '네가 웃긴 것에 대해서 내가 점수를 준다'라는 의미로 I give you points for being funny. 인데, 구어체에서는 의미만 통한다면 짧게 생략하는 경우가 많죠.

VIOLET	I'm in a drama class and they just want to do Shakespeare, but they're like, "try to make it **relevant** for the kids", and so like, oh Superheroes! Kids love Superheroes–	바이올렛 내가 연극반에 있는데 거기서 셰익스피어 작품을 하고 싶다고 해서 말이야. 근데 사람들이 "아이들과 좀 관련 있게 만들어라"고 해서, 오 슈퍼히어로! 아이들은 슈퍼히어로를 좋아하니까 말이야 –
TONY	(still confused) Yeah, yea...	토니 (여전히 혼란스러워하며) 그래, 응…
VIOLET	(still **rambling**) –you want to wear one kind of tights and then they're like, "no wear these other kind of tights–"	바이올렛 (여전히 장황하게) – 타이츠를 이런 걸 입고 싶다고 하면 또 "아냐 이런 종류의 타이츠를 신어보면 어떨까 – "하고…
TONY	Do uh...do I know you?	토니 어…내가 널 아니?

The amusement on Violet's face gives way to hurt and anger. She REDDENS and TURNS, rushes down the hallway and exits the building.

바이올렛의 얼굴에 장난기가 사라지고 상처와 분노만 남는다. 그녀의 얼굴이 붉어지고 돌아서서, 복도를 달려 건물 밖으로 나간다.

KQRY TELEVISION STUDIOS – GREEN ROOM – NIGHT
A couch, table with snacks, and a TV tuned into a live NEWSCAST (with CHAD BRENTLEY) being shot in the next room.

KQRY 텔레비전 스튜디오 – 공연자 휴게실 – 밤
간식이 올려진 탁자와 소파 그리고 옆 방에서 생방송으로 진행되는 뉴스가 (채드 브렌틀리가 진행하는) 나오는 TV가 있다.

The DEAVORS sit with ELASTIGIRL, whose **getting her makeup done**, glancing at a live interview with a **FOREIGN AMBASSADOR**.

데버 남매가 방송용 화장을 하며 외국 대사와 하는 생방송 인터뷰를 보고 있는 엘라스티걸과 함께 앉아 있다.

BRENTLEY	(on TV) Many say your speech today is **critical**.	브렌틀리 (TV) 많은 사람이 오늘 당신께서 할 연설이 정말 중요하다고 하던데요.
AMBASSADOR	(on TV) Both sides just want the best for their people. We are SO close to finally getting peace in the region.	대사 (TV) 양쪽이 모두 국민을 위한 최선을 바랄 뿐입니다. 마침내 이 지역에 평화가 오기 직전이지요.
BRENTLEY	(V.O.) Thank you, Madame Ambassador, and good luck.	브렌틀리 (목소리) 감사합니다. 대사님. 그리고 행운을 빌겠습니다.
ELASTIGIRL	(antsy) **I haven't done this in a while.** ❶	엘라스티걸 (초조해하며) 이런 걸 한동안 안 해봐서.
DEAVOR	This is good. The train gives us **momentum**, just go out there, and be your charming self, and **capitalize on** it.	데버 좋은 기회예요. 열차로 인해서 우리에게 계기가 생겼으니까. 그냥 나가셔서 당신의 매력적인 모습 그대로를 보여주면서 이 기회를 극대화해 보세요.

relevant 관련 있는, 적절한
ramble (오랫동안) 횡설수설하다
get one's makeup done 화장/분장을 받다
foreign ambassador 외국 대사
critical 대단히 중요한/중대한
antsy 안달하는, 불안해하는
momentum (일의 진행에서) 탄력/가속도
capitalize on ~을 활용하다/기회로 삼다

❶ **I haven't done this in a while.**
이것을 해 본 지 꽤 오래됐다.
무엇인가를 꽤 오랜 기간 못했다는 표현을 할 때, 〈주어 + haven't + 과거분사 + 명사 + in a while〉 형식으로 표현합니다. 예를 들어, I haven't seen you in a while. '널 본 지도 꽤 오래됐다' 이런 식으로 말이죠.

Kimberly Welch opens the door.

킴벌리 웰치가 문을 연다.

WELCH Ms. Elastigirl? They're ready for you.

웰치 엘라스티걸 씨인가요? 저쪽은 준비됐다고 하네요.

Elastigirl stands, glances nervously back to the Deavors–

엘라스티걸이 일어서서 긴장한 눈빛으로 데버 남매를 힐끗 본다 –

EVELYN (with a smile and a nod) Hey, stretch a leg.

에블린 (미소와 함께 고개를 끄덕이며) 헤이, 잘 해 봐요!

Elastigirl signals an "OK" to the Deavors and exits the room.

엘라스티걸이 데버 남매에게 오케이 사인을 보내며 방을 나간다.

KQRY TELEVISION STUDIOS STAGE
Elastigirl exits the **green room** and **makes her way toward** the **set**. The Ambassador thanks Chad and is **escorted offstage** by her **security detail**.

KQRY 텔레비전 스튜디오 무대
엘라스티걸이 대기실에서 나와 세트장으로 나아간다. 대사가 채드에게 감사의 말을 전하고 보안담당자의 에스코트를 받으며 무대 밑으로 내려온다.

AMBASSADOR Thank you, Chad. It was fun, thanks.

대사 고맙습니다, 채드. 즐거웠어요. 고마워요.

A security guard hands the Ambassador a **clipboard** of documents.

보안 요원이 대사에게 클립보드에 끼운 서류들을 건넨다.

SECURITY #1 Ambassador, your documents.

보안 요원 #1 대사님, 서류들입니다.

AMBASSADOR Thanks. Are these the new changes?

대사 고마워요. 새로운 변동사항들인가요?

SECURITY #2 (**talking low**, **thru mic**) Interview **is concluded**. Prepare the **chopper**. We're moving to the rooftop. Three out.

보안 요원 #2 (나지막이 말하며, 마이크를 통해) 인터뷰가 끝났다. 헬리콥터를 대기시켜라. 옥상으로 올라간다. 세 사람이다.

The Ambassador's SECURITY DETAIL **flanks** her.

대사의 보안 담당자가 그녀의 옆에 선다.

AMBASSADOR (**gasp** / reaction to seeing Elastigirl) Oh!

대사 (허걱 놀란다 / 엘라스티걸을 본 반응) 오!

바로 이 장면!*

ELASTIGIRL Oh-! Madame Ambassador, hello! I'm– I'm Elast—

엘라스티걸 오–! 대사님, 안녕하세요! 전– 전 엘라스–

---

green room (공연장, TV 스튜디오) 배우/공연자 휴게실
makes one's way toward ~로 나아가다
set (연극, 영화의) 무대 장치, 세트
escort 호위하다, 에스코트하다
offstage 무대 뒤에서의, 무대 밖으로
security detail 보안 전문요원
clipboard 클립보드
talk low 낮은 목소리로 말하는
thru mic 마이크를 통해서 (=through microphone)
be concluded 귀결되다, 완료되다
chopper 〈비격식〉 헬리콥터
flank 옆/측면에 배치되다
gasp 숨이 턱 막히다, 헉하고 숨을 쉬다

She is spotted by the AMBASSADOR, a **sturdy**, striking woman in her mid-sixties, who pushes past her security detail and **makes a beeline for** Elastigirl, **thrusting** out her hand, which Elastigirl automatically shakes.

단단하고 매력적인 60대 중반의 여성인 대사가 엘라스티걸을 발견하고 자신의 보안 요원들을 밀치며 엘라스티걸에게 곧바로 다가가서 손을 내밀자 엘라스티걸이 자동적으로 악수를 한다.

AMBASSADOR YOU–ARE–ELASTIGIRL! This is why now I'm shaking your hand! Oh it was so sad when you went underground. I am glad to see you back in your shiny outfit!

대사 당신이–엘라스티걸이로군요! 그래서 제가 당신에게 악수를 하고 있는 거고요! 당신들이 활동을 못 하게 되었을 때 얼마나 안타까웠는지 몰라요. 빛나는 의상을 입은 당신을 다시 보게 되니 정말 기쁘네요!

ELASTIGIRL **That means so much, coming from you**[1]. Good luck with your speech! Bring...lasting peace!

엘라스티걸 대사님께서 그렇게 말씀해 주시니 정말 의미가 남다르네요. 연설 잘하시길 기원할게요! 계속된 평화를…구축해주세요!

The security guards usher the Ambassador to exit the studio.

보안 요원들이 대사를 안내해서 스튜디오 밖으로 나간다.

SECURITY #2 This way. Ambassador.

보안 요원 #2 이쪽입니다. 대사님.

The Ambassador calls to Elastigirl as she moves off.

대사가 나가면서 엘라스티걸에게 외친다.

AMBASSADOR I will, when you **defeat evil**! (laugh)

대사 그렇게 하지요. 당신이 사악한 무리를 물리친다면 말이에요! (웃는다)

ELASTIGIRL (**laughs to herself**) Okay.

엘라스티걸 (웃으며) 그럴게요.

KQRY TELEVISION STUDIOS – NIGHT
Elastigirl is interviewed by anchorman CHAD BRENTLEY on a live television NEWS SHOW.

KQRY 텔레비전 스튜디오 – 밤
엘라스티걸이 생방송 TV 뉴스 쇼에서 앵커인 채드 브렌틀리와 인터뷰를 한다.

STAGE MANAGER Three, two – (signals "one" then "go")

무대 감독 쓰리, 투 – ("원" 신호를 보내고 "시작" 한다)

BRENTLEY For over fifteen years superheroes have been in hiding, forced in to it by a society no longer willing to support them. That may soon be changing, due to a growing movement to bring the supers back. Here, fresh **on the heels** of her own **heroic save** of a runaway train, and **sporting** a new look, is the superhero, Elastigirl. Welcome!

브렌틀리 15년을 넘는 세월 동안 슈퍼히어로들은 숨어 지냈습니다. 그들을 더 이상 지지하지 않는 사회로 인해 강제적으로 말이죠. 그 사실이 이제 다시 바뀔지도 모르겠습니다. 슈퍼히어로들을 다시 되돌리자고 하는 운동이 커지고 있기 때문이죠. 자 여기, 바로 얼마 전 폭주 열차를 영웅적으로 구하고 새로운 모습으로 돌아온 우리의 슈퍼히어로, 엘라스티걸을 모셨습니다. 엘라스티걸, 환영합니다!

---

sturdy 튼튼한, 견고한, 단단한
makes a beeline for ~로 직선으로/급히 가다
thrust (거칠게) 밀다, 밀치다, 찌르다
defeat evil 악을 물리치다
laugh to herself 혼자 웃다
on the heels 바쁘게, ~후 즉시/바로
heroic save 영웅적인 구출
sporting 자랑스럽게 보이다/입다

❶ That means so much, coming from you.
당신께서 그렇게 말씀해 주시니 정말 감사하네요.
That means so much/a lot (to me). 는 '그것은 저에게 아주 큰 의미가 있습니다'라는 뜻인데, 의역하면 '그렇게 해 주시니 정말 감사합니다'라는 뜻이 되지요. coming from you 부분은 직역하면 '당신에게서 나오는'인데, 의역하면 '당신께서 그렇게 말씀을 해 주시니'가 됩니다.

ELASTIGIRL	Hello, Chad.	엘라스티걸 안녕하세요, 채드.
BRENTLEY	Well all the **polls** are **going in your direction**.	브렌틀리 여론 조사가 모두 당신에게 유리한 방향으로 흘러가고 있습니다.
ELASTIGIRL	That's true. **Things** are good. But...	엘라스티걸 그렇네요. 좋은 상황이에요. 하지만…
BRENTLEY	(suddenly) Hello.	브렌틀리 (갑자기) 여보세요.
ELASTIGIRL	(confused, but **game**) Uh... hello...	엘라스티걸 (혼란스러워하며 하지만 의욕을 잃지 않고) 어… 저기요 …
BRENTLEY	(strange PAUSE, then) **Do I have your attention?**	브렌틀리 (이상한 정적, 그러고는) 제 얘기에 주목하고 있나요?

Brentley STARES, a strange, distant confusion in his eyes. Elastigirl smiles, tries to **roll with** it.

브렌틀리가 이상하고 멍한 눈빛으로 응시한다. 엘라스티걸이 웃으며, 방송을 이어가려고 한다.

ELASTIGIRL	Yes, Chad?	엘라스티걸 네, 채드?

The crew begins to react. Elastigirl leans forward, sees a strange FLASHING LIGHT pattern reflecting in CHAD'S eyes.

방송 스태프들이 반응하기 시작한다. 엘라스티걸이 몸을 앞쪽으로 숙이며, 채드의 눈빛에 반사되는 이상하게 반짝거리는 조명 패턴을 본다.

BRENTLEY	Of course I do. I'm appearing on your screen. Reading the words I'm saying **off of** another screen.	브렌틀리 당연히 주목하고 있겠죠. 난 당신의 화면에 나오고 있으니까. 내가 한 말이 다른 화면에 나오는 것을 보고 읽고 있어요.

She turns, follows his gaze to –
CHAD'S **TELEPROMPTER**
– now **ABLAZE** with **HYPNOTIC** LIGHT PATTERNS. ELASTIGIRL starts to **SUCCUMB**, then **AVERTS** HER EYES, **breaking the spell**.

그녀가 돌아서며, 그가 바라보고 있는 곳을 추적한다 –
채드의 텔레프롬프터
– 최면을 거는 듯한 불빛의 패턴으로 환해졌다. 엘라스티걸이 홀리려다가, 그녀의 눈을 돌려, 최면에서 깨어난다.

BRENTLEY	Screens are everywhere. We are controlled by screens.	브렌틀리 화면은 없는 곳이 없다. 우리는 화면에 조종당하고 있다.

CONTROL ROOM – SAME MOMENT
Elastigirl shoves open the door, LOOKS INSIDE; the TV crew is FROZEN, **transfixed** by **DAZZLING** LIGHT from the rooms **BANK OF** SCREENS.

제어실 – 같은 시간
엘라스티걸이 문을 밀어젖히고 안을 들여다본다: 촬영 스태프들이 스크린으로 가득한 방에서 나오는 매혹적인 불빛에 사로잡혀 얼어붙어 있다.

---

poll 여론조사
go in one's direction ~에게 유리한 방향으로 나아가다
things 형편, 상황
game 투지가 넘치는
Do I have your attention? 듣고 있나요?
roll with 유연하게 대처하다
off of 〈구어〉 ~에서, ~에게서
teleprompter 텔레프롬프터 (자막 모니터)
ablaze 불길에 휩싸인, 환한
hypnotic 최면을 거는 듯한
succumb 굴복하다, 무릎을 꿇다
avert 피하다, 방지하다
break the spell 주문/주술/최면에서 깨어나다
transfix (두려움, 경악 등으로) 얼어붙게 만들다
dazzling 눈부신, 휘황찬란한, 황홀한
bank of ~의 층/둑/봉우리

BRENTLEY (on monitor) And screens– are controlled by me.

브렌틀리 (모니터) 그리고 화면들은– 나에게 조종당하고 있다.

SCREENSLAVER (on monitor) And screens– are controlled by me. The Screenslaver.

스크린슬레이버 (모니터) 그리고 화면들은– 나에게 조종당하고 있다. 스크린슬레이버.

ELASTIGIRL (yells at crew) HEY!!!

엘라스티걸 (스태프들에게 소리친다) 이봐요!!!

NO REACTION from the crew, they remain FROZEN and **BEDAZZLED**.

스태프들이 아무 반응도 보이지 않고, 그대로 얼어붙은 상태로 넋을 놓고 있다.

STUDIO FLOOR – CONTINUOUS
Elastigirl RE-ENTERS the studio, the **anchorman** still **spellbound**–

스튜디오 바닥 – 계속
엘라스티걸이 다시 스튜디오로 들어왔는데 앵커는 여전히 최면에 걸려있다–

BRENTLEY ...I control this **broadcast**, and this **idiotic** anchorman you see **before** you.

브렌틀리 …이 방송은 내가 조종한다, 그리고 네 앞에 있는 이 멍청한 앵커도 내가 조종한다.

Free of the **trance**, Evelyn Deavor and Kimberly Welch run up.

최면 상태가 아닌, 에블린 데버와 킴벌리 웰치가 뛰어올라온다.

WELCH What's wrong with him–??

웰치 저 사람 왜 저래요–??

EVELYN The signal's been **hijacked**! I'll check it out!!

에블린 신호가 해킹 당했어요! 제가 가서 보고 올게요!!

ELASTIGIRL Don't look at any monitors!

엘라스티걸 그 어떤 모니터도 보면 안 돼요!

Elastigirl GRABS Brentley by his **lapels**, readies to SLAP HIM out of his trance, but Chad's eyes stay **LOCKED** to his prompter—

엘라스티걸이 브렌틀리의 옷깃을 잡고, 그의 뺨을 때려 최면 상태에서 깨어나게 하려는데, 채드의 시선이 프롬프터에 고정되어 있다—

BRENTLEY I could hijack the– (reaction to face slap) –Ambassador's **aerocade**, while it's still **airborne**, right Elastigirl?

브렌틀리 난 납치를 할 수 있다– (뺨 맞은 것에 대한 반응) –대사의 비행기 편대가 비행 중인 상태에서, 그렇지 엘라스티걸?

WITH ELASTIGIRL
–pausing in horror. She **RELEASES** Chad, **SPRINTING off the stage** and into the HALLWAY as STARTLED employees REACT –

엘라스티걸의 모습
–두려움에 잠시 주춤. 그녀가 채드를 놓고 무대 밖으로 질주하며 복도로 나가는데 놀란 직원들이 반응한다 –

ELASTIGIRL NEAREST WINDOW!! WHERE'S THE NEAREST WINDOW??

엘라스티걸 가장 가까운 창문!! 가장 가까운 창문이 어디에 있죠??

---

bedazzled 현혹된, 눈이 먼
anchorman 남성 뉴스 앵커
spellbound 마음을 다 빼앗긴
broadcast 방송, 방송하다
idiotic 멍청한, 바보 같은
before ~전에, ~앞에
free of ~을 떠나서, ~이 면제된
trance (최면 상태) 가수 상태, 무아지경
hijack (차량, 비행기를) 납치하다, 장악하다
lapel 옷깃
locked 단단히 고정된
aerocade 비행기 편대
airborne 비행 중인, 하늘에 떠 있는
release 풀어주다, 석방/해방하다, 놓아주다
sprint 전력 질주하다
off the stage 무대 밖으로, 무대 밖에서

A **frightened assistant** gestures toward a DOOR as ELASTIGIRL **PIVOTS** to fly through it, **KNOCKING DOWN** an **OFFICE WORKER**. Papers scatter as ELASTIGIRL sees a WINDOW at the end of a **corridor**.

겁먹은 보조직원이 어떤 문 쪽을 가리키자 엘라스티걸이 그 창문을 통해 날아가려고 회전하다가 사무직원 한 명을 넘어뜨린다. 엘라스티걸이 복도 끝에 있는 창문을 보고 문서들은 흩날린다.

RESUME ELASTIGIRL
-as she GRABS a CHAIR and **flings** it, SHATTERING the window.
She STRETCHES- **propelling** herself out the window to the building **adjacent**, and quickly up the outside -

다시 엘라스티걸
-그녀가 의자를 하나 집어 들고 던져 창문을 박살 낸다.
그녀가 몸을 늘려- 옆 건물로 가기 위해 추진력을 발생시켜 창문 밖으로 나가며 올라간다-

RESUME ANCHORMAN
The TRANCE BREAKS; BRENTLEY **blinks**. He **stares at** the camera - **BEWILDERED**.

다시 앵커
최면에서 깨어나고; 브렌틀리가 눈을 깜박거린다. 그가 카메라를 응시한다 - 혼란에 빠진 채.

---

frightened 겁먹은, 무서워하는
assistant 조수, 보조원
pivot (축을 중심으로) 회전하다/돌다
knock down ~을 치다/때려눕히다
office worker 사무직 근로자, 사무원
corridor 복도, 회랑, 통로
fling 내던지다
propel (몰거나 밀어서) 나아가게 하다
adjacent 인접한, 가까운
blink 눈을 깜박이다
stare at ~을 응시하다
bewilder 어리둥절하다

Disney · PIXAR
INCREDIBLES 2

Day 13

Lost Memories

잃어버린 기억들

13.mp3

MASTER CONTROL ROOM – SAME MOMENT
The strobing STOPS. The **CREW awakens**. They look at their monitors: a **befuddled** Chad turns to the now-empty chair...

마스터 조종실 – 같은 시간
현란한 점멸 조명등이 멈춘다. 스태프들이 제정신으로 돌아온다. 그들이 모니터를 들여다본다: 정신을 잃었던 채드가 돌아보니 의자는 비어있고…

DIRECTOR 1 (waking up from trance) Huh? What's going on?

감독 1 (최면 상태에서 깨어나며) 응? 무슨 일이지?

DIRECTOR 2 Where's Elastigirl?!

감독 2 엘라스티걸은 어디 간 거야?!

BETWEEN AND UP THE BUILDINGS – WITH ELASTIGIRL
– as she stretches herself upwards, **alternating** between the buildings for **stability** and speed, and soon finds herself on–

건물들 사이 그리고 위 – 엘라스티걸의 모습
– 그녀가 자신의 몸을 위쪽으로 늘려서 안정감과 속도를 위해 건물들 사이를 번갈아 가며 왔다 갔다 하다가 그녀가 있는 곳을 알게 된다 –

A ROOFTOP
Panting, she nervously **scans** the **horizon** and **SIGHTS** THE HELICOPTERS – in the distance.

옥상
헐떡거리며, 그녀가 초조하게 지평선을 살피다가 헬리콥터들을 발견하다 – 저 멀리에 있는.

ELASTIGIRL (to herself) Uhh–which one??

엘라스티걸 (혼잣말로) 어어 – 저 중에 어떤 헬리콥터지??

Elastigirl **slingshots** herself off the rooftop, onto one of the helicopters. She uses her momentum to break through the window and **surveys** the cabin...no **dignitary**. She makes her way to the **cockpit**.

엘라스티걸이 옥상에서 자신을 새총처럼 날려서 헬리콥터 중 한 대에 올라탄다. 그녀가 탄력을 이용해서 창문을 깨고 들어가 선실을 살핀다…고위 관리는 없다. 그녀가 조종실로 들어간다.

PILOT Elastigirl?! What are you doing here?!

조종사 엘라스티걸?! 여기서 뭐 하는 거죠?!

ELASTIGIRL Too late! They've been **compromised**!

엘라스티걸 너무 늦었어요! 그들이 위태로운 상태라고요!

ELASTIGIRL The Ambassador is in danger, which chopper is she–

엘라스티걸 대사가 위험에 처했어요. 그녀가 어느 헬리콥터에 –

Another helicopter's **blade** slices through the helicopter, **barely missing** Elastigirl and the pilots.

또 다른 헬리콥터의 날개가 이 헬리콥터를 베고, 엘라스티걸과 조종사는 가까스로 피한다.

---

crew 승무원, 팀, 반, 일당
awaken (잠에서) 깨다/깨우다
befuddled 정신이 없는, 어리둥절한
alternate 번갈아 나오게 만들다
stability 안정, 안정감
pant 헐떡이다
scan 살피다, 훑어보다
horizon 지평선, 수평선
sight 갑자기 보다/찾다
slingshot 새총, 새총처럼 쏘다
survey (설문) 조사, 살피다, 점검하다
dignitary 고위 관리
cockpit (항공기, 경주용 자동차의) 조종석
compromise 타협하다, 절충하다
blade (칼, 도구 등의) 날
barely miss 가까스로 면하다/놓치다/피하다

ELASTIGIRL LOOK OUT!❶

엘라스티걸 조심해요!

PILOTS (reactions)

조종사들 (반응한다)

ELASTIGIRL Follow them and get me close!

엘라스티걸 저들을 쫓아가요. 내가 가까이 갈 수 있게!

The chopper changes course.

헬리콥터가 방향을 바꾼다.

ELASTIGIRL Get out of the sky and **touchdown** safely!

엘라스티걸 공중을 벗어나서 안전하게 착륙해요!

Elastigirl escapes out through the front window, swinging herself to the next helicopter.
She **pulls** herself **through** the window, about to **break through** when she barely misses a **bullet**.

엘라스티걸이 앞 창문을 통해 탈출하며 옆의 헬리콥터로 뛰어든다.
그녀가 창문을 통해 들어가서, 돌파에 성공하려는데 총알이 아슬아슬하게 비껴간다.

INT. HELICOPTER 2 CABIN
We see a security GUARD holding a gun up to the window, with the terrified AMBASSADOR at his side.

내부. 헬리콥터 2의 선실
보안 요원이 창문에서 총을 들고 서 있는 모습이 보이고, 그의 옆에 겁에 질린 대사가 함께 있다.

GUARD (reactions)

보안 요원 (반응한다)

AMBASSADOR **Stand down**! It's Elastigirl!

대사 물러나! 엘라스티걸이다!

Elastigirl enters the **turbulent** cabin and turns to the Ambassador.

엘라스티걸이 요동치는 선실에 들어서서 대사에게 말한다.

ELASTIGIRL Stay in your seat, Ma'am!

엘라스티걸 자리에 앉아 계세요, 대사님!

Elastigirl tries to open the pilot cabin, it's locked. She stretch grabs the security guard's gun and shoots the lock to the cockpit. She opens the door to reveal two **hypnotized** pilots. She breaks the screens, releasing them from their **hypnotic state**.

엘라스티걸이 조종실 문을 열려고 하지만, 문이 잠겨있다. 그녀가 팔을 늘려 보안 요원의 총을 잡고 조종실 문 자물쇠를 쏜다. 그녀가 문을 열자 최면에 걸린 조종사들이 두 명 있다. 그녀가 화면을 깨서 그들을 최면 상태에서 벗어나게 한다.

PILOT 2 HUH?!

조종사 2 에잉?!

FEMALE PILOT Huh?!

여성 조종사 엉?!

---

touchdown (비행기, 우주선의) 착륙, 착지
pull through (병, 어려움 등을) 헤쳐 나가다
break through (무력으로) ~을 뚫고 나아가다
bullet 총알, 총탄
stand down (길을 터주기 위해) 물러나다
turbulent 격동의, 요동을 치는, 난기류의
hypnotized 최면에 걸린
hypnotic state 최면에 걸린 상태

❶ **Look out!**
조심해!
위험이 있을 때 경고하는 말로 외치는 표현이에요. 우리가 흔히 알고 있는 Watch out! 과 같은 표현이지요. 같은 상황에서 Heads up! 이라는 표현도 자주 쓴답니다.

Elastigirl sees a chopper **overhead**.
The third helicopter crashes into the helicopter **containing** Elastigirl, the pilots and the Ambassador. Elastigirl grabs the controls from the pilot and barely **clears** the building directly in front of them.

엘라스티걸이 머리 위에 있는 헬리콥터를 본다.
세 번째 헬리콥터가 엘라스티걸과 조종사들과 대사가 타고 있는 헬리콥터와 충돌한다. 엘라스티걸이 조종사들이 잡고 있던 조종타를 잡고 바로 앞에 있는 건물을 가까스로 피한다.

ELASTIGIRL We're **under attack**!

엘라스티걸 우린 공격 받고 있어요!

FEMALE PILOT (startled reaction)

여성 조종사 (놀란 반응)

ELASTIGIRL (to pilots) Quick, go! Protect the Ambassador!

엘라스티걸 (조종사에게) 어서, 갑시다! 대사님을 보호해야 해요!

The **instrument panel goes crazy** as **stall warning signs** blink and beep. Elastigirl struggles to control the chopper.

계기판이 미친 듯이 작동되며 시동 꺼짐 경고 등이 깜박이며 울린다. 엘리스티걸이 힘겹게 헬리콥터를 조종한다.

ELASTIGIRL Open the door!

엘라스티걸 문 열어요!

AMBASSADOR **Do as she says!**❶

대사 그녀의 말대로 해요!

Cockpit door is open, Elastigirl yells to everyone in the cabin.

조종실 문이 열리고, 엘라스티걸이 선실에 있는 모든 사람에게 소리친다.

ELASTIGIRL Can you all swim?

엘라스티걸 모두 수영할 줄 아세요?

PILOT 2 Yea!

조종사 2 네!

GUARD Yea!

보안 요원 네!

FEMALE PILOT Yes!

여성 조종사 네!

AMBASSADOR No!!

대사 아니요!!

Elastigirl stretches a leg back and kicks the pilots and guard (wearing **life vests**) out the helicopter. They both fall back into the river below.

엘라스티걸이 다리를 뒤로 늘려서 조종사들과 보안 요원(구명조끼를 입고 있는)을 헬리콥터 밖으로 발로 내친다. 그들이 밑에 있는 강으로 떨어진다.

PILOT 2 Ahhh!!!

조종사 2 아아!!!

GUARD Ahhh!!!

보안 요원 아아!!!

---

overhead 머리 위에/로, 머리 위의
contain ~이 들어/함유되어 있다
clear (닿지 않고) 뛰어넘다/지나가다
under attack 공격을 받는
instrument panel 계기판
go crazy 미치다, 열광하다
stall warning sign 실속 경고 신호
life vest 구명조끼

❶ **Do as she says!**
그녀가 말하는/시키는 대로 해라!
'~대로/처럼 해라'라고 할 때 〈Do as + 주어 + 동사〉 패턴을 써요. 예를 들어, '내가 하는 대로 (똑같이) 따라 해라!'라고 할 때는 Do as I do. 이렇게 표현하고, '(네 마음이 내키는 대로) 마음대로 해라'라고 할 때는 Do as you please. 이렇게 표현할 수 있답니다.

FEMALE PILOT Ahhh!!!

여성 조종사 아아!!!

The third chopper crashes again into the second chopper as Elastigirl **braces herself** and the Ambassador inside.

세 번째 헬리콥터가 다시 한 번 두 번째 헬리콥터에 부딪히고 엘라스티걸이 자신과 대사를 안에서 꽉 붙잡고 있다.

AMBASSADOR (impacts / **shuffling** around cabin)

대사 (충격을 입는다 / 선실 이리저리로 움직인다)

ELASTIGIRL (to Ambassador) We're gonna have to slingshot, **hang on**!

엘라스티걸 (대사에게) 새총처럼 날아가야만 해요. 꽉 붙잡아요!

She quickly grabs the Ambassador and parachutes them out of the chopper, **strategically dodging** the crashing helicopters.

그녀가 재빨리 대사를 잡고 헬리콥터에서 뛰어내려 낙하산을 펴고 타격해 오는 헬리콥터를 전략적으로 피한다.

AMBASSADOR (sling shot VOC)

대사 (화면 밖에서 새총 소리만)

AMBASSADOR (scream as falling)

대사 (떨어지면서 비명을 지른다)

Just as the helicopter is about to crash aground, Elastigirl manages to land them safely to the ground.

헬리콥터가 땅으로 들이박기 직전, 엘라스티걸이 헬리콥터를 안전하게 착륙시킨다.

AMBASSADOR (landing on ground impact)

대사 (착륙하며 충격)

ELASTIGIRL Are you alright, ma'am?

엘라스티걸 괜찮으세요, 대사님?

AMBASSADOR I'm perfectly fine— (**passing out**)

대사 난 정말 괜찮— (기절한다)

The Ambassador passes out in Elastigirl's arms.

대사가 엘라스티걸의 팔에 안겨 기절한다.

KITCHEN – MORNING
Bob is making waffles. He **prepares a plate for** Violet.
Dash is already **devouring** a stack of waffles while Jack-Jack plays with his **cereal** in a high-chair. Violet enters, sits down in a **gloom**.

주방 – 아침
밥이 와플을 만들고 있다. 그가 바이올렛을 위해 접시를 준비한다.
잭잭이 유아용 식탁에 앉아 시리얼을 가지고 노는 동안 대쉬는 이미 와플을 한 뭉텅이 집어삼키고 있다. 바이올렛이 들어와서 침울한 표정으로 앉는다.

BOB (picking up hot waffle VOC)

밥 (화면 밖에서 뜨거운 와플을 들어 올리는 소리가 들린다)

DASH (eating waffles)

대쉬 (와플을 먹고 있다)

---

brace oneself (마음, 결의를) 다지다/다잡다
shuffle 발을 (질질) 끌며 걷다, 이리저리 움직이다
hang on 꽉 붙잡다, 〈명령형〉 잠깐 기다려!
strategically 전략적으로
dodge (몸을) 재빨리/휙 움직이다/비키다/피하다
pass out 기절하다, 실신하다
prepare a plate for ~을 위해 음식/접시를 준비하다
devour (몹시 배가 고파서) 걸신들린 듯 먹다
cereal (아침 식사로 우유와 함께 먹는) 시리얼, 곡류
gloom 우울, 침울

바로 이 장면!*

VIOLET Boys are jerks and superheroes suck.

바이올렛 남자애들은 다 재수 없고 슈퍼히어로들은 형편없어.

BOB Good morning...!

밥 좋은 아침…!

VIOLET He takes one look at me in that suit and decides to pretend he doesn't even know me.

바이올렛 내가 그 옷 입은 모습을 딱 한 번 봤다고 마치 나를 모르는 사람처럼 대하기로 마음 먹다니.

Bob pours a glass of **OJ** for Vi, then heads to the refrigerator.

밥이 바이올렛에게 오렌지주스를 한 컵 따라주고, 냉장고 쪽으로 간다.

BOB Well, he's protecting he really did see you, **it's best that he forget,**❶ it's better for you, too. I me– I can't tell you how many memories Dicker's had to erase over the years when– (**sniffs milk carton**) –someone **figured out** your mother's or my identity— (reaction)

밥 글쎄, 그는 그가 너를 진짜로 봤다는 사실을 지키는 거야. 그가 잊는 게 최선이니까. 너를 위해서도 그게 최선이고. 난 내가— 지난 세월 동안 딕커가 지워야만 했던 기억들이 얼마나 많은지 셀 수 없을 정도야– (우유가 상했는지 킁킁 냄새를 맡는다) –누군가 너희 엄마나 나에 대한 정체를 알게 되었을 때 말이야— (반응한다)

Bob closes the refrigerator door, surprised to see Violet standing there, GOBSMACKED.

밥이 냉장고 문을 닫는데, 바이올렛이 매우 놀란 표정으로 거기에 서 있는 것을 보고 놀란다.

VIOLET It was Dicker! You told him about Tony...!

바이올렛 딕커 아저씨였군요! 아빠가 그 아저씨에게 토니 얘기를 한 거였어요…!

BOB (Bob is wide-eyed, **guilty**) Honey–

밥 (죄책감으로 밥의 눈이 커진다) 얘야–

VIOLET You had me erased from Tony's mind!

바이올렛 아빠가 토니의 기억 속에서 나를 지워버린 거라고요!

BOB I–well...ehh...uh.

밥 내가–음…에…어.

Bob watches, helpless, as Violet stomps off. Jack-Jack watches her go– door slam. He looks at Bob– then **dumps** his bowl of cereal on his own head, laughing.

바이올렛이 자리를 박차고 나가고, 밥은 무력하게 지켜만 본다. 잭잭이 그녀가 떠나는 모습을 보는데– 문이 쾅 하고 닫힌다. 그가 밥을 본다– 그러고는 그릇에 있는 시리얼을 자기 머리에 부어버리고, 웃는다.

Bob scoops up cereal from the floor as Violet returns, **brandishing** the SUPERSUIT now in her hands –

밥이 바닥에서 시리얼을 주워 담고 있는데 바이올렛이 슈퍼히어로 옷을 손에 들고나와서 흔들어대고 있다–

VIOLET I HATE superheroes and I **renounce** them!

바이올렛 난 슈퍼히어로들을 증오하고 그들과 의절을 선언해요!

OJ 〈비격식〉 오렌지 주스 (=Orange Juice)
sniff 코를 훌쩍이다, (코를 킁킁대며) 냄새를 맡다
milk carton 우유갑
figure out (생각 끝에) ~을 이해하다/알아내다
guilty 죄책감이 드는, 유죄의
dump (적절치 않은 곳에 쓰레기 등을) 버리다
brandish (무기를) 휘두르다
renounce (직함, 직책 등을) 포기/단념하다

❶ It's best that he forget.
그가 잊는 것이 최선이다.
'~하는 것이 최선이다/가장 좋다'라는 표현을 할 때 문장을 It's best로 시작해요. 예를 들어, It's best to stay away from him. '그와는 가까이 지내지 않는 것이 최선이다.', It's best that you don't say anything. '넌 아무 말도 하지 않는 게 제일 좋다.' 이렇게 쓰지요.

She **marches** to the kitchen sink, **half-stuffing** the suit into the **DISPOSAL**. She **turns it on**. The suit SPINS and FLAILS, but remains **UNDAMAGED**. Furious, Violet **bites** the suit–

그녀가 주방 싱크대 쪽으로 쿵쿵 걸어가더니, 슈퍼히어로 옷을 음식물 쓰레기 처리기 안으로 반쯤 쑤셔 넣는다. 그녀가 처리기를 가동시킨다. 옷이 회전하며 마구 움직이지만 망가지지 않고 그대로 있다. 격분한 바이올렛이 옷을 물어버린다–

VIOLET I– renounce– the– rrRRRR– RAAARRRRR! RAAAAAAAR!!!! (breathing deeply)

바이올렛 난– 의절할 거야– 의저르– 라라르르! 라라르!!!! (깊은 한숨)

–pulls it with both arms. The suit is **INDESTRUCTIBLE**. Bob and Dash watch, **slack-jawed**. With a **frustrated shriek**, Violet throws the suit against the wall and **stomps off** again– another door slam. Dash looks confused.

–양팔로 잡아당긴다. 이 옷은 파손할 수 없는 재질이다. 밥과 대쉬가 입을 쩍 벌리고 본다. 분통이 섞인 비명과 함께 바이올렛이 벽에 옷을 던지고 다시 쿵쾅거리며 나가고– 다시 문이 쾅 닫힌다. 대쉬가 혼란스러워하는 표정이다.

DASH (eating) Is she having **adolescence**?

대쉬 (먹으며) 누나 사춘기인가요?

---

march 행군하다, (씩씩하게) 행군하듯 걷다
half-stuff 반쯤 채워 넣다
disposal 처리, 폐기, 음식물 쓰레기 처리기
turn something on (~의 스위치/전원을) 켜다
undamaged 손상/훼손되지 않은
bite 물다, 물어뜯다
indestructible 파괴할 수 없는
slack-jawed (놀라움, 당혹으로) 입을 딱 벌린
frustrated 좌절감은 느끼는, 불만스러워하는
shriek 소리/비명을 지르다, 악을 쓰며 말하다
stomp off 화를 내며 떠나다
adolescence 사춘기

Day 14

Leaders and Supers From All Over the World

전 세계에서 오는 지도자들과 슈퍼히어로들

14.mp3

INSIDE LIMOUSINE – MOVING – MORNING
ELASTIGIRL sits in the back of a car, reading the morning paper. Front page headlines: ELASTIGIRL SAVES AMBASSADOR. SCREENSLAVER **FOILED** A SECOND TIME.

리무진 안 – 이동 중 – 아침
엘라스티걸이 뒷좌석에 앉아서 조간신문을 읽고 있다. 1면 헤드라인: 엘라스티걸이 대사를 구한다. 스크린슬레이버의 계획이 두 번째로 좌절되었다.

RADIO NEWSMAN A new report out today shows that— **when it comes to decision-making**, people have more trust in a monkey throwing darts than **Congress**. "At least the monkey **isn't obsessed** with **re-election**" said one **source** familiar with the study.

라디오 뉴스 진행자 오늘 보도에 따르면— 결정하는 문제에 있어서 사람들은 다트를 던지는 원숭이를 국회보다 더 신뢰한다고 합니다. "적어도 원숭이는 재선에 목매는 일은 없으니까요"라고 이 연구와 관계가 있는 사람이 말했다고 합니다.

Elastigirl hears a crowd **chanting** outside.

엘라스티걸이 밖에서 군중이 구호를 외치는 소리를 듣는다.

BYSTANDERS (chanting, repeating) **KA-BOOM! KA-POW!** SUPERS SHOULD BE LEGAL NOW!

행인들 (반복해서 외치며) 우르르 쾅! 빠샤! 슈퍼히어로들은 다시 합법화돼야 한다!

ELASTIGIRL What's going on, Tommy? A **protest**?

엘라스티걸 무슨 일이죠, 토미? 시위하는 건가요?

TOMMY They're here in support.

토미 지지하러 나온 사람들이에요.

ELASTIGIRL Support? Support of what?

엘라스티걸 지지요? 무엇을 지지해요?

TOMMY Well, in support of you.

토미 흠, 당신을 지지하려요.

WITH ELASTIGIRL
–as she exits the car. A CHEER **ERUPTS** and she is **swallowed up** by the **adoring** crowd; **a sea of** smiling faces, hands reaching out to be shaken, to pat her back, just to touch their new hero, and kind words blurring into a dull roar. Elastigirl takes it in, startled at first, then **HUMBLED**.

엘라스티걸의 모습
–그녀가 차에서 나온다. 함성이 쏟아져 나오고 그녀는 그녀를 흠모하는 군중에게 둘러싸인다; 모두가 미소 짓는 표정으로, 악수 한번 해 보고 싶어서, 등을 토닥거려 주고 싶어서, 그냥 자신의 새로운 영웅을 만지기라도 하고 싶어서 내민 손들, 그리고 수많은 친절한 말들이 뭉뚱그려진 함성으로 들린다. 엘라스티걸이 이 순간을 눈여겨 보며, 처음엔 놀랐다가, 곧 겸손해진다.

---

foil 패배, 실망, 좌절, 좌절시키다
when it comes to ~에 관한 한
decision-making 의사 결정
congress 국회
be obsessed ~에 사로잡히다
re-election 재선
source (뉴스의) 정보원/소식통
chant 구호, 구호를 (거듭) 외치다
KA-BOOM 우르르, 쾅 (천둥소리, 폭발음)
KA-POW (충돌) 쾅, 꽈광
protest 시위
erupt (화산이) 분출하다, (폭력적으로) 분출되다
swallow up 삼키다, 빨아들이다
adore 흠모/사모/숭배하다
a sea of 무수한, 바다 같은
be humbled 겸손/겸허해지다

CROWD There she is! Elastigirl! Elastigirl, I love you Elastigirl, can I get a picture with you?! You're the superest super, ever!!

군중 그녀가 저기 온다! 엘라스티걸이야! 엘라스티걸, 사랑해요! 엘라스티걸, 같이 사진 한 장 찍어도 될까요? 당신은 세계 최고의 슈퍼히어로예요!!

TO CROWD:

군중에게:

ELASTIGIRL (to adoring crowd) Wow! Oh, HEY! Thanks for comin' out! Hi! Oh my goodness, thanks so much!

엘라스티걸 (그녀를 찬양하는 군중에게) 와우! 오, 여러분! 이렇게 나와주셔서 감사해요! 안녕하세요! 오 맙소사, 정말 감사해요!

She sees a little GIRL holding a hand-painted sign. She **bends down** to her, offers a tender handshake.

그녀가 손으로 칠한 표지판을 들고 있는 어린 여자아이를 본다. 엘라스티걸이 몸을 숙여 그녀에게 다가가 부드럽게 악수를 청한다.

ELASTIGIRL Hello, very nice to meet you. What does your sign say?

엘라스티걸 안녕, 만나서 반가워. 네 표지판에 뭐라고 쓰여 있는 거니?

She turns the sign around to read it. It says:
"SCREENSLAVER IS STILL **OUT THERE**"
Elastigirl blinks. **Gut-punched**.

그녀가 표지판을 돌려서 읽으려고 한다. 이렇게 쓰여 있다:
"스크린슬레이버는 여전히 활동하고 있다"
엘라스티걸이 눈을 깜박한다. 세게 한 방 맞은 느낌이다.

WINSTON DEAVOR'S OFFICE – DAY
Elastigirl enters. Seated at his desk, Deavor is actually hanging up one phone while picking up another, but lights up when seeing Elastigirl–

윈스턴 데버의 사무실 – 낮
엘라스티걸이 들어온다. 책상에 앉아서 데버가 전화를 끊자마자 또 다른 전화를 받고 있다. 하지만 엘라스티걸을 보며 표정이 밝아진다–

DEAVOR –talk to ya! (picks up another phone) Oh **what do ya know?**[1] Ellenwood! Oh, NOW you want to **return my calls** about Superheroes huh? (sees Elastigirl) Oh! I'll have to call YOU back! Oh, that felt good.

데버 –나중에 얘기해요! (또 다른 전화를 받는다) 오 이게 누군가? 엘렌우드! 오, 인제야 슈퍼히어로에 대한 내 전화에 응답하는군, 응? (엘라스티걸을 본다) 오! 나중에 다시 전화하겠네! 오, 기분 좋네요.

DEAVOR Felicia, **hold my calls** please!

데버 펠리시아, 전화 오면 일단 대기시켜 줘요!

–he hangs up the phone and holds up one of many newspapers piled on top of his desk, **displaying** the FRONT PAGE:
"SAVED AMBASSADOR GIVES **PRO**-SUPER SPEECH"

–그가 전화를 끊고 책상 위에 수북이 쌓여있는 신문 중 하나를 들어서 1면을 보여준다:
"구조된 대사가 슈퍼히어로를 지지하는 연설을 한다"

---

bend down 몸을 아래로 굽히다
out there 거기에, 밖에, 세상에
gut-punched 속이 뒤틀리는, 맞은 듯한
light up 표정이 환해/밝아지다
return one's call 답신 전화를 하다
hold one's call 전화를 대기시키다
display 전시/진열하다, 내보이다
pro- (형용사) 찬성/지지하는

1 What do you know?
이게 누구야?
어떤 정보를 접하고 놀람을 나타내는 표현인데, 주로 반어법으로 사용됩니다. 우리말로 해석하면 '이게 누구야/뭐야?', '참 별일이네!'와 같은 뉘앙스로 많이 쓰이죠. 예를 들어, Well, what do you know? Noah is here! '이게 누구야? 노아가 왔네!' 이렇게 쓰입니다.

WINSTON DEAVOR'S OFFICE – DAY
Elastigirl enters. Seated at his desk, Deavor lights up and holds up one of many newspapers from his desk. Evelyn sits in his office nearby.

윈스턴 데버의 사무실 – 낮
엘라스티걸이 들어온다. 책상에 앉아 데버의 표정이 환하게 밝아지며 책상에 있는 많은 신문 중의 하나를 들어 올린다. 에블린이 같은 사무실 안 그의 근처에 앉아있다.

바로 이 장면!*

DEAVOR He-hey! It's working! Hey, the Ambassador made a BIG speech about superheroes today! Turns out saving someone's life makes a good impression on them. **Who knew**❶ huh?

데버 이–이야! 제대로 통하고 있어요! 봐요, 대사가 오늘 슈퍼히어로들에 대해서 대단히 의미 있는 연설을 했어요! 알고 보니 목숨을 구해주면 좋은 인상을 남기나 봐. 누가 알겠어, 응?

He tosses the paper aside and **indicates** the pile of data **spread over** his desk top.

그가 신문을 옆에다가 던져놓고 컴퓨터 화면에 펼쳐놓은 많은 데이터를 가리킨다.

DEAVOR I'm getting calls from all over the world! Media **awareness is up** SEVENTY-TWO percent! The push for superhero **legalization** is becoming a **worldwide movement**! I have big plans for our next move——we're gonna have a **SUMMIT** at sea. We'll use our ship. (**loses steam**) We'll gather leaders and supers from all over the world...

데버 전 세계에서 전화가 오고 있어요! 언론의 관심은 72%나 올랐고요! 슈퍼히어로에 대한 합법화 노력이 전 세계적인 운동이 되어가고 있어요! 제가 우리의 다음 단계에 대한 큰 계획을 세워 놨답니다 – – 바다 위에서 정상회담을 개최할 거예요. 우리의 배를 사용할 것이고요. (열기를 식히며) 전 세계에 있는 지도자들과 슈퍼히어로들을 한자리에 모아서…

ELASTIGIRL (unhappy) That's great. I'm happy. I'm happy the numbers are up, I'm happy the Ambassador is pro-superhero and I'm happy you're happy.

엘라스티걸 (기쁘지 않은 표정으로) 정말 잘됐네요. 기뻐요. 숫자가 올라가고 있어서 기쁘고, 대사가 슈퍼히어로들을 지지해서 기쁘고, 당신이 기쁘다니 기쁘네요.

DEAVOR I'm hearing that you're happy, but why am I not feeling it?

데버 당신이 기쁘다고는 하는데, 그런 감정이 왜 전혀 안 느껴지죠?

ELASTIGIRL Because I didn't get him! Screen-slaver is Still out there. All I did was play his game and win this round. He's gonna want more. And as long as he gets to play, he wins.

엘라스티걸 왜냐하면 내가 그를 못 잡았으니까요! 스크린슬레이버는 여전히 활동하고 있어요. 난 그저 그의 게임에 동참하고 이번 판만 이긴 거예요. 그는 분명 더 많은 것을 원할 거예요. 그가 게임을 계속하는 한, 그가 이길 거고요.

indicate 나타내다/보여주다, 가리키다
spread over 퍼지다
awareness 의식, 관심
be up 오르다, 올라가다
legalization 합법화
worldwide movement 전 세계적인 운동
summit 정상 회담
lose steam 열기가 식다

❶ **Who knew?**
내 참, 누가 알았겠냐고?
누구나 알만한 뻔한 사실을 마치 몰랐던 것처럼 반어적으로 장난스럽게 또는 비아냥거리는 말투로 '아 그건 몰랐네', '그걸 누가 알았겠냐고?'와 같은 뉘앙스로 쓰는 표현이에요.

DEAVOR	One thing I've learned in business? Smell the flowers. They don't bloom that often. What do you want on your **tombstone**; "She worried a lot"?	데버 내가 사업을 하면서 배운 게 하나 있는데 그게 뭔지 아나요? 꽃들의 향기를 맡아라. 꽃은 그렇게 자주 피는 게 아니다. 나중에 당신 묘비에 뭐라고 쓰여있으면 좋겠어요: "그녀는 걱정을 참 많이 했다"?

Evelyn sits on a desk.

에블린이 책상에 앉는다.

EVELYN	Alright, stop talking. Show her.	에블린 자, 그만 얘기해요. 그녀에게 보여주세요.

He signals her to follow him as he moves to a door that opens into an adjacent office. Elastigirl enters. A ROOM FULL OF **WANNABE** SUPERS.

그가 옆방에 있는 사무실과 통하는 문 쪽으로 가며 그녀에게 자기를 따라오라고 한다. 엘라스티걸이 들어간다. 슈퍼히어로가 되고 싶은 사람들이 한 가득 들어차 있다.

WANNABES	(talking / chatter before Elastigirl enters)	워너비들 (엘라스티걸이 들어오기 전 담소를 나누고 있다)
VOYD	This is just so exciting isn't it? I mean I can't believe– (gasp)	보이드 너무 흥분되네요, 안 그래요? 아 정말 믿기지 않아요 – (헉하고 놀란다)
VOYD	Oh wow, ah– WOW! Elastigirl. There you are.	보이드 오 와우, 아 – 와우! 엘라스티걸, 당신이군요.
ELASTIGIRL	Hello.	엘라스티걸 안녕하세요.
VOYD	I-I didn't– wow. (to herself) C'mon, **get yourself together,**❶ Karen.	보이드 저 – 전 몰랐 – 와우. (스스로) 왜 이래, 정신 차려야지, 카렌.

She does a strange **hybrid** of a **curtsy** and the offer of a handshake, neither of which are quite completed.

그녀가 무릎을 굽혀 약간 절을 하는 듯하면서 악수를 제안하는 짬뽕 동작을 하는데, 절도 아니고 악수도 아닌 어정쩡한 자세이다.

VOYD	I—Hi. My Superhero name is Voyd. I just want to thank you for like, for being you and...I just ugh I just like- (frustrated) –Ugh, okay, what I can do, um, is this...	보이드 난—안녕하세요. 제 슈퍼히어로 이름은 보이드예요. 제가 하고 싶은 말은 그러니까 감사하다는 거예요. 당신이 여기에 그리고 난 단지, 내가 말이죠 – (어쩔 줄 몰라 하며) – 어, 오케이, 내가 할 수 있는 것은, 음, 그러니까…

Blushing, too **overwhelmed** to talk, she suddenly grabs a MUG from a table and **flings** it into the air. As it drops she **conjures** a SERIES OF HOLES in mid air–

그녀는 얼굴이 빨개지며 너무 벅차서 말을 잇지 못하다가 갑자기 탁자 위에 있는 머그컵을 들고 공중으로 던진다. 컵이 떨어질 때 그녀가 묘기를 써서 공중에 여러 개의 구멍을 만든다 –

---

tombstone 묘석, 묘비
wannabe 유명인의 행동(복장) 등을 따라 하는 사람
hybrid 혼성체, 혼합물, 잡종
curtsy (여성이 무릎을 약간 굽혀) ~에게 절하다
blush 얼굴을 붉히다, 얼굴이 빨개지다
overwhelmed 압도된, 격한 감정에 휩싸인
fling (거칠게) 내던지다, 내팽개치다
conjure 마술/마법으로 ~을 하다

❶ **Get yourself together!**
정신 차려!
힘든 상황을 맞아 정신을 똑바로 차리고 감정을 추스르라는 표현이에요. 비슷한 상황에서 Pull yourself together! 이라는 표현도 많이 쓰이니 같이 외워두시면 좋겠어요.

THROUGH WHICH THE **OBJECT** FALLS in **rapid succession**: passing through and between the holes as she moves them through space--the MUG lands perfectly into Evelyn's hands. Everyone applauds.

그 구멍들 사이로 물건들이 빠르게 연쇄적으로 떨어진다: 그녀가 구멍들을 공간 이동시키는 동안 구멍을 관통하기도 하고 구멍과 구멍 사이로도 떨어진다. –머그컵이 에블린의 손위로 떨어지며 완벽하게 착지한다. 모두가 박수갈채를 보낸다.

WANNABES (applause and reactions to Voyd trick)

워너비들 (보이드의 묘기에 대한 찬사와 반응)

VOYD (nervous giggle) Yea.

보이드 (긴장한듯한 웃음) 예.

ELASTIGIRL That is impressive. Very... **interdimensional**.

엘라스티걸 정말 멋지네요. 굉장히… 차원과 차원을 오가는 느낌.

VOYD I felt like an **outcast**. Before. But now, with you being... you, I feel like...

보이드 전 제가 왕따 같은 기분이었어요. 전에는요. 하지만 이제, 당신이 여기에… 당신, 내 기분은 그러니까…

Again, **words fail her**. She offers another handshake– which **turns into** a big hug. Surprised, Elastigirl **reciprocates**.

또다시, 말이 나오지 않는다. 다시 그녀는 악수를 신청하는데– 결국 거친 포옹으로 마무리한다. 엘라스티걸이 놀라며 화답한다.

VOYD ...yay, me.

보이드 …예이, 저예요.

DEAVOR I flew them in from all over.

데버 제가 그들을 여기저기에서 비행기 타고 오게 했어요.

Elastigirl looks up, starts to take in the others...

엘라스티걸이 고개를 들어, 다른 사람들을 보기 시작한다…

DEAVOR They've all been in hiding, they have powers, **secret identities** and names they've given themselves.

데버 그들은 모두 숨어 지냈어요. 그들에겐 초능력이 있고, 비밀신원도 있고 스스로 만든 이름들도 있답니다.

JUMP CUTS: Each wannabe super introduces themselves to Elastigirl by their super name; SCREECH, BRICK, HELECTRIX, and REFLUX. Though from a **wide range of** ages and experiences, they **are united** by **shared** understanding.

장면의 급전환: 각각의 슈퍼히어로 워너비들이 엘라스티걸에게 자신들의 슈퍼히어로 이름을 소개한다: 스크리치, 브릭, 헬렉트릭스, 그리고 리플룩스. 그들은 나이와 경험 면에서 서로 차이가 많이 나기도 하지만 공통된 뜻이 있어 한마음으로 모였다.

QUICK CUTS as Elastigirl chats with various WANNABE SUPERS.

빠른 장면 전환. 엘라스티걸이 다양한 슈퍼히어로 워너비들과 이야기를 나누고 있다.

SCREECH I'm Screech. It's a **pleasure**. I've always considered you the **gold standard** for superheroes...

스크리치 전 스크리치예요. 반갑습니다. 전 항상 당신이 슈퍼히어로계의 최적 표준이라고 생각해 왔답니다…

ELASTIGIRL Well, thanks! You're too nice.

엘라스티걸 음, 고마워요! 친절도 하셔라.

---

object 물건, 물체
rapid 빠른, 급속한
succession 연속, 잇따름
interdimensional 차원과 차원을 오가는
outcast 따돌림받는 사람
words fail someone ~의 기분을 말로는 제대로 표현할 수 없다
turn into ~이 되다, ~으로 변하다
reciprocate 화답/응답하다
secret identity 비밀신분
jump cut 〈영화〉 장면의 급전, 비약
a wide range of 광범위한, 다양한
be united 합쳐지다, 혼연일체가 되다
shared 공유의, 공통의
pleasure 기쁨, 즐거움
gold standard 훌륭한 기준

BRICK I **am called** Brick.

브릭 전 브릭이라고 해요.

ELASTIGIRL Nice to meet you. Brick. Uh, where are you from?

엘라스티걸 반가워요. 브릭. 어, 어디 출신이세요?

BRICK Wisconsin.

브릭 위스콘신이요.

ELASTIGIRL (to Helectrix) Oh, Elastigirl. I assume your powers are–

엘라스티걸 (헬렉트릭스에게) 오, 전 엘라스티걸이에요. 아마 당신의 초능력은 –

HELECTRIX (nods) You know, **zapping** things **electrically**, **charging** things, **bolts of lightning**, that kinda stuff.

헬렉트릭스 (고개를 끄덕이며) 뭐 그야, 전기로 해치우고, 돌격하고, 번개 번쩍하고, 뭐 그런 것들이에요.

REFLUX Name's Reflux. **Medical condition** or superpower? You decide...

리플룩스 제 이름은 리플룩스예요. 정신이 좀 이상하나요 아니면 초능력인가요? 당신은…

ELASTIGIRL (chuckle)

엘라스티걸 (빙긋 웃는다)

Elastigirl and Reflux chuckle.

엘라스티걸과 리플룩스가 빙그레 웃는다.

REFLUX (chuckle) That's a little **line** I say just to put people **at ease**. Hope I don't **offend**.

리플룩스 (웃으며) 사람들 마음 편하게 해 주려고 제가 자주 하는 멘트죠. 기분 나쁘지 않았기를 바라요.

ELASTIGIRL Oh no no no no no. Reflux. Love it.

엘라스티걸 오 아뇨, 아뇨, 아뇨, 아뇨, 전혀. 리플룩스. 너무 재미있었어요.

Deavor and Evelyn beam with **satisfaction** as this **forgotten subset** of **extraordinary beings** gather around Elastigirl with excitement, respect, and **appreciation**.

이 잊혀졌던 비범한 존재들의 부분집합이 흥분감과 존경심과 감사함으로 엘라스티걸 주변에 모인 것을 보며 데버와 에블린이 만족스럽게 활짝 웃는다.

---

be called (+ 이름) ~이라 불린다
zap 재빠르게 하다/해치우다/제압하다
electrically 전기로
charge 돌격/공격하다, 충전하다
bolts of lightning 번쩍하는 번개
medical condition 질병, 의료상의 문제
line (연극, 영화의) 대사, 말
at ease 마음이 편안한
offend 기분 상하게/불쾌하게 하다
satisfaction 만족, 흡족
forgotten 잊힌
subset 부분 집합
extraordinary 기이한, 놀라운, 보기 드문
being 존재
appreciation 감사, 감상, 공감

Day 15

It's a Man's World!

남자들의 세상이야!

15.mp3

MEETING ROOM - DEVTECH - DUSK
An **IMPROMPTU** party with the Deavors and all the WANNABES is beginning to **wind down**.

회의실 - 데브텍 - 해 질 녘
데버 남매와 워너비들이 가진 즉흥 파티가 서서히 마무리되어 간다.

SCREECH (talking to Brick) Well I do **look forward to** working with you...

스크리치 (브릭에게 말하며) 그럼 당신과 함께 일하게 될 날을 고대해요…

Kmshauer finishes drinking a beer, Deavor is with him. Kmshauer puts the can in his hand and crushes it with the other hand, Deavor is impressed.

큼샤우어가 맥주를 들이키고, 데버가 그와 함께 있다. 큼샤우어가 맥주 캔을 한 손으로 들고 다른 한 손으로 캔을 찌그러뜨리니 데버가 보며 감동한다.

DEAVOR Yes, that is impressive. Keep practicing.

데버 와, 아주 멋진데요. 계속 연습하세요.

BRICK (talking to Screech) I look forward to being **in battle** with you.

브릭 (스크리치에게) 당신과 싸우게 될 날을 고대할게요.

Deavor walks over to Evelyn & Elastigirl. Voyd **slow-dances** with Helectrix- Reflux snores in a chair. Elastigirl sits with Evelyn, drinking cocktails.

데버가 에블린과 엘라스티걸에게 다가선다. 보이드가 헤렉트릭스와 슬로우 댄스를 춘다– 리플룩스가 의자에서 코를 곤다. 엘라스티걸이 에블린과 앉아서 칵테일을 마시고 있다.

DEAVOR Well, **I'm beat. Congratulations, big day.** Good night, ladies. I will see you tomorrow.

데버 음, 전 이제 피곤하네요. 축하해요. 멋진 날. 좋은 밤 되시고요, 숙녀분들. 내일 봐요.

EVELYN G'night.

에블린 잘 자요.

He EXITS, leaving EVELYN and ELASTIGIRL.

그가 나가고 에블린과 엘라스티걸만이 남는다.

바로 이 장면!*

EVELYN It must be nice for you. Being **out front after all this time.**

에블린 기분 좋겠어요. 이 긴 세월을 지나서 전면에 나서게 되었으니 말이에요.

---

impromptu (사전 준비 없이) 즉흥적으로
wind down (사업, 활동 등을) 서서히 줄이다
look forward to ~을 기대하다
in battle 전투 중에
slow-dance 느린 춤곡, 블루스를 추다
be beat 녹초가 된, 지친
congratulations 축하 인사
big day 중요한 날, 큰 행사가 있는 날
out front 앞쪽에, 남보다 앞서
after all this time 이제서야

ELASTIGIRL	"Out front"–?	엘라스티걸 "전면에"–?
EVELYN	Well... **it's been a while since your superhero days.**[1] And even then, you were kind of in **Mr. Incredible's shadow**.	에블린 흠… 예전에 슈퍼히어로 활동한 지가 꽤 오래되었잖아요. 그리고 그 당시에도, 당신은 미스터 인크레더블의 그늘에 가려져 있는 것 같은 느낌이었고요.
ELASTIGIRL	(smiling, but serious) Nah–**I beg to differ.**[2]	엘라스티걸 (표정은 웃고 있지만, 진지하게) 글쎄요–내 생각은 다른데.
EVELYN	I'm not–I'm not saying you weren't BIG, you were and ARE a superstar, but– you have the stage to yourself now, and people have to pay attention...	에블린 제 말은–당신이 대단하지 않았다는 말이 아니에요. 당신이 대단했었고 지금도 슈퍼스타죠. 하지만– 이제는 혼자 무대에 올라서야 하니, 사람들의 이목이 당신에게 집중될 수밖에 없고…
ELASTIGIRL	Ah, you mean "it's a man's world" and all of that? (Evelyn shrugs, **half-nods**) Well, what world do you live in? Your brother runs DEVTECH...	엘라스티걸 아, 당신 말은 그러니까 "이 세상은 남자들의 세상이다" 그런 말씀? (에블린이 어깨를 으쓱하고, 반쯤 고개를 끄덕인다) 음, 당신이 사는 세상은 어떤 세상인가요? 당신 오빠가 데브텍의 경영자라서…
EVELYN	I don't want his job. I invent, he sells. I ask you, which of us has the greater **influence**?	에블린 난 그의 일을 탐내지 않아요. 난 발명하고, 그는 팔아요. 당신 생각은 어때요. 우리 둘 중에 누가 더 영향력이 크다고 생각하나요?
ELASTIGIRL	Which side of me are you asking? The **believer** or the **cynic**?	엘라스티걸 그 질문은 어떤 나에게 묻는 건가요? 꿈과 희망을 믿는 사람으로서의 나 아니면 냉소적인 나?
EVELYN	The cynic–	에블린 냉소가로서의 당신에게–
ELASTIGIRL	–would say selling is more important because the best sellers have the most buyers. Doesn't matter WHAT you're selling, it only matters what people buy.	엘라스티걸 –냉소적인 나는 판매가 더 중요하다고 생각하죠 왜냐하면 판매를 잘해야 사는 사람이 많을 수밖에 없으니까. 파는 것이 무엇이건 그건 중요하지 않아요. 중요한 건 사람들이 사는 것이 무엇이냐는 거죠.
EVELYN	This is true. If I discovered **the origin of the universe**, my brother would find a way to **market** it as f– **foot massager**. (they LAUGH) So, what would the believer say–?	에블린 그건 사실이에요. 만약 내가 세상의 기원을 발견했다고 해도, 우리 오빠는 그것을 홍보할 방법을 마련할 거라고요. 마치 바–발 마사지기처럼. (그들이 웃는다) 그렇다면, 믿는 사람으로서의 당신의 생각은 어떤가요–?

in someone's shadow ~의 그늘에 가려진
half-nod 고개를 반쯤 끄덕이다
influence 영향, 영향력
believer (종교를) 믿는 사람, 신자
cynic 냉소가, 염세주의자, 부정적인 사람
the origin of the universe 세상의 근원
market 홍보하다, 광고하다
foot massager 발 마사지기

❶ **It's been a while since your superhero days.**
네 슈퍼히어로 시절도 이젠 오래전 얘기네.
It's been a while은 '(~한 이후로) 꽤 오래됐다', a while은 '꽤 오랜 기간'을 뜻하는 명사구입니다.

❷ **I beg to differ.** 제 생각은 조금 다릅니다.
생각이 다르다고 하면 I have different idea.가 떠오르지만, 위 표현도 일상적으로 많이 쓰인답니다.

ELASTIGIRL	The believer would tell you to **make your mark**. Don't wait for permission, assert yourself and impose your will on the **status quo**.	엘라스티걸 믿는 자로서의 나는 유명해지라고 말할 것 같아요. 허락을 기다리지 말고 현재 상황에 대해 확고한 의지를 갖고 자신을 드러내라고요.
EVELYN	Sounds like my brother.	에블린 우리 오빠처럼 말씀하시네요.
ELASTIGIRL	What?	엘라스티걸 네?
EVELYN	You sound like my brother.	에블린 마치 우리 오빠처럼 말씀하신다고요.
ELASTIGIRL	Well, he's not wrong. There's **an art to** getting a reaction– (she stops, an idea) Oh! I know how to get him!	엘라스티걸 흠, 그는 틀리지 않아요. 반응을 얻는 데도 기술이 필요하니까요 – (그녀가 멈추고, 생각이 떠오른다) 오! 어떻게 잡아야 할지 알았어요!
EVELYN	My brother–??	에블린 우리 오빠를요 – ??
ELASTIGIRL	Winst— No! Screenslaver! You're tech **savvy**. I need to **lock on** to a signal and trace its origin. How fast can you **slap something together** and meet me at the airport?	엘라스티걸 윈스트—아뇨! 스크린슬레이버요! 당신은 기술적인 지식이 많죠? 신호를 레이더로 발견해서 그 근원지를 추적해야 해요. 빨리 대충 정리하고 오면 공항에서 몇 시에 저와 만날 수 있나요?
EVELYN	Airport–?	에블린 공항이요 – ?
ELASTIGIRL	Need to go out of town, **pronto**.	엘라스티걸 이 도시를 떠야 해요, 지금 당장.
EVELYN	You know we have a jet, right?	에블린 우린 자가 비행기가 있어요, 아시죠?
ELASTIGIRL	**Mind if I fly it?**❶	엘라스티걸 제가 조종해도 될까요?
EVELYN	I'd be honored. I can get your **contraption** together by five A.M.	에블린 저야 영광이죠. 제가 오전 5시까지 기계들을 손봐 둘게요.
ELASTIGIRL	I need to get on TV... CHAD!	엘라스티걸 제가 TV 방송에 나와야 해요⋯ 채드!

make one's mark 이름을 떨치다
status quo 현재 상황, 현상
an art to ~에 대한 기술
savvy (실용적인) 지식, 상식, 전문가
lock on (레이더) ~을 발견하여 자동 추적하다
slap together 날림으로 (대충) 만들다/마련하다
pronto 〈비격식〉 빨리, 당장
contraption 기계, 장치

❶ **mind if I (+ 동사)**
~해도 괜찮을까요?
~을 해도 괜찮을지 정중하게 허락이나 양해를 구할 때 쓰는 표현이에요. 직역하면 '제가 ~하는 것이 혹시 마음에 걸리십니까?'인데, 자연스럽게 '~해도 괜찮겠습니까?'라는 의미가 되죠. 원래는 'Do you mind if ~'의 형식인데 구어체에서는 앞에 있는 Do you를 생략하기도 한답니다.

EVELYN	I'll get my brother to **set up** an **exclusive** with him tonight on the newscast–	에블린 제가 오빠에게 부탁해서 오늘 밤 뉴스 쇼에 채드와 독점 인터뷰 잡아놓으라고 할게요–
ELASTIGIRL	–finish our interview by phone...	엘라스티걸 –인터뷰는 전화로 하는 걸로···
EVELYN	–**promote** the **hell out of** it!	에블린 –제대로 터뜨려 주세요!
ELASTIGIRL	**Independence** from Screenslavery!	엘라스티걸 스크린슬레이버리로부터 독립을 위해!
EVELYN	Chad tonight! Boom!!	에블린 오늘 밤 채드! 붐!!
ELASTIGIRL	BOOM!	엘라스티걸 붐!!

They LAUGH and **BUMP FISTS**.

그들이 웃으며 주먹으로 하이파이브를 한다.

RICK DICKER'S OFFICE – SUPSEC (SUPERHERO SECURITY) HQ
The office is neither small or large, it's an **average**, **old-school** office filled with files and **warmly weathered** with experience. The phone rings, Dicker answers.

릭 딕커의 사무실 – 섭섹 (슈퍼히어로 안보) 본부
사무실은 작지도 크지도 않은 평범한 크기에 전통적인 스타일인데, 파일들과 경험으로 따뜻하게 나이를 먹은 듯한 분위기가 풍긴다. 전화벨이 울리고 딕커가 받는다.

DICKER	Dicker.	딕커 딕커입니다.

WITH BOB – PARR HOME – NEW **DEN** (INTERCUT as necessary)
Bob, sitting with Jack-Jack, tries to **multitask**; **unpacking** stuff from his moving boxes while **talking on the phone**.

밥의 모습 – 파의 집 – 새 작업실 (필요에 따라 화면 중간 삽입)
잭잭과 같이 앉아있는 밥이 한꺼번에 여러 가지 일을 하려고 애쓰고 있다: 통화를 하며 박스에서 이삿짐을 풀고 있다.

BOB	Yea, hey Rick, you remember that kid I mentioned to you, Tony Rydinger?	밥 네, 안녕하세요 릭, 제가 얘기했던 그 아이 기억하나요, 토니 라이딘저?
DICKER	**Mind wipe**? Yeah. Nice kid.	딕커 기억 지웠던 아이? 응, 착한 아이였지.
BOB	Well, you also **wiped out** the Friday night date my daughter had with him. In fact, you wiped out my daughter.	밥 그런데, 당신이 우리 딸이 그 아이와 하려고 했던 금요일 밤의 데이트까지 지워 버렸어요. 실은, 우리 딸까지 지워버리신 거예요.
DICKER	Oops. Not an exact science, Bob.	딕커 오 이런, 우리 일이 정밀하게 맞아떨어지는 과학은 아니지 않나, 밥.

---

set up ~을 세우다, 준비하다
exclusive (신문, 잡지, 방송) 독점 기사/방송
promote 촉진하다, 홍보하다
hell out of 〈비격식〉 (강조) 몹시, 사정없이
independence 독립, 자립
bump fists 주먹을 부딪치며 의기투합하다
average 평범한
old-school 전형적인, 전통적인
warmly 따뜻하게, 훈훈하게
weathered 풍화된, 비바람에 씻긴
den 굴, 소굴, 작업실, 서재
multitask 동시에 여러 가지 일을 하다
unpack 짐을 풀다
talk on the phone 전화로 이야기하다
mind-wipe 특정한 기억만을 제거하는 것
wipe out 말살시키다, 완전히 파괴하다

BOB Rick, you **gotta** help me here. Violet HATES me. And you. And Superheroes. I gotta **fix** this. What do you know about Tony?

밥 릭, 저 좀 도와주세요. 바이올렛이 저를 증오해요. 그리고 당신도요. 그리고 슈퍼히어로들까지도. 제가 이 상황을 좀 해결해야겠어요. 토니에 대해서 뭐 좀 아는 것이 있나요?

Dicker's already moved to the FILING CABINETS and pulled open the "P – S" drawer. **Cradling** the phone between neck and shoulder, he quickly finds the "Rydinger, Tony" folder and **examines** its **minuscule contents**.

딕커가 이미 서류 보관함으로 가서 "P – S"라고 쓰인 서랍을 열었다. 목과 어깨 사이에 전화기를 받친 상태로 그가 재빨리 "라이딘저, 토니" 폴더를 찾아 모든 사소한 내용까지 다 살펴본다.

DICKER Oh, not much. Seems like a good kid. **Popular**. Plays sports. Music. Parents **own** The Happy Platter. Kid **works** there **part-time**.

딕커 오, 별로 건질 게 없군. 착한 아이 같아. 인기도 많고, 운동을 하고, 음악. 부모님이 "해피 플래터"라는 식당을 운영하시네. 토니는 거기서 아르바이트를 하고.

BOB Happy... Platter...?

밥 해피… 플래터…?

---

gotta ~해야만 하다 (=got to)
fix 수리하다, 바로잡다
cradle 부드럽게 잡다/안다
examine 조사/검토하다
minuscule 미세한, 아주 사소한
contents 내용물
popular 인기가 많은
own 소유하다
work part-time 아르바이트로 일하다

Disney · PIXAR
INCREDIBLES 2

Day 16

The Happy Platter

해피 플래터 레스토랑

16.mp3

EXT. SHOT – THE HAPPY PLATTER RESTAURANT

외부 장면 – 해피 플래터 식당

INT. THE HAPPY PLATTER RESTAURANT - EARLY EVENING
A popular, old-school family restaurant. **Wood paneling**. **Linoleum** floors. Pretty full for a Wednesday.

내부. 해피 플래터 식당 – 이른 저녁
인기 있는, 전통 패밀리 레스토랑. 나무 장식판자. 리놀륨 소재의 바닥. 수요일 치고는 꽤 손님이 많다.

Bob and the kids enter the restaurant and are **greeted** by a **bored HOSTESS**. Bob **scopes out** the room.

밥과 아이들이 식당에 들어가고 따분해 보이는 여종업원이 인사하며 맞이한다. 밥이 식당 내부를 자세히 살핀다.

바로 이 장면!*

VIOLET Why did we drive **all the way** across town for the...Happy Platter?

바이올렛 그런데 우리 왜 우리 동네에서 이렇게 먼 곳까지 운전해서 해피 플래터에 온 거예요?

BOB We'd like a **booth** over there, near the **Philodendron**.

밥 저쪽에 덩굴 식물 근처에 있는 부스 테이블로 주세요.

She nods, grabs some menus and leads them to the booth.

그녀가 고개를 끄덕이고 메뉴를 몇 개 집어서 그들을 부스로 안내한다.

BOB (to Violet) Good, right? Near the Philodendron.

밥 (바이올렛에게) 좋지, 응? 덩굴 식물 근처.

Violet gives a **sullen** SHRUG. They arrive at the booth, the hostess sets up a high chair and exits. They sit.

바이올렛이 뾰로통한 표정으로 어깨를 으쓱한다. 그들이 부스에 도착하자 여직원이 유아용 식탁 의자를 설치해 주고 나간다. 그들이 앉는다.

VIOLET This **platter** doesn't look all that happy to me. It looks...bored.

바이올렛 내가 보기에 이 요리는 그렇게 행복해 보이지 않는데요. 지루해…보여요.

DASH Ha! The bored platter.

대쉬 하! 지루한 플래터.

BOB I thought Vi would want **a change of pace** from **drive-in** food.

밥 바이가 맨날 드라이브인 음식만 먹어서 기분 전환 좀 하라고 데려온 거야.

---

wood paneling 나무 장식 판자
linoleum (건물 바닥재) 리놀륨
greet 맞다, 환영하다
bored 따분해하는, 지루해하는
hostess 여성 안내원, 여주인
scope something out ~을 자세히 살피다
all the way 먼 길을 (오다/가다), 시종/내내
booth (칸막이한) 작은 공간, 부스
philodendron 토란과의 상록 덩굴 식물
sullen 뚱한, 시무룩한
platter (큰 서빙용) 접시
a change of pace 기분전환, 활동의 변경
drive-in (자동차를 탄 채 이용할 수 있는) 드라이브인

VIOLET (sullen) I like drive-in food.

바이올렛 (뚱한 표정) 난 드라이브인 음식이 좋아요.

DASH Does this mean vegetables?

대쉬 이건 채소라는 뜻인가요?

BOB A **balanced diet** means vegetables, **kiddo. Get used to** it.

밥 균형 잡힌 식단엔 채소가 있다는 의미지, 꼬마야. 익숙해져라.

A **teenaged SERVER** arrives with a **pitcher** and pours water into the two **tumblers** turned **upright**. Violet takes a DRINK –

10대 서빙 직원이 주전자를 들고 와서 뒤집혀 있는 손잡이 없는 컵 두 잔에 물을 따른다. 바이올렛이 음료를 든다 –

SERVER Good evening, everyone.

서빙 직원 안녕하세요, 손님들.

Bob looks to see Violet's reaction. Violet looks up **mid-swallow** and **CHOKES**, WATER **spurting** out of her nose— it's TONY RYDINGER.

밥이 바이올렛의 반응을 살핀다. 바이올렛이 물을 삼키려다 위를 올려다보며 목이 멘다. 물이 그녀의 코에서 뿜어져 나오고— 토니 라이딘저이다.

VIOLET (chokes on water)

바이올렛 (물에 체한다)

BOB Whoaa!!! Hey Violet, are you OK?!

밥 워어어!! 얘 바이올렛, 괜찮니?!

DASH EWWWE! OH...NO!

대쉬 우웩! 오…맙소사!

TONY Is she all right??

토니 그녀가 괜찮은 건가요??

TONY (**misc. ad libs**) Here, have some napkins... it's ok, it's fine, happens all the time here...mops it right up...

토니 (이런저런 즉흥 대사) 여기, 냅킨이요… 괜찮아요, 아무 일 아니에요, 이런 일은 늘 있는 일인걸요…대걸레로 바로 치우면 돼요…

VIOLET (misc. ad libs) I'm ok, I'm fine...oh don't...nothing to see... I'm fine. Just–please...please, god. Thank you.

바이올렛 (이런저런 즉흥 대사) 난 괜찮아요, 괜찮아요…오 이러지 말아요…별 것 없어요… 전 괜찮다고요. 그냥 좀…제발, 맙소사. 고마워요.

BOB (misc. ad libs) Whoa, hey Violet, are you ok? She's just a little...yes more napkins would be good...just **mop** it right **up**, there...ok, thank you...

밥 (이런저런 즉흥 대사) 워, 바이올렛, 괜찮니? 얘가 좀 그냥…네 냅킨 좀 더 주시면 좋겠네요… 그냥 대걸레로 치워주세요, 거기…네, 고마워요…

---

balanced diet 균형 잡힌 식단
kiddo (친한 사이의 호칭) 야, 꼬마야
get used to ~에 익숙해지다
teenaged 10대의
server 식당에서 서빙을 하는 직원
pitcher 항아리/주전자
tumbler 텀블러
upright 수직으로/똑바로 세워둔
mid-swallow 삼키고 있는 도중에
choke 숨이 막히다, 목이 메다
spurt (액체, 불꽃이) 뿜어져 나오다, 솟구치다
misc. 여러 가지, 이것저것 다양한 (=miscellaneous)
ad lib 애드리브, 즉흥적인 것, 임의로
mop up (물 따위를) 훔치다/닦다

DASH (misc. ad libs) More napkins! Maybe she needs something bigger...like a towel.

대쉬 (이런저런 즉흥 대사) 냅킨 좀 더 줘요! 뭔가 더 큰 게 필요할 것 같은데요…수건 같은 거.

Tony pulls a napkin from his **back pocket**. Bob and Tony start mopping up the **mess**. Hidden behind hair and hands, Vi CONTINUES TO **COUGH** and DRIP, signals: "I'm OK".

토니가 뒷주머니에서 냅킨을 하나 꺼낸다. 밥과 토니가 주변을 걸레질한다. 머리와 손 뒤에 숨어서 바이가 계속 기침을 하며 물을 뚝뚝 흘리며 신호를 보낸다: "전 괜찮아요".

BOB Normally she doesn't ever drip like this.

밥 보통은 이 아이가 이렇게 물을 뚝뚝 흘리고 그러진 않아요.

TONY (to Bob) Would uhh- would you like water, sir?

토니 (밥에게) 저기 어– 물 드릴까요, 손님?

BOB Yes. Yes I would.

밥 네. 네 좀 주세요.

Tony smiles **pleasantly**, fills Bob's glass. Violet continues to cough.

토니가 유쾌하게 미소 지으며 밥의 물컵을 채운다. 바이올렛은 계속 기침을 한다.

BOB This is my daughter, who you must know right...?

밥 여긴 우리 딸인데, 그쪽도 분명 알 텐데…?

VIOLET (**under breath**) God. Stop.

바이올렛 (속삭이며) 맙소사. 그만 해요.

TONY (to Violet) Hello.

토니 (바이올렛에게) 안녕.

BOB –Violet...

밥 –바이올렛…

TONY Hello, Violet.

토니 안녕, 바이올렛.

Tony waves to **get her attention**. Violet, face hidden, answers with a **finger point**.

토니가 좀 봐달라며 그녀에게 손을 흔든다. 바이올렛이 얼굴은 숨긴 채 손가락으로 인사한다.

BOB Hey Vi, say hi to–

밥 바이, 인사해야지–

VIOLET (low, **gritted teeth**) **Don't push it, Dad...**[1]

바이올렛 (낮은 소리로, 이를 악물고) 적당히 해요, 아빠…

DASH I'm Dash, her little brother.

대쉬 난 대쉬예요, 누나의 동생이죠.

Dash leans forward, offers a handshake to Tony.

대쉬가 몸을 앞쪽으로 움직이며 토니에게 악수를 청한다.

TONY Hello.

토니 안녕.

---

back pocket 뒷주머니
mess 엉망인 상태/상황
cough 기침하다
pleasantly 즐겁게, 유쾌하게
under breath 숨죽여, 속삭이며
get one's attention ~의 관심을 얻다
finger point 손가락으로 가리키기
grit one's teeth 이를 악물다

1 Don't push it, Dad.
거기까지만 하세요, 아빠.
push의 기본 의미는 '밀다'인데, 상황에 따라서는 '억지로 밀어붙이다', '(적당한 선을 넘어) 너무 무리하게 하다'라는 의미로도 쓰여요. 위의 문장은 바이올렛이 아빠에게 너무 과하게/억지스럽게/무리하게 행동하지 말라고 말한 거예요.

BOB (enjoying water) This is really good water. It's very **refreshing. Spring water**, is it?

밥 (맛있게 물을 마시며) 이 물 정말 맛있네요. 아주 신선해요. 용천수 맞죠?

TONY I don't know. Sir. I think it's **tap**.

토니 글쎄요. 손님. 아마 수돗물일걸요.

BOB Well, it is very good.

밥 아. 아주 좋네요.

DASH Excellent tap.

대쉬 훌륭한 수도네요.

VIOLET Excuse me.

바이올렛 실례할게요.

Violet rises and exits. Tony smiles at the **remaining** Parrs.

바이올렛이 일어서서 나간다. 토니가 남아있는 파의 가족에게 미소 짓는다.

TONY Nice to meet you.

토니 만나서 반가워요.

He exits, the opposite direction.

그가 반대편으로 나간다.

BOB Well, where'd SHE go?

밥 어. 누나 어디 갔니?

DASH To find a good place to be angry?

대쉬 성질내기 좋은 곳을 찾아가지 않았을까요?

KQRY TELEVISION STUDIOS STAGE – NIGHT

KQRY 텔레비전 스튜디오 무대 – 밤

BRENTLEY Tonight, we go now to a special **remote interview** with Elastigirl.

브렌틀리 오늘 밤, 저희는 엘라스티걸과 특별한 원격 인터뷰를 진행하도록 하겠습니다.

ELASTIGIRL (O.S.) **How you feeling, Chad? You doing alright?**❶

엘라스티걸 (화면 밖) 기분 어때요, 채드? 괜찮으시죠?

BRENTLEY I'm fine, the doctors checked me out. I have NO memory of the event— I gotta tell you, it's pretty strange to see a recording of yourself from the night before and have no **recollection**.

브렌틀리 전 괜찮아요. 의사들이 검진했거든요. 그날 일이 전혀 기억나지 않네요— 네 정말이지, 바로 전날 밤 녹화된 자기 모습을 보면서 전혀 기억이 나지 않는다는 게 참 이상하네요.

OUTSIDE KQRY TELEVISION STUDIOS – NIGHT
MOVING VIEW up the side of the building, past the neon sign of KQRY studios, **craning** up to the –

KQRY 텔레비전 스튜디오 밖 – 밤
건물의 옆면을 타고 올라가며 KQRY 스튜디오의 네온 사인을 지나 카메라가 이동한다. 조감 촬영을 하며 올라가서 –

---

refreshing 신선한, 상쾌한, 상큼한
spring water 샘물, 용천수
tap (water) 수돗물
remaining 남아있는
the opposite direction 반대편
remote interview 원격 인터뷰
recollection 기억(력), 기억하는 내용
crane (몸이나 목을) 길게 빼다

❶ **How you feeling? You doing alright?**
기분이 어때요? 괜찮아요?
위의 의문문 두 문장을 보면 be동사가 생략되어 있어요. 원래는 How are you feeling? Are you doing alright? 인데, are가 빠져있지요. 이렇게 구어체 문장에서는 be동사가 들어올 자리는 너무 뻔하기 때문에 편의를 위해 생략하는 경우가 많답니다.

ROOFTOP – KQRY TELEVISION STUDIOS – NIGHT
–as we reveal that ELASTIGIRL is doing her interview as she sits atop a large **TRANSMISSION TOWER**. ELASTIGIRL watches Chad's broadcast on her **HANDHELD**, a small camera and light also **affixed** to the tower and **pointing at** her.

옥상 – KQRY 텔레비전 스튜디오 – 밤
–큰 송전탑 위에 앉아서 인터뷰를 하는 엘라스티걸의 모습이 보인다. 엘라스티걸이 손에 작은 카메라를 들고 채드의 방송을 보고 있고 타워에 부착된 조명이 그녀를 비춘다.

BRENTLEY (on TV) I don't think anyone needs to worry, we've taken many **precautions** tonight. Where are you right now?

브렌틀리 (TV) 우리가 많은 예방조치를 취했기 때문에 오늘은 걱정할 필요는 없을 것 같습니다. 지금 어디에 계시죠?

ELASTIGIRL On a **case**. In a **secure undisclosed location**.

엘라스티걸 사건을 조사 중이에요. 안전한 비밀 장소에서.

BRENTLEY (on TV) I want to talk about you, starting with your save of a runaway train. Here's an exclusive, **unedited clip** from your own suit cam. **Roll the clip**.

브렌틀리 (TV) 당신에 대해서 이야기하고 싶군요. 폭주 열차를 구출해낸 이야기부터 시작해서. 자, 당신의 옷에 장착된 카메라로 찍는 무편집의 독점 방송입니다. 영상을 보여주시죠.

The clip rolls; ELASTIGIRL, S POV of the HOVERTRAIN STATION CROWD watching **agog** as the train leaves the station BACKWARDS. ELASTIGIRL'S POV swings into motion; jumping on the Elasticycle as it pursues the train at high speed–

영상이 돌아가고; 열차가 거꾸로 역에서 출발하는 장면을 몹시 궁금해하며 보고 있는 호버열차역의 군중을 보는 엘라스티걸의 시점. 엘라스티걸의 시점이 움직이기 시작한다; 엘라스티사이클을 타고 고속으로 열차를 뒤쫓고 있다–

ELASTIGIRL This thing's really movin'! 200 and climbing! How much track is built??

엘라스티걸 이거 정말 장난 아닌데요! 200을 훌쩍 넘어요! 이 선로가 얼마나 완공됐죠??

EVELYN (V.O.) About 25 miles.

에블린 (목소리) 약 25마일 정도요.

–as the NEWSCAST GOES **STATIC**, then is interrupted by– the SCREENSLAVER, appearing– this time in person, and sporting **HYPNO-GOGGLES** over a **COWL**, VOICE **electronically altered**.

–뉴스 방송이 정지상태가 되고, 스크린슬레이버에 의해 중단된다. 그의 모습이 나타나는데– 이번에는 실제 사람이 등장한다. 두건 위로 최면 고글을 착용하고, 목소리는 전자장비로 변조했다.

SCREENSLAVER (on TV) The Screenslaver interrupts this program for an important announcement.

스크린슬레이버 (TV) 중대한 발표가 있어서 스크린슬레이버가 이 프로그램을 중단한다.

DEVTECH – DEAVOR'S OFFICE – SAKE TIME
Watching on Deavor's TV, the DEAVORs react.

데브텍 – 데버의 사무실 – 같은 시간
데버의 TV로 보면서, 그가 반응한다.

transmission tower 송신탑
handheld 손에 들고 있는/쓰는, 포켓용의
affix 부착하다, 붙이다
point at ~에 겨누다
precaution 예방책, 예방조치/수단
case (특정한 상황의) 경우, 사건
secure 안심하는, 안전한
undisclosed 밝혀지지 않은, 비밀에 부쳐진
location 장소, 곳, 위치
unedited clip 편집되지 않은 영상
roll the clip 영상을 재생하다/돌리다
agog 들뜬, 몹시 궁금해하는
static 정지 상태의, (수신기의) 잡음
hypno-goggles 최면용 고글
cowl 고깔, 두건
electronically altered (기계로/전기로) 변조된

EVELYN I'll be damned. She knew...

에블린 이럴 수가. 그녀가 맞았어요...

DEAVOR Let's see if your **gadget** works.

데버 네 장치가 제대로 작동하는지 한번 보자고.

ROOFTOP – KQRY TELEVISION STUDIOS – NIGHT
ELASTIGIRL studies the screen of her HANDHELD **TRACKER** as it LOCATES the SOURCE of the SCREENSLAVER'S SIGNAL HIJACK and LOCKS ON. Elastigirl looks in its direction...

옥상 – KQRY 텔레비전 스튜디오 – 밤
엘라스티걸이 자기 포켓용 추격장치가 스크린슬레이버의 신호 장악 근원지를 찾아내 자동추격신호를 보내는 것을 유심히 들여다보고 있다. 엘라스티걸이 그쪽 방향을 본다…

ELASTIGIRL Gotcha.

엘라스티걸 잡았다.

ELASTIGIRL consults her TRACKER and breaks into a run.

엘라스티걸이 자신의 추격장치를 분석하며 갑자기 달리기 시작한다.

ROOFTOPS
As ELASTIGIRL rapidly **covers distance**; climbing, stretching, **vaulting**, gliding – CLOSING IN ON SCREENSLAVSR'S SIGNAL.

옥상
엘라스티걸이 빠른 속도로 거리를 좁혀 나간다; 오르고, 늘리고, 장애물을 뛰어넘고, 활공하면서 – 스크린슬레이버의 신호에 점점 다가간다.

SCREENSLAVER (V.O) **Don't bother watching the rest,**❶ Elastigirl doesn't **save the day**, she only postpones her defeat.

스크린슬레이버 (목소리) 나머지는 굳이 볼 필요 없어. 엘라스티걸이 곤경에서 구해주지 않아. 그녀는 그지 자신의 패배를 늦추고 있을 뿐이지.

SCREENSLAVER (V.O.) And while she postpones her defeat, you eat chips and watch her confront problems that you are too lazy to deal with. Superheroes are part of your brainless desire to replace true experience with simulation. You don't talk, you watch talk shows. You don't play games, you watch game shows. Travel, relationships, risk – every meaningful experience must be packaged and delivered to you to watch at a distance, so that you can remain ever **sheltered**, ever passive, ever **ravenous** consumers who can't bring themselves to rise from their couches, **break a sweat**, and participate in life.

스크린슬레이버 (목소리) 그리고 그녀가 자신의 패배를 늦추고 있는 동안, 너희들은 집에서 과자나 먹으면서 너희들이 너무 게을러서 마주하기 귀찮아하던 문제들과 맞닥뜨리는 그녀를 지켜보라고. 슈퍼히어로들은 실제 경험을 시뮬레이션으로 대체하고자 하는 너희들의 어리석은 욕망의 일부야. 너희들은 토크를 하지 않고 토크 쇼를 보지. 게임을 하지 않고 게임 쇼를 보고. 여행이든, 관계든, 위험이든 – 모든 의미 있는 경험들이 패키지로 포장되어서 배달되면 멀리서 구경만 하려고 하고 그래서 항상 은신처에 숨어서 보호받는 상태에 있게 되고, 엄청 소극적이고, 엄청나게 탐욕스러운 소비자들이 소파에 누워서 일어나기도 싫어하면서, 전혀 노력하지도 않고, 인생에 참여하지도 않지.

---

gadget 도구, 장치
tracker 추적자, 추적장치
cover distance ~의 거리를 가다
vault (손으로 몸을 지탱하며) 뛰어넘다
save the day 곤경/패배/실패를 면하게 하다
sheltered 보호를 받는, 근심 걱정/시련이 없는
ravenous 굶주린, 배가 고파 죽을 지경인
break a sweat 열심히 땀을 흘리다, 노력하다

❶ **Don't bother watching the rest.**
나머지는 볼 필요도 없어요.
bother은 '신경 쓰다, 애쓰다, 괴롭히다, 귀찮게 하다'라는 의미의 동사예요. 그래서, 'Don't bother ~'는 '굳이 ~하려고 수고하지 마라'는 의미의 표현이 되지요. 다시 말해, 굳이 ~할 필요가 없다는 이야기에요. 예를 들어, Don't bother calling me. '굳이 전화 안 하셔도 돼요.' 이렇게 쓰인답니다.

You want superheroes to protect you, and make yourselves ever more **powerless in the process**, while you tell yourselves that you're being **looked after**, that your interests are being **served**, that your **rights** are being **upheld**, so that the system can keep stealing from you, smiling at you **all the while**. Go ahead, send your supers to stop me, grab your snacks, watch your screens and see what happens. You are **no longer** in control. I am.

너희들은 슈퍼히어로들이 너희들을 보호해주길 원함으로 인해, 결국 그 과정에서 스스로 무력해지면서도, 자신이 보호받고 있다고 스스로를 안심시키고, 자신의 이익이 충족되고 있다고 생각하고, 권리가 행사되고 있다고 믿고, 그래서 시스템이 계속해서 너희들을 약탈하면서 비웃고 있다는 사실은 모른 채로. 그래 그러라고, 날 멈추게 할 슈퍼히어로들을 보내, 과자나 계속 집어 먹으면서, 어떻게 되는지 화면이나 들여나 보면서 있으라고. 너희들은 더 이상 스스로에 대한 통제권이 없어. 내가 통제하고 있는 거지.

LONG LEG RUNNING, ELASTIGIRL FIRES HERSELF LIKE A SLINGSHOT— INTO A FLYING SUIT- reaching a **rooftop** building that **DESCENDS** INTO DARKER URBAN ANTENNAE JUNGLE WHICH **OBSCURES** HER TRACKING SIGNAL.

긴 다리로 뛰면서, 엘라스티걸이 새총처럼 자신을 날린다— 날아가는 옷으로 - 건물 옥상으로 올라갔다가 어두운 도시의 안테나 정글로 내려가니 추격장치의 신호가 잘 안 잡힌다.

ELASTIGIRL follows the **cords** to the side of the building and into a **barred window**-

엘라스티걸이 건물의 옆면으로 줄을 따라가다가 창살이 있는 창문으로 들어간다 -

powerless 힘없는, 무력한
in the process ~의 과정에서, ~하는 중에
look after ~을 돌보다
serve 제공하다, 차려주다
rights 공민권, 권리
uphold (법, 원칙 등) 유지하다, 옹호하다
all the while 그동안 죽, 내내, 시종
no longer 더 이상 ~이 아닌/하지 않는

rooftop 옥상
descend 내려오다/가다
obscure 보기/듣기/이해하기 어렵게 하다
cord 끈, 줄, 노끈
barred window 창살이 있는 창문

Day 17

The Incredibile, Whose Car Is It?

인크레더빌, 누구의 차인가?

17.mp3

HALLWAY - SCREENSLAVER'S APARTMENT BUILDING
-Elastigirl enters the hallway through a window and approaches Room 27.
-ELASTIGIRL **flattens** an arm under the door and **unlocks** it from the inside. A **SHADOWY FIGURE** watches as her hand unlocks the door **jam**.
-ELASTIGIRL enters the **LAIR** filled with hypnotizing **tools** and plans of the METROLEV TRAIN. She enters SCREENSLAVER'S **CAGE** and begins to **inspect** his tools.
-SCREENSLAVER (**fully dressed** in costume) enters the cage, slams the door behind him, turns on the wall's hypnotic stage, approaches ELASTIGIRL with electric weapon, ELASTIGIRL struggles.

복도 - 스크린슬레이버의 아파트 건물
–엘라스티걸이 창문을 통해 복도로 들어와 27호에 다가선다.
–엘라스티걸이 팔을 납작하게 만들어서 문 아래로 밀어 넣어 안쪽 자물쇠를 푼다. 어두운 그림자 같은 형상이 그녀가 자물쇠를 푸는 모습을 지켜본다.
–엘라스티걸이 최면 도구들과 메트롤레브 열차에 대한 계획들로 가득한 소굴로 들어온다. 그녀가 스크린슬레이버의 소굴로 들어와 그의 도구들을 살피기 시작한다.
–스크린슬레이버가 (전신 변장을 한) 소굴로 들어와 문을 쾅 닫는다. 벽 쪽의 최면 무대 쪽으로 몸을 돌려 전기무기를 들고 엘라스티걸에게 다가간다. 엘라스티걸이 힘겨워한다.

SCREENSLAVER Find anything?

스크린슬레이버 뭐 건질만한 게 있던가?

SCREENSLAVER (efforts / impacts / struggles / panting / jumping)

스크린슬레이버 (힘쓴다 / 충격을 가하고 / 발버둥 치고 / 헐떡거리고 / 뛰어오른다)

-ELASTIGIRL and SCREENSLAVER fight, ELASTIGIRL tries to remove SCREENSLAVER'S mask but he escapes. Before he exits, SCREENSLAVER activates a **HYPNO-CLOCK** as he leaves the LAIR.

–엘라스티걸과 스크린슬레이버가 싸운다. 엘라스티걸이 스크린슬레이버의 복면을 벗기려고 하지만 그가 탈출한다. 달아나기 전에 소굴을 나가면서 스크린슬레이버가 최면 시계를 작동시킨다.

SCREENSLAVER'S APARTMENT BUILDING
–Elastigirl **chases** Screenslaver in his apartment building. Down hallways, stretching to **catch up to** him.
–Screenslaver pulls **fire alarm** in building.
–Elastigirl **runs into** a man leaving his apartment.

스크린슬레이버의 아파트 건물
- 엘라스티걸이 스크린슬레이버의 아파트 건물에서 그를 추격한다. 복도를 따라 몸을 늘려 그를 따라잡으려고 한다.
- 스크린슬레이버가 건물의 화재경보기를 잡아당긴다.
- 엘라스티걸이 아파트에서 나가고 있는 어떤 남자에게 부딪힌다.

ELASTIGIRL Oh...sorry!

엘라스티걸 오…죄송해요!

–Screenslaver slides down elevator **shaft**, onto roof, leaps off building, Elastigirl parachutes down with him.

- 스크린슬레이버가 엘리베이터 통로를 미끄러져 내려가 지붕 위로 올라가 건물에서 뛰어내린다. 엘라스티걸이 낙하산을 펴고 그와 같이 뛰어내린다.

---

flatten 납작/반반해지다
unlock (열쇠로) 열다
shadowy figure 그늘이 진/어둑어둑한
jam 혼잡, 교통 체증, 막힘/걸림, 고장
lair 집/굴, 은신처, 소굴
tool 도구, 연장, 공구
cage (짐승의) 우리, 새장
inspect 점검/검사하다
fully dressed 옷을 완전히 차려입은
hypno-clock 최면을 걸 때 사용하는 시계
chase 뒤쫓다, 추격하다
catch up to ~을 따라잡다
fire alarm 화재경보기
run into ~와 우연히 만나다/마주치다
shaft (보통 건물, 지하의) 수직 통로

-The HYPNO-CLOCK in Screenslaver's lair **BLASTS** OFF, BUILDING EXPLODES behind them as Elastigirl and Screenslaver are still in the air.
-Screenslaver **shines** hypno-goggles into Elastigirl's eyes, she quickly covers them.
-Elastigirl and Screenslaver land on nearby rooftop.
-Elastigirl **UNMASKS** Screenslaver. GLASSES FALL OUT (BUT WE DON'T PAY ATTENTION TO IT).

-스크린슬레이버의 소굴에 있던 최면 시계가 터진다. 엘라스티걸과 스크린슬레이버가 아직 공중 위에 떠 있는 동안 그들 뒤로 건물이 폭발한다.
-스크린슬레이버가 최면 고글을 엘라스티걸의 눈에 비추고, 그녀가 재빨리 눈을 가린다.
-엘라스티걸과 스크린슬레이버가 근처의 옥상에 착지한다.
-엘라스티걸이 스크린슬레이버의 복면을 벗긴다. 안경이 떨어져 나간다. (하지만 별로 주목할 만한 사항은 아니다)

GUY (efforts / impacts)

남자 (힘쓴다 / 충격을 가하고)

GUY (panting)

남자 (헐떡이고)

GUY (struggle reaction to mask taken off) Elastigirl?

남자 (복면이 벗겨진 것에 대한 몸부림치는 반응) 엘라스티걸?

GUY What happened?

남자 무슨 일이죠?

ELASTIGIRL What happened is YOU destroyed my **evidence.**

엘라스티걸 무슨 일이 있었는가 하면 당신이 내 증거를 부숴버렸어요.

MOMENTS LATER – ON THE STREET
Elastigirl watches in **quizzical expression** as the COPS **hustle** the GUY off **in handcuffs**.

몇 분 후 – 거리에서
경찰들이 그 남자에게 수갑을 채워 서둘러 떠나는 모습을 엘라스티걸이 약간 놀란 듯한 표정으로 지켜본다.

GUY What's going on?? What'd I do?? What'd you guys do to me??

남자 무슨 일이에요?? 내가 뭘 했는데요?? 당신들 나에게 무슨 짓을 한 거야??

COP That's right, **punk. Blame** the system.

경찰 그래 맞아, 악당 놈아. 시스템에 책임을 돌려라.

Elastigirl pulls her **emblem** away from her chest, looking down at the SUITCAM in its center.

엘라스티걸이 그녀의 가슴에 붙어 있는 엠블럼을 떼어내고, 그 중앙에 있는 초소형카메라를 내려다본다.

WITH EVELYN
Smiling as Elastigirl's **upside down**, **out of focus** face fills her monitor in **EXTREME close up**.

에블린의 모습
엘라스티걸이 거꾸로 뒤집혀 있는 모습을 보고 웃고 있는데, 초점이 맞지 않는 얼굴이 극단적으로 클로즈업되어 모니터를 가득 채운다.

ELASTIGIRL (on monitor) Your tracker **worked like a charm**, Evelyn. You're a **genius**.

엘라스티걸 (모니터) 당신의 추격장치는 효과만점이었어요, 에블린. 당신은 천재예요.

---

blast 폭발, 폭발시키다/폭발하다
shine 빛나다, 반짝이다
unmask 복면을 벗기다
evidence 증거, 흔적
quizzical expression 약간 놀란 듯한 표정
hustle (사람을 거칠게) 떠밀다/밀치다
in handcuffs 수갑을 찬
punk 불량한 남자, 불량 청소년
blame ~을 탓하다, ~책임/때문으로 보다
emblem (국가, 단체를 나타내는) 상징
upside down 거꾸로, 뒤집혀
out of focus 초점을 벗어난, 초점이 맞지 않는
extreme 극도의, 지나친, 극심한
close-up 클로즈업, 근접촬영
work like a charm (계획 따위가) 잘 진척되다
genius 천재

EVELYN Aw, shucks. (chuckles) I'm just the genius behind the genius.

에블린 오, 별 말씀을. (빙긋 웃는다) 전 그냥 천재 뒤에 있는 천재일 뿐이에요.

MAIN ROOM – PARR HOUSE – DAY
Bob sits on the couch, holding Jack-Jack, dazed in front of the TV. Dash **intrudes**, again holding his NEW MATH book.

안방 – 파의 집 – 낮
밥이 잭잭을 안고 소파에 앉아 TV 앞에 멍하니 있다. 대쉬가 방해한다. 또다시 그의 새 수학책을 들고.

TV ANCHOR The New Urbem City Council voted today to increase parking ticket fees on city meters by 25 dollars per violation and to impose the use of "the boot" for **scofflaws** who's unpaid tickets **exceed** 100 dollars. Fifty new "boots' were ordered and will be decorating city streets within the month, so **take heed** New Urbanites: if you've collected a few tickets - it might be best to **pay a visit to** City Hall or your car might be sporting a new look next month.

TV 앵커 뉴 우르벰 시 위원회에서 오늘 미터기 주차 위반을 하는 차량에 대해서 한 번에 25달러씩 추가벌금을 청구하기로 하고 납입하지 않은 벌금액수가 100달러를 넘어서는 상습위반자들에 대해서는 차 바퀴에 '죔쇠'를 채우기로 투표를 했습니다. 50개의 '죔쇠'를 주문했고 이제 그 '죔쇠'들이 앞으로 한 달 내에 거리를 장식하고 다닐 것입니다. 그러니 시민 여러분 주의하십시오: 가지고 계신 위반 딱지가 몇 개 있다면 어서 시청에 방문하시는 것이 좋겠습니다. 그렇지 않으면 다음 달엔 당신의 차량이 새로운 모습을 선보이게 될 테니까요.

바로 이 장면!*

DASH Hey Dad... we're doing **fractions** and demicels and percentages and **I don't get 'em.**[1]

대쉬 아빠… 우리 분수하고 십잔법하고 백분율을 배우는데 잘 이해가 안 돼요.

BOB (rubbing his eyes) Aren't you... didn't we **get** all **caught up**?

밥 (눈을 비비며) 너 저번에… 우리 저번에 다 따라잡은 거 아니니?

DASH Yea, we WERE caught up — and now we're doing fractions and percentages and demicels.

대쉬 네, 우리가 따라잡았었죠 – 그리고 지금은 분수하고 백분율하고 십잔법 하는 거고요.

BOB **Decimals.**

밥 십진법.

From the TV, a NEWS STORY catches Bob's attention:

TV에서 나오는 뉴스 소리가 밥의 시선을 끈다.

---

intrude 침범/침입하다
scofflaw (법규의) 상습적인 위반사
exceed (특정한 수, 양을) 넘다/초과하다
take heed 주의하다, 조심하다
pay a visit to ~을 찾아보다, 들르다
fraction 분수
get caught up ~에 휘말리다, 감을 잡다
decimal 십진법, 소수

1 I don't get 'em.
그것들이 이해가 안 돼요.
'~을 이해하다'라는 말을 할 때 동사를 understand라고 쓰는 경우도 많지만, 간단하게 get으로 대체해서 쓰기도 한답니다. 예를 들어, Do you get it? '이해되니?', I don't get it. '난 이해가 안 돼' 이런 식으로 쓰여요.

TV ANCHOR	Superheroes are back in the news again, and so is their gear. The car collection of billionaire Victor Cachet grew a little bit more SUPER today with the addition of the INCREDIBILE, the super car once driven by superhero Mr. Incredible.	TV 앵커 다시 한 번 슈퍼히어로들이 뉴스거리가 되고 있습니다. 그리고 이번엔 그들의 장비에 관련된 뉴스가 있습니다. 억만장자 빅터 카쳇의 자동차 컬렉션에 인크레더블이 추가되면서 조금 더 화려한 라인업을 이루게 되었습니다. 인크레더블은 슈퍼히어로 미스터 인크레더블이 한때 몰고 다니던 슈퍼 카랍니다.

Chyron INCREDIBILE SOLD. ON THE TV: CACHET interviewed live;

자막 인크레더빌 엄청난 가격에 팔림. TV: 카쳇이 생방송 인터뷰 중;

CACHET	(on TV) It's the kind of thing you buy when you have everything else...	카쳇 (TV) 이런 차는 다른 모든 것을 다 소유하게 되면 사는 그런 차라고 볼 수 있죠…
BOB	They said it was **beyond repair**...	밥 저 차는 수리가 불가능하다고 했었는데…
CACHET	... and hey– it was in perfect condition.	카쳇 … 그리고 어- 이 차가 완전히 멀쩡하더라고요.
DASH	You used to drive THAT?	대쉬 아빠가 예전에 저 차를 몰았다고요?
BOB	They said it was destroyed...	밥 망가졌다고 그랬는데…
TV ANCHOR	Long thought lost or destroyed, the famous car **turned up** at private **auction**...	TV 앵커 꽤 오랫동안 분실되었거나 망가졌다고 알려진, 그 유명한 차가 개인 경매에 매물로 나왔습니다…
BOB	(**outraged**) ...they said it was- THAT'S MY CAR!	밥 (분노하며) …그들이 그랬다고– 저 차는 내 거야!
TV ANCHOR	The **fascinating** vehicle **commanded extensive** and **fevered bidding**, **topping out** in the high **six figures**, **according to auctioneer** Chester McMullan of McMullan's Magic **Auction House**. "We've never had an automobile **fetch** such a **handsome** price" said McMullen.	TV 앵커 매력적인 이 차는 규모도 크고 열기가 넘치는 입찰을 통해, 맥뮬란 매직 경매 하우스의 경매인 체스터 맥뮬란에 의하면, 6자리 숫자 (수억) 후반의 가격에 팔렸습니다. "자동차가 이렇게 비싼 가격에 팔린 경우는 처음입니다" 라고 맥뮬런이 말했습니다.

beyond repair 수리가 가능한 정도를 벗어난
turn up (잃어버렸던 것이) 나타나다/찾게 되다
auction 경매
outraged 격분한, 격노한
fascinating 대단히 흥미로운/매력적인
command 명령하다, 받다
extensive 아주 넓은/많은, 대규모의
fevered 몹시 흥분한, 과열된
bidding 입찰, 호가, (경매의) 가격 제시
top out (가격, 속도) 머무르다, 보합세를 보이다
six figures 6자리 숫자 (십만 단위가 넘는 수)
according to ~에 의하면
auctioneer 경매인
auction house 경매장
fetch 가지고/불러오다, (특정 가격에) 팔리다
handsome (양적으로) 많은, 큰, 멋진, 잘생긴

TV ANCHOR (CONT'D) When asked how the car had come into his possession, the auctioneer was **evasive**. "We have our sources in the superhero community."

TV 앵커 (계속) 어떻게 이 차를 손에 넣을 수 있었느냐고 묻자, 경매인은 질문을 회피하며 얼버무렸습니다. "우리가 나름 슈퍼히어로 계에 소식통들이 있어서요."

Energized, Bob **bolts** from the room.

열 받은 채로, 밥이 방에서 뛰쳐나온다.

WITH BOB
– he DISAPPEARS FROM VIEW – SPLASH! He has again fallen into one of the WATER FEATURES. Bob, soaked and **cursing**, pulls himself from the water and powers into the –

밥의 모습
– 그의 모습이 보이지 않는다 – 첨벙! 그가 또다시 폭포수에 빠졌다. 물에 흠뻑 젖어 욕을 내뱉고 있는 밥이 물에서 나와 맹렬히 나아간다 –

BOB (misc. mumbling about water feature and house.)

밥 (폭포와 집에 대한 잘 알아듣기 힘든 중얼거림)

DEN
– filled with labeled MOVING BOXES. He shoves a few aside, **digs through** another until he finds the INCREDIBILE REMOTE.

작업실
– 분류 표시 라벨을 붙여 놓은 이삿짐 박스로 가득 찼다. 그가 박스 몇 개를 밀치고 한 박스를 뒤져서 인크레더블 차량의 리모컨을 찾는다.

RESUME FAMILY ROOM
WET BOB **careens** back to the TV, Dash **on his heels**, gripping the remote. ON THE TV, the reporter turns to the INCREDIBILE.

다시 거실
몸이 젖은 밥이 리모컨을 꽉 잡고 다시 TV 방향으로 위태롭게 달린다. 대쉬가 그의 뒤를 따른다. TV에서 리포터가 인크레더빌 쪽으로 몸을 돌린다.

TV REPORTER This car's just loaded with amazing gadgets. **Care to demonstrate?**❶

TV 리포터 이 차에는 굉장한 장치들이 한두 가지가 아니군요. 한 번 보여주실 수 있을까요?

CACHET I'd love to, but we haven't figured out how to make them work yet...

카쳇 저도 그러고 싶어요. 하지만 아직 이 차를 어떻게 작동시키는지는 몰라서요…

TV REPORTER (scream)

TV 리포터 (비명을 지른다)

Bob PRESSES THE REMOTE. ON THE TV: The media STARTLES as the INCREDIBILE's engine ROARS TO LIFE – the car making an **astonishing** 180 turn toward the wall.

밥이 리모컨을 누른다. TV에서: 인크레더빌의 엔진이 윙윙 소리를 내며 돌기 시작하자 방송국 관계자들이 놀란다 – 차가 믿기 힘든 180도 회전을 하며 벽 쪽으로 향한다.

DASH WOW!!! IT WORKS??

대쉬 와우!!! 작동하는 거예요??

Dash **SNATCHES** it away from Bob. Presses a BUTTON. Bob reacts.

대쉬가 밥에게서 리모컨을 가로챈다. 버튼을 누른다. 밥이 반응한다.

---

evasive 얼버무리는, 회피하는
bolt 갑자기 달아나다
curse 욕(설), 악담, 욕을 하다
dig through ~을 파나가다, 파헤치다
careen (위태롭게) 달리다
on/at one's heels 바로 뒤에 따라붙은
astonishing 정말 놀라운, 믿기 힘든
snatch 와락 붙잡다, 잡아채다

❶ **Care to demonstrate?**
직접 보여 주실 수 있겠어요?

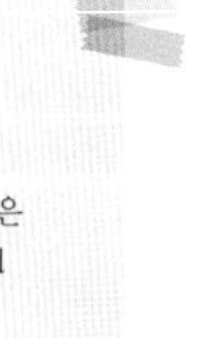

이 문장은 완전한 문장으로 쓰면 Would you care to demonstrate? 이에요. 강조했던 것처럼, 구어체에서는 뻔한 부분은 생략을 많이 하므로 이 문장에서도 Would you 부분이 생략된 것이랍니다. 'Would you care to + 동사?'는 '~하시겠습니까? ~해주시겠습니까?'라는 의미의 패턴이에요.

BOB Huh?

밥 에잉?

ON THE TV: People dive **out of the way** as Dual **ROCKET LAUNCHERS pop out** of the car's **grill**.

TV에서: 차의 그릴에서 이중 로켓 발사기가 튀어 나오자 사람들이 놀라서 옆으로 점프하며 피한다.

BOB WHAT ARE YOU DOING??

밥 너 뭐 하는 거야??

Bob snatches the remote from DASH, presses another button. ON THE TV: The Incredibile's rocket launcher **RETRACTS**.

밥이 대쉬에게서 리모컨을 가로채서 또 다른 버튼을 누른다. TV에서: 인크레더블의 로켓 발사기가 다시 차 안으로 들어간다.

BOB THIS IS NOT A TOY! That's a rocket launcher!

밥 이건 장난감이 아니야! 그건 로켓 발사기라고!

DASH **Saaweeeet**!!

대쉬 대박 쩔~~~어!!

Dash SNATCHES back the remote.

대쉬가 다시 리모컨을 가로챈다.

DASH Which one launches the rockets?!

대쉬 로켓을 발사하는 것은 어떤 버튼이죠?!

BOB HEY! This is not your car!

밥 야! 이건 네 차가 아니야!

DASH (indicating TV) It's not your car either!

대쉬 (TV를 가리키며) 아빠 차도 아니잖아요!

BOB **It is SO!**[1] It's the Incredibile!

밥 내 차 맞아! 저건 인크레더빌이라고!

DASH Well why's that guy have it??

대쉬 그럼 왜 저 사람이 그 차를 가지고 있는 거죠??

BOB Well, he SHOULDN'T!

밥 음, 저 사람이 가지고 있으면 안 되는 거야!

Bob snatches the remote back, and presses a button–
ON TV: the ROCKET LAUNCHER REAPPEARS.
Dash tries to grab the remote, Bob keeps it away from him.

밥이 다시 리모컨을 가로채서 버튼을 누른다 –
TV에서: 로켓 발사기가 다시 나온다.
대쉬가 리모컨을 잡으려고 하고 밥이 그가 잡지 못하게 한다.

DASH LAUNCH THE ROCKETS! LAUNCH THE ROCKETS! LAUNCH. THE. ROCKETS! LAUNCH THE ROCKETS! I wanna **blow it up**!

대쉬 로켓을 발사해요! 로켓을 발사해요! 발사해. 그. 로켓을! 로켓을 발사해! 폭발시키고 싶어요!

---

out of the way (방해가 안 되도록) 비켜
rocket launcher 로켓 발사대
pop out 갑자기 튀어나오다/나타나다
grill 그릴, 석쇠, (보호, 방범용) 창살/안전망
retract 철회/취소하다, 뒷걸음질 치다
Sweet! (동의, 찬성, 기쁨) 좋았어! 앗싸! (대본에서는 과장해서 Saaweeeet! 이라고 표현)
blow something up ~을 폭파하다, 터트리다

❶ It is so!
맞다니까!
구어체로 특히 영미권 어린이들이 자주 쓰는 말입니다. 누군가 ~이 (사실이) 아니야, 그럴 리가 없다고 할 때, '맞다니까, 정말 그렇다니까' 하고 반박하는 표현입니다. It is so. 외에도 I do(can) so. 라고 쓸 수 있어요.

TV REPORTER I'm not sure what's happening here, Mark, but the car has **come to life in an alarming way**. Everyone here has scattered and I'm afraid I'll need to move **at any minute**. **Oh my** - the car seems to have **sprouted** weapons - are those missiles?! Mark I'm **definitely** going to **take cover**, but I'll continue reporting as I can. Mr. Cachet has disappeared and the car is acting **in a highly aggressive manner**. Oh Oh – I'm going to need to move Mark.

TV 앵커 지금 무슨 일이 일어나고 있는 건지 모르겠네요, 마크, 하지만 차가 아주 공포스러운 방식으로 다시 살아났네요. 여기에 모인 모든 사람이 다 사방으로 흩어졌고 죄송하지만, 저 역시도 곧 자리를 떠야 할 것 같습니다. 오 맙소사 – 차가 무기를 꺼내 든 것 같아 보입니다 – 저거 미사일 아닙니까? 마크, 저는 이제 정말 숨어야겠어요, 하지만 할 수만 있다면 계속 보도는 해드리겠습니다. 미스터 카쳇은 자취를 감추었고 차는 아주 공격적으로 행동하고 있습니다. 오 오 – 마크를 이동시켜야 할 것 같습니다.

BOB NOT LAUNCHING ANYTHING! Do you think I want an angry rich guy coming after me right now? When I'm trying not to—(voice fades) **distract**... your...mother?

밥 그 어떤 것도 발사하지 않을 거야! 넌 분노한 부자 놈이 날 노리고 오기를 내가 바란다고 생각하니? 내가 지금 얼마나 애쓰고 있는데—(목소리가 사그라진다) 너희⋯엄마를⋯방해하지 않으려고?

On the TV: the reporters have taken cover and are **going APESHIT** about the suddenly DANGEROUS CAR.

TV에서: 리포터들이 모두 숨어서 갑자기 위험해진 차에 대해서 광분하고 있다.

Bob STOPS. Realizes he's just done a 180. He **grumbles** and presses the remote, on the TV the INCREDIBILE **POWERS DOWN**.

밥이 멈춘다. 그가 180도 회전을 했다는 것을 깨닫는다. 그가 투덜대며 리모컨을 누르고, TV에서 인크레더블의 시동이 꺼진다.

BOB (grumbles) Eh, rich guy.

밥 (툴툴거린다) 으, 부자 놈.

DASH So...you're not gonna steal your car back from the rich guy?

대쉬 그래서...아빠 저 부자 놈에게서 아빠 차를 다시 훔치지 않을 거예요?

Bob **sinks** into the sofa **next to** Jack-Jack.

밥이 소파에 있는 잭잭 옆으로 푹 주저앉는다.

---

come to life 활기를 띠다, 생기가 돌다
in an alarming way 놀랍게, 놀랄 만큼
at any minute 곧, 바로
Oh my 이런! (놀랄 때)
sprout 싹이 나다, 자라나다, 생기다
definitely 분명히, 틀림없이, 절대
take cover 숨다, 피난하다
in a highly aggressive manner 매우 공격적인 방식으로
distract 집중이 안 되게 하다
go ape(shit) 〈속어〉 미친 듯이 화를 내다
grumble 투덜/툴툴거리다
power down ~의 출력을 낮추다, 전원을 차단하다
sink (쓰러지듯이 맥없이) 주저앉다
next to ~의 바로 옆에

Day 18

Jack-Jack With Powers

초능력자 잭잭

18.mp3

Jack-Jack SNEEZES, propelling himself across the room in a **JET OF FLAME** and is GONE, leaving a **ring of fire** in the wall where a hole should be, followed immediately by the sound of–
– Violet SHRIEKING in her room upstairs.

잭잭이 재채기를 하니 그 기운으로 불길에 휩싸이면서 방의 반대편으로 날아가다가 사라진다. 벽에는 구멍이 있어야 할 곳에 불의 원이 형성되고, 그 즉시 어떤 소리가 뒤따르는데–
– 바이올렛이 위층에 있는 자신의 방에서 날카로운 비명을 지르는 소리다.

JACK-JACK (sneeze)

잭잭 (재채기를 한다)

VIOLET AHHH!!!

바이올렛 아아!!!

UPSTAIRS HALLWAY – CONTINUOUS
Vi's door **flies open** and she runs downstairs, chased by–
– MONSTER JACK-JACK, giggling maniacally. Vi is met by Dash and Bob. They STARE at Jack-Jack **in astonishment**.

위층 복도 – 계속
바이의 문이 확 열리고 그녀가 아래층으로 뛰어 내려가는데, 그녀의 뒤를 추격하고 있는 것은–
– 미친 듯이 깔깔대는 괴물이 된 잭잭이다. 바이가 대쉬와 밥과 마주친다. 그들이 놀란 눈으로 잭잭을 바라본다.

바로 이 장면!*

VIOLET (shriek) Ack! **What the heck is that?!** ❶

바이올렛 (비명을 지른다) 으악! 저게 대체 뭐죠?

Jack-Jack gives them a **fangy** smile, and **PULSATES** back into baby form. A **pregnant PAUSE**.

잭잭이 그들을 향해 송곳니를 드러내며 미소 짓고, 다시 요동치며 아이의 모습으로 돌아온다. 의미심장한 침묵.

JACK-JACK (monster babble)

잭잭 (괴물 같은 옹알이)

DASH Jack-Jack has powers...??

대쉬 잭잭에게 초능력이 있어요…??

BOB Well yea, but um–

밥 응 그렇단다. 하지만 음–

Bob nods, looking exhausted and **sheepish**.

밥이 지쳐 보이는 표정으로 당황해하며 고개를 끄덕인다.

VIOLET (betrayed) You knew about this?? Why didn't you tell us? Did you tell mom??

바이올렛 (배신당한 표정으로) 아빠 알고 있었어요?? 왜 우리에게 얘기 안 하셨어요? 엄마한테는 말했어요??

---

jet of flame 불꽃의 분출(구)
ring of fire 불의 고리
fly open 갑자기 확 열리다
in astonishment 놀라서, 섬뜩하여
fangy 송곳니 같은
pulsate 진동하다/고동치다
pregnant pause 의미심장한 휴지/침묵
sheepish 멋쩍어/무안해/수줍어하는

❶ **What the heck is that?**
저거 도대체 뭐야?
the heck은 의문사 뒤에 따라오는 속어인데 특별히 따로 의미는 없고, 강조의 기능을 해요. 주로, '도대체/대체'로 해석되는 경우가 많답니다. the heck의 자리에 the hell을 넣을 수도 있는데 the hell은 욕설이기 때문에 기왕이면 조금은 덜 저급한 the heck을 쓰는 게 좋겠네요.

Bob puts Jack-Jack in his **playpen**.

밥이 잭잭을 아기 놀이방 안에 놓는다.

BOB (**resigned**) Yeah. I dunno. NO. Your mother is not– Because I didn't wanna–Because it's not the time– Because–

밥 (체념한 듯) 그래. 나도 모르겠구나. 아니. 너희 엄마는 아직– 왜냐하면 난 원치 않– 왜냐하면 아직 때가 아니라서– 왜냐하면–

VIOLET Why not?? Why would you not tell mom?

바이올렛 왜 안 했어요?? 왜 엄마한테 얘기를 안 하는 거죠?

DASH We're your kids! We need to know these things! You'd want us to tell YOU, wouldn't you?! Come on, man. So uncool.

대쉬 우린 아빠의 자식들이에요! 우리도 이런 건 알아야 한다고요! 반대 상황이었다면 아빠도 우리가 얘기해 주기를 바랐을 거잖아요. 안 그래요? 아 정말. 아빠. 너무 별로네요.

VIOLET What! Why?!

바이올렛 뭐예요! 왜 그랬죠?!

BOB Because I'm **FORMULATING**, OKAY??

밥 왜냐하면 난 학습 중이니까. 알겠니??

Bob's sudden **vehemence** startles the kids, who jump back.

갑작스러운 밥의 분노표출에 아이들이 놀라 뒤로 물러선다.

BOB I'M **TAKING IN** INFORMATION!! I'M PROCESSING! I'M DOING THE MATH, I'M FIXING THE BOYFRIEND AND KEEPING THE BABY FROM TURNING INTO A FLAMING MONSTER!! HOW DO I DO IT?? BY **ROLLING WITH THE PUNCHES**, BABY!! **I EAT THUNDER AND CRAP LIGHTNING,**[1] OKAY??? CUZ I'M MR. INCREDIBLE!!! NOT "MR. SO-SO" OR "MR. **MEDIOCRE**- GUY"!! MR. INCREDIBLE!!

밥 난 정보를 이해하려고 하고 있기 때문이야!! 난 데이터를 처리하고 있는 중이라고! 난 수학을 하고 있고, 남자친구 문제를 해결하려고 하고 있고, 아기가 불타는 괴물로 변하는 것을 막으려고 하고 있기 때문이야!! 내가 그런 걸 어떻게 하냐고?? 힘들지만 유연하게 대처하려고 애쓰는 거야, 얘들아!! 난 천둥을 먹어서 번개를 똥으로 싼다고, 알아??? 왜냐하면 난 미스터 인크레더블이기 때문이지!!! "미스터 그저 그런 놈"이나 "미스터 평범한– 사내"가 아니기 때문이라고!! 미스터 인크레더블이야!!

The kids STARE at Bob. Stunned by the outburst. Lonnng pause.

아이들이 밥을 응시한다. 분노 폭발에 놀랐다. 오랜 정적.

VIOLET We should call Lucius.

바이올렛 루시우스 아저씨에게 전화해야겠어요.

BOB NO. I can handle it! There's no way I'm gunna- AHHH!

밥 아냐. 내가 감당할 수 있어! 절대 그렇게 할 수는 없–아아!

playpen 아기 놀이울
resigned 받아들이는/감수를 하는, 체념한
formulate (공식/규칙/계획 등을) 만들어내다
vehemence 격렬함, 맹렬함
take in (듣거나 읽은 것을) 이해/기억하다
roll with the punches 힘든 상황에 적응하다
crap 쓰레기 같은 것, 똥, 똥을 누다
mediocre 썩 뛰어나지는 않은, 평범한

1 I eat thunder and crap lightning.
난 천둥을 먹고 번개를 똥으로 싼다.
유명한 복싱 영화 'Rocky (록키)'에서 코치가 주인공 로키에게 강력한 파이터가 되라고 격려하며 쓴 표현이랍니다. 원래 표현은 You're gonna eat lightning and you're gonna crap thunder. '넌 번개를 먹을 것이고, 배변을 하면 천둥이 나올 것이야' 였어요.

Jack-Jack **HICCUPS**, **IGNITING** into FLAMES, then SNEEZES, propelling himself upwards through the ceiling, leaving a ring of fire where a hole should be. With a strange, **savage war cry**, Bob runs THROUGH the sliding glass door and into–

잭잭이 딸꾹질을 하며 화염을 뿜어내고, 재채기를 하니 그 힘으로 위로 솟구쳐서 천장을 뚫고 나간다. 구멍이 있어야 할 곳에 불의 원이 나타난다. 밥이 이상한 미개인들의 돌격 함성을 지르며 미닫이 유리문을 뚫고 달려가는데–

BOB AHHHHHHHHi!!!!!

밥 아아아!!!!!

THE BACK YARD
Scrambling like an **outfielder** to **get under** a **pop fly**, BOB spots the falling, flaming baby and dives to catch him–
–which happens to be over the SWIMMING POOL. SPLASH!

뒷마당
마치 (야구 경기에서) 뜬 공을 잡으려고 뛰는 외야수처럼 뛰어들며 밥이 불타는 몸으로 떨어지고 있는 아기를 잡기 위해 뛰어든다–
–그런데 어쩌다 보니 그곳이 수영장이다. 첨벙!

Vi and Dash run outside.
Bob **EMERGES** from **underwater**, Jack-Jack in his hands, flames **doused** and giggling. The kids look, at their dripping father.

바이와 대쉬가 밖으로 뛰어나온다.
물에 젖어 불이 꺼지고 낄낄 웃고 있는 잭잭을 손에 들고 밥이 물에서 나온다. 아이들이 몸에서 물을 뚝뚝 떨어뜨리고 있는 아빠를 본다.

VIOLET I'm calling Lucius.

바이올렛 루시우스 아저씨 부를게요.

PARR HOUSE – FAMILY ROOM – DUSK
Jack-Jack is parked in the middle of the family room, **sucking on** a toy.

파의 집 – 거실 – 해 질 녘
잭잭이 거실의 한가운데서 장난감을 빨고 있다.

Now joined by LUCIUS, Bob **wearily** stands with Dash and Violet... all watching the baby. PAUSE.

이제 루시우스가 합류한 가운데 밥이 대쉬와 바이올렛과 함께 지친 모습으로 서 있다… 모두가 아기를 지켜보고 있다. 정적.

JACK-JACK (giggles)

잭잭 (낄낄 거린다)

LUCIUS Looks normal to me. When did this start happening?

루시우스 내가 보기엔 정상인데. 이런 일이 언제부터 있었던 거야?

BOB Since Helen got the job.

밥 헬렌이 일을 시작하고부터.

LUCIUS I **assume** she knows.

루시우스 헬렌도 이 일에 대해서 알고 있을 것 같은데.

BOB (**grim**, exhausted) Are you kidding? I can't tell her about this, not while she's doing hero-work!

밥 (지치고, 암울한 표정으로) 지금 농담하나? 헬렌에게 이 얘길 어떻게 해. 그녀가 히어로 일을 하는 동안은 절대 안 되지!

hiccup 딸꾹질
ignite 점화되다, 불이 붙다, 시동을 켜다
savage 야만적인, 흉포한, 미개인
war cry (공격, 돌격 때 지르는) 함성/구호
scramble 재빨리 움직이다, 서로 밀치다
outfielder 〈야구〉 외야수
get under ~의 밑에 들어가다, 밑에 숨다
pop fly 〈야구〉 내야플라이
emerge 모습을 나타내다
underwater 물속의, 수중의
douse (물을 뿌려 불을) 끄다, (전등을) 끄다
suck on ~을 빨다/빨아먹다
wearily (몹시) 지쳐서, 싫증이 나서
assume 추정/상정하다
grim 엄숙한/단호한, 암울한

Elastigirl appears on TV, Jack-Jack notices and walks over to the TV and points to his **Kama**.

엘라스티걸이 TV에 나온다. 잭잭이 알아보고 TV 쪽으로 걸어가서 그의 사랑의 신을 가리킨다.

FEMALE NEWSCASTER **Given** Elastigirl's stunning return to hero work, we at New Urbem Today thought it was time to **take a look back on** the superhero's **career**. In an interview from almost two decades ago, the **assertive**, **no-nonsense** style she's famous for is on full display...

여성 뉴스 진행자 엘라스티걸의 히어로 활동의 놀라운 복귀를 고려해 볼 때, 오늘 뉴 우르벰에 사는 우리들은 이 슈퍼히어로의 지난 경력을 다시 돌아봐야 할 때가 아닌가 생각했습니다. 거의 20년 전의 인터뷰에서, 확신에 찬, 전혀 허튼 말은 안 하는 것으로 유명한 그녀의 모습이 적나라하게 드러납니다…

JACK-JACK Mama!! Mama.

잭잭 마마!! 마마.

Bob switches the channel.

밥이 채널을 돌린다.

BOB **I've GOT to** succeed, so SHE can succeed. So WEEEE can succeed—

밥 난 이 일을 잘 해내야만 해, 그래야 그녀도 성공할 수 있으니까. 그래서 우리 모두가 성공할 수 있도록 -

LUCIUS I get it. Bob, I get it... When was the last time you slept?

루시우스 알겠네. 밥, 이해해… 자네 마지막으로 잠잔 게 언제야?

BOB Who **keeps track of** that? **Besides**, he's a baby. I can handle it, I got this handled–

밥 누가 그런 걸 기억하나? 그런데, 얘는 아기라고. 난 감당할 수 있어. 잘 감당하고 있다고 -

LUCIUS So... you good, then? You got everything **under control**, right?

루시우스 그래서… 자네 괜찮은 거지, 그럼? 모든 걸 다 잘 통제하고 있는 거야, 그렇지?

Jack-Jack **VANISHES**, as if **sucked into** an inter-dimensional **vacuum cleaner**.

잭잭이 사라진다. 마치 차원과 차원을 연결하는 진공청소기에 빨려 든 것처럼.

LUCIUS WHAT THE–!??

루시우스 이게 대체 뭐 -!??

KITCHEN – PARR HOME – MOMENTS LATER
Responding quickly, but without alarm. Bob runs to the kitchen, grabs the cookie jar, and starts **calling around**. Jack-Jack is heard from the other **dimension**.

주방 – 파의 집 – 몇 분 후
재빨리 반응하지만 불안함 없이. 밥이 주방으로 뛰어들어가서 쿠키 통을 집어 들고 여기저기 부르기 시작한다. 다른 차원에서 잭잭의 소리가 들린다.

JACK-JACK (O.S.) Ba ba ba, ba ba ba.

잭잭 (화면 밖) 바 바 바, 바 바 바.

Kama [힌두교] 사랑의 신
given ~을 고려해 볼 때
take a look back on (과거를) 되돌아보다
career 경력, 직업, 사회/직장 생활
assertive 적극적인, 확신에 찬
no-nonsense 간단명료한, 허튼짓 하지 않는
on full display 적나라하게 드러나는
I've got to (+ 동사) 난 ~을 꼭 해야만 한다
keep track of ~에 대해 파악/기록하고 있다
besides ~외에, 게다가, 그뿐만 아니라
under control 통제/제어되는, 지배되는
vanish (갑자기) 사라지다, 없어지다
be sucked into ~에 휘말리다, 빨려 들다
vacuum cleaner 진공청소기
call around 여기저기에 전화하다
dimension 차원, 관점

BOB	Cookie? Cha Cha wanna cookie? Num-num cookie. Cha cha wanna num-num? Num num cookie!	밥 쿠키? 차 차 쿠키 줄까? 냠-냠 쿠키. 차 차 먹고싶지 냠-냠 쿠키!
LUCIUS	You're not!–	루시우스 너 설마!-
LUCIUS	–oh my God!	루시우스 -오 맙소사!
BOB	Cookie...cookie...cookie.	밥 쿠키…쿠키…쿠키.

Out of nowhere Jack-Jack **REAPPEARS**. He takes the cookie, **gobbles** it **down**. Reaches toward Bob for more...

어디선가 불쑥 잭잭이 다시 나타난다. 그가 쿠키를 받아서, 게걸스럽게 집어삼킨다. 밥에게 더 달라고 손을 뻗는데…

JACK-JACK	Dada da da.	잭잭 다다 다 다.
LUCIUS	WHOA. KAY. Okay. So– he can still... hear you from–	루시우스 워. 알았네. 알았어. 그러니까- 그가 여전히… 들을 수 있다는-
BOB	–from the other dimension. Yeah.	밥 -다른 차원에서도. 그래.
LUCIUS	That... is **freaky**. I mean that's not like–	루시우스 그거… 정말 오싹하네. 내 말은 그게 좀 다른-
BOB	Not like our other kids. No it is not. Full powers. **Totally random**.	밥 우리 집 다른 애들하고는 달라. 아니 확실히 달라. 초능력 한가득. 완전히 닥치는 대로.
JACK-JACK	Num num... ? Nun num... ?	잭잭 냠 냠… ? 냠 냠… ?
LUCIUS	So now he's... what–? Is he good?	루시우스 그래서 지금 그가… 뭐지-? 괜찮은 건가?

Bob smiles, a little **hysteria creeping into** his voice.

밥이 미소 짓는다. 그의 목소리에 약간의 히스테리 기운이 스며든다.

BOB	Yea–well you'd think so, right? **Obviously** I can't keep giving him cookies!	밥 그래-그런 것 같아 보이나, 응? 당연히 내가 쟤한테 계속 쿠키를 주고 있을 수는 없잖아!
JACK-JACK	...num num... Num num!	잭잭 …냠 냠… 냠 냠!
BOB	...but if I stop—	밥 …하지만 내가 멈추면-

---

out of nowhere 난데없이, 갑자기 불쑥
reappear 다시 나타나다
gobble down 게걸스럽게 먹어 삼키다
freaky 기이한, 광적인, 희한한
totally 완전히
random 무작위의, 닥치는 대로 하는
hysteria 히스테리, 과잉 흥분/반응
creep into ~에 몰래 다가/들어가다
obviously 확실히, 분명히, 뻔하게

He closes the cookie jar.

그가 쿠키 통을 닫는다.

JACK-JACK (ANGRY) NUM NUM!!

잭잭 (분노하며) 냠 냠!!

With a POP, Jack-Jack **TRANSFORMS** into a SMALL RED MONSTER. He crawls up and down Bob's arm, biting and shrieking.

펑 터트리며, 잭잭이 작은 붉은 괴물로 변신한다. 그가 밥의 팔을 기어올라갔다가 내려갔다가 하면서, 물어뜯고 소리를 지르고 난리가 났다.

LUCIUS HO! HE IS FREAKIN'! AGAIN HE IS FREAKIN'!! HE JUST...WHAT THE?!

루시우스 으아! 그가 괴물이 됐잖아! 다시 그가 광분했어!! 그는 정말...대체 뭐?!

BOB (**fending** him **off**) No! No biting the daddy! No biting!

밥 (그의 공격을 막으며) 안 돼! 아빠를 깨물면 안 돼! 깨물지 마!

TIME CUT – LIVING ROOM
Bob and Lucius are **slumped** on the couch, **spent** and **staring into space**. JACK-JACK sits between them, his little hands over his mouth, dripping as he **feasts on** something wet.
He examines his wet, now-empty hands, **FROWNS** at Lucius and starts to **fuss**–
Lucius CONJURES a ball of ice and hands it to the baby, who happily gums it.

시간 전환 – 거실
밥과 루시우스가 소파에 털썩 주저앉아있다. 녹초가 되어 허공을 응시하며. 잭잭이 그들 사이에 앉아서 작은 손을 입으로 가져가 뭔가 젖은 것을 우걱우걱 먹으며 액체를 뚝뚝 흘리고 있다.
그가 뭔가를 들고 있는 자신의 젖은 손을 살피더니, 루시우스에게 얼굴을 찌푸리고 법석을 떨기 시작한다 –
루시우스가 마술을 써서 얼음으로 공을 만들어서 아기에게 주자 아기가 기분 좋게 그것을 씹는다.

JACK-JACK (**gumming** snowball) Num num num num. (starts to **whine**)

잭잭 (눈덩이를 씹으며) 냠 냠 냠 냠. (칭얼대기 시작한다)

LUCIUS (responds to Jack-Jack, softly) Okay.

루시우스 (잭잭에게 부드럽게 응한다) 그래 알았어.

Bob starts to **crack**.

밥이 무너지기 시작한다.

BOB (exhausted) I think I just need a little bit of **me time**. Then I'll be **good to go**.

밥 (기진맥진한 상태로) 난 나만의 시간을 조금 가져야 할 것 같아. 그러면 다시 괜찮아질 거야.

LUCIUS Oh, you need more than me time, Bob. You need major life **realignment on a number of levels**. Starting with baby Superfreak here. You need some solid, **outside-the-box thinking**.

루시우스 오, 넌 단순히 너만의 시간을 갖는 것만으로는 부족해, 밥. 네 삶을 여러 각도에서 전적으로 한번 재조정해야 할 것 같아. 우선 이 슈퍼괴물 아기부터 시작해서. 뭔가 좀 제대로 된 새로운 사고가 필요할 것 같다고.

---

transform 변형시키다, 완전히 바꿔놓다
fend off (칼끝, 공격 등을) 막아내다
slump 털썩 앉다, 푹 쓰러지다
spent 힘이 빠진, 기진한
stare into space (멍하니) 허공을 응시하다
feast on 마음껏 먹다, 포식하다
frown 얼굴/눈살을 찌푸리다
fuss 법석/야단/호들갑을 떨다
gum 풀칠을 하다, (풀로) 붙이다
whine 징징거리다, 칭얼거리다
crack (정신/육체적으로) 무너지다/쓰러지다
me time 나만의 (힐링) 시간
good to go 순조로운, 준비된
realignment 재편성, 재조정
on a number of levels 여러 부분/단계에서
outside-the-box thinking (틀에서 벗어난) 새로운 사고

THE Happy Platter
FAMILY
RESTAURANT

Disney·PIXAR
INCREDIBLES 2

Day 19

Jack-Jack's Babysitter, E

잭잭의 베이비시터, E

19.mp3

OUTSIDE E'S FRONT GATE
Bob **pulls up** in the **station wagon**. E's face appears on the security monitor at the gate. Bob, **exhausted**, stares **slack-jawed** at the monitor and waits for **recognition**.

E의 집 정문 밖
밥이 스테이션 왜건을 정차시킨다. E의 얼굴이 정문에 있는 보안모니터에 나타난다. 피로에 지친 밥이 입을 딱 벌리고 모니터를 쳐다보며 인식확인이 되기를 기다리고 있다.

E Galbaki?! Elastigirl's supersuit is by Galbaki?! Explain yourself!

E 갈바키?! 엘라스티걸의 슈퍼히어로 의상을 갈바키가 만들었다고?! 해명해 봐!

ON E's MONITOR: Bob stares slack-jawed into the SECURITY CAMERA as **irritated** BABY SOUNDS are heard.

E의 모니터 상: 밥이 입을 떡 벌리고 보안카메라를 들여다보고 있는데 짜증인 난 아기의 목소리가 들린다.

JACK-JACK (loud babble)

잭잭 (큰 목소리의 옹알이)

E Oh my God, you're worse than I thought-

E 오 맙소사, 내 생각보다 더 심각한 상태로군–

BOB It's the baby. I brought the baby.

밥 아기예요. 아기를 데려왔어요.

Bob leans back, revealing JACK-JACK **belted** into a **baby carrier in the back seat**.
Jack-Jack **SCREECHES** LOUDLY.

밥이 뒤로 몸을 젖히면서 뒷좌석 아기시트에 안전벨트를 하고 있는 잭잭의 모습을 보여준다.
잭잭이 빽 소리를 지른다.

E **Highly unusual.**

E 아주 특이해.

The laser-gate OPENS. Bob drives in.

레이저문이 열린다. 밥이 운전하며 들어온다.

E'S HOUSE – MAIN ROOM
E walks with Bob, who carries Jack-Jack. They move down the entrance hall and into E's **cavernous** main room.

E의 집 – 큰방
E가 잭잭을 안고 있는 밥과 함께 걷는다. 그들이 현관 앞의 넓은 홀을 지나 E의 휑한 큰 방으로 들어온다.

---

pull up (차량을) ~쪽으로 멈춰 세우다
station wagon 스테이션 왜건
exhausted 기진맥진한
slack-jawed 입을 딱 벌린
recognition 인식, 알아봄
irritate 짜증 나게 하다, 거슬리다
belt 안전벨트를 채우다
baby carrier 아기를 업을/안을 때 쓰는 띠
in the back seat 뒷좌석에
screech 빽/꽥 소리를 내다
highly unusual 굉장히 특이한/별난
cavernous 동굴 같은, 휑뎅그렁한

E You look **ghastly**, Robert.

E 너 얼굴이 많이 안 좋아 보인다, 로버트.

바로 이 장면!*

BOB I haven't been sleeping... (beat) ...I broke my daughter... they keep changing math... we needed double A batteries but I got triple A's and now we still need double A batteries, I put one red thing in with a load of whites and now everything's...pink. And I think we need eggs.

밥 제가 며칠 동안 잠을 못 잤어요… (정적) …제 딸의 삶의 의지를 꺾어버리고… 사람들은 수학을 계속 바꿔대고… 더블 A 사이즈의 건전지가 필요했는데 트리플 A 건전지를 사 와서 여전히 더블 A 건전지가 필요한 상황이고요, 세탁기 돌릴 때 하얀 옷들 속에 빨간 옷 하나 넣었다가 지금은 다…분홍색이 되어버렸어요. 그리고 우리 집에 계란이 필요한 것 같아요.

E Done properly, **parenting** is a heroic act. Done properly. I am **fortunate** that it has never **afflicted** me. But you do not come to me for eggs and batteries, Robert. I design herowear... and Elastigirl must have a new suit.

E 제대로만 해내면, 부모 노릇을 한다는 것은 영웅적인 행위야. 제대로 해낸 경우에 말이지. 난 단 한번도 그런 고통을 당해보지 않아서 다행이야. 하지만 나한테 와서 계란을 달라 건전지를 달라 하면 안 되는 거야, 로버트. 난 히어로 의상을 디자인하는 사람이야… 그리고 엘라스티걸에겐 새로운 의상이 필요해.

Bob **collapses** into a chair in the massive room. Jack-Jack sits with Bob.

밥이 거대한 방 안에 있는 의자에 풀썩 주저앉는다. 잭잭이 밥과 함께 앉는다.

BOB (deep sigh) Actually, it's... Jack-Jack–

밥 (깊은 한숨) 실은, 잭잭 때문에 그러는데요 –

Bob places Jack-Jack on the floor in front of E. Jack-Jack **waddles** over to E and starts tugging at her robe.

밥이 잭잭을 E의 앞으로 바닥에 내려놓는다. 잭잭이 E에게 뒤뚱뒤뚱 걸어가서 그녀의 가운을 잡아당긴다.

E You also wish a new suit for the baby? I would hardly classify this as an emergency...

E 아기 옷도 만들어 달라고? 이런 건 비상상태하고는 거리가 좀 먼 것 같은데…

BOB (exhausted) Well, he's a special case. **Worth studying**. If I could just leave him with you for a while I—

밥 (지친 목소리로) 흠, 얘는 좀 특별한 케이스예요. 연구할만한 가치가 있어요. 얘를 선생님께 잠시 맡겨둘 수 있다면 –

E "Leave him"?? HERE?

E "나한테 맡겨"?? 여기?

Jack-Jack gums E's robe. E quickly snatches it from his mouth.

잭잭이 E의 가운을 씹는다. E가 재빨리 가운을 그의 입에서 가로챈다.

E **I am not a baby person,**❶ Robert! I have no baby **facilities**! I am an artist, I do not involve myself in the **prosaic** day to day...

E 난 아기를 좋아하는 사람이 아니야, 로버트! 우리 집엔 아기를 위한 시설도 없다고! 난 예술가야, 난 평범하고 따분한 일상을 사는 일 따위는 안 해…

ghastly 무시무시한, 끔찍한, 몹시 창백한
parenting 부모 역할, 양육
fortunate 운이 좋은, 다행한
afflict 괴롭히다, 피해를 주다
collapse 쓰러지다, 무너져내리다
waddle 뒤뚱뒤뚱 걷다
worth studying 연구대상인
facility 시설, 기관
prosaic 상상력이 없는, 따분한

❶ **I am not a baby person.**
난 아기와 잘 맞는 타입이 아니야.
자신이 아이를 좋아하고 잘 놀아주는 타입의 사람이 아니라고 할 때 쓰는 표현이에요. 보통 부정문에서 이런 식으로 not a ~ person이라는 패턴을 써서 '~와 잘 안 맞는 타입의 사람'이라는 표현을 한답니다. 예를 들어, I'm not a morning person. '난 아침형 인간이 아니야' 이렇게 말이죠.

Jack-Jack stares at E, almost as if she is the most interesting toddler he has ever seen. His NOSE **INFLATES**, becoming **identical** to E's.

책잭이 E를 쳐다본다. 거의 마치 그녀가 잭잭의 평생에 본 유아 중 가장 흥미로운 유아인 것처럼. 그의 코가 부풀어 오르면서, E의 코와 똑같은 모습이 된다.

E ... to... day...

E ... 맨… 날…

E's voice **drifts off** as she becomes **absorbed** in Jack-Jack's slow TRANSFORMATION, **feature by feature**, into E... the only difference being the diaper he's wearing.

잭잭이 하나하나의 특색에 걸쳐서 천천히 E의 모습으로 변신해 가는 것에 매료된 E의 목소리가 점점 사그라지고… 그와 E의 다른 점이라곤 잭잭이 차고 있는 기저귀뿐이다.

JACK-JACK (babble)

잭잭 (옹알이)

E Fascinating. (softly) Are you seeing this, Robert?

E 정말 굉장하군. (부드럽게) 보고 있나, 로버트?

E glances at Bob, now so tired he can only stare blankly at the wall. She turns back to Jack-Jack, who SNEEZES—
ROCKETING ALMOST TO THE HIGH CEILING, then **plummets** straight down. E dives to catch him but he–

E가 밥을 힐끗 보는데, 그는 너무 피곤해서 멍하니 벽을 보고만 있을 뿐이다. 그녀가 다시 잭잭에게 돌아서는데 잭잭이 재채기를 한다 –
높은 천장 위로 로켓처럼 솟구치더니 곧바로 바닥으로 곤두박질친다. E가 그를 잡으려고 몸을 날리는데 그가—

JACK-JACK (sneeze / scream)

잭잭 (재채기를 한다 / 비명을 지른다)

–STOPS, returned to his **original** Jack-Jack form and hovering just above her outstretched hands.

– 멈춘다. 다시 원래의 잭잭 모습으로 돌아와서 쭉 뻗은 손안에 머물러있다.

JACK-JACK (giggles)

잭잭 (킥킥 웃는다)

E Oh my God...YES.

E 오 맙소사…그렇게 해.

FOYER – MOMENTS LATER
E carries Jack-Jack in one arm while shooing Bob out with the other, speaking in a very rapid, almost **impatient cadence**.

현관 입구 – 몇 분 후
E가 한쪽 팔에 잭잭을 안고 다른 팔로는 밥에게 빨리 가라고 손짓을 한다. 아주 빠르고 거의 안달하는 듯한 억양으로 말하면서.

E (**hurried**) Of course you can leave the baby **overnight**. I'm sure **filling in for** Helen is **challenging** and you are very tired and the other children need you and miss you and you must go to them. Auntie Edna will take care of everything. (**cooing** to Jack-Jack) So **drive safely** and goodbye, I enjoy our visits.

E (서두르며) 당연히 하룻밤 동안 아기를 맡겨도 되지. 네가 헬렌 대신 아이를 돌본다는 게 분명히 많이 힘들고 지치기도 하고 또 다른 아이들이 널 필요로 하고 보고 싶어 할 테니까 빨리 가야겠네. 에드나 이모가 다 알아서 할게. (잭잭에게 옹알이 하듯 말하며) 그러니까 운전 조심하고 잘 가라고. 들러줘서 고맙고.

---

inflate 팽창하다, 부풀어 오르다
identical 동일한, 똑같은
drift off 점점 사그라지다, 잠이 들다
absorb 빨아들이다, 흡수하다
feature by feature 특색/특징 하나하나씩
plummet 곤두박질치다, 급락하다
original 원래의, 본래의
foyer 로비, 현관/입구

impatient 짜증 난, 안달하는
cadence (말소리의) 억양, 어조
hurried 서둘러 하는
overnight 밤사이에, 하룻밤 동안
fill in for ~을 대신/대리하다
challenging 도전적인, 힘든
coo 정답게/옹알이하듯 속삭이다
Drive safely! 운전 조심해!

E closes the door. Bob stands on the doorstep, confused.

E가 문을 닫는다. 밥이 문간에 혼란스러운 표정으로 서 있다.

BOB "Auntie Edna"?

밥 "에드나 이모"?

DEVTECH - PENTHOUSE - NIGHT
A glamorous party is **in full swing**. Deavor's penthouse is **lavishly** decorated; **arrays** of VIDEO SCREENS display a slow motion **loop** of Elastigirl's SUITCAM FOOTAGE of her fight with SCRESNSLAVER while A JAZZ band plays.

데브텍 - 펜트하우스 - 밤
화려한 파티가 정점에 이르러있다. 데버의 펜트하우스는 호화롭게 장식되어있다: 죽 배열된 비디오 스크린에서 엘라스티걸이 자신의 소형카메라로 스크린슬레이버와 싸우는 장면을 찍은 영상이 슬로우 모션으로 재생되고 있고, A JAZZ 밴드 음악이 흐른다.

Sprinkled throughout the crowd are COSTUMED SUPERS (several of whom- VOYD, FLOATBRIDGE, SCREECH, BRICK, etc- are recognizable), most **prominently** ELASTIGIRL- who is getting most of the attention.

슈퍼히어로 의상을 입은 슈퍼히어로들이 사람들 사이사이에 끼어있는데 (그중에 몇 명은- 보이드, 플로트브리지, 스크리치, 브릭, 등- 알아볼 수 있는 얼굴들이다), 가장 두드러지는 건 사람들의 관심을 가장 많이 받고 있는 엘라스티걸이다.

Deavor **steps up to** a microphone, taps his champagne glass.

데버가 마이크 앞에 다가서서 그의 샴페인 잔을 두드린다.

DEAVOR Attention! Attention... I want to thank everyone that came out tonight in support of superheroes and bringing them back into society. (crowd applauds) You all made it happen! The need for this has been made crystal clear in recent days, with **bad actors** like the **self-proclaimed** "Screenslaver" **threatening** our peace. His **reign** was short, huh?!

데버 주목하세요! 주목… 슈퍼히어로를 지지하고 또한 그들이 사회에 다시 복귀하는 것을 응원하러 오늘 와주신 모든 분께 감사의 말씀을 전하고 싶습니다. (군중들이 환호한다) 당신들 모두가 이루어낸 것입니다! 이것에 대한 필요성은 최근 들어서 아주 명백해졌습니다. 특히 자신을 "스크린슬레이버"라고 선포하고 다니는 악당이 우리의 평화를 위협하는 상황에서는 말이죠. 그가 아주 잠깐 군림했었네요, 그죠?!

Deavor holds up SCREENSLAVER'S MASK & COWL. The crowd roars its **approval**.

데버가 스크린슬레이버의 복면과 두건을 들어 올린다. 군중이 찬동하며 환호를 보낸다.

DEAVOR And **thanks to** this woman, a great super, you love her, you missed her – WELCOME BACK ELASTIGIRL! Come on up here, don't be **bashful**! C'mon! Get up here!

데버 그리고 이 여성 덕분이죠, 위대한 슈퍼히어로, 당신들이 사랑하는, 그리고 그리워했던 - 엘라스티걸의 복귀를 환영합니다! 이리로 올라오세요, 부끄러워하지 마시고요! 자 어서요! 이리 올라오세요!

The crowd explodes into CHEERS. Deavor waves her in, and she **reluctantly** makes her way to the microphone. Deavor hugs her and, as they crowd continues to cheer, he hands her the Screenslaver **HEADGEAR**.

군중들의 환호가 폭발한다. 데버가 손을 흔들어 그녀를 종용하고, 그녀가 마지못해 마이크 앞으로 다가온다. 데버가 그녀를 포옹하고 군중들이 계속 환호하는 가운데 그가 그녀에게 스크린슬레이버의 헤드기어를 건넨다.

---

in full swing 무르익은, 한참 진행 중인
lavishly 호화롭게, 사치스럽게
array 집합체, 모음, 무리, 배열
loop 영상/음향이 반복되는 필름, 테이프
sprinkle 뿌리다, 간간이 섞다, 포함하다
prominently 두드러지게, 현저히
step up to ~에 다가가다
bad actor 말썽꾼, 상습범, 악당
self-proclaimed 자기 혼자 주장하는
threaten 위협하다, 협박하다
reign (왕의) 통치 기간, 치세, 군림
approval 승인, 찬성, 인정
thanks to ~에게 감사하게도, ~덕분에
bashful 쑥스러워하는, 수줍음을 타는
reluctantly 마지못해, 꺼리며
headgear 헬멧, 쓸 것

DEAVOR (so only she can hear) I want you to have this. A **memento**.

데버 (그녀만이 들을 수 있도록) 이것 받으세요. 기념품이에요.

Moved, she smiles and takes it. The applause **dies down**.

감동받아서 그녀가 미소 짓고 기념품을 받는다. 환호가 사그라진다.

ELASTIGIRL Thanks Winston, Evelyn, and everyone at DEVTECH. I am forever **in your debt**. And thanks to all of you. Your pressure changed all the right minds!

엘라스티걸 고마워요. 윈스턴, 에블린, 그리고 데브텍에서 일하시는 모든 식원 여러분. 제가 평생의 빚을 졌네요. 그리고 모두에게 감사 드려요. 당신들의 압박으로 제정신인 사람들이 모두 변화한 겁니다.

The crowd laughs.

군중이 웃는다.

DEAVOR We've **made** amazing **headway** in a very short time. Which leads me to an important announcement: JUST NOW, at a **worldwide summit**, leaders from more than a hundred of the world's top countries have agreed to MAKE SUPERHEROES LEGAL AGAIN!

데버 우리는 아주 단기간 만에 놀라운 진보를 이루었습니다. 그로 인해 제가 아주 중대한 발표를 할 수 있게 되었습니다: 지금 방금, 세계 정상회담에서, 전 세계를 대표하는 백 개도 넘는 나라들의 지도자들이 슈퍼히어로를 다시 합법화시키기로 합의했답니다!

The room EXPLODES into **rapturous** CHEERS.

열광적인 환호로 파티장이 폭발할 지경이다.

DEAVOR We'll gather superheroes and leaders from all over the planet on our boat the EVERJUST for a televised signing ceremony at sea!

데버 우리는 전 세계에 있는 슈퍼히어로들과 지도자들을 우리의 배 '에버저스트'호에 모아서 바다 위에서 조인식을 가질 것이고 그 장면을 전 세계에 TV로 방영할 겁니다.

ELASTIGIRL Now if you'll excuse us –**WE GOT A SHIP TO CATCH!**❶

엘라스티걸 먼저 실례해도 괜찮다면 – 우리는 배를 타러 가야 해서요!

HUGE CHEERS AND APPLAUSE. The LIVE MUSIC starts up again as Deavor and Elastigirl are **swarmed** by **well-wishers**.

엄청난 환호와 박수갈채, 라이브 음악이 다시 연주되기 시작하고 데버와 엘라스티걸이 그들의 지지자들에 둘러싸여 있다.

DEAVOR So good to see you, thanks for coming out.

데버 만나서 정말 반가워요, 와주셔서 감사합니다.

Voyd approaches Elastigirl.

보이드가 엘라스티걸에게 다가간다.

---

memento 기념품, 증표, 정표
die down 약해지다, 사그라지다
in one's debt ~에게 빚을 진
make headway 나아가다, 진전하다
worldwide summit 정상회담
rapturous 열광적인, 황홀해 하는
swarm 몰려들다, 떼 지어 오다
well-wisher 지지자, ~의 행복을 비는 사람

❶ **We got a ship to catch!**
우린 배 타러 가야 해!
이 패턴은 보통 만남/모임을 하던 중에 기차 또는 비행기 예약 시간이 다가오고 있어서 이제 가봐야 한다고 말할 때 쓰는 표현이에요. 일상에서는 ship을 train (기차), plane (비행기)로 대체해서 I got a train/plane to catch. 이렇게 많이 쓰이지요.

ON ELASTIGIRL
As VOYD talks to her, excited... Elastigirl's eyes **drift** to one of the many MONITORS playing the **SLO-MO** SCREENSLAVER LOOP... AND **FIXATES** ON IT. Something's... not... right.

엘라스티걸 모습
보이드가 흥분해서 그녀에게 이야기한다… 엘라스티걸의 시선이 슬로우 모션으로 스크린슬레이버의 영상을 계속 재생하고 있는 모니터들 중의 하나로 향하다가… 한 곳에 고정된다. 뭔가… 좀… 이상하다.

VOYD (nervous talk) Hey, hi. It's me again. Um, there's uhh, there's something I've always wanted to ask you. How do you **balance** the SUPERHERO stuff with the LIFE stuff? Like I know that I can handle the superhero stuff. You know, I don't know, the life stuff, it seems so hard, and I always kinda **wondered**, how you do it. Like what do you–

보이드 (긴장한 어조로) 저, 안녕하세요. 다시 저에요. 음, 저기요 어, 제가 늘 당신께 여쭤보고 싶은 게 있었는데요. 슈퍼히어로서의 삶과 일상을 어떻게 균형을 맞추시나요? 저는 슈퍼히어로의 삶은 잘 감당이 되는데요. 근데, 글쎄, 일상이 좀 너무 어려운 것 같아서, 항상 궁금했어요. 당신은 어떻게 하시는지. 그러니까 당신이 하는 것은 –

ELASTIGIRL (friendly) Yea, uh huh! Oh, **would you please excuse me for a moment?**[1]

엘라스티걸 (친절하게) 네, 어 하! 오, 잠시만 실례해도 될까요?

VOYD Oh! Yeah, ok. See you later! Talk, good talk.

보이드 오! 네, 그럼요. 나중에 봐요! 대화, 즐거운 대화였어요.

Elastigirl leaves party to **editing bay**.

엘라스티걸이 파티를 나와서 편집실로 간다.

---

drift (서서히) 이동하다/움직이다, 표류하다
slo-mo 슬로우 모션, 느린 동작 (=slow motion)
fixate 정착/고정/응시하다
balance 균형을 잡다
wonder 궁금하다
editing bay 편집실

❶ Would you please excuse me for a moment?
잠시만 실례해도 될까요?
보통 실례한다고 말할 때 간단하게 excuse me만 쓰지만, 이 문장은 Would you please를 덧붙여 매우 정중하게 변신했네요. 중요한 비즈니스 자리나 윗분들께 쓸 수 있는 예의 바른 표현입니다.

Day 20

The Screenslaver, Too Easy for Elastigirl?

일레스티걸에게 스크린슬레이버는 너무 쉬운 상대인가?

20.mp3

EMPTY HALLWAYS - DEVTECH
Party sounds **echo** through the empty hallways. ELASTIGIRL has slipped away and drifts alone, enjoying the time to process. She sees an EDIT **SUITE**. Glances inside.

텅 빈 복도 - 데브텍
파티 소리가 텅 빈 복도들 사이로 울린다. 엘라스티걸이 몰래 빠져나와서 사색 시간을 즐기며 혼자 다니고 있다. 그녀가 편집실을 본다. 안을 힐끗 들여다본다.

ELASTIGIRL turns on the editing bay, starting her **review** of the **raw** SUITCAM **footage** of her **encounter with** the Screenslaver.

엘라스티걸이 편집실의 불을 켜고, 그녀가 스크린슬레이버와 만났던 장면의 무편집본을 검토하기 시작한다.

INSIDE PARR HOME - MAIN ROOM - NIGHT
Violet sits on the couch, reading. She looks over as Bob enters, still wearing his coat.

파의 집 내부 - 거실 - 밤
바이올렛이 소파에 앉아 책을 읽고 있다. 그녀는 밥이 여전히 그의 코트를 입은 채로 들어오는 모습을 본다.

BOB (exhausted) Hey, Vi.

밥 (지친 목소리로) 안녕, 바이.

VIOLET Hey. Where's Jack-Jack?

바이올렛 아빠. 잭잭은 어디 있어요?

BOB E's taking him for a little bit.

밥 E 선생님이 잠시 봐 주기로 했어.

VIOLET Edna is... babysitting?

바이올렛 에드나 선생님이… 아기를 돌본다고요?

BOB Yea–

밥 그래–

VIOLET And **you're okay with this?** ❶

바이올렛 근데 아빠 신경 쓰이지 않아요?

Bob looks more tired **than EVER**. But he smiles as he crosses to the couch and **collapses** into it.

밥이 그 어느 때 보다 더 피곤해 보인다. 하지만 그가 미소 지으며 소파 쪽으로 가서 털썩 주저앉는다.

BOB (heavy sigh) Yeah. I don't know why, but yea.

밥 (깊은 한숨) 그래. 나도 왜인지는 모르겠지만, 괜찮네.

Bob takes a breath. Speaks to Vi without looking at her.

밥이 숨을 쉰다. 바이의 얼굴을 보지 않고 말하고 있다.

---

echo (소리의) 울림, 메아리
suite 컴퓨터 프로그램 묶음
review 재검토하다
raw footage 편집/가공되지 않은 원본 영상
encounter with 만나다, 부닥치다
than ever 그 어느 때보다 더
collapse 쓰러지다

❶ **You're okay with this?**
이래도 넌 괜찮은 거니?
'be okay with ~'는 '~에 대해서 괜찮게 생각하다/괘념치 않다'라는 의미예요. 다시 말해, 특별히 문제가 될 것이 없다는 뜻이지요. 예를 들어, I'm okay with being single. '난 내가 싱글이라는 것이 괜찮아.' 이렇게요.

BOB I wanted to say something to you. I'm sorry about Tony. I didn't think about Dicker erasing his memory, or about you having to **pay the price for** a choice you never made. It's **not fair**, I know. And then I made it worse at the restaurant by trying to— (he stops himself) –anyway, ANYWAY, I'm sorry. I'm used to knowing what the right thing to do is, but now I'm not sure anymore. I just – want to be... a good dad.

밥 네게 할 말이 좀 있었어. 토니에 대해서는 미안하구나. 딕커가 그의 기억을 지우는 것에 대해서는 생각을 못 했어. 그리고 네가 선택하지도 않은 일에 대해서 네가 대가를 치러야만 하는 상황에 대해서도 그렇고. 그건 옳지 않은 일이지, 나도 알아. 그리고 또 그 레스토랑에 가서 내가 상황을 더 심각하게 만들었지 쓸데없는 짓을— (말하다가 멈춘다) –아무튼, 여하튼, 미안해. 예전엔 뭘 해야 옳은 선택인지 알았었는데, 이젠 더 이상 잘 모르겠구나. 난 그저 – 되고 싶어··· 좋은 아빠가.

He sits on the edge of the couch, **turned away from** Vi, staring **forward**. She looks at him; he **looks alone**, almost **vulnerable**.

그가 바이를 쳐다보지 못하고 소파의 모서리에 앉아 앞만 바라보고 있다. 그녀가 그를 바라보는데; 그가 외로워 보인다. 금방 상처받을 것 같은 모습이다.

VIOLET You're not good...

바이올렛 아빠는 좋은 아빠가 아니라···

She comes up behind him, tender, and **wraps her arms around** him from behind.

그녀가 그의 뒤로 다가서서 부드럽게 뒤에서 팔로 그를 감싼다.

VIOLET ...you're super.

바이올렛 ···엄청나게 멋진 아빠예요.

She **rests** her head on his shoulders and **nuzzles** him, then realizes – he's **fast asleep**, still sitting up.

그녀가 그의 어깨에 머리를 기대고 코를 비비다가 알아챈다 – 그가 바로 잠들어 버렸다는 것을. 여전히 앉아있는 상태로.

DEVTECH EDIT SUITE – MOMENTS LATER
ELASTIGIRL reviews the raw SUIT CAM footage of her encounter with the Screenslaver.
Evelyn enters the room with drinks.

데브텍 편집실 – 몇 분 후
엘라스티걸이 스크린슬레이버와 만났던 장면을 무편집본으로 검토하고 있다.
에블린이 음료수를 들고 방으로 들어온다.

EVELYN **Are** Superheroes **allowed to** drink **on duty**?

에블린 슈퍼히어로들은 근무 시간에 술을 마셔도 되나요?

ELASTIGIRL I am **definitely** not on duty. **Ignore** the costume.

엘라스티걸 전 명백히 근무 중은 아니에요. 의상은 무시해 주시고요.

She smiles, gives her the drink that she's brought.
Elastigirl grins and takes it, **casually clinking glasses with** Evelyn.

그녀가 미소 지으며, 가지고 온 음료를 엘라스티걸에게 준다.
엘라스티걸이 활짝 웃으며 음료를 건네받고 에블린과 건배를 한다.

---

pay the price for ~에 대한 대가/값을 치르다
not fair 옳지/공정하지 않은
turn away from ~을 외면하다, 돌보지 않다
forward 앞으로
look alone 외로워 보인다
vulnerable 상처 입기 쉬운, ~에 취약한
wrap something/someone around ~의 몸을 휘감다
rest (어떤 것에) 얹다/받치다/기대다
nuzzle (애정 표시로 무엇에) 코/입을 비비다
fast asleep 깊이 잠들어
be allowed to ~을 해도 좋다, 허용된다
on duty 근무 중인/에, 당번인
definitely 분명히, 틀림없이
ignore 무시하다, 못 본척하다
casually 우연히, 아무 생각 없이
clink glasses with ~와 잔을 짠 부딪히며 건배하다

바로 이장면!*

ELASTIGIRL	I know I should be up there but, had to **step away** from the **grip n' grins**, you know.	엘라스티걸 내가 저 위에 있어야 한다는 건 알지만, 악수하고 웃고 이런 걸 너무 많이 해서 조금 쉬어야 할 것 같네요.
EVELYN	Gotta **get away** to keep it **pure**. I know I do.	에블린 순수해지려면 좀 벗어날 필요가 있죠. 저도 그렇답니다.
ELASTIGIRL	What're YOU getting away from...?	엘라스티걸 당신은 무엇으로부터… 벗어나야 하죠?
EVELYN	Eh, you know, company stuff. My brother, mostly.	에블린 어, 뭐 아시잖아요. 회사 관련 일들. 대부분은, 오빠와 관련된 것들이죠.
ELASTIGIRL	But you love him. You two are this company, **Yin and Yang**.	엘라스티걸 하지만 오빠를 사랑하시잖아요. 두 분이 이 회사 자체인걸요. 음과 양처럼.
EVELYN	Yeah, I invent the stuff, he's **good at** people– **pleasing** them, **engaging** them, figuring out what they want. I never know what people want.	에블린 네. 제가 발명을 하고, 오빠는 교류를 잘 하니까요 – 사람들을 기분 좋게 하고, 관계를 맺고, 그들이 무엇을 원하는지 이해하고 그런 것. 전 사람들이 뭘 원하는지 절대 몰라요.
ELASTIGIRL	What do you think they want?	엘라스티걸 그들이 뭘 원한다고 생각하세요?
EVELYN	Ease. People will **trade quality** for **ease** every time. It may be **crap**, but hey, it's **convenient**-	에블린 편안함. 사람들은 편안함을 위해서라면 언제든지 품질을 포기하죠. 완전 거지 같은 물건일 수도 있어요. 하지만 뭐, 편하니까–
ELASTIGIRL	Yeah. Kinda like this case.	엘라스티걸 네. 이번 건하고 비슷하게 말이죠.
EVELYN	What? The Screenslaver?	에블린 뭐요? 스크린슬레이버요?
ELASTIGIRL	Yeah, something's **not sitting right**. It was too easy.	엘라스티걸 네. 뭔가 쉽게 수긍되지 않는 부분이 있어요. 이번 건은 너무 쉬웠어요.
EVELYN	THAT was too easy? Wow...	에블린 그게 너무 쉬웠다고요? 우와…

step away 물러나다
grip and grin (정치인들의 유권자) 악수/미소 공세
get away 벗어나다
pure 순수한, (오염되지 않은) 깨끗한, 순전한
yin and yang (동양 철학의) 음양
be good at ~에 강하다, ~을 잘하다
please 기쁘게/즐겁게 하다
engage (이해심을 갖고) 관계를 맺다
trade 맞바꾸다, 교환하다, 거래/무역하다
quality 질, 우수함, 고급
ease 쉬움, 용이함, 편의성, 편안함
crap 쓰레기 같은 것, 헛소리
convenient 편리한, 간편한
not sitting right 뭔가가 잘 맞지 않는

Elastigirl's eyes drift back to the screen of the editing machine– and **fix on** something. **Squinting**, she moves closer.

엘라스티걸의 시선이 다시 편집기 화면 쪽으로 향한다 – 그러고는 뭔가에 고정된다. 눈을 가늘게 뜨며 더 가까이 다가선다.

ELASTIGIRL Funny.

엘라스티걸 웃기네요.

EVELYN What?

에블린 뭐가요?

She points to her SUIT CAM footage; a **perplexing** image on one of the monitors inside the Screenslavers' lair–

그녀가 자신의 초소형카메라로 찍은 영상을 가리킨다; 스크린스레이버의 소굴 안에 있는 모니터 중의 하나에 당혹스럽게 하는 사진이 있는데 –

ELASTIGIRL One of Screenslaver's monitors is tuned into my suit cam-

엘라스티걸 스크린슬레이버 모니터 중 하나가 제 초소형카메라에 채널이 맞춰져 있어요–

EVELYN What...?

에블린 뭐라고요…?

Evelyn looks closer as Elastigirl **rocks** the motion back and forth; **sure enough**, the image on one of the monitors is from Elastigirl's suit cam **in real time**.

엘라스티걸이 앞으로 갔다가 뒤로 갔다가 하며 흔드는 동작을 하고 에블린이 가까이 가서 본다; 확실히 모니터 중의 하나에 나오는 이미지는 엘라스티걸의 카메라에서 실시간으로 찍고 있는 장면이다.

ELASTIGIRL Isn't the suit cam **closed circuit**?

엘라스티걸 이 카메라는 폐쇄회로 아닌가요?

EVELYN It is.

에블린 맞아요.

ELASTIGIRL Then how come Screenslaver has it?

엘라스티걸 그러면 왜 스크린슬레이버가 이걸 가지고 있는 거죠?

EVELYN Maybe he– hacked it...?

에블린 어쩌면 그가 – 해킹을 한 걸지도…?

ELASTIGIRL So, he's **sophisticated** enough to do that, but he has simple locks on his doors?

엘라스티걸 그렇다면, 그가 그런 것을 할 정도로 고도의 기술을 가지고 있는데, 자기 문에는 단순한 자물쇠를 설치해 놓았다는 건가요?

EVELYN Maybe he wanted you to find him.

에블린 어쩌면 그가 당신이 그를 찾아주길 바랐는지도 모르죠.

ELASTIGIRL He wanted to **get caught**?

엘라스티걸 잡히고 싶었다?

EVELYN He wanted... you to win.

에블린 당신이 이기길 원했는지도.

She **weighs** that idea. Frowns.

그녀가 그 생각의 타당성을 검토해본다. 얼굴을 찡그린다.

---

fix on ~에 고정하다, ~을 주목하다
squint 눈을 가늘게 뜨고/찡그리고 보다, 사시
perplexing 난처/당황하게 하는, 복잡한
rock 흔들다
sure enough 물론, 아니나 다를까
in real time 실시간으로, 즉시, 동시에
closed circuit 폐쇄회로
sophisticated 세련된, 교양이 있는, 지적인
get caught 붙잡히다, 포착되다
weigh 저울질하다, (결정을 내리기 전에) 따져보다

ELASTIGIRL	That **makes no sense**. He's a **brilliant** guy. If he's smart enough to **conceive of** technology like this, he's smart enough to think of something to DO with it. The guy we put in jail delivered pizzas–	엘라스티걸 그건 이해가 안 되는데요. 그는 재능이 뛰어난 사람이에요. 그가 이런 기술을 만들어낼 정도로 똑똑한 사람이라면, 그는 이것으로 무엇을 할지 생각할 정도의 머리는 있을 거예요. 우리가 감옥에 갇히게 한 남자는 피자 배달부였어요–
EVELYN	So? Einstein was **a patent clerk**. He did most of his– Look. You won. You got the guy who did–	에블린 그래서요? 아인슈타인도 특허 사무원이었어요. 그는 그의 대부분의 것을 했어요 – 봐요. 당신이 이겼어요. 당신이 그를 잡았다고요 –
ELASTIGIRL	–WAIT. All Screenslaver needs to do to hypnotize someone is get a screen in front of their eyes. But what if the screen... doesn't look like a screen?	엘라스티걸 –잠시만요. 스크린슬레이버가 누군가를 최면 걸기 위해서는 그들 앞에 스크린을 가져다 놓기만 하면 돼요. 하지만 만약 스크린이··· 스크린처럼 보이지 않는다면?

She lifts up the Screenslaver COWL— GOGGLES FALL OUT FROM INSIDE and onto the table. She **picks** them **up**, INSPECTS them closely.

그녀가 스크린슬레이버 두건을 들어 올린다— 고글이 안에서 나와 테이블 위로 떨어진다. 그녀가 그것을 들어 올려, 세심히 살펴본다.

ELASTIGIRL	What if the pizza guy is REALLY a pizza guy, but he was controlled by the screens **built into** his glass– (reaction to hypno-glasses)	엘라스티걸 만약 그가 진짜로 피자 배달부인데, 그가 그의 안경에 장착된 스크린에 의해 조종되었다면 – (최면 안경에 대한 반응)

Evelyn's hand flies out and **mashes** the glasses over Elastigirl's eyes— lenses **BLAZE** WITH HYPNOTIC LIGHT. ELASTIGIRL is TRANCED.

에블린의 손이 갑자기 날아와서 엘라스티걸의 눈에 안경을 짓이긴다— 렌즈가 최면 불빛으로 눈부시게 빛난다. 엘라스티걸이 최면 상태에 빠졌다.

EVELYN	You are good.	에블린 당신은 역시 제법이군.

FAMILY ROOM – PARR HOUSE – DAY
Bob WAKES UP. **Looks around**, **foggy**... realizes he's spent the night on the couch. Violet has **removed** his shoes, given him a **blanket** and **pillow**. Dash sits at the end of the couch, eating a bowl of cereal, watching TV.

거실 – 파의 집 – 낮
밥이 잠에서 깬다. 주변을 둘러본다. 흐릿하다··· 그가 소파에서 밤새 있었음을 깨닫는다. 바이올렛이 그의 신발을 벗겨 주고 담요와 베개를 주고 갔다. 대쉬가 소파 끝쪽에 앉아 시리얼을 먹으면서 TV를 시청하고 있다.

VIOLET	I thought it was best to just let you sleep. Seventeen hours. How do you feel?	바이올렛 아빠를 그냥 계속 주무시게 두는 게 좋을 것 같더라고요. 17시간 동안 주무셨어요. 기분이 어때요?

---

make no sense 말이/납득이 되지 않는다
brilliant 탁월한, (재능이) 뛰어난, 훌륭한
conceive of ~을 상상하다, 생각해내다
a patent clerk 뻔한/일반적인 사무원
pick up 들어 올리다, 줍다
built into ~에 (붙박이로) 설치된/장착된
mash (감자 등을) 충분히 으깨다, 짓이기다
blaze 활활 타다, 눈부시게 빛나다

look around 주변을 둘러보다
foggy 안개가 낀
remove 제거하다, 없애다, (신발 등을) 벗다
blanket 담요
pillow 베개

BOB (chuckles) Super.

밥 (빙그레 웃는다) 끝내주네.

NOTES:
–After Bob says "Super", we need to cut back to the TV and we should hear/see **Jonny Quest** say **"You've got it Dad!"**❶ (OS)
–**Over the shoulder shot** of Dash in **profile**, smiling, he turns his attention to the TV and we pull focus to the TV for the line.

메모:
–밥이 "끝내주네"라고 말한 후, 다시 TV 장면으로 돌아가서 조니 퀘스트가 "잘했어요 아빠!"라는 소리가 들리거나 화면이 보인다. (화면 밖)
–어깨너머로 모습을 포착한 장면으로 대쉬의 옆모습이 보인다. 웃고 있다. 그가 다시 TV에 집중하고 카메라가 선을 맞추기 위해 TV로 초점을 잡는다.

Jonny Quest '자니 퀘스트의 모험'이라는 TV 공상과학소설 시리즈에 나오는 주인공 (아빠와 비범한 여행을 하는 내용)

over the shoulder shot 〈영화〉 한 인물의 어깨너머로 상대방 모습을 포착한 장면

profile 옆얼굴, 옆모습

❶ **You've got it Dad!**

잘 해냈어요, 아빠! / 바로 그거예요, 아빠!

이 표현은 상황에 따라 약간씩 의미가 달라집니다. 뭔가 잡았을 때, '네가 잡았네', 문제를 맞혔을 때, '네가 맞혔어', 그리고 위 문장처럼 성취/격려/이해하는 상황에 쓸 수 있어요. 부정문으로 하려면 You've got it wrong. '네가 잘못 알고 있어'가 됩니다.

Day 21

Who Is the Real Screenslaver?

누가 진짜 스크린슬레이버인가?

21.mp3

INSIDE E'S HOUSE – **ENTRANCEWAY** – DAY
E and Jack-Jack (about the same height standing up) walk with Bob, Jack-Jack sucking on a lollipop.

E의 집 안 – 입구 통로 – 낮
E와 잭잭이 (일어섰을 때 키가 엇비슷함) 밥과 함께 걷고 있고 잭잭은 막대사탕을 빨아 먹고 있다.

BOB I can't tell you how much I appreciate you watching Jack-Jack for me, E.

밥 잭잭을 돌봐주셔서 정말 얼마나 감사한지 모르겠어요, E.

E Yes, I'm sure your **gratitude** is quite **inexpressible**. Don't ask me to do it again, dahling, my rates are **far too high**.

E 그래, 어찌나 감사한 일인지 어떻게 표현해야 할지 모를 거야. 다신 이런 부탁은 하지 말아라, 자기야, 난 아주 비싼 사람이거든.

BOB Oh, uh—

밥 오, 어—

E I am joking, Robert. I enjoyed the assignment. He is bright and I am **stimulating**, we **deserve** each other.

E 농담이야, 로버트. 아주 즐거웠어. 아기가 아주 똑똑하고 난 활기를 주는 사람이니까, 우린 아주 잘 어울려.

LOWER HALLWAY – E'S HOUSE
Bob is **comically flanked on** both sides by equally tiny E & Jack-Jack, who – **aside from** the occasional toddler **stumble** – **imitates** E's walk pretty well.

아래층 복도 – E의 집
둘이 똑같이 작디작은 E와 잭잭이 밥의 옆에 서 있는 모습이 익살스럽다 – 잭잭이 가끔씩 걸음마를 하다가 비틀거리는 것만 빼면 – E의 걸음걸이를 곧잘 따라 한다.

E Your child is a **polymorph**. Like all babies he has enormous potential. It **is not unknown for** supers to have more than one power when young but this little one has many. (to Jack-Jack) Yes? You have many powers?

E 네 아이는 다형체야. 모든 아기들이 그렇듯이 잭잭은 엄청난 잠재력을 가지고 있어. 슈퍼히어로 중에 어렸을 때 한 가지 이상의 초능력을 가진 경우가 드물지는 않지만 이 아이는 초능력이 아주 많아. (잭잭에게) 그지? 넌 초능력이 엄청나게 많지?

JACK-JACK (babble)

잭잭 (옹알이한다)

Jack-Jack answers in **agreeable** babble as he continues to walk upright with them; an amazing **impression** of E.

잭잭이 계속 꼿꼿한 자세로 걸으면서 유쾌한 옹알이로 대답한다; 놀랍도록 E 흉내를 잘 낸다.

---

entranceway (건물) 입구의 통로
gratitude 고마움, 감사
inexpressible 이루 말로 다 할 수 없는
far too high 굉장히/아주 많이 높은
stimulating 자극이 되는, 고무적인
deserve ~을 받을만하다/누릴 자격이 있다
lower hallway 아래쪽 복도
comically 익살맞게, 우습게
flank on (옆/측면에) 위치하다/서다
aside from ~외에는, ~을 제외하고
stumble 발을 헛디디다, 비틀/휘청거리다
imitate 모방하다, 흉내를 내다
polymorph 다형, 여러 가지의 모양/형상을 띠는
be not unknown for 안 알려지지 않은
agreeable 기분 좋은, 쾌활한, 선뜻 동의하는
impression 흉내

They have arrived at the door of E's LAB. She picks up Jack-Jack, punches a code on the keypad, and moves him through the **security protocol**. Like an **old pro**, Jack-Jack places his tiny hand on the scanner, opens his eyes wide for the **retinal scan**, and speaks into the microphone –

그들이 E의 실험실에 도착했다. 그녀가 잭잭을 들어 올리고, 키패드에 코드를 입력한다. 그리고 보안 규정을 그에게 스크롤하며 보여준다. 노련한 베테랑처럼 잭잭이 그의 작은 손을 스캐너에 얹고, 망막 스캔을 하기 위해 눈을 크게 뜨고, 마이크에 대고 말한다 –

JACK-JACK Ba ba bow.

잭잭 바 바 바우.

The doors OPEN. E GRINS, looks to see if Bob enjoys the joke as much as she.

문이 열린다. E가 활짝 웃으며 밥 역시 그녀만큼이나 이 재미난 상황을 즐기고 있는지 지켜본다.

E'S DESIGN LAB
E carries Jack-Jack. Bob sits in one of two chairs **affixed to** the viewing sled on rails before a heavily **fortified** testing chamber.

E의 디자인 실험실
E가 잭잭을 안고 다닌다. 삼엄하게 요새화된 실험실 앞의 레일 위에 있는 조망 썰매에 부착된 두 개의 의자 중에 하나에 밥이 앉는다.

E places Jack-Jack comfortably into the chamber and closes the door.

E가 잭잭을 실험실 안에 편안하게 내려놓고 문을 닫는다.

E I understand you lack of sleep and **coherency**, Robert. Babies can be anything and your child is no exception! He is pure unlimited potential, Robert! He slept while I worked in a **creative fever**! (to Jack-Jack, fawning) Auntie Edna stayed up all night making sure you look fabulous in your many forms.

E 네가 잠도 부족하고 일관성도 결핍되어 있다는 걸 알아, 로버트. 아기들은 뭐든지 될 수 있고 네 아이도 예외는 아니야! 그는 무한한 잠재력의 결정체야, 로버트! 내가 창작의 열정으로 일하고 있을 때 그는 잠을 잤다고! (잭잭에게, 쭈쭈쭈 비위를 맞추며) 에드나 이모가 말이야 우리 아가가 다양한 모습으로 모두 다 멋져 보이게 하려고 밤을 샜단다.

BOB What're you–? You're putting HIM in the–

밥 아니 뭘–? 잭잭을 거기에 넣는 거–

E – in the chamber, Robert. He is part of the **demonstration** and will be fine. Your challenge is to manage a baby who has multiple powers and no control over them, yes?

E – 실험실에 넣으려고, 로버트. 그는 실험의 일부야. 아무 문제없을 거고. 네 도전과제는 다양한 초능력을 가졌지만 그걸 제어할 능력은 없는 아기를 관리하는 거야, 알겠어?

Jack-Jack puts his face up to the glass.

잭잭이 유리에 얼굴을 가져다 댄다.

BOB Uh? **That sums it up.**[1]

밥 어? 그걸로 다 요약되는군요.

---

security protocol 보안 프로토콜/규약
old pro 베테랑, 숙련자
retinal scan 망막 스캔
be affixed to ~에 부착된, 고정된
fortify (높은 성벽을 쌓아) 요새화하다
coherency 일관성
creative fever 창작에 대한 열기/흥분
demonstration 설명, 입증, 시위

❶ That sums it up.
그걸로 요약되네요.
sum something up은 '~을 압축해서 보여주다/묘사하다'라는 의미의 숙어예요. That sums it up.은 '(그 이야기를 듣고 나니) 어떤 상황인지 대충 감이 잡힌다, 파악된다'라는 뜻으로 이해하면 되겠어요.

WRITING NOTE:
–Possibly replace Mozart **references** with another type of Jazz OR keep **as–is**?

메모:
– 참조용으로 모차르트 음악 대신 재즈 음악을 넣어도 좋고 그대로 모차르트 음악을 써도 좋을 듯?

E I often work to music and I noticed the baby responds to it as well, specifically Mozart.

E 난 종종 음악을 들으며 일을 하는데 이 아기가 음악에 반응을 보이더라고. 특히 모차르트 음악에 말이야.

E presses a button. MOZART plays over the speaker system. Jack-Jack **snaps to attention**, completely **engaged**.

E가 버튼을 누른다. 스피커에서 모차르트 음악이 흘러나온다. 잭잭이 갑자기 집중하며 완전히 몰입한다.

E I blended kevlar with carbyne for **durability under duress** and cotton for comfort.

E 편안함을 위한 면과 압박을 견딜 수 있는 내구성을 위해 케블러와 칼바인을 혼합했어.

E hands Bob a thin TRACKER, its screen full of information.

E가 밥에게 얇은 추적장치를 건넨다. 화면이 정보로 가득 차 있다.

E **Interwoven with** these **fabrics** are a **mesh** of tiny sensors that monitor the baby's **physical properties**–

E 이 아기의 물리적 성질들을 관찰할 수 있도록 작은 센서들을 이 직물들과 섞어 짜서 그물망 구조로 만들어 놨지 –

The tracker LIGHTS UP: "**REPLICATION IMMINENT** in 3-2-1--". Jack-Jack stands up and falls. He hits the floor and **multiplies** into Jack-Jacks that **bop** around the chamber to the music.

추적장치에 불이 들어온다: "복제 임박. 3, 2, 1—". 잭잭이 일어섰다가 넘이진다. 그가 바닥으로 떨어지면서 여러 명의 잭잭으로 분할되더니 음악에 맞춰 디스코 춤을 춘다.

BOB Oh lord, what's uhh– what is he– what is he doing?

밥 오 주여, 뭐죠 어어 – 그가 뭘 – 그가 뭘 하는 거죠?

E Well it's Mozart, Robert! Can you blame him? The important thing is that the suit and tracker **anticipated** the change and alerted you.

E 음 이건 모차르트라고, 로버트! 그를 탓할 순 없겠지? 중요한 건 이 옷과 추적장치가 변화를 예측하고 경보를 발했다는 거지.

SHE PRESSES A BUTTON; REVEALING COOKIES MOUNTED TO A SLED.
ALL THE JACK-JACK'S EYES SUDDENLY **RIVET** ON IT, AND PURSUE THE COOKIES. THE COOKIES SLIPS OUT THE SIDE OF THE CHAMBER AND THE DOOR CLOSES. BOB STARTS TO PANIC.

그녀가 버튼을 누른다: 기계에 올려진 쿠키가 나타난다.
모든 잭잭들의 눈이 쿠키에 고정된다. 그리고 쿠키를 쫓아간다. 쿠키들이 실험실의 옆으로 미끄러지며 떨어지고 문이 잠긴다. 밥이 공황상태가 된다.

BOB Oh no. Cookies! I gotta get cookies!

밥 오 안 돼. 쿠키! 쿠키를 가져와야만 해요!

---

reference 참고, 참조
as is (어떤 조건, 상태이건) 있는 그대로
snap to attention 갑자기 ~에 집중하다
engaged 몰두하는, 열중하고 있는
durability 내구성, 내구력
under duress 강한 압력을 받는, 협박당하여
interwoven with ~와 뒤섞인, 섞어 짠
fabric 직물, 천

mesh 그물망, 철망
physical property 물리적 성질
replication 복제, 사본, 되풀이
imminent 임박한, 금방이라도 닥칠 듯한
multiply 곱하다, 증식/번식하다
bop 밥 (팝 음악에 맞춰 추는 춤)
anticipate 예상하다, 예측하다
rivet (흥미, 관심을) 고정시키다/사로잡다

E You do not need cookies. As I learned quite painfully last night, any solution involving cookies will **inevitably** result in the demon baby.

E 쿠키는 필요 없어. 어젯밤에 내가 아주 고통스럽게 알게 되었는데, 쿠키를 통한 해결책은 필연적으로 잭잭이 악마 아기가 되는 결과를 낳더라고.

Bob and E look at the TRACKER: **PHASE SHIFT** DETECTED. Jack-Jack tries to penetrate through wall, but can't. Bob presses the **NEUTRALIZE** button. JACK-JACK ANGERED, TURNS RED MONSTER.

밥과 E가 추적장치를 본다: 단계 변화가 감지된다. 잭잭이 벽을 뚫으려고 애쓰지만 뚫지 못한다. 밥이 무효화 버튼을 누른다. 잭잭이 분노하고 빨간 괴물로 변한다.

TRACKER lights up: **COMBUSTION** IMMINENT.

추적장치에 불이 들어온다: 연소 임박.

BOB "COMBUSTION IMMINENT"!!?? What does THAT mean???

밥 "연소 임박"!!?? 저게 무슨 뜻이죠???

Jack-Jack BURSTS INTO FLAMES.

잭잭이 불꽃이 되어 타오른다.

BOB AHHHHH!!!

밥 아아아아!!!

E It means "fire", Robert— for which the suit has **countermeasures**. I suggest you extinguish the baby's flames before he trips the sprinkler system.

E "불"이란 뜻이야, 로버트— 옷에 보호조치가 되어 있지. 잭잭이 스프링클러 시스템을 작동시키기 전에 아기의 몸에 붙은 불을 끄는 게 어떨까 하는데.

Bob hits the TRACKER. FOAM erupts from JACK-JACK'S SUIT. Jacks giggles, licking the creamy substance from his face.

밥이 추적장치를 누른다. 잭잭의 몸에서 거품이 뿜어져 나온다.
잭잭이 낄낄거리며, 그의 얼굴에 묻은 크림 같은 물질을 핥아 먹는다.

E The flame **retardant** is blackberry lavender, dahling. Effective, edible, and delicious.

E 불꽃 억제제는 블랙베리 라벤더 향이야, 자기야. 효과적이고, 먹어도 되고, 맛있기까지 하지.

BOB **Well, whaddya know.**❶ That... is useful.

밥 오, 놀랍네요. 그것참··· 유용하군요.

E Although I have doubtlessly exceeded your expectations **for a SINGLE night's work**, the suit and device contain a few more features we need to discuss...

E 단 하룻밤 만에 만든 것치고는 의심의 여지없이 네가 기대했던 것보다 훨씬 초과달성 했다는 것은 나도 잘 알지만, 이 옷과 기기에는 우리가 이야기를 나눠야 할 또 다른 특징들이 많아···

FRONT DOORSTEP – E'S HOUSE
Bob clutches Jack-Jack in one arm, and in the other, an "EDNA MODE" bag containing the **MOCK-UP** SUIT and TRACKER.

현관 입구 – E의 집
밥이 한쪽 팔로는 잭잭을 움켜잡고 다른 팔에는 모형 의상과 추적장치가 들어있는 "에드나 모드" 가방을 들고 있다.

---

inevitably 부득이, 필연적으로
phase shift 단계 변화
neutralize 상쇄시키다, 중화시키다
combustion 연소
countermeasure 보호조치, 대책
retardant 억제제/지연제, 늦추는 것
for a single night's work 하룻밤 동안 일한 것 치고는
mock-up (실물 크기의) 모형

❶ **Well, whaddya know!**
와, 놀랍네요!
'Whatddya know!'는 What do you know! 를 발음 나는 대로 쓴 구어체적 표기법이에요. What do you know! 는 놀람을 나타내는 표현으로 주로 뭔가 새로운 것이나 사람이 등장했을 때 쓰게 되는데요, '우와, 이게 어쩐 일이야!, 이게 뭐야!' 와 같은 의미로 해석되는 경우가 많답니다.

BOB Thanks again, E... for everything. How much do I owe you for th—

밥 다시 감사해요, E… 모든 것에 대해서. 대체 얼마를 드려야 할 지–

E Eh, **pish-posh**, dahling. Your bill will be covered by my fee for being Mr. Incredible, Elastigirl, and Frozone's **EXCLUSIVE** designer **throughout the known universe** and **until the end of time**.

E 어, 됐네 그려, 자기야. 내가 이 세상 끝날 때까지 전 세계에서 유일한 미스터 인크레더블, 엘라스티걸, 그리고 프로존의 디자이너라는 것만으로도 네가 낼 돈은 다 지불한 거나 마찬가지야.

Bob buckles Jack-Jack into his car seat.

밥이 잭잭을 카 시트에 태우고 안전벨트를 맨다.

E (warmly to Jack-Jack) But babysitting this one... I do **for free**, dahling.

E (잭잭에게 따뜻한 말투로) 하지만 이 귀염둥이를 돌봐주는 건… 공짜로도 할 수 있어, 자기야.

E **caresses** Jack-Jack's cheek.

E가 잭잭의 볼을 어루만진다.

OUTSIDE REFRIGERATED COMPUTER ROOM – DEVTECH
CLOSE ON ELASTIGIRL'S FACE. The glowing EYES on her mask GO CLEAR; Elastigirl blinks, as if waking from sleep, to find herself in a chair, arms and legs **bound**. She moves to escape–
–but feels **immediate** PAIN and lets out an **anguished** shout. Evelyn presses a button on an INTERCOM to speak with her.

냉동된 컴퓨터실의 밖 – 데브텍
엘라스티걸의 얼굴 근접촬영. 그녀의 복면에 있는 빛나는 눈들이 활짝 떠진다; 엘라스티걸이 마치 잠에서 깨어나듯 눈을 깜박이며 자신의 팔과 다리가 의자에 묶여 있는 것을 본다. 그녀가 탈출하려고 움직이는데–
–하지만 곧바로 통증을 느끼며 고통의 비명을 지른다. 에블린이 그녀와 대화하기 위해 인터컴에 달린 버튼을 누른다.

바로 이 장면!*

EVELYN I would **resist** the **temptation** to stretch. The **temperature** around you is **well below** freezing. Try to stretch and– you'll break.

에블린 몸을 늘려보려고 하는 유혹은 참는 것이 좋을 거예요. 당신 주변의 온도는 영하도 한참 영하니까요. 몸을 늘리려고 하면– 몸이 깨져버릴 거예요.

ELASTIGIRL (**shivering**) So you're the Screenslaver...

엘라스티걸 (몸서리치며) 당신이 스크린슬레이버였군요…

EVELYN Yes. And no. **Let's say** I created the character and **pre-recorded** the messages.

에블린 네. 그러면서 또 아니오. 내가 그 캐릭터를 만들었고 메시지를 미리 녹음해 둔 것이라고 하면 어떨까요.

ELASTIGIRL Does Winston know?

엘라스티걸 윈스턴도 이 사실을 아나요?

---

pish-posh 아 됐어, 아이고 그만해, 별거 아냐
exclusive 독점적인, 전용의
throughout the known universe 전 세계/우주를 통틀어
until the end of time 세상이 끝날 때까지
for free 공짜로, 무상으로
caress 어루만지다, 쓰다듬다
bound 묶여 있는
immediate 즉각적인, 당면한, 목전의
anguished 고통스러운, 괴로운
resist 저항/반대하다, 거부하다
temptation 유혹
temperature 온도
well below ~보다 훨씬 아래에
shiver 떨다, 전율하다, 몸서리치다
Let's say 예를 들면, ~라고 해 두자
pre-record 미리 녹음/녹화를 해 두다

EVELYN	That I'm the Screenslaver?? Of course not. Can you imagine what Mr. **Free Enterprise** would do with my hypnosis technology??	에블린 내가 스크린슬레이버라는 사실?? 당연히 모르죠. 그 미스터 자유기업 체제께서 이 사실을 알게 되면 내 최면 기술을 가지고 뭘 하게 될지 상상이 되나요?
ELASTIGIRL	Worse than what you're doing?	엘라스티걸 설마 당신이 지금 하는 짓보다 더 심한 짓을 할까요?
EVELYN	Hey, I'm using the technology to destroy people's trust in it. Like I'm using superheroes.	에블린 이봐요, 난 기술을 이용해서 기술에 대한 사람들의 믿음을 파괴하려고 하는 거라고요. 내가 슈퍼히어로들을 이용하는 것처럼 말이에요.
ELASTIGIRL	Who did I put in jail?	엘라스티걸 내가 감옥에 들어가게 한 사람은 누구인 거죠?

EVELYN	Pizza delivery guy. Seemed **the right height and build**. He **gave you a** pretty **good fight**. I should say I **gave** you a good fight **THROUGH** him.	에블린 피자 배달부. 키하고 덩치가 딱 괜찮아 보이더라고요. 그가 당신과 꽤 잘 싸우던데요. 그보다는 내가 그를 통해서 당신과 잘 싸웠다고 해야겠군요.
ELASTIGIRL	But it **doesn't bother you** that an **innocent** man is in jail?	엘라스티걸 아무 죄도 없는 사람이 감옥에 들어갔는데 당신은 아무렇지도 않나요?
EVELYN	Ehh, **he was surly.**❶ And the pizza was cold.	에블린 에이, 그놈은 무례했어요. 피자도 다 식었고 말이야.
ELASTIGIRL	I **counted on you**.	엘라스티걸 난 당신을 믿었어요.

Evelyn smiles.

에블린이 미소 짓는다.

EVELYN	That's why you failed.	에블린 그래서 당신이 실패한 거죠.
ELASTIGIRL	What—?	엘라스티걸 뭐라고요—?
EVELYN	Why would you count on me? Because I built you a bike? Because my brother knows the words to your theme song? We don't know each other.	에블린 도대체 왜 나를 믿었냐고요? 내가 당신에게 오토바이를 만들어 줘서? 우리 오빠가 당신 주제곡 가사를 알아서? 우린 서로를 모른다고요.
ELASTIGIRL	But you can count on me anyway.	엘라스티걸 하지만 당신은 그래도 날 믿을 수 있잖아요.

---

free enterprise 자유기업 체제
the right height and build 키와 체격이 적당한
give someone a good fight 호적수가 되다
give ~ through …을 통해 지령/호령/부여하다
not bother someone ~에 신경 쓰지 않다
innocent 아무런 죄가 없는
count on something/someone ~을 믿다/의지하다

❶ **He was surly.**
그는 무례했어요.
surly라는 단어는 자칫 surely (확실히, 틀림없이)로 착각할 수 있는데, 전혀 다른 의미랍니다. '성질 못된, 무례한'이라는 형용사이지요. a surly manner는 퉁명스러운 태도, Stop acting so surly! '그렇게 무례하게 굴지 마!'라고 쓸 수 있어요.

EVELYN I'm supposed to, aren't I? Because you have some strange abilities and a shiny costume, the rest of us **are supposed to** put our lives into your gloved hands. That's what my father believed. When our home was **broken into**, my mother wanted to hide, **begged** my father to use the safe room. But father **insisted** they call his superhero friends. He died. **Pointlessly**, **stupidly**, on the phone. Waiting for heroes to save the day.

에블린 난 그래야 하니까요. 안 그래요? 왜냐하면 당신에겐 기이한 능력들이 있고 빛나는 옷이 있어서, 우리는 당신의 장갑 낀 손에 우리의 목숨을 맡겨야 하니까요. 우리 아빠가 믿은 것이 바로 그것이고요. 우리 집에 강도가 들었을 때, 우리 엄마는 숨고 싶어 했고 우리 아빠에게 안전실을 이용하라고 간청했어요. 하지만 아빠는 자신의 슈퍼히어로 친구들을 부를 것을 고집했지요. 그는 죽었어요. 아무 의미도 없이, 바보같이, 전화를 붙들고, 히어로들이 구해줄 것을 기다리면서 말이에요.

ELASTIGIRL But why would you— your brother—

엘라스티걸 하지만 대체 왜 당신은— 당신의 오빠는—

Evelyn **becomes animated**.

에블린이 활기를 띤다.

EVELYN —IS A CHILD! He remembers a time when we had parents AND superheroes. So, like a child, Winston **conflates** the two. Mommy and daddy went away BECAUSE supers went away. Our sweet parents were **fools** to put their lives in anybody else's hands! Superheroes keep us weak!

에블린 —아이라고요! 그는 우리에게 부모가 있고 슈퍼히어로들이 있던 시절을 기억하지요. 그래서 어린아이처럼, 윈스턴은 그 둘을 하나로 보지요. 엄마와 아빠는 멀리 떠나버렸어요, 왜냐하면 슈퍼히어로들이 떠나버렸기 때문에. 우리의 가엾은 부모님은 자신들의 목숨을 다른 사람들의 손에 맡긴 바보들이었다고요! 슈퍼히어로들은 우리를 약하게 만들어요!

ELASTIGIRL Are you gonna kill me?

엘라스티걸 날 죽일 건가요?

Evelyn sits on the floor. Thinks for a bit.

에블린이 바닥에 앉는다. 잠시 생각한다.

EVELYN Nah. Using you is better. You're gonna help ME make supers illegal forever.

에블린 아니요. 당신을 이용하는 편이 더 나아요. 슈퍼히어로들이 영원히 불법화될 수 있도록 당신이 날 도울 거예요.

EVELYN presses the remote: ELASTIGIRL **struggles**, but her mask EYES GLOW— and the fight leaves her as she becomes **HYPNOTIZED**.

에블린이 리모컨을 누른다: 엘라스티걸이 몸부림치지만, 그녀 복면의 눈이 빛난다— 최면에 걸리면서 그녀는 더 이상 버티지 못한다.

---

be supposed to ~하기로 되어 있다
be broken into ~에 강도/도둑이 침입했다
beg 간청하다, 빌다
insist 고집하다, 주장하다, 우기다
pointlessly 무의미하게, 효과 없이
stupidly 바보같이, 멍청하게
save the day 곤경/패배/실패를 면하게 하다
become animated 생기/활기를 띠다
conflate 융합/합체하다, 하나로 보다
fool 바보
struggle 몸부림치다
hypnotized 최면에 걸린

Disney·PIXAR
INCREDIBLES 2

Day 22

The Ship at DevTech

데브텍에 있는 배

22.mp3

PARR HOME - BACK YARD - NIGHT
Violet and Dash watch as Bob **brings out** Jack-Jack— now wearing his new E SUIT— into the back yard, facing away from the house.

파의 집 - 뒷마당 - 밤
밥이 새롭게 E가 만들어준 옷을 입고 있는 잭잭을 집에서 먼 쪽 뒷마당으로 데리고 나오는 것을 바이올렛과 대쉬가 본다.

BOB Ready... laser eyes!

밥 준비··· 레이저 눈!

Jack-Jack **concentrates**; **RAYS COME OUT OF** HIS EYES and finds a **target wrapped around** a patio umbrella. The umbrella **snaps in half**.

잭잭이 집중한다; 그의 눈에서 광선이 나오고 테라스 우산을 감싸고 있는 표적을 찾는다. 우산이 반으로 쪼개진다.

BOB Stop!

밥 멈춰!

Jack-Jack DOES.

잭잭이 멈춘다.

DASH Wow...! Yay Jack-Jack! Yeaaaa baby! (giggles)

대쉬 우와···! 대단해 잭잭! 끝내준다 아가야! (킥킥 웃는다)

VIOLET Yea...! Yay Jack-Jack! (giggles)

바이올렛 와···! 대단해 잭잭! (킥킥 웃는다)

BOB That's not all, watch this. Jack-Jack... **blaster**, ready?

밥 이게 다가 아냐, 이것 봐라. 잭잭··· 발파공, 준비됐니?

Bob picked Jack-Jack up so that he's **belly-down** in his arms-

밥이 잭잭을 들어 올려서 그의 팔 위에서 잭잭이 엎드린 자세가 되도록 한다 -

BOB **PEW**! PEW! PEW! PEW PEW PEW PEW.

밥 피융! 피융! 피융! 뿅뿅뿅뿅.

Giggling, Jack-Jack **FIRES** LASER **BOLTS** as Bob aims him around-

밥은 잭잭을 움직여 여기저기를 겨냥하고, 잭잭은 낄낄대며 레이저 번개를 발사한다.

DASH **No way**!!

대쉬 말도 안 돼!!

DASH My **turn**! I get to blast him first! I get to blast him first! I get to blast him first!

대쉬 내 차례예요! 내가 먼저 그를 폭파하게 할 거야! 내가 먼저! 내가 먼저!

---

bring out 데리고 나가다
concentrate 집중하다
ray 광선
come out of ~에서 나오다
target 표적, 과녁
wrap around ~에 두르다, ~을 휘감다
snap in half 탁 소리 내며 반으로 쪼개지다
blaster 발파공, 폭발/폭파하는 것
belly-down 배가 바닥을 향한, 엎드린 자세의
pew 총을 발사할 때 나는 소리, 피융/뿅
fire (총 등을) 발사하다
bolt 번쩍하는 번개, 화살
No way! 절대 아냐! 말도 안 돼!
turn (무엇을 할) 차례, 순번

VIOLET That is **CRAZY** COOL!! Let me try him! I want him! Give him to me! Let me do it! I wanna do it! Let me have him!

바이올렛 완전 장난 아니네!! 나도 해 볼래요! 그를 원해요! 나한테 줘요! 내가 할래요! 하고 싶어요! 그를 나에게 줘요!

BOB Whoa ho ho, c'mon, hey, I'm just demonstrating. NO firing the baby around the house, ya understand?? This is **potentially** dangerous (chuckles) aaand we're trying to teach him to control his powers, okay??

밥 워 호 호, 야야, 얘들아, 난 그냥 시범을 보여 준 거야. 집에서 애기 데리고 불을 발사하고 다니고 그러면 안 돼, 알겠지?? 이건 위험할 수 있다고 (빙긋 웃는다) 그리고 우린 잭잭이 자신의 초능력을 제어할 수 있도록 가르쳐야 하는 거야, 알았지?

JACK-JACK **SQUEALS** at all the excitement and attention he's getting. He **flaps** his arms and makes **silly** sounds and–
–BEEP BEEP BEEP: the TRACKER sounds an **alert**. Bob hears it and picks it up. ON THE TRACKER SCREEN: **MORPH** IMMINENT.

잭잭이 그에게 쏠린 관심과 이 모든 흥분감으로 꽥꽥 소리를 지른다. 그가 팔을 파닥거리며 우스꽝스러운 소리를 내는데–
–삐 삐 삐: 추적장치에서 경고음이 울린다. 밥이 듣고 추적장치를 집어 든다. 추적장치의 화면: 변신 임박.

BOB Stop! See the screen?

밥 멈춰! 화면 보이니?

Jack-Jack lets out a **playful** squeal and DISAPPEARS into a BLUE **VORTEX**. Bob shows the other kids how to use the TRACKER.

잭잭이 까불거리며 꽥꽥 소리를 지르다가 파란 소용돌이 안으로 사라진다. 밥이 추적장치 이용법을 아이들에게 보여준다.

VIOLET He vanished! That's really cool!

바이올렛 그가 사라졌어요! 완전 멋지다!

BOB Okay... good! Use the thing! See the– that's the **current readout**.

밥 알았다… 좋아! 이걸 이용해라! 봐봐– 그게 지금 현재 해독된 정보야.

Violet sweeps the tracker around toward the house. It BEEPS.

바이올렛이 집 쪽으로 추적장치를 몰고 다닌다. 삐 삐 울린다.

PARR HOME – CONTINUOUS
They all move inside... **giddy** with the hunt.

파의 집 – 계속
그들이 모두 안으로 들어간다… 사냥에 들떠 있다.

BOB Click it! See the readout? "Dimension 4". See the shape? That's the room, see where he is **in relation**? So where is he?

밥 클릭해 봐! 해독정보 보여? "4차원". 형태가 보이니? 그게 방이야, 그가 관계 속에서 어디에 있는지 보여? 그래 그가 어디 있니?

Dash **looks over her shoulder** as Violet **pans** the device across the room, finally landing in the corner. Dash POINTS–

바이올렛이 기기를 가지고 방 안을 돌아다니고 있고 대쉬가 그녀의 어깨너머로 보고 있는데, 마침내 구석 쪽에서 뭔가를 찾는다. 대쉬가 가리키는데–

DASH He's THERE!

대쉬 저기 있다!

---

crazy (+ 형용사) 미칠 정도로/대단히 ~한
potentially 잠재적으로, 가능성이 있게
squeal 끼익/꽥/꺅 소리를 내다
flap 파닥이다, 펄럭이다
silly 어리석은, 우스꽝스러운, 유치한
alert 경보, 경계 태세, 경보를 발하다
morph 변하다, 바뀌다
playful 장난기 많은, 놀기 좋아하는
vortex 소용돌이
current 현재의, 지금의
readout 해독된 정보
giddy (너무 좋아서) 들뜬, 아찔한
in relation (상호) 관계 속에서
look over one's shoulder ~의 어깨너머로 보다
pan (카메라로 대상을 따라 다니며) 보여주다/찍다

BOB Okay! Come out! Num num cookie!

밥 좋아! 나와라! 냠 냠 쿠키!

Dash points to another VORTEX while **holding out** a cookie. Jack-Jack APPEARS and starts **gnawing** the cookie. Everyone cheers and applauds.

대쉬가 쿠키를 들고 또 다른 소용돌이를 가리킨다. 잭잭이 나타나서 쿠키를 갉아먹기 시작한다. 모두가 환호하며 박수를 친다.

DASH YAAAAAAYYY JACK-JACK!

대쉬 예에에에에이 잭잭!

BOB YAAAAAAYYY JACK-JACK!

밥 예에에에에이 잭잭!

VIOLET YAAAAAAYYY JACK-JACK!

바이올렛 예에에에에이 잭잭!

JACK-JACK (**delighted** squeal)

잭잭 (흥겨운 꽥꽥)

VIOLET (chuckle) That's really cool.

바이올렛 (빙그레 웃는다) 진짜 멋져요.

A **RINGTONE** SOUNDS. Bob **crosses to** a **wall PANEL**. It opens, revealing **twin** SUPER-PHONES. He picks up the INCREDIPHONE.

벨소리가 울린다. 밥이 벽 판자 쪽으로 간다. 판자가 열리고 쌍둥이 슈퍼 전화가 나타난다. 그가 인크레더폰을 받는다.

ON EVELYN – DEVTECH – INTERCUT AS NECESSARY
Evelyn is on the phone. Elastigirl– who can hear Evelyn– struggles and shouts SILENTLY behind the thick glass.

에블린 모습 – 데브텍 – 필요에 따라 중간 삽입
에블린이 통화하고 있다. 엘라스티걸이 – 에블린의 목소리를 들을 수 있다 – 발버둥 치며 두꺼운 유리 뒤에서 들리지 않는 비명을 지르고 있다.

바로 이 장면!*

BOB Hello.

밥 여보세요.

EVELYN Elastigirl's **in trouble**.

에블린 엘라스티걸에게 문제가 생겼어요.

BOB What—?? What happened to her?

밥 뭐라고요—?? 그녀에게 무슨 일이 생긴 거죠?

VIOLET and DASH look at Bob.

바이올렛과 대쉬가 밥을 쳐다본다.

EVELYN Sorry to tell you on the phone. Meet me on our ship at DEVTECH.

에블린 전화상으로 전해드려서 죄송해요. 데브텍에 있는 우리 배에서 만나죠.

WITH BOB

밥의 모습

---

hold something out (손이나 물건 등을) 내밀다
gnaw 갉아먹다, 물어뜯다
delighted 아주 기뻐/즐거워하는
ringtone 벨 소리, 신호음
cross to ~로 가로질러 가다
wall panel 벽 패널
twin 쌍둥이, 쌍둥이 같은 것
silently 잠자코, 조용한

be in trouble 곤경/위험한 상황에 처하다

BOB The ship at DEVTECH. I'll be there in fifteen minutes.

밥 데브텍에 있는 배. 15분 안에 거기로 가겠습니다.

Violet **overhears**.

바이올렛이 엿듣는다.

VIOLET What's at the ship at DEVTECH?

바이올렛 데브텍에 있는 배에 뭐가 있나요?

He HANGS UP and immediately dials a new number.

그가 전화를 끊고 곧바로 다른 곳에 전화를 건다.

BOB Lucius? Bob. Helen's in trouble, I need someone to watch the kids.

밥 루시우스? 밥이야. 헬렌에게 문제가 생겼어. 아이들을 돌봐줄 사람이 필요해.

LUCIUS'S APARTMENT
Lucius on the phone, listening.

루시우스의 아파트
루시우스가 전화를 들고, 듣고 있다.

BOB (thru phone) **Suit up**, it might get **weird**.

밥 (전화로) 의상을 입고 오게. 좀 희한한 일이 벌어질 수도 있으니.

LUCIUS I'll be there **asap**. **Fifteen tops.** ❶

루시우스 최대한 빨리 갈게. 늦어도 15분 안에는 갈 거야.

He hangs up. Points a remote at the wall. A hiss as it OPENS, revealing his FROZONS SUPERSUIT mounted in a display.

그가 전화를 끊는다. 벽에 있는 리모컨을 가리킨다. 리모컨을 향해 쉬익 소리를 내니 문이 열리고 진열되어 있던 프로존 의상이 드러난다.

HONEY'S VOICE (O.S.) Where you going asap? You better be back asap! And leaving that suit!

허니의 목소리 (화면 밖) 어디를 최대한 빨리 간다는 거예요? 최대한 빨리 돌아오는 게 좋을 거예요! 그리고 그 옷은 두고 가는 게 좋을 거고요!

PARR Home
Bob hangs up the phone. He's wearing his dark Supersuit, cape **and all** as he **heads out the door**. The kids **resist** comment.

파의 집
밥이 전화를 끊는다. 그가 짙은 색 슈퍼히어로 의상과 망토를 입고 문을 나선다. 아이들이 저항하는 말을 한다.

BOB I gotta go. I'll be home soon. Lucius'll be here sooner. NO firing the baby around the house. Okay? Love you!

밥 난 가야만 해. 금방 돌아올게. 루시우스가 나보다 더 빨리 올 거야. 아이 데리고 집에서 불 쏘고 돌아다니고 그러면 안 돼. 알았지? 사랑해!

VIOLET WHAT'S AT THE SHIP AT DEVTECH?! AND WHY ARE YOU IN YOUR SUPERSUIT??

바이올렛 데브텍에 있는 배에 뭐가 있는 거냐고요? 그리고 슈퍼히어로 의상은 왜 입고 가는 거예요??

overhear (남의 대화 등을) 우연히 엿듣다
suit up 제복/유니폼을 입다
weird 이상한, 기이한, 기묘한, 기괴한
asap 당장, 최대한 빨리 (=as soon as possible)
and all ~까지, ~을 포함하여, 게다가
head out the door 문을 나서다
resist 저항하다

❶ **Fifteen tops.**
아무리 오래 걸려도 15분 걸릴 거야.
구어체에서 많이 쓰이는 top의 용법으로 '아무리 많이 쳐봐야/잡아도 ~ 이상은 안 나온다'는 뜻이에요. 주로 시간이나 돈에 대해 이야기할 때 많이 쓰인답니다. 예를 들어, An hour tops! '아무리 많이 잡아도 1시간 안 걸려!' 이렇게 쓰지요.

CARPORT – NIGHT
Mr. Incredible takes off in his decidedly **UN-super** car towards DEVTECH.

차고 – 밤
미스터 인크레더블이 그의 확연히 슈퍼스럽지 않은 차를 타고 데브텍을 향해 출발한다.

INSIDE / OUTSIDE THE CAR NIGHT
The car flies down the road.

차의 내부 / 외부 – 밤
차가 길을 따라 날아가듯 간다.

PARR HOUSE – MASTER BEDROOM
Dash finds the INCREDIBILE REMOTE inside a nightstand and studies it. He HIDES IT behind his back, **feigning nonchalance**, as Violet sweeps into the room. But instead of **upbraiding** him, Vi moves directly to their parents DRESSER.

파의 집 – 안방
대쉬가 침실용 탁자 안에서 인크레더빌 리모컨을 찾아서 연구한다. 바이올렛이 갑자기 방으로 들어오자 그가 리모컨을 뒤에 숨기고 아무렇지도 않은 척한다. 하지만 바이는 그를 나무라지 않고 곧장 부모님의 옷장 쪽으로 간다.

DASH Is that Mom's supersuit?

대쉬 그거 엄마 슈퍼히어로 의상이야?

VIOLET She may need it. **You never know.**[1]

바이올렛 엄마가 이게 필요할지도 몰라. 누가 알아.

DASH What's going on?

대쉬 무슨 일 있어?

VIOLET I dunno. But Dad called Lucius AFTER getting a call about Mom. Then LEFT–

바이올렛 나도 몰라. 하지만 아빠가 엄마와 관련된 전화를 받고 나서 루시우스 아저씨한테 전화했어. 그리고 나가셨지–

Violet pulls family SUPERSUITS from the dresser, tosses Dash's suit to him.

바이올렛이 옷장에서 가족들의 슈퍼히어로 의상을 꺼내 대쉬에게 그의 의상을 던진다.

DASH I thought you renounced Superheroes.

대쉬 누나는 슈퍼히어로 안 하기로 한 거 아니었나.

VIOLET Yeah. Well, I renounce my **renunciation**. Put that on.

바이올렛 맞아. 뭐, 내가 했던 포기선언을 포기할 거야. 그거 입어.

Dash zips in and out of the bathroom, dressed **as instructed**, mask and gloves **tucked** into his belt. The DOORBELL RINGS.

대쉬가 전광석화처럼 화장실에 들어갔다가 나오는데 복면과 장갑을 허리띠에 꽂아 넣고 가르쳐준 대로 옷을 입었다.

AT THE FRONT DOOR
Dash answers, opening the door to; SIX WANNABES in SUPERSUITS.

현관에서
대쉬가 문을 열어주는데 6명의 워너비들이 슈퍼히어로 의상을 입고 서 있다.

WANNABES (standing at door VOCS)

워너비들 (문밖에 서 있다. 화면 밖 소리)

---

carport 간이 차고
un-super 슈퍼답지 않은, 숨기는/거부하는
feign (질병, 감정 등을) 가장하다, ~인 척하다
nonchalance 아랑곳하지 않음, 태연함
upbraid 나무라다, 호되게 꾸짖다
renunciation 포기선언
as instructed 지시/지침에 따라, 가르쳐준 대로
tuck (끝부분을) 밀어 넣다/접다, 집어/끼워 넣다

1 You never know.
누가 알아.
미래 일은 알 수 없으니 확신하면 안 된다는 의미의 구어체적 표현이에요. 예를 들어, You never know. I might win the lottery. '누가 알아. 내가 로또에 당첨될 수도 있어' 이렇게 쓴답니다.

VOYD	Hello there, **little fella**.	**보이드** 안녕, 얘들아.
DASH	(**wary**) Hello.	**대쉬** (경계하며) 안녕하세요.
VOYD	You kids aren't safe. The Deavors sent us to take you—	**보이드** 너희들은 안전하지 않은 상황이야. 데버 남매가 우리를 보내서 너희들을 데려—

The WANNABES notice something strange; it's begun to SNOW.

워너비들이 뭔가가 이상하다는 것을 눈치챈다; 눈이 오기 시작했다.

FROZONE	(O.S.) Well, isn't that **redundant**!!	**프로존** (화면 밖) 흠, 그건 불필요한 것 아닌가!!
WANNABES	(startled reactions to seeing Frozone)	**워너비들** (프로존을 보고 놀란 반응)

The WANNABES TURN; Frozone is **calmly crossing** the **driveway**.

워너비들이 돌아본다; 프로존이 차분하게 자동차 진입로를 건너오고 있다.

FROZONE	The Deavors just sent ME here to guard the house.	**프로존** 데버 남매가 지금 방금 집을 지키라고 날 여기로 보냈거든.

He coolly moves between the kids and the WANNABES.

그가 아이들과 워너비들 사이로 냉랭하게 이동한다.

FROZONE	... cuz' the kids aren't safe.	**프로존** … 아이들이 안전하지 않다고 해서 말이야.

CLOSE: BEHIND DASH'S BACK
—we see Bob's INCREDIBILE REMOTE **clasped** in Dash's hand. His **thumb** slowly finds the "**SUMMON**" button...

근접: 대쉬의 등 뒤
—밥의 인크레더빌 리모컨이 대쉬의 손에 쥐어 있는 것이 보인다. 그의 엄지손가락이 천천히 "호출" 버튼을 찾아간다…

FROZONE	**I get it, managerial screw up**. Tell Winston I handled it. You understand, Ms.–	**프로존** 알겠군, 운영상의 에러가 있었던 거야. 윈스턴에게 내가 알아서 했다고 전하세요. 알겠죠, 미스.–
VOYD	Voyd.	**보이드** 보이드.
FROZONE	– Ms... Voyd. Drive safely.	**프로존** – 보이드… 양. 운전 조심하세요.

Frozone moves to close the door, but Voyd stops the door with her foot. Behind his back— DASH PRESSES THE SUMMON BUTTON ON THE INCREDIBILE **FOB**—

프로존이 문 쪽으로 이동해서 문을 닫으려고 하는데, 보이드가 발로 문을 막는다. 그의 등 뒤로— 대쉬가 인크레더빌 호출 버튼을 누른다.

---

little fella 작은 친구, 꼬마 녀석
wary 경계하는, 조심하는
redundant 불필요한, 쓸모없는, 중복된
calmly 차분히, 침착하게
cross (가로질러) 건너다, 횡단하다
driveway (도로에서 집, 차고까지의) 진입로
clasp 꽉 움켜쥐다, 와락 움켜잡다
thumb 엄지손가락
summon 소환, 호출, 소환/호출하다
I get it. 뭔지 알겠네, 이해되네
managerial 운영/관리적인
screw-up 일을 망침, 실수, 에러
fob (주머니에 넣는 시계의) 시곗줄

Day 23

No Mom, No Dad, No Lucius!

엄마도 없고, 아빠도 없고, 루시우스 아저씨도 없다!

23.mp3

VICTOR CACHET'S MANSION – SAME MOMENT
CACHET shares an **intimate** dinner with the TV REPORTER. Behind them, the INCREDIBILE SWITCHES ON! CACHET and his date **HIT THE DECK** as the Incredibile BLOWS A HOLE IN THE WALL and roars off into the night!

빅터 카쳇의 대저택 – 같은 시간
카쳇이 TV 기자와 친밀하게 저녁 식사를 하고 있다. 그들 뒤로 인크레더빌의 시동이 켜진다! 인크레더빌이 벽을 뚫고 밤 속으로 부르릉 달리기 시작하자 카쳇과 그의 데이트 상대가 땅바닥에 납작 엎드린다.

CACHET (reaction)

카쳇 (반응)

The **STANDOFF** CONTINUES; Frozone **DEAD-EYES** the WANNABES.

서먹함이 계속된다; 프로존이 워너비들을 매섭게 쳐다보고 있다.

VOYD **The thing is,**[1] he wants us to bring you, too.

보이드 그런데 문제는, 그는 우리가 당신도 데려오기를 원하셔서요.

FROZONE (**cracks a smile**, relaxes) Hey...

프로존 (미소를 짓는다, 진정하며) 이봐…

WHOOOM! Zone knocks the WANNABES backwards with a WALL OF SNOW, followed by a layer of ICE, before SLAMMING the door.

슈우웅! 프로존이 눈 벽과 얼음장 공격으로 워너비들을 뒤로 나자빠지게 하고 문을 쾅 닫아버린다.

WANNABES (reactions to being iced)

워너비들 (얼음이 된 것에 대한 반응)

INSIDE THE HOUSE
Frozone shuts the front door.

집 안
프로존이 현관문을 닫는다.

FROZONE That isn't gonna **hold them long**. Dash, grab the baby!

프로존 저 얼음이 그들을 오래 붙잡아두진 못할 거야. 대쉬, 아기를 잡아!

WANNABES (reactions to being stuck in ice)

워너비들 (얼음에 갇힌 것에 대한 반응)

Outside, we hear a loud, collective "AAGGHH!" –and **a shower of** ice chunks hit the front windows. And **ALL HELL BREAKS LOOSE**.

밖에서, 우렁찬, 집단적인 "으랏차차!" 소리가 들린다 –그러고는 얼음 덩어리들이 앞 창문을 가격한다. 그리고 큰 혼란이 일어난다.

VIOLET Ahhh!!!

바이올렛 아아아!!!

---

intimate 친밀한, 분위기 있는
hit the deck 땅(바닥)에 납작 엎드린다
standoff (회담 등의) 교착상태, 막힘
dead-eye 명사수, 명중하다
crack a smile 방긋 웃다
hold someone long ~을 오래 붙잡다
a shower of 빗발치는, 쏟아지는
(all) hell breaks loose 난장판이 된다

❶ The thing is ~
문제는/실은 ~

중요한 사실이나 이유에 대해 이야기하거나 해명을 하려고 할 때 쓰는 표현으로 의미는 '실은, 문제는, 근데, 중요한 건' 등으로 해석할 수 있어요. 예를 들어, The thing is we don't have enough money. '근데 문제는, 우리가 돈이 별로 없단다.' 이런 식으로 쓸 수 있지요.

FROZONE Whoa!!!

프로존 워!!!

WANNABES **break free from** ice, Voyd **directs** them:

워너비들이 얼음에서 풀려나고, 보이드가 그들을 이끈다:

VOYD **Spread out!**

보이드 흩어져!

–and we are in an amazing action **set-piece**; the PARR KIDS and FROZONE **pitted against** the WANNABES. Dash carries Jack-Jack and runs with Frozone and Violet.

– 멋진 액션 장면이 펼쳐진다: 파의 아이들과 프로존이 워너비들을 대적한다. 대쉬가 잭잭을 안고 프로존과 바이올렛과 함께 뛴다.

DASH (running)

대쉬 (달린다)

DASH (sees Helectrix / screams)

대쉬 (헬렉트릭스를 본다 / 비명을 지른다)

HELECTRIX (**electrical** efforts)

헬렉트릭스 (전기를 쏜다)

Frozone, Dash, Violet slide downstairs on ice slide.

프로존, 대쉬, 바이올렛이 얼음 미끄럼틀을 타고 아래층으로 미끄러지며 내려온다.

DASH (sliding down ice reaction)

대쉬 (얼음에 미끄러져 내려오는 반응)

FROZONE (running and sliding down ice) Oh! Dash! We gotta get to my car!

프로존 (달리며 얼음을 타고 미끄러지며) 오! 대쉬! 내 차가 있는 곳까지 가야만 해!

DASH runs with Jack-Jack but Reflux blocks them with his **molten lava spew**. Dash turns to find himself back in the living room due to Voyd's portals.

대쉬가 잭잭을 안고 뛰는데 리플룩스가 녹은 용암을 뿜어대며 그들을 막는다. 보이드가 문을 막고 있어서 대쉬가 거실로 되돌아온다.

DASH (gasps / reactions to WANNABES)

대쉬 (헐떡인다 / 워너비들을 향한 반응)

REFLUX (spewing hot molten)

리플룩스 (뜨거운 용암을 뿜어댄다)

DASH What?

대쉬 뭐야?

DASH What's going on?

대쉬 무슨 일이지?

Voyd appears from the other side of the **portal**, approaches Dash.

보이드가 큰 문의 다른 쪽에서 나타나, 대쉬에게 다가온다.

VOYD Little fella!

보이드 요 꼬마 녀석!

---

break free from ~에서 도망치다/탈출하다
direct 지휘하다, 총괄하다, 이끌다, 안내하다
spread out 퍼지다, 흩어지다, 펼쳐지다
set-piece 연극, 영화, 음악 등에서 특정한 효과를 위해 쓰는 잘 알려진 패턴이나 스타일, (축구에서 코너킥, 프리킥 등의) 세트피스
pit against ~와 대적하다, ~와 맞붙이다
electrical 전기의, 전기를 이용하는
molten (금속, 암석, 유리가) 녹은
lava 용암
spew 뿜어내다, 뿜어져 나오다
portal (건물의 큰) 정문/입구, (컴퓨터) 포털(사이트)

Frozone creates an ice wall and Screech appears overhead. Frozone ices Screech, then Helectrix tries to **electrocute** the kids but Violet creates a **protective** force field.

프로존이 얼음벽을 만들고 머리 위에 스크리치가 나타난다. 프로존이 스크리치를 얼리고 헬렉트릭스가 아이들을 감전시키려고 하지만 바이올렛이 포스필드로 보호장벽을 만든다.

HELECTRIX (**zapping** Violet's force field)

헬렉트릭스 (바이올렛의 포스필드를 해치우려 한다)

Krushauer tries to crush Violet's force field.
Brick **captures** Frozone and holds him in her hands.

크루샤우어가 바이올렛의 포스필드를 으스러뜨리려고 한다.
브릭이 프로존을 포획하고 손으로 그를 잡는다.

FROZONE (held by Brick struggles)

프로존 (브릭에게 붙잡힌 상태로 발버둥 친다)

VIOLET (inside force field) AHHH!!!!

바이올렛 (포스필드 안에서) 아아!!!!

THE INCREDIBILE comes screaming into the house and **stops on a dime**. Frozone breaks the **release** from Brick and ices Helectrix.

인크레더빌이 집으로 요란한 소리를 내며 달려오다가 갑자기 멈춘다. 프로존이 브릭에게서 벗어나고 헬렉트릭스를 얼려버린다.

NEED LINE OF DASH REACTION TO INCREDIBILE ARRIVING:

인크레더빌 도착에 대한 대쉬의 반응하는 대사:

DASH IT WORKED!

대쉬 작동됐어!

HELECTRIX (reaction to Frozone icing him)

헬렉트릭스 (프로존이 자신을 얼린 것에 대한 반응)

FROZONE INCREDIBILE! WINDOWS DOWN!

프로존 인크레더빌! 창문을 내려!

The car's windows DROP together. Frozone turns to the kids –

차의 창문들이 한꺼번에 내려온다. 프로존이 아이들에게 돌아선다 –

FROZONE **Dive in**!

프로존 뛰어들어!

FROZONE (struggle / **break away from** Brick's **grasp**)

프로존 (몸부림친다 / 브릭의 손을 뿌리치고 풀려난다)

The kids dive through the open windows into the Incredible, as Frozone-- still **fighting off** the WANNABES, shouts at them—

아이들이 열린 창문을 통해 인크레더빌로 뛰어들고, 프로존은 워너비들과 대적하며 아이들에게 소리친다—

FROZONE (moving / struggling) Incredibile! (punches Krushauer, then to kids) Set **voice identification**! (struggles with Voyd grabbing him) Loudly— say your names!

프로존 (이동하며 / 몸부림치며) 인크레더빌! (크루샤우어에게 펀치를 날리고, 다시 아이들에게) 목소리 감별 모드! (보이드가 그를 잡고 있어 허우적거린다) 크게— 너희들의 이름을 외쳐!

---

electrocute 감전시키다
protective 보호하는, 보호용의
zap 해치우다, 처리하다, 물리치다
capture 포획하다, 억류하다
stop on a dime 갑자기 멈추다
release 석방, 풀어줌
dive in 뛰어들다, 다이빙하다
break away from ~에서 도망치다
grasp 꽉 잡다, 움켜잡다
fight off ~와 싸워 물리치다, 격퇴하다
voice identification 목소리 식별/감별

Voyd uses her portals to **redirect** Frozone back into Brick's hands. One hand **fends off** attack as the other points to Dash, Vi—

보이드가 프로존을 다시 브릭의 손에 잡히게 하려고 자신의 큰 문을 이용한다. 한 손으로 공격을 막고 다른 손으로는 대쉬에게 향하며, 바이—

VIOLET Violet Parr!

바이올렛 바이올렛 파!

DASH Dashiel Robert Parr!

대쉬 대쉬엘 로버트 파!

Dash & Vi watch **in horror** as the WANNABES **RESTRAIN** FROZONE LONG ENOUGH FOR SCREECH TO PUT HYPNO-GOGGLES OVER HIS EYES.

스크리치가 프로존의 눈에 최면 고글을 씌울 시간을 확보하기 위해 워너비들이 프로존을 한참 동안 저지하고 있는 모습을 대쉬와 바이가 경악하며 본다.

FROZONE (reaction to Brick grasp / hypno-goggles)

프로존 (브릭의 압박에 대한 반응 / 최면 고글)

WANNABES (Brick is holding Frozone / reaction to Incredible escaping)

워너비들 (브릭이 프로존을 잡고 있다 / 인크레더빌이 탈출하는 것에 대한 반응)

DASH Lucius!!!

대쉬 루시우스!!!

He STOPS STRUGGLING, then suddenly **LUNGES** at the kids!

그가 허우적거림을 멈추고, 갑자기 아이들을 향해 돌격한다!

FROZONE AHHHH!!!!

프로존 아아아!!!!

DASH AHHHH!!!!

대쉬 아아아!!!!

VIOLET Incredibile! ESCAPE!

바이올렛 인크레더빌! 탈출해!

The Incredibile's MONITOR LIGHTS UP: "NEAREST **SAFEHOUSE** – EDNA MODE **RESIDENCE**." Incredibile **escapes** the house and takes off.

인크레더빌의 모니터에 불이 들어온다: "가장 가까운 은신처 – 에드나 모드의 주택." 인크레더빌이 집을 탈출하며 출발한다.

HYDROLINER – **GRAND STAIRCASE** – NIGHT
Mr. Incredible crosses the GRAND STAIRCASE **ATRIUM in a sprint**. Evelyn meets him and guides him to the **ballroom**.

하이드로라이너 – 웅장한 계단 – 밤
미스터 인크레더블이 웅장한 계단 아트리움을 전력으로 가로질러 뛰어간다. 에블린이 그와 조우해서 대연회장으로 그를 안내한다.

---

redirect (다른 주소/방향으로) 다시 보내다/전송하다
fend off ~의 공격을 막다, ~을 막아내다
in horror 경악하며, 심히 무서워하며
restrain 저지/제지하다, 억누르다
lunge 돌격하다, 달려들다
safe house 안전한 곳, 안가, 은신처
residence 집, 주택, 거주지
escape 탈출하다

grand staircase 큰/웅장한 계단
atrium (건축공학) 아트륨
in a sprint 전속력으로, 전력 질주하여
ballroom 대연회장, 무도회장

바로 이 장면!*

MR. INCREDIBLE (running / confused reactions) **Fill me in.**❶

EVELYN Good news and bad news; we've found her, she seems physically fine, but she's had an encounter with Screenslaver, and she's acting kind of strange. In here —

BALLROOM - HYDROLINER
Mr. Incredible moves through the doors and into the room.

MR. INCREDIBLE Strange how?

Mr. Incredible's eyes flick upward to see–
ELASTIGIRL **crouched** between wall and ceiling. He **barely registers** her GLOWING EYES and her fists are in his face— FOUR TIMES before he can react. He BLOCKS the fifth punch **in the flurry** and moves to respond —

MR. INCREDIBLE Helen?!

—but she's already GONE, a STRETCHED BLUR arcing behind him. He TURNS: Two **SPINNING KICKS** connect with his jaw. Mr. Incredible's face **snaps backward**. He ducks and LUNGES for her, but she's already flipped over him and landed two more **stingers** before he realizes he's missed.

MR. INCREDIBLE and ELASTIGIRL fight; pitting **agility** against strength, speed against size.

MR. INCREDIBLE Helen, what are you—?! (choking)

Evelyn watches from the doorway.
Mr. Incredible is tough, but Elastigirl is vicious, and Mr. Incredible is reluctant to **strike back**. He finally gets his hands on Elastigirl, their heads close, he says softly, insistently –

인크레더블 (달리며 / 혼란스러워하는 반응) 어찌 된 일인지 얘기해줘요.

에블린 좋은 소식과 나쁜 소식이 있어요: 그녀를 찾았어요. 육체적으로는 문제가 없어 보이는데, 그녀가 스크린슬레이버와 만남을 가졌었네요. 그리고 좀 행동이 이상해요. 이 안에서 —

대연회장 - 하이드로라이너
미스터 인크레더블이 여러 개의 문을 걸쳐서 방으로 들어간다.

인크레더블 어떻게 이상하다는 거죠?

미스터 인크레더블의 눈이 갑자기 위쪽으로 향하는데-
엘라스티걸이 벽과 천장 사이에 쭈그리고 앉아있다. 그가 그녀의 불타오르는 눈빛을 알아채지 못하고 있는 가운데 그녀의 주먹이 그의 얼굴을 가격한다— 그가 반응도 못 하는 사이에 네 차례 펀치를 날린다. 그가 허겁지겁 다섯 번째 펀치를 막아내고 응답하기 위해 이동한다 —

인크레더블 헬렌?!

—하지만 그녀는 이미 사라졌고, 그의 뒤로 늘어진 흐릿한 형체가 활 모양을 그리며 다가선다.
그가 돌아본다: 뒤돌아 차기 두 방이 그의 턱을 가격한다. 미스터 인크레더블의 얼굴이 뒤로 젖혀진다. 그가 몸을 획 수그려서 그녀에게 달려든다. 하지만 그녀는 이미 덤블링으로 그를 뛰어넘으며 그가 놓친 것을 알아채기도 전에 찌르기 두 방을 날린다.

미스터 인크레더블과 엘라스티걸이 싸운다: 싸움용 민첩성과 힘, 스피드와 몸집 간의 대결이다.

인크레더블 헬렌, 당신 뭐 하는—? (숨이 막히고)

에블린이 출입구에서 지켜본다.
미스터 인크레더블이 억세긴 하지만 엘라스티걸은 사납게 덤빈다. 그리고 미스터 인크레더블은 반격하기를 꺼린다. 그가 마침내 엘라스티걸을 잡았고, 서로의 얼굴이 가까워지자 그가 부드럽지만 완강하게 말한다 -

---

crouch 쭈그리고 앉다
barely register 거의 알아보지 못하다
in the flurry 허겁지겁, 허둥지둥하며
spinning kick (뒤)돌아 차기
snap backward 뒤로 젖혀지다
stinger 찌르기, 정권
agility 민첩성, 날렵함
strike back 되받아치다, 반격하다

❶ **Fill me in.**
(어떻게 된 건지) 자세히 얘기해 줘.
fill someone in은 누군가에게 무슨 일이 있었는지 아주 자세하게 이야기해 준다는 의미예요. 문장 뒤에 on으로 연결해서 '~에 대해서'라는 의미를 더 할 수 있답니다. 예를 들어, Fill me in on what happened last night. '어젯밤에 무슨 일이 있었는지 자세히 얘기해줘' 이렇게 말이에요.

MR. INCREDIBLE Helen… it's me–!

인크레더블 헬렌… 나예요–!

Suddenly SHE KISSES HIM. **Thrown off guard**, he kisses back; she **seemingly** recognizes him. Now Mr. Incredible **gets his first good look at** her MASK; the **slightly** raised LENSES over the eyes and their **subtle** FLICKER. As they kiss her arm stretches back and grabs a HYPNO-MASK from EVELYN in the corner and–
–**slaps** it over MR. INCREDIBLE'S EYES. He SHOUTS and **fall silent**. HYPNOTIZED.

갑자기 그녀가 그에게 키스한다. 경계심을 푼 상태에서 그도 그녀에게 키스한다; 그녀가 그를 알아보는 것으로 보인다. 이제서야 미스터 인크레더블이 그녀의 복면을 제대로 보게 되는데; 눈 위로 살짝 올라간 렌즈, 그리고 그들 사이에 미묘한 눈빛의 번득임. 그들이 키스하는 동안 그녀의 팔이 뒤쪽으로 늘어나면서 구석에 있는 에블린에게서 최면 복면을 가져온다–
–미스터 인크레더블의 눈 위로 복면을 탁하며 씌운다. 그가 소리를 지르다가 얌전해진다. 최면에 걸렸다.

RESUME INCREDIBILE
Violet, Dash and Jack-Jack look out the windows of the moving car, finally feeling **clear of danger**…

다시 인크레더빌
바이올렛, 대쉬, 그리고 잭잭이 이동하는 차 안에서 창문 밖을 바라보고 있고, 마침내 위험에서 벗어난 느낌이다…

VIOLET Incredibile: Pull over.

바이올렛 인크레더빌: 멈춰.

The car recognizes Violet's voice and **PULLS OVER**. Violet sits in the driver seat, facing forward, serious. Dash holds Jack-Jack in the **passenger seat**.

차가 바이올렛의 목소리를 인식하고 멈춘다. 바이올렛이 운전석에 앉아, 진지한 표정으로 앞 방향을 보고 있다. 대쉬가 잭잭을 안고 조수석에 앉아있다.

VIOLET We can't go to E's. You saw those goggles they put on Lucius. They were wearing them too. They're all under someone's control. They've probably done the same to Mom…

바이올렛 E 선생님의 집으로는 못 가. 너도 그들이 루시우스 아저씨에게 씌운 고글을 봤잖아. 그들도 그것을 쓰고 있더라고. 그들은 모두 누군가에게 조종당하고 있는 거야. 아마 그들이 엄마에게도 똑같은 짓을 했을 거야…

DASH Okay. Bad guys **after us**. No Mom, no Dad. No Lucius. But we have our powers. This car. Annnnd… what?

대쉬 알았어. 악당들이 우리를 쫓고 있는 거네. 엄마도 없고, 아빠도 없어. 루시우스 아저씨도 없고. 하지만 우리에겐 우리의 초능력이 있지. 이 차도 있고, 그리~~~고… 뭐가 있지?

Jack-Jack crawls to the backseat and **TRANSFORMS**: vibrates, fires, monster – all **in an instant**, then **goes back to normal**. Dash and Violet look at each other. Violet puts a mask on Jack-Jack.

잭잭이 뒷좌석으로 기어가서 변신한다: 진동하고, 불을 쏘고, 괴물이 된다 – 이 모든 것을 한순간에 하고, 다시 정상으로 돌아간다. 대쉬와 바이올렛이 서로를 바라본다. 바이올렛이 잭잭에게 복면을 씌운다.

VIOLET Incredibile; take us to DEVTECH.

바이올렛 인크레더빌: 우리를 데브텍으로 데리고 가줘.

The car **powers up** and takes off –

차가 마력을 올리며 출발한다 –

---

throw someone off guard 방심하게 하다
seemingly 외견상으로, 겉보기에는
get/have a good look at ~을 자세히 보다
slightly 약간, 조금, 살짝
subtle 미묘한
slap 찰싹 때리다, 탁/털썩 놓다
fall silent 조용해/얌전해지다
clear of danger 위험에서 벗어난
pull over (차량 등을 길 한쪽으로) 세우다
passenger seat 조수석
after someone ~을 뒤쫓는/노리는
transform 변신하다
in an instant 순식간에, 한순간에, 곧
go back to normal 정상으로 돌아가다
power up ~에 전원/동력을 넣다

Day 24

Where Are the Supers Now?

슈퍼히어로들은 지금 어디에 있는가?

24.mp3

PARR HOME FRONT DRIVEWAY – DEVTECH VAN – NIGHT
The PARR HOUSE **smolders** as light flickers from the open doors of the DEVTECH VAN. The HYPNO-MASKED WANNABE'S **cluster** around a video monitor inside, reporting to EVELYN DEAVOR on the screen.

파의 집 앞 자동차 진입로 – 데브텍 밴 – 밤
데브텍 밴의 열려 있는 문에서 불빛이 깜박거리고 파의 집이 부글거리고 있다. 최면 복면을 한 워너비들이 집 안에 있는 비디오 모니터 주변에 모여서 화면 속에 있는 에블린 데버에게 보고 하고 있다.

VOYD The kids have escaped in a **tricked-out** car... but we got Frozone.

보이드 변신 차를 타고 아이들이 탈출했어요… 하지만 우리가 프로존을 잡았습니다.

EVELYN Bring him to the ship at DEVTECH immediately.

에블린 데브텍에 있는 배로 지금 당장 프로존을 데려와.

SHIP **DECK** – THE EVERJUST – NIGHT
Deavor stands on the deck, staring at the **gangplank**, **worried**. Evelyn walks up to him.

배의 갑판 – 에버저스트호 – 밤
데버가 갑판 위에 서서, 근심 어린 표정으로 트랩을 응시하고 있다. 에블린이 그에게 다가선다.

DEAVOR We should **put to sea**. Where's Elastigirl and the other supers?

데버 이제 출항해야 해. 엘라스티걸과 다른 슈퍼히어로들은 어디에 있지?

EVELYN They're all **onboard**. They're resting.

에블린 모두 승선했어요. 지금 쉬는 중이에요.

DEAVOR Weird that I missed them. Well— good! Let's **shove off**!

데버 난 왜 그들을 못 봤지, 거 참 이상하군. 뭐— 좋아! 출발하자고!

INCREDIBLE ARRIVES AT DEVTECH DOCK

인크레더빌이 데브텍 부두에 도착한다.

DASH (**disappointed**) Awwww, we missed 'em!!

대쉬 (실망한 표정으로) 으아아, 그놈들을 놓쳐버렸어!!

DASH (disappointed) Aww, I wish the Incredibile could follow that boat.

대쉬 (실망한 표정으로) 으아, 인크레더빌이 저 배를 따라갈 수 있다면 얼마나 좋을까.

The CAR suddenly **RESPONDS**; HYDRO-PURSUIT **ACTIVATED**, **BACKING UP**. DASH realizes the CAR is recognizing his words.

차가 갑자기 그 말에 반응을 보인다: 뒤로 후진하며, 수력-추격 장치가 활성화된다. 차가 그의 말을 인식하고 있음을 대쉬가 눈치챈다.

---

smolder 그을려서 검게 하다, 연기를 피우다
cluster (사람, 동물 등의) 무리, 무리를 이루다
tricked-out 치장을 한
deck 갑판
gangplank 건널 판자 (배와 육지 사이에 다리처럼 걸쳐놓은 판자)
worried 걱정하는, 걱정스러워하는
put (out) to sea 출항하다, 출범하다
onboard 승선한, 탑승한, 선상에
shove off (부두, 선창 등에서) 이동하다
disappointed 실망한
respond 대답하다, 응답하다, 응하다
activate 작동시키다, 활성화시키다
back up (차를) 후진시키다, 뒤로 물러서다

VIOLET What did you do?

바이올렛 너 뭘 한 거니?

DASH (sounds like) I dunno...

대쉬 (아마도 이렇게 말한 듯) 글쎄 나도 잘 모르겠는데…

VIOLET WHAT DID YOU DO??

바이올렛 너 뭘 한 거냐고??

DASH I DIDN'T DO ANYTHING!

대쉬 아무것도 안 했어!

The INCREDIBILE launches off the dock—

인크레더빌이 부두에서 물 위로 발진한다—

DASH EEEEYAAAAAAHHH!

대쉬 이이야아아!

VIOLET EEEEYAAAAAAHHH! (freaked out)

바이올렛 이이야아아! (격하게 놀라며)

They jet after the boat.

그들이 엄청난 속도로 배를 추격한다.

DASH Wow. This car does anything I say.

대쉬 우와. 이 차는 내가 시키는 대로 다 하네.

Incredibile continues to **float** on the water. They **pull up alongside** the ship.

인크레더빌이 계속 물 위에 떠 있다. 그들이 배 옆에 나란히 다가선다.

VIOLET We didn't plan this well.

바이올렛 우리는 계획을 철저히 세우지는 못했어.

DASH **Whaadya mean?**❶ We're here, aren't we?

대쉬 무슨 소리야? 여기까지 왔잖아. 아냐?

VIOLET Yes, we're here. We need to be up there.

바이올렛 맞아. 이곳에 왔지. 그런데 우린 저 위에 올라가 있어야 하지.

Violet **points to** the HYDROLINER.

바이올렛이 하이드로라이너를 가리킨다.

DASH Hey... what if the Incredibile has **ejector seats**?

대쉬 누나… 만약 인크레더빌에 비상 탈출 좌석이 있다면?

The car RESPONDS: EJECTOR SEATS ACTIVATED.

차가 대응한다: 비상 탈출 좌석이 활성화되었다.

VIOLET Wait, what? No–

바이올렛 잠깐. 뭐라고? 그럴 리가 –

DASH Yeah, baby!

대쉬 있다니까. 누나야!

VIOLET NO! Don't say any more–

바이올렛 아냐! 이제 더 이상은 말하지 마 –

---

float 떠/흘러가다, (물 위에) 뜨다
pull up 바짝 다가가서 멈추게 하다
alongside ~옆에, 나란히
point to 가리키다, 암시하다
ejector seat 비상 탈출 좌석

❶ **Whaadya mean?**
그게 무슨 뜻이지?
What do you mean? 을 구어체에서 발음 나는 대로 표기한 것입니다. '그게 무슨 의미니?', '네가 지금 한 말이 무슨 뜻이지?'라고 물을 때 쓰는 표현이에요.

DASH **MAX POWER!**

대쉬 최대 동력!

The car responds: EJECTOR SEAT – MAXIMUM POWER.

차가 대응한다: 비상 탈출 좌석 – 최대 동력.

VIOLET WAIT!

바이올렛 잠깐!

DASH LAUNCH!

대쉬 발사!

VIOLET (**uneasy**; **launch** / reactions)

바이올렛 (불안해하며; 발사된다 / 반응)

The kids are launched out of the Incredibile, Violet creates a forcefield for landing on the ship. They land, Jack-Jack giggles, Dash **shushes** him. They get moving.

아이들이 인크레더빌 밖으로 발사되고 바이올렛이 배 위에 착지하기 위해 포스필드를 만든다. 그들이 착지하고, 잭잭이 낄낄 웃고, 대쉬가 그를 조용히 시킨다. 그들이 이동한다.

VIOLET (**tumble** reaction) C'mon.

바이올렛 (굴러떨어지는 반응) 자, 자.

DECK OF THE EVERJUST – DAY
International delegates and supers **debark** helicopters, greeted by Deavor.

에버저스트의 갑판 – 낮
국제 사절들과 슈퍼히어로들이 헬리콥터에서 내리고, 데버가 그들을 맞이한다.

바로 이 장면!*

DEAVOR Hello! Glad you could come! Welcome to the conference.

데버 안녕하세요! 이곳에 모시게 되어 기쁩니다! 콘퍼런스에 오신 것을 환영합니다!

PAN DOWN BELOW SHIP TO THREE HYPNOTIZED SUPERS

카메라가 돌아가며 배 아래 최면에 걸린 세 명의 슈퍼히어로들을 비춘다.

CONFERENCE ROOM – DUSK
The DELEGATES and their SUPERS from all over the world are **gathered around** a **CIRCULAR** MEETING TABLE in a **high-ceilinged** room in the forward **bow** of the ship. Massive WINDOWS form the base of the bow, giving a **spectacular** view both above and below the breaking **water line**.

콘퍼런스룸 – 해 질 녘
전 세계에서 온 사절들과 슈퍼히어로들이 배의 앞부분에 있는 천고가 높은 방 안에 놓인 원형 회의 테이블에 모여있다. 부서지는 흘수선의 위와 아래로 펼쳐지는 장관을 볼 수 있도록 거대한 창문들이 바닥에 깔려 있다.

Deavor, all smiles, is getting nervous, **alternately** glancing at the clock and the doors. He speaks low into his **lav mic**.

모두가 웃고 있는 가운데 데버가 긴장한 채 시계와 문을 번갈아 가며 힐끗힐끗 본다. 그가 목에 거는 마이크에 대고 저음으로 말한다.

---

max 최대, 최고 (=maximum)
power 전력, 동력, 힘
uneasy (마음이) 불안한, 우려되는
launch 발사하다
shush 쉬, 쉿
tumble 굴러떨어지다
debark 상륙하다, (배, 비행기 등에서) 내리다
gather around ~의 주위에 모이다
circular 원형의, 둥근
high-ceilinged 높은 천장의
bow 곡선, 커브, 활
spectacular 장관을 이루는, 극적인
waterline (배 양측의) 흘수선 (배가 바닷물 위에 떠 있을 때 배 옆으로 올라오는 물과 배 사이의 라인)
alternately 번 갈아, 교대로, 엇갈리게
lav mic. 목이나 귀에 거는 소형 마이크 (=lavalier microphone)

DEAVOR Our stars? Where are they? The event's about to start...

데버 우리의 스타들? 그들은 어디에 있지? 행사가 곧 시작되는데...

EVELYN They didn't want to **upstage** the others. They'll join for the signing.

에블린 다른 사람들을 향한 관심을 가로채고 싶지 않다고 하네요. 조인식 할 때 합류할 거래요.

EVERJUST BOW CONFERENCE ROOM – DAY
Deavor speaks through a microphone to the assembled SUPERS and OFFICIALS.

에버저스트의 배 앞쪽 콘퍼런스룸 – 낮
모여있는 슈퍼히어로들과 고위공직자들에게 데버가 마이크를 통해 이야기한다.

DEAVOR Welcome, guests! **You're in for a treat.**[1] This ship is the largest **hydrofoil** on the planet, so hold on to something... because we're going to OPEN HER UP!

데버 환영합니다, 여러분! 매우 즐겁고 알찬 시간이 될 것입니다. 이 배는 지구상에서 가장 큰 수중익선이죠. 그러니 뭐라도 잡으셔야 합니다··· 왜냐하면 이 배가 바다 위로 날아 오를거니까요!

WIDE VIEW– AS THE HYDROLINER ACCELERATES; A SHIP AS BIG AS A SKYSCRAPER ON ITS SIDE MOVING WITH THE POWER OF AN ENORMOUS ROCKET, ITS **STERN** DIGS IN AS–
– GIGANTIC HYDROFOILS emerge from its **HULL**, lifting the bow several stories HIGHER off of the water's surface!

넓은 전망 – 하이드로라이너가 속도를 높이고; 그 옆에 달린 초고층빌딩만큼 큰 배가 거대한 로켓의 동력으로 움직인다. 이 배의 선미가 파헤쳐 들어가는데–
– 거대한 수중익선이 선체에서 나타나면서 배의 앞부분을 수면보다 몇 층 더 높은 위치로 들어 올린다!

RESUME BOW CONFERENCE ROOM
The crowd CHEERS as the **CHURNING** WATERLINE drops, giving way to sky as the ship rockets over the water.

다시 배의 앞쪽 콘퍼런스룸
거세게 휘돌고 있는 수선이 바닥으로 떨어지고, 배가 물 위로 로켓처럼 빠르게 항해하면서 하늘이 보이자 사람들이 환호한다.

HYDROLINER – BOW CONFERENCE ROOM – DUSK
The delegates are seated, their **respective** SUPERS standing at ease behind them. ELASTIGIRL, MR. INCREDIBLE and FROZONE ENTER, **mute** and expressionless, and **stand at attention** near Deavor, who looks RELIEVED.

하이드로라이너 – 배의 앞쪽 콘퍼런스룸 – 해질 녘
사절들이 자리에 앉고, 그들 각각의 슈퍼히어로들이 그들 뒤에 편안한 자세로 서 있다. 엘라스티걸, 미스터 인크레더블과 프로존이 말도 한마디 안 하고 아무런 표정도 없이 들어와서 데버 옆에 차렷 자세로 서 있고, 데버는 안도한 듯 보인다.

DEAVOR And HERE THEY ARE, FOLKS! The Supers who started this whole thing!

데버 그들이 드디어 오셨군요, 여러분! 이 모든 것이 시작될 수 있게 해 주신 장본인들입니다!

Deavor speaks to Evelyn through his lav mic as the Supers walk in.

슈퍼히어로들이 걸어 들어오는 동안 데버가 마이크를 통해 에블린에게 이야기한다.

EVELYN (through earpiece) I told you they'd be there in time.

에블린 (이어폰으로) 제가 그들이 시간에 맞춰 올 거라고 했잖아요.

---

upstage ~가 받을 관심을 가로채다
hydrofoil 수중익선
stern (배의) 고물, 선미
hull (배의) 선체
churn (물, 흙탕물 등이) 마구 휘돌다
respective 각자의, 각각의
mute 무언의, 말없는
stand at attention 차렷 자세를 취하다

❶ You're in for a treat.
아주 즐거운 시간이 될 거예요.
상대방에게 기대감을 심어주며 '이제 당신은 아주 즐거운/유익한 경험을 하게 될 거예요'라는 의미로 쓰는 표현이에요. 주어를 바꿔서 쓸 수도 있어요. 예를 들어, They are in for a treat when the new theater opens. '새 영화관이 문을 열면 사람들이 아주 좋아할 거예요.' 이렇게 말이죠.

DEAVOR (confused) Hey, did you make them new masks?

데버 (혼란스러워하며) 이봐, 네가 그들에게 새로운 복면을 만들어 준 거니?

EVELYN Yeah, **night vision**, **et cetera**. They look good, right?

에블린 네, 야간 투시경, 뭐 그런 거요. 멋져 보이죠, 그죠?

A DEVTECH **commercial** plays: "DEVTECH: LIFE...MADE EASIER":

데브텍의 광고가 재생된다: "데브텍: 삶이…간편해진다":

COMMERCIAL (V.O.) So simple, even HE can do it.

광고 (목소리) 너무 쉬워서, 심지어는 그도 할 수 있을 정도예요.

---

night vision 야간시력, 밤눈, 야간 투시경
et cetera 기타, ~따위, ~등등 (줄여서 etc. 로 쓰기도 함)
commercial (텔레비전, 라디오의) 광고 (방송)

Disney · PIXAR
INCREDIBLES 2

Day 25

Amused but Quiet Jack-Jack?

신났지만 조용한 잭잭?

25.mp3

MASTER CONTROL ROOM – HYDROLINER – SAME TIME
Evelyn has transformed the SECURITY CENTER into a **makeshift** TV CONTROL room, where she has placed **banks** of MONITORS to **augment** the ship's many security monitors, and has MULTIPLE views of the meeting.

주 조종실 – 하이드로라이너 – 같은 시간
에블린이 보안센터를 임시 TV 제어실로 변형시켜서 회의를 다각도에서 감시할 수 있도록 그 안에 있는 이미 많은 보안 모니터의 숫자를 더욱 늘렸다.

EVELYN (watching commercial end) Aaaand... we're back live in three, two, one...

에블린 (광고가 끝나는 것을 보며) 그리~~고… 이제 다시 생중계로, 쓰리, 투, 원...

RESUME MEETING

다시 회의

DEAVOR This is a **momentous occasion**. We've all managed to **accomplish** something **extraordinarily** rare in today's world; we agree on something.

데버 이것은 아주 중대한 기회랍니다. 우린 모두 현대 사회에서 이례적으로 드문 일을 성취했어요: 우리가 서로 무엇인가에 동의한다는 것.

CHUCKLES and **good-natured** CHEERS from the gathered. **The public tunes in** to their TVs.

모인 사람들이 빙그레 웃으며 기분 좋은 환호를 보낸다. 수많은 사람이 TV를 시청한다.

바로 이 장면!*

DEAVOR We agree to **UNDO** a bad decision, to make sure a few extraordinarily **gifted** members of the world's many countries are **treated fairly**. To invite them, once again, to use their gifts to **benefit** the world. I thank all of you for representing your nation's **commitment** to superheroes, with special thanks to Ambassador Selick–

데버 우리는 이 세상 곳곳에 사는 비범한 재능을 가진 몇몇 사람들이 공정한 대우를 받을 수 있게, 나쁜 결정을 원상태로 돌리는 데 동의합니다. 그들이 다시 한 번 그들의 재능을 가지고 세상에 유익함을 끼칠 수 있도록 초대하는 것에. 슈퍼히어로들에 대한 각각 나라의 책임감을 대표해서 오신 여러분께 감사 드리고, 그중에서도 특히 셀릭 대사님께 감사를 드립니다 –

makeshift 임시변통의, 임시방편인
bank 둑, 제방
augment 증강시키다, 늘리다
momentous 중대한,
occasion 때, 기회, 경우, (특별한) 행사
accomplish 성취하다
extraordinarily 비범하게, 기이하게
good-natured 성격 좋은, 기분 좋은
the public 일반 대중/국민
tune in 시청/청취하다, 귀 기울이다
undo 풀다/열다, 무효로 만들다
gifted (특별한) 재능이 있는
treat 대하다, 대접하다
fairly 공정하게
benefit 유익하게/이롭게 하다
commitment 헌신, 책임감

DEAVOR (applause, then to Ambassador) Yea, it's ok, let her hear you!

데버 (박수갈채, 그러고는 대사에게) 네, 좋습니다. 그녀가 여러분들의 환호 소리를 듣게 해 주세요!

AMBASSADOR (**acknowledging** crowd) Thank you. Thank you so much.

대사 (군중에게 감사를 표하며) 감사해요. 정말 감사합니다.

DEAVOR (applause, then to Ambassador) Thank you Ambassador, for your early and very CRUCIAL support. I can't think of anyone more deserving than you, to be the first signature on the INTERNATIONAL SUPERHERO **ACCORD**!

데버 (박수갈채, 그러고는 대사에게) 대사님, 당신의 조속한 그리고 아주 중대한 지지에 대해서 감사 드립니다. 국제 슈퍼히어로 합의안에 가장 먼저 서명하시는 분으로 당신만큼 자격이 있는 사람은 없을 것입니다!

The AMBASSADOR acknowledges the applause, waving them off with a blush, but happily rises, shakes Deavor's hand. He offers her a pen and she signs the accord with a **theatrical flourish**. All CHEER.

박수갈채가 나오자 대사가 얼굴이 빨개지면서 손을 흔들어 그러지 말라고 하면서 감사를 표하며 기분 좋게 일어나서 데버와 악수를 한다. 그가 그녀에게 펜을 건네고 그녀가 다소 과장된 동작과 함께 합의안에 서명한다. 모두가 환호한다.

AMBASSADOR There it is!

대사 자, 됐습니다!

HYDROLINER – WITH VIOLET & DASH – BELOW DECK CORRIDOR

하이드로라이너 – 바이올렛과 대쉬의 모습 – 갑판 통로 밑

VIOLET We need to find mom and dad. Stay here, I'm gonna search for them.

바이올렛 엄마와 아빠를 찾아야 해. 여기에 있어. 내가 찾아보고 올게.

VIOLET becomes invisible and hands Dash JACK-JACK and the backpack.

바이올렛이 투명인간이 되고 대쉬에게 잭잭과 배낭을 건넨다.

DASH Wait—who's gonna watch Jack-Jack?

대쉬 잠깐—잭잭은 누가 돌보지?

VIOLET'S HEAD REAPPEARS— **confronts** Dash.

바이올렛의 손이 다시 나타난다— 대쉬와 대면한다.

VIOLET **Suck it up,**[1] I won't be long.

바이올렛 받아들여. 금방 돌아올 테니까.

DASH Wait, wait, what but—but wuh wuh wait!!!

대쉬 잠깐, 잠깐, 잠깐 하지만—하지만 자, 잠, 잠깐!!!

VIOLET (precise) This is important. They are in trouble. It's up to US, to US! Understand? Keep him **amused** but QUIET.

바이올렛 (단호하게) 지금은 중요한 상황이야. 엄마 아빠에게 문제가 생겼어. 우리에게 달려있다고, 우리에게! 알겠어? 잭잭과 잘 놀아주되 조용히 해야 돼.

---

acknowledge 인정하다, (공식적으로) 감사를 표하다
accord 합의, 합의문
theatrical 연극적인
flourish 과장된 동작
confront 대적하다, 대면하다, 맞서다
amused 즐거워하는, 재미있어하는

❶ Suck it up!
마음에 안 들어도 받아들여라!
좋지 않은 일에 대해 마음에 들지 않을지라도 감정을 다스리며 잘 받아들여야 한다는 의미로 쓰이는 구어적 관용표현이에요. 꼭 명령형으로만 쓸 필요는 없어요. 예를 들어, You just have to suck it up. '그냥 받아들이는 수밖에 없어' 이런 식으로 쓰인답니다.

Again Violet disappears. The door opens and closes. Dash scowls. Turns to Jack-Jack and does a **sarcastic** imitation of following orders.

다시 바이올렛이 사라진다. 문이 열렸다가 닫힌다. 대쉬가 노려본다. 잭잭에게 돌아서서 비아냥거리듯 지시에 따르는 흉내를 낸다.

DASH (**frustrated groan**) Look at me, I'm quietly amusing...

대쉬 (불만스러운 끄응 소리) 날 봐봐, 난 조용하게 재미있는 사람이야…

Jack-Jack **finds it funny** and **lets out** a loud LAUGH. **Panicked**, Dash slaps a hand over the baby's mouth.

잭잭이 재미있어하며 큰 소리로 웃는다. 당황하여 대쉬가 아기의 입을 손으로 가린다.

CORRIDOR
VIOLET, still invisible, follows the hypnotized supers.

복도
바이올렛이, 여전히 보이지 않는 모습으로, 최면에 걸린 슈퍼히어로들을 따라간다.

RESUME DASH WITH JACK-JACK
Jack-Jack plays with a backpack, **demands** a bottle.

다시 대쉬와 잭잭의 모습
잭잭이 배낭을 가지고 놀다가 젖병을 달라고 한다.

JACK-JACK (angry) BA BA!!

잭잭 (화를 내며) 바 바!!

DASH What do you want Jack-Jack?

대쉬 잭잭, 뭘 원하는 거야?

Jack-Jack steals the bottle from Dash and quickly drinks it.

잭잭이 대쉬에게서 젖병을 빼앗아서 재빨리 마신다.

CUT TO SUPERS WALKING
Violet **knocks over** a **plant**. Screech and Voyd **take notice**, they**'re on to her**.

슈퍼히어로들이 걷는 장면으로 전환
바이올렛이 화초 하나를 넘어뜨린다. 스크리치와 보이드가 알아차리고 그녀에게 다가간다.

RESUME DASH AND JACK-JACK
Jack-Jack finishes his bottle and begins to **fuss**.

다시 대쉬와 잭잭
잭잭이 다 마시고 법석을 떨기 시작한다.

DASH Shh! Quiet!

대쉬 쉬! 조용히 해!

Jack-Jack starts to disappear and reappear. Dash is nervous.
JACK-JACK walks through the wall.

잭잭이 사라지기 시작하다가 다시 나타난다. 대쉬가 긴장한다.
잭잭이 벽을 관통하며 걷는다.

DASH Jack-Jack?

대쉬 잭잭?

CUT TO:
VIOLET ENCOUNTERS VOYD IN HALLWAY. VOYD AND VIOLET FIGHT, **FIRE EXTINGUISHER** & FORCEFIELDS. DASH GOES LOOKING FOR JACK-JACK.

장면 전환:
바이올렛이 복도에서 보이드와 마주친다. 보이드와 바이올렛이 싸운다. 소화기와 포스필드. 대쉬가 잭잭을 찾으러 간다.

---

sarcastic 비아냥거리는, 비꼬는
frustrated 좌절감을 느끼는
groan 신음, 끙하는 소리
find something funny ~을 재미있다고 여기다
let out 내쉬다, (울음소리, 신음 등을) 내다
panicked 놀라서 어찌할 바를 모르는, 당황한
demand 요구하다
knock over 쳐서 넘어뜨리다, 때려눕히다
plant 식물, 화초, 화분
take notice 알아차리다, 인식하다
be on to something ~에 달려들다
fuss 호들갑, 난리
fire extinguisher 소화기

CUT TO:
DASH runs after JACK-JACK and realizes he's lost him.

장면 전환:
대쉬가 뛰어서 잭잭 뒤를 쫓아가는데 잭잭이 없어진 것을 깨닫는다.

DASH Jack-Jack?

대쉬 잭잭?

DASH Jack-Jack!

대쉬 잭잭!

CUT TO:
VIOLET FIGHTS VOYD, **TAKING OFF** HER **GLASSES**.

장면 전환:
바이올렛이 보이드와 싸우다가, 그녀의 안경을 벗긴다.

CUT TO:
DASH IN **HALLWAY**, VIOLET REAPPEARS AND FINDS DASH.

장면 전환:
복도에 있는 대쉬. 바이올렛이 다시 나타나 대쉬를 발견한다.

DASH Jack-Jack!

대쉬 잭잭!

VIOLET The **mesmerized** supers know we're here, but I found Mom and Dad.

바이올렛 최면에 걸린 슈퍼히어로들이 우리가 여기에 온 것을 알아. 그런데 내가 엄마와 아빠를 찾았어.

VIOLET Where's Jack-Jack?

바이올렛 잭잭은 어디에 있니?

Dash shrugs.

대쉬가 어깨를 으쓱한다.

VIOLET (loud **whisper**) You lost him?! I gave you ONE thing to do!

바이올렛 (큰 속삭임) 잭잭을 잃어버렸어? 단 한 가지 일을 맡겼는데 그걸 제대로 못해!

DASH The tracker, use the tracker!

대쉬 추적장치. 추적장치를 이용해봐!

Violet uses tracker, sees that Jack-Jack is suddenly moving upwards on the ship.

바이올렛이 추적장치를 이용하니, 잭잭이 갑자기 배의 위쪽으로 올라가는 모습이 보인다.

DASH He's going... UP??

대쉬 그가 가고 있어... 위로??

VIOLET He's in an elevator!

바이올렛 그가 엘리베이터 안에 있어!

DASH Let's go!!

대쉬 가자고!!

Vi and Dash **run off**.

바이와 대쉬가 뛰어간다.

---

take off (옷 등을) 벗다
glasses 안경
hallway 복도
mesmerized 최면에 걸린
whisper 속삭임
run off 달려 나가다

ELEVATOR
Elevator doors open. Jack-Jack is sitting in the middle of the elevator, alone. A **service man greets** him. He turns into a monster.

엘리베이터
엘리베이터의 문이 열린다. 잭잭이 엘리베이터 가운데 앉아있다, 혼자서. 서비스 담당 직원이 그에게 인사한다. 그가 괴물로 변한다.

JACK-JACK Momma?

잭잭 마마?

SERVICE MAN Hey little baby, where are your parents?

서비스맨 안녕 아가야, 부모님은 어디 계시니?

Violet and Dash take the elevator to find Jack-Jack. Elevator doors open to a room with sprinklers going off, Jack-Jack is on fire.

바이올렛과 대쉬가 엘리베이터를 타고 잭잭을 찾으러 간다. 엘리베이터의 문이 열리는데, 방에서 스프링클러가 돌아간다. 잭잭의 몸에 불이 붙었다.

JACK-JACK MOMMA MOMMA!!!!

잭잭 맘마 맘마!!!!

TRACKER: JACK-JACK IS ON FIRE

추적장치: 잭잭의 몸에 불이 붙었다

DASH (reaction to Jack-Jack on fire) **Holy cow!**

대쉬 (불타는 잭잭에 대한 반응) 맙소사!

VIOLET (**gasp** at **sight** of burning Jack-Jack)

바이올렛 (타오르는 잭잭의 모습을 보고 허걱 놀란다)

VIOLET (talking to tracker) I know he's **on fire**, just **put him out**!!

바이올렛 (추적장치에 말하며) 그가 불타고 있는 것을 알아, 그냥 그 불을 꺼줘!!

Jack-Jack becomes **consumed by fire retardant bubbles**. Giggles. Violet sees Screech approaching from the hallway.

잭잭이 방화재 거품에 휩싸여 있다. 낄낄거린다. 바이올렛이 복도에서 스크리치가 다가오는 것을 본다.

VIOLET They're coming!

바이올렛 그들이 오고 있어!

Screech, Voyd, and Krushauer enter.
Violet and Dash hide in a ceiling **vent** with Jack-Jack. Jack-Jack plays with the TRACKER.

스크리치, 보이드, 그리고 크루샤우어가 들어온다. 바이올렛과 대쉬가 잭잭과 함께 천장의 통풍구에 숨는다. 잭잭이 추적장치를 가지고 논다.

DASH (whispering) Is it OK to give him that?

대쉬 (속삭이며) 재한테 저걸 줘도 괜찮은 거야?

VIOLET I wasn't hearing any better ideas.

바이올렛 그보다 더 나은 방법이 없잖아.

WANNABES (reactions to hearing kids in vent)

워너비들 (통풍구에 있는 아이들의 목소리를 들은 반응)

Jack-Jack plays with the tracker, turns into a **puffy** ball of flame retardant. Wannabe supers hear the kids inside the vent. KRUSHAUER uses his power to **trap** them inside. Jack-Jack starts fussing.

잭잭이 추적장치를 가지고 놀다가, 통통한 방화재료 공으로 변한다. 워너비 슈퍼히어로들이 통풍구에 있는 아이들의 소리를 듣는다. 크루샤우어가 그의 초능력을 이용해 그들을 안에 가둔다. 잭잭이 법석을 떨기 시작한다.

---

service man 서비스맨, 시중드는 일을 하는 사람
greet 인사하다, 맞이하다
Holy cow! 오 이런! 맙소사! 아!
gasp 헉하고 놀라다, 숨이 턱 막히다
sight (보이는) 광경
on fire 불타는, 불이 붙은
put something out 불을 끄다
be consumed by ~에 사로잡히다
fire retardant 발화 지연제, 방화제
bubble 거품
vent 통풍구, 환기구
puffy 부어오른, 뭉게뭉게 피어오른
trap 가두다, 덫을 놓다

VIOLET (hushing Jack-Jack) Shhh.

JACK-JACK MAAAAAAAA—AAAAAAAAA!!!!!

KRUSHAUER I've got you now! (senses something) Wait.

Jack-Jack turns into a BIG BABY and bursts through the vent, crushing KRUSHAUER. BIG BABY Jack-Jack crushes the TRACKER. He **bursts into tears**.

DASH NOOOO!!!!

VIOLET C'mon, Jack-Jack! We have to go!

VIOLET Cookie num num???

Violet gives BIG Jack-Jack a cookie. BIG Jack-Jack crashes through a wall. Dash and Violet chase him.

JACK-JACK MOMOMOMOMOM.

They **come upon** a tiny **baby-sized hole** in the wall. Dash **peeks** his head through and sees normal Jack-Jack walking down a hallway.

DASH I see him, he's **getting away**!

VIOLET **Stand back.**

Violet makes the hole in the wall bigger with a force field. They chase Jack-Jack down the hallway. Jack-Jack **penetrates** through another wall.

DASH **Darn it!**❶

VIOLET He's heading for Mom!

Dash and Violet run off.

바이올렛 (잭잭에게 쉬쉬하며) 쉿.

잭잭 마아아아-아아아아!!!!!

크루사우어 넌 나한테 잡혔어! (뭔가를 느낀다) 잠깐.

잭잭이 커다란 아기로 변해서 통풍구를 삐져나와서, 크루사우어를 뭉개버린다. 커다란 아기 잭잭이 추적장치를 짓이긴다. 그가 울음을 터트린다.

대쉬 안 돼!!!!

바이올렛 제발, 잭잭! 우린 가야 해!

바이올렛 쿠키 냠 냠???

바이올렛이 커다란 잭잭에게 쿠키를 준다. 커다란 잭잭이 벽을 뚫고 나간다. 대쉬와 바이올렛이 그를 뒤쫓는다.

잭잭 마마마마맘.

그들이 작은 아이 크기의 구멍이 난 벽에 다다른다. 대쉬가 그 구멍에 머리를 넣고 훔쳐보니 복도에서 걷고 있는 정상적인 잭잭의 모습이 보인다.

대쉬 그가 보여, 도망가고 있어!

바이올렛 뒤로 물러서.

바이올렛이 포스필드를 이용해서 벽에 있는 구멍을 더 크게 만든다. 그들이 잭잭을 쫓아 복도를 내려간다. 잭잭이 또 다른 벽을 뚫고 나간다.

대쉬 아 이런!

바이올렛 그가 엄마를 향해 가고 있어!

대쉬와 바이올렛이 달려간다.

---

burst into tears 울음/눈물을 터뜨리다
come upon ~을 마주하게 되다
baby-sized hole 아기 크기의 작은 구멍
peek 훔쳐보다, 살짝 보다
get away 도망치다, 달아나다
stand back 뒤로 물러서다
penetrate 뚫고 들어가다, 통과하다

❶ **Darn it!**
아, 이런! 으아 짜증 나!
뭔가 불만스럽거나 못마땅하거나 짜증스러울 때 쓰는 표현이에요. Damn it! 이라는 표현과 동의표현인데, Damn it! 은 어감이 강해서 약간 순화한 것이 Darn it! 이랍니다.

Day 26

May the Fittest Survive!

적자들만이 살아남을지어다!

26.mp3

RESUME **BOW CONFERENCE ROOM** – SAME TIME
The last **DELEGATE** signs the **AGREEMENT**, handshakes **all around** as Deavor comes to the microphone–

다시 배의 앞쪽 콘퍼런스룸 – 같은 시간
마지막 사절이 합의서에 서명하고 사람들과 악수를 나누는 동안, 데버가 마이크 쪽으로 다가온다 –

DEAVOR It is done! The world is super again!

데버 다 됐습니다! 세상은 이제 다시 슈퍼가 되었네요!

CUTS OF PUBLIC APPLAUSE

대중들의 박수갈채 장면

CONFERENCE ROOM – ON DEAVOR
—as he **instructs** everyone to **face forward** for a **group photo**.

콘퍼런스룸 – 데버의 모습
—그가 모두에게 단체 사진을 위해 정면을 보라고 지시하고 있다.

DEAVOR Group photo, c'mon! Group photo, everyone! **Squeeze in, that's it! Historic occasion;** Everyone smile!

데버 단체 사진 찍어요, 자 오세요! 단체 사진이요, 여러분! 조금 더 붙으세요, 네 좋아요! 역사적인 순간이에요; 모두 스마일!

WITH EVELYN – MASTER CONTROL ROOM – SAME TIME
The DELEGATES and their SUPERS face the camera and smile. Behind the camera, GIANT MONITORS suddenly light up with the SCREENSLAVER HYPNO-PATTERN – everyone **locks up** in a **TRANCE**.

에블린의 모습 – 주 조종실 – 같은 시간
대사들과 그들의 슈퍼히어로들이 카메라를 보며 웃는다. 카메라 뒤에 있는, 거대한 모니터들에 갑자기 스크린슬레이버 최면패턴이 나타나며 불이 켜진다 – 모두가 최면 상태에 빠져 올려본다.

Evelyn presses a button; the center monitor SWITCHES to a **shot** isolating ELASTIGIRL, MR. INCREDIBLE and FROZONE.

에블린이 버튼을 누른다; 중앙의 모니터가 엘라스티걸, 미스터 인크레더블, 프로존만 따로 나오는 장면으로 바뀐다.

WITH EVELYN – MASTER CONTROL ROOM – SAME MOMENT
The main monitor stays on our super **trio**: ELASTIGIRL, MR. INCREDIBLE, FROZONE. They stand, picking up their microphones.

에블린 모습 – 주 조종실 – 같은 시간
메인 모니터에 계속 슈퍼 트리오가 떠 있다: 엘라스티걸, 미스터 인크레더블, 프로존. 그들이 일어서며 마이크를 든다.

---

bow conference room 배의 앞부분에 있는 콘퍼런스룸
delegate 외교 사절/대사
agreement 합의문, 동의서
all around 주변 모두에, 모든 사람에게
instruct 지시하다, 설명하다, 가르치다
face forward 앞 방향을 향하다
group photo 그룹/단체 사진
squeeze in 비집고 들어가다
That's it! 바로 그거야! 좋아!
historic occasion 역사적인 사건/순간/일
lock up 갇히다, 가두다
trance (최면 상태) 가수 상태, 무아지경
shot (영화에서 한 대의 카메라가 잡는) 장면
trio 3인조

바로 이 장면!*

EVELYN Go on **Phase** 2.

에블린 2단계로 넘어가.

CONFERENCE ROOM – SAME MOMENT

콘퍼런스룸 – 같은 시간

ELASTIGIRL (continuing) Years of **mandated** hiding and silence have made us bitter! YOU BRING US OUT INTO THE LIGHT ONLY TO CLEAN UP THE MESSES YOUR LACK OF **DISCIPLINE** CREATES!

엘라스티걸 (계속) 법의 명령에 의해 침묵하며 숨어있어야만 했던 지난 수년간 우리는 억울했다! 너희들은 자기 절제력 부족으로 생긴 쓰레기들을 우리가 청소해주길 바랄 때만 우리를 밖으로 나오게 했어!

– then TO MR. INCREDIBLE –

– 그다음은 미스터 인크레더블에게로 –

MR. INCREDIBLE YOUR BODIES AND YOUR CHARACTER ARE WEAK! YOUR **PROMISES** ARE **EMPTY**! AND YOU WILL PAY FOR IT!

인크레더블 너희들의 몸과 성품은 약해빠졌다! 너희들은 약속은 헛된 약속들뿐이야! 너희들은 그것에 대해 응징받을 것이야!

– then FROZONE –

– 그다음엔 프로존 –

FROZONE WE NO LONGER SERVE YOU! WE SERVE ONLY US! MAY **THE FITTEST SURVIVE!**❶

프로존 우린 더 이상 너희들을 위해 봉사하지 않는다! 우리는 우리 자신만을 도울 거야! 적자들이 살아남을 것이로다!

Frozone, Elastigirl and Mr. Incredible REACH for the CAMERA and –
–**STATIC**. The signal is DEAD.

프로존, 엘라스티걸, 그리고 미스터 인크레더블이 카메라를 향해 손을 뻗는데 –
–잡음. 신호가 끊긴다.

VARIOUS SHOTS
Of ordinary PEOPLE, a sampling of the vast TV audience for this show— REACT as the NEWS FEED pictures of the conference go STATIC. **Befuddled** Chad Brentley **vamp**...

여러 장면
이 뉴스를 본 수많은 TV 시청자 중 한 표본. 일반인이 콘퍼런스의 장면이 잡음과 함께 정지되는 뉴스를 보고 반응한다. 어리둥절해진 채드 브렌틀리가 즉석 멘트를 전한다…

BRENTLEY Well... we, um– some very alarming moments there, before the, uh... **technical difficulties**, please bear with us...

브렌틀리 어… 우리는, 음– 아주 걱정스러운 순간이, 그 전에, 어… 기술적인 문제가 있어서, 조금만 더 참고 계속 시청해 주시기 바랍니다…

OUTSIDE CONFERENCE ROOM – MOMENTS LATER
Our MASK-HYPNOTIZED TRIO exit the conference room filled with TRANCED DELEGATES and their SUPERS, and LOCK them inside.

콘퍼런스룸 밖 – 잠시 후
우리의 복면을 쓴 최면 걸린 트리오가 무아지경에 빠진 대사들과 그들의 슈퍼히어로들로 가득 찬 콘퍼런스룸을 나오며 문을 걸어 잠근다.

---

phase 단계, 시기, 국면
mandate 명령하다, 지시하다
discipline 훈육, 절제력, 단련
empty promise 공허한/헛된 약속
static (수신의) 잡음, 정지상태
befuddled 어리둥절해진, 정신이 멍해진
vamp 즉흥적으로 (말을) 만들어내다, 즉석 반주를 하다
technical difficulties 기술적인 결함/문제/오류들

❶ **The fittest survive.**
적자만이 생존한다.
생물학에서 나오는 '먹이 사슬' food chain을 배울 때 등장하는 용어가 '적자생존'이죠? 적자생존을 영어로는 survival of the fittest라고 한답니다. 위의 문장은 그 표현을 변형해서 쓴 것이에요.

WITH EVELYN – MASTER CONTROL ROOM – SAME TIME
Evelyn WATCHES THIS through televised **POINTS OF VIEW** shots from our TRIO'S active MASKS.

에블린의 모습 – 주 조종실 – 같은 시간
에블린이 트리오의 활동적인 복면으로부터 나오는 주관적 시점 장면이 방송되는 것을 시청하고 있다.

TOP DECK
A DOOR **bangs open**, the 3 SUPERS (Mr. Incredible, Frozone, Elastigirl) march out with **grim purpose**, moving onto–

상부 갑판
문이 쾅 소리를 내며 열리고, 비장한 목적을 가진 세 명의 슈퍼히어로들이 (미스터 인크레더블, 프로존, 엘라스티걸) 행군하듯 나와서 이동하는데 –

THE BRIDGE
Our TRIO **approaches** the bridge, and with **robotic efficiency**, **SMASH open** the door, quickly tossing aside an OFFICER. The three of them stand at the BRIDGE.

함교
우리의 트리오가 함교로 가서 로봇과 같은 효율성으로 문을 박차고 나와 신속하게 항해사를 옆으로 내던져버린다. 그들 세 명이 함교에 서 있다.

OFFICER (startled) Huh? (scream / landing on ground)

항해사 (놀라서) 뭐지? (비명 / 땅으로 떨어지며)

OFFICER Whaa? **Mayday** mayday mayday!

항해사 뭐야? 메이데이 메이데이 메이데이!

WITH EVELYN – MASTER CONTROL ROOM (INTERCUT **AS NEEDED**)
Evelyn WATCHES through the Supers mask-cams, sees the OFFICER going for the RADIO. The SUPERS move to stop him–

에블린의 모습 – 주 조종실 (필요에 따라 중간 삽입)
에블린이 슈퍼히어로들의 복면에 장착된 카메라를 통해 라디오를 향해 가는 항해사를 본다. 슈퍼히어로들이 그를 막기 위해 이동한다 –

EVELYN Hold! Let him talk–

에블린 멈춰! 그들이 말하게 해 –

The SUPERS FREEZE as the officer gets to the **handset**–

항해사가 수화기에 도달하고 슈퍼히어로들이 그 자리에 그대로 멈춰 선다 –

OFFICER Superheroes have **forcibly** taken the bridge! Repeat–

항해사 슈퍼히어로들이 강압적으로 갑판을 점령했다! 다시 한 번 말한다 –

EVELYN –now.

에블린 – 지금이야.

OFFICER (being flung by Mr. Incredible) Superheroes have–AHH!!!!

항해사 (미스터 인크레더블에 의해 내팽개쳐지며) 슈퍼히어로들이 – 으악!!!!

MR. INCREDIBLE grabs the OFFICER, flings him into the wall, and **RIPS OUT** the RADIO **equipment**. Elastigirl grabs the **wheel**, **steering** the speeding ship TOWARDS LAND.

미스터 인크레더블이 항해사를 잡고 벽으로 내동댕이친 후, 통신 장비를 뜯어버린다. 엘라스티걸이 타륜을 잡고 고속함을 육지를 향해 몰고 간다.

EVELYN A little **further**... a little further...STOP.

에블린 조금만 더… 조금만 더…멈춰.

---

point of view shot 주관적 시점 장면
top deck 상부 갑판
bang open 쾅 하는 소리와 함께 열리다
grim purpose 비장한 목적
approach 접근하다
robotic efficiency 로봇과 같은 효율성
smash open 박살 내듯 요란한 소리를 내며 열리다
mayday 메이데이, 조난구조요청

as needed 필요에 따라
handset (전화의) 수화기, 리모컨
forcibly 강압적으로
rip out 뜯어버리다, 찢어버리다
equipment 장비
steer 운전하다, 조종하다
wheel 운전대, 핸들
further 더 멀리에/로

Mr. Incredible crushes the steering wheel.

미스터 인크레더블이 타륜을 으스러뜨린다.

EVELYN What the–? A baby??

에블린 뭐야–? 아기??

At that moment the PARR KIDS **barge through** the **doorway**--Dash realizes the supers aren't reacting.

그때 파의 아이들이 출입구를 밀어제치며 들어온다—대쉬가 슈퍼히어로들이 반응하지 않는 것을 알아챈다.

DASH Mom and Dad! Uncle Lucius?!

대쉬 엄마, 아빠! 루시우스 아저씨?!

The TRIO SPINS and **instantly ATTACKS**, but the KIDS are protected by Violet's FORCEFIELD. After a few moments, the trio STOPS, staring at the kids. **Recognition**?

트리오가 회전하며 즉각적으로 공격한다. 하지만 아이들은 바이올렛의 포스필드에 의해 보호받고 있다. 잠시 후, 트리오가 멈추며 아이들을 응시한다. 알아본 것인가?

Jack-Jack PENETRATES the forcefield, and, in a way that is both **graceless** and hypnotic, FLOATS over to Elastigirl, landing –

잭잭이 포스필드를 뚫고 나오는데, 어떻게 보면 볼품없으면서도 최면에 걸린 듯한 모습으로, 붕 떠서 엘라스티걸에게 날아가 착지한다 –

VIOLET Jack-Jack, no!

바이올렛 잭잭, 안 돼!

EVELYN A super baby?!

에블린 슈퍼 아기?!

–upside down in her arms. Confused, she turns him to face her **right side up**. He sees her HYPNO-MASK, and SCOWLS. He grabs her mask **firmly** and **YANKS** it off. Elastigirl STARTLES – and the **fog clears**. She smiles.

– 그녀의 품에 고꾸라져있는 자세. 혼란스러워하며, 그녀가 제대로 된 방향으로 보기 위해 그를 돌린다. 그가 그녀의 최면 복면을 보고 노려본다. 그가 복면을 단단히 잡고 휙 잡아당긴다. 엘라스티걸이 놀란다 – 그리고 안개가 걷힌다. 그녀가 미소 짓는다.

EVELYN No no NO NO NO NO NO!!

에블린 안 돼, 안 돼, 안 돼, 안 돼, 안 돼, 안 돼!!

EVELYN **Put** him **down**!

에블린 그를 내려놔!

WITH EVELYN
She watches this on her monitors, suddenly realizing what's happening. She PUNCHES Incredible's and Frozone's controls–

에블린의 모습
그녀가 자신의 모니터로 이것을 보며 무슨 일이 일어나고 있는 것인지 순간적으로 깨닫는다. 그녀가 미스터 인크레더블과 프로존의 조종 버튼을 누른다 –

EVELYN GRAB HER!

에블린 그녀를 잡아!

RESUME BRIDGE
MR. INCREDIBLE & FROZONE **lunge for** ELASTIGIRL, but she's fast and gives Jack-Jack to Violet.

다시 다리 장면
미스터 인크레더블과 프로존이 엘라스티걸에게 달려들지만 그녀는 빠르다. 그리고 잭잭을 바이올렛에게 넘긴다.

---

barge through 밀어제치고 나아가다
doorway 출입구
instantly 즉시, 즉각적으로
attack 공격하다
recognition 알아봄, 인식
graceless 우아함이나 품위가 없는
right side up 올바른 방향으로 세운
firmly 단호히, 확고하게
yank 핵 잡아당기다
fog clears 안개가 걷히다
put down ~을 내려놓다
lunge for ~을 향해 돌진하다

ELASTIGIRL (to Violet) No! HOLD JACK-JACK! Look out!

엘라스티걸 (바이올렛에게) 안 돼! 잭잭을 잡아! 조심해!

Elastigirl struggles and SNATCHES the masks off of Mr. Incredible and Frozone, **freeing The HEROES from the spell**.

엘라스티걸이 악전고투하며 미스터 인크레더블과 프로존의 복면을 벗겨낸다. 영웅들이 최면에서 깨어나는 순간이다.

CONTROL ROOM

조종실

EVELYN NOOO!!!

에블린 안 돼!!!

CUT TO NEWSCAST

뉴스 방송으로 장면 전환

BRENTLEY We have **breaking news**! While there is still no radio contact, the ship has changed direction and is heading towards land at a high rate of speed.

브렌틀리 속보입니다! 아직까지 무선 연결이 되지 않는 가운데, 배가 방향을 바꿔 빠른 속도로 육지를 향해 오고 있습니다.

BRIDGE

Our HEROES **come to**. Mr. Incredible sees Elastigirl and **immediately** goes into a **defensive stance**.

다리

우리의 영웅들의 정신이 돌아왔다. 미스터 인크레더블이 엘라스티걸을 보고 바로 방어적 태세를 취한다.

ELASTIGIRL HEY! IT'S ME!

엘라스티걸 여보! 나예요!

MR. INCREDIBLE Yea, that's what I thought **last time**!

인크레더블 웃기지 마. 지난번에도 그렇게 생각했다가 당했지!

ELASTIGIRL (sees kids) Kids? What're you—? What— (stops, processing, moved) –you... came for us?

엘라스티걸 (아이들을 본다) 아이들? 너희들 뭐 하는—? 뭐— (멈춘다. 상황을 파악한다. 감동받는다) – 너희들… 우리를 구하러 왔니?

VIOLET Don't be mad...

바이올렛 화내지 마세요…

Elastigirl throws her arms around all three kids, **hugs them tight**.

엘라스티걸이 세 아이 모두를 그녀의 팔로 꽉 껴안는다.

ELASTIGIRL Oh sweetie. How could I be mad? I'm proud. So very... very proud.

엘라스티걸 오 우리 예쁜이. 내가 어떻게 화를 낼 수 있겠니? 자랑스럽구나. 정말 너무… 너무 자랑스러워.

FROZONE **Not to break up a tender moment, but**❶ where are we? Is this DEVTECH'S ship?

프로존 사랑스러운 분위기를 깨고 싶지는 않지만, 근데 우리 지금 어디에 있는 거지? 여긴 데브텍의 배인가?

---

free someone from the spell 마법/주문에서 풀려나게 하다
breaking news 뉴스 속보
come to 의식/정신이 돌아오다
immediately 즉시
defensive stance 방어적인 자세/태세
last time 지난번
hug someone tight ~을 꽉 껴안다

❶ **Not to break up a tender moment, but...**
감성적인 순간을 깨고 싶진 않지만…
여기에서 Not to는 I don't mean to 또는 I don't want to의 줄인 표현으로 보면 되겠어요. break up '깨다, 부수다'는 이 문맥에서는 interrupt '방해하다/중단시키다'의 의미로 쓰였고요. tender moment는 (영화에서) 감미로운 음악이 흐르는 감성적인 순간을 뜻한답니다.

ELASTIGIRL Evelyn Deavor controls the Screenslaver, and until a second ago— (points to broken glasses)

엘라스티걸 에블린 데버가 스크린슬레이버를 조종해, 그리고 조금 전까지만 해도— (깨진 안경을 가리킨다)

The ship SLAMS against a wave, **JOSTLING** everyone.

배가 파도에 쾅 하고 부딪히며, 모두를 거칠게 밀친다.

ELASTIGIRL Where's **the crew**?

엘라스티걸 항해사들은 어디에 있지?

They notice the **unconscious** crew members and DAMAGED CONTROLS–

그들이 의식을 잃은 항해사들과 파괴된 조종장치들을 알아본다 -

MR. INCREDIBLE Uh-oh. Did I do that–?

인크레더블 오 이런, 내가 저런 건가-?

Violet tosses Elastigirl her original supersuit. Elastigirl and Mr. Incredible exchange glances.

바이올렛이 엘라스티걸에게 그녀의 본래 슈퍼히어로 의상을 던진다. 엘라스티걸과 미스터 인크레더블이 눈빛 교환을 한다.

VIOLET Mom, the suit, you're better than that, try this.

바이올렛 엄마, 여기 의상이에요. 엄마 그것보다는 더 멋지잖아요. 이걸 입으세요.

WITH EVELYN – MASTER CONTROL ROOM
Evelyn turns to her MONITORS, **activates** the WANNABES:

에블린의 모습 – 주 조종실
에블린이 모니터 쪽으로 가서 워너비들을 작동시킨다.

EVELYN Phase three! GO ON PHASE THREE!

에블린 3단계! 3단계로 진행해!

WANNABES become hypnotized.

워너비들이 최면에 걸린다.

---

jostle 거칠게 밀치다
the crew 선원들
unconscious 의식을 잃은, 무의식의
activate 작동시키다, 활성화시키다

Day 27

Not Enough Time

촉박한 시간

27.mp3

RESUME INCREDIBLES & FROZONE

다시 인크레더블과 프로존

MR. INCREDIBLE Why are the kids here?! You didn't go to the house?!

인크레더블 아이들이 왜 여기 있지?! 자네, 우리 집으로 안 갔었나?!

FROZONE I went to the house!

프로존 너희 집으로 갔었지!

FROZONE (to kids) You didn't **escape**?? HOW did you NOT escape???

프로존 (아이들에게) 너희들 탈출하지 않았니?? 어떻게 탈출을 안 했지???

DASH/VIOLET HEY, WE JUST **SAVED** YOU!!

대쉬/바이올렛 이봐요들, 방금 우리가 당신들을 구했거든요!!

MR. INCREDIBLE "Escape"?? Escape from who??

인크레더블 "탈출"?? 누구에게서 탈출했다는 거야??

BRICK **suddenly busts** the door open; the WANNABE'S **step in**.

브릭이 갑자기 문을 확 열어젖힌다; 워너비들이 들어온다.

BRICK (breaks door)

브릭 (문을 부순다)

FROZONE Those guys!

프로존 저놈들!

Jack-Jack turns MONSTER and LEAPS at Helectrix.

잭잭이 괴물로 변해서 헬렉트릭스에게 뛰어든다.

ELASTIGIRL (freaked out reaction) What the–Jack-Jack has powers?!

엘라스티걸 (기겁한 반응) 어머나 – 잭잭에게 초능력이 있어요?!

MR. INCREDIBLE We know! Fight now, talk later!

인크레더블 그러게 말이에요! 지금은 싸우고, 이야기는 나중에 하죠!

MR. INCREDIBLE **readies to** fight.

미스터 인크레더블이 싸울 태세를 갖춘다.

BRICK (**punches** Mr. Incredible)

브릭 (미스터 인크레더블에게 펀치를 날린다)

---

escape 탈출하다
save 구하다, 구조/구출하다
suddenly 갑자기
bust 급습하다, 불시단속을 벌이다,
step in ~에 들어서다, 개입하다
ready to ~할 태세를 갖추다, ~할 준비를 하다
punch 주먹으로 치다

Mr. Incredible fights BRICK. VOYD throws portals at ELASTIGIRL. Elastigirl manages to punch her arm through the portals to remove Voyd's HYPNO-GOGGLES.

미스터 인크레더블이 브릭과 싸운다. 보이드가 엘라스티걸에게 문들을 던진다. 엘라스티걸이 문 사이로 펀치를 날리며 보이드의 최면 고글을 벗긴다.

HELECTRIX tries to **electrocute** Violet, who is in a forcefield.
Monster Jack-Jack lunges at HELECTRIX and **removes** his goggles.

헬렉트릭스가 포스필드 안에 있는 바이올렛을 감전시키려 한다.
괴물 잭잭이 헬렉트릭스에게 돌격하여 그의 고글을 벗긴다.

INT. HYDROLINER CONTROL ROOM
EVELYN is inside the control room watching the monitors that show the fighting at the bridge. She gets frustrated by what she sees.

내부. 하이드로라이너 통제실
에블린이 통제실에서 모니터로 다리 위에서 벌어지는 싸움을 보고 있다. 그녀가 상황을 보며 좌절한다.

INT. HYDROLINER BRIDGE
Screech flies into the bridge carrying Reflux. Violet is about to be **taken out** by REFLUX. Reflux spews molten at Violet and Violet throws a forcefield to block it. Frozone throws ice to **put out** the flames.

내부. 하이드로라이너 다리
스크리치가 리플룩스 업고 다리 쪽으로 날아간다. 바이올렛이 리플룩스에게 당하기 일보 직전이다. 리플룩스가 바이올렛에게 용암을 뿜어대고 바이올렛이 그것을 막기 위해 포스필드를 만든다. 프로존이 불을 끄기 위해 얼음을 던진다.

Jack-Jack is **monstering out** on Helectrix. Screech flies by and steals Dash.
Violet grabs monster Jack-Jack and starts pointing lasers at Screech, who is flying away with Dash.

잭잭이 헬렉트릭스를 상대로 괴수의 모습을 보인다. 스크리치가 옆으로 날아가며 대쉬를 훔친다.
바이올렛이 괴물 잭잭을 잡고 대쉬를 들고 날아가고 있는 스크리치에게 레이저를 쏘기 시작한다.

VIOLET Jack-Jack? Laser eyes! Pyoo–pyoo!! Pyoo–pyoo!!

바이올렛 잭잭? 레이저 눈! **뿅뿅!! 뿅뿅!!**

Screech falls on the deck of the ship and Dash **speed kicks** him.

스크리치가 배의 갑판 위로 떨어지고 대쉬가 그에게 광속 발차기를 날린다.

SCREECH (flying)

스크리치 (날아가며)

CUT TO EVELYN IN CONTROL ROOM, HER FRUSTRATION GROWING.
CUT TO MR. INCREDIBLE AND ELASTIGIRL FIGHTING BRICK.

통제실에 있는 에블린으로 장면 전환. 그녀의 좌절감이 더 커지고 있다.
미스터 인크레더블과 엘라스티걸이 브릭과 싸우는 장면으로 전환.

BRICK (punched by Bob)

브릭 (밥에게 펀치를 맞았다)

BRICK (fighting / efforts)

브릭 (싸우며 / 애쓴다)

CUT TO EVELYN LEAVING CONTROL ROOM

에블린이 조종실을 나가는 장면으로 전환

---

electrocute 감전사고를 입히다
remove 없애다, 치우다
take out 〈구어〉 해치우다, 제거하다
put out (불을) 끄다
monster out (이 문맥에서만) 괴물로 변해서 공격하다
speed kick 고속 발차기를 하다

INTERCUT
JET SEPARATES FROM SHIP— ELASTIGIRL SEES THROUGH **SKYLIGHT**, ETC.
Elastigirl looks **overhead** to see the **roof** of the HYDROLINER turn into a jet and take off.

장면 중간 삽입
제트기가 배에서 분리된다— 엘라스티걸이 천장 유리를 통해 본다.
엘라스티걸이 하이드로라이너의 지붕이 제트기로 변해서 이륙하는 장면을 머리 위로 바라본다.

바로 이 장면!*

ELASTIGIRL Evelyn. She's escaping!

MR. INCREDIBLE Well, go after her! Finish your mission!

ELASTIGIRL I can't just GO! What about the kids, Jack-Jack?? Who's gonna–

VIOLET MOM!!

The **authority** in Violet's voice **snaps** Elastigirl **to attention**.

VIOLET Go. We've got this.

Elastigirl glances at Mr. Incredible and realizes that they do. She allows a small smile, gives Violet a NOD, and turns to Voyd–

ELASTIGIRL Voyd, **come with me!**[1]

MR. INCREDIBLE I'll go shut down the engine!

FROZONE I'll try to **slow** the ship from the bow!

Mr. Incredible and Frozone leave.

DASH Wait, someone's **missing**! Where's the crusher-guy?!

엘라스티걸 에블린이에요. 그녀가 탈출하고 있어요!

인크레더블 그렇다면, 그녀를 추격해야죠! 당신의 임무를 마무리해요!

엘라스티걸 이대로 갈 수는 없어요! 아이들은 어떻게 하고요, 잭잭은요?? 누가 잭잭을 –

바이올렛 엄마!!

바이올렛의 목소리에서 느껴지는 권위에 엘라스티걸이 정신을 차린다.

바이올렛 가세요. 여긴 우리가 알아서 할게요.

엘라스티걸이 미스터 인크레더블을 힐끗 보며 그들이 다 알아서 하고 있음을 깨닫는다. 그녀가 살짝 미소를 지으며 바이올렛에게 고개를 끄덕이고, 보이드에게 돌아선다 –

엘라스티걸 보이드, 나와 함께 가요!

인크레더블 내가 가서 엔진을 중지시킬게요!

프로존 난 배의 앞쪽에서 배의 속도를 늦추도록 해볼게요!

미스터 인크레더블과 프로존이 떠난다.

대쉬 잠깐, 없어진 사람이 있어요! 뭉개는 놈은 어디 간 거죠?

---

skylight 천장에 낸 채광창, 천창
overhead 머리 위에/로
roof 지붕
authority 권위
snap to attention 정신을 바짝 차리다
slow 속도를 늦추다, 지연시키다
missing 없어진, 사라진, 실종된

❶ Come with me!
나와 함께 가요!
간단하지만 매우 유용한 표현이죠. 좀 더 정중하게 물어보고 싶다면 앞에 Will you를 붙여서 Will you come with me? '나와 함께 가실래요?'라고 표현할 수 있습니다.

INT. HYDROLINER OUTSIDE OF THE ENGINE ROOM
Mr. Incredible struggles to **get past** the **tangle** of **bent** metal that makes the hallway **impassible**. **Progress** is slow. KRUSHAUER **intervenes**.

하이드로라이너의 내부 – 엔진실 외부
미스터 인크레더블이 휘어진 철근들이 엉켜있어서 복도를 지나갈 수 없어서 힘겨워한다. 진행이 더디다. 크루샤우어가 끼어든다.

KRUSHAUER (**sinister** laugh)

크루샤우어 (사악한 웃음)

Frozone ices the front of the ship.

프로존이 배의 앞부분을 얼린다.

SLIGHT INTERCUT
Mr. Incredible takes out Krushauer with a metal **beam**, knocking off his goggles.

약간의 장면 중간 삽입
미스터 인크레더블이 쇠기둥으로 크루샤우어를 해치우는데, 크루샤우어의 고글이 벗겨진다.

SLIGHT INTERCUT
Suddenly Mr. Incredible gets an idea, turns to KRUSHAUER—

약간의 장면 중간 삽입
갑자기 미스터 인크레더블에게 아이디어가 떠올라 크루샤우어에게 말한다—

MR. INCREDIBLE (frustrated, can't move metal) Hey. You did this. Can you UNdo it?

인크레더블 (낙담하며, 쇠를 움직일 수가 없다) 이봐, 네가 이렇게 했잖아. 혹시 이걸 원상태로 복원시킬 수 있나?

KRUSHAUER You want me... to UN-crush??

크루샤우어 나보고… 으스러뜨린 것을 펴라고??

MR. INCREDIBLE What, no one's ever asked for that?

인크레더블 뭐, 한번도 그런 부탁은 받아본 적이 없나 보지?

KRUSHAUER No. To uncrush is silly. Why uncrush?

크루샤우어 없지. 으스러뜨린 것을 복구하는 것은 어리석어. 왜 그딴 짓을 하지?

MR. INCREDIBLE To get into the engine roo— awww **forget it**,[1] we don't have enough time–

인크레더블 엔진실에 들어가기 위해— 에잇 됐고, 이젠 시간이 모자라네–

Annoyed, Mr. Incredible races off. Krushauer yells after him:

짜증이 난 미스터 인크레더블이 질주하며 나간다. 크루샤우어가 그의 뒤로 소리친다:

KRUSHAUER What if I say to un-punch someone?! What you do?

크루샤우어 만약 펀치한 것을 다시 되돌려놓으라고 한다면?! 그러면 넌 어떻게 할 건데?

---

get past ~을 지나가다, 통과하다
tangle 뒤엉킴, 얽힌/엉킨 것
bent 휘어진, 구부러진
impassible 지나갈 수 없는, 통행할 수 없는
progress 나아감, 진전, 진척
intervene 중간에 끼어들다, 막아서다
sinister 사악한, 해로운
beam 기둥, 빛줄기

1 Forget it!
됐어!
중요하지 않으니 걱정하지 말라는 의미로 쓰이는 표현이기도 하지만, 상대방이 내 말을 잘못 알아들거나 내가 한 말에 대해서 다시 물어올 때 약간은 짜증스럽게 '됐어, 별거 아냐, 신경 쓰지 마!'와 같은 뉘앙스로 쓰는 표현이랍니다.

Disney · PIXAR

INCREDIBLES 2

Day 28

Nobody Wants to Die!

죽고 싶은 사람은 아무도 없다!

28.mp3

Evelyn drags Deavor **swiftly** from the HULL CONFERENCE ROOM, to the **FLY BRIDGE**. He starts to **come out of** the HYPNOSIS.

에블린이 신속히 선체 콘퍼런스룸에서 가교 쪽으로 데버를 끌고 온다. 그가 최면에서 풀려나기 시작한다.

EVELYN Come with me, Winston.

에블린 이리 와요, 윈스턴.

DEAVOR What's goin'– Did I **faint**?

데버 무슨 일이– 내가 기절했나?

Evelyn opens CREW ONLY door. Throws Deavor inside.

에블린이 직원 전용문을 연다. 데버를 안으로 던져 버린다.

EVELYN You'll be safe here!

에블린 여기 있으면 안전할 거예요!

DEAVOR Safe? Safe from WHAT??

데버 안전하다고? 무엇으로부터 안전하다는 거지??

The ELEVATOR door **whooshes** open.

엘리베이터의 문이 쉬익 하며 열린다.

DEAVOR Where're the **diplomats**, the supers?!

데버 대사들은 어디 있지, 슈퍼히어로들은?!

EVELYN Still hypnotized.

에블린 아직 최면 상태예요.

DEAVOR **What have you done??**[1]

데버 너 무슨 짓을 한 거야??

DEAVOR OH NO NO– YOU'RE the Screenslaver??!

데버 오 아냐 안 돼– 네가 스크린슬레이버인거니??!

Evelyn presses the LAUNCH button, which releases the jet from the hydroliner.

에블린이 하이드로라이너에서 제트기를 내보내는 발사 버튼을 누른다.

INTERCUT
Evelyn instructs Deavor.

중간 장면 삽입
에블린이 데버에게 지시한다.

EVELYN **Strap in** now!

에블린 당장 벨트를 매요!

---

swiftly 재빨리, 신속히
fly bridge 가교, 최상층의 선교
come out of ~에서 벗어나다/헤어나다
faint 졸도/실신/기절하다
whoosh (아주 빠르게) 휙/쉭 하고 지나가다
diplomat 외교관
strap in 안전/좌석벨트를 매다

❶ What have you done?
너 대체 무슨 짓을 한 거니?
상대방이 뭔가 비범한 일을 저질렀을 때 주로 놀라며/경악하며 던지는 질문이에요. '대체 무슨 짓을 한 거니?', '너 어찌 이런 일을 저질렀니?'와 같은 뉘앙스죠. 예를 들어, 친구가 평상시와 다른 파격적인 헤어스타일을 하고 나타났을 때, What have you done (to you hair)? '너 대체 (네 머리에) 무슨 짓을 한 거니?' 이런 식으로 쓴답니다.

INTERCUT
Deavor **GLARES** at her– then **shoves** away and goes for the stairs. Evelyn leaps to the controls and hits the **THRUSTER**. THE JET RISES from the deck. **Harrier**-style.

장면 중간 삽입
데버가 그녀를 노려본다 – 그러고는 밀치며 계단 쪽으로 간다. 에블린이 제어판으로 뛰어가서 반동 추진엔진을 누른다. 갑판에서 제트기가 올라간다. 수직이착륙 공격헬기 스타일로.

EVELYN IT'S FOR YOUR OWN GOOD!❶

에블린 오빠를 위해서 이렇게 하는 거예요!

DEAVOR NO!

데버 안 돼!

Deavor opens the door to the jet.

데버가 제트기로 향하는 문을 연다.

DEAVOR THIS IS! AHHHH!!!!!

데버 이건! 아아아!!!!

Deavor JUMPS, a big leap, and lands HARD on the ship deck! Evelyn lets out a frustrated SHOUT, **pokes** a button to **seal** the door.

데버가 뛰어내린다. 높이 뛰어오르고, 갑판에 쿵 하고 세게 착지한다! 에블린이 불만에 가득 찬 고함을 지르며 문을 봉쇄하는 버튼을 누른다.

CONFERENCE ROOM
Deavor jams a flag pole into the hypnotic screen, undoes hypnosis to crowd.

콘퍼런스룸
데버가 최면 스크린에 깃대를 쑤셔 넣으니, 사람들의 최면이 풀린다.

DEAVOR (jamming flag pole into screen)

데버 (스크린에 깃대를 밀어 넣고 있다)

DEAVOR Everyone! We need to get to the back of the ship! All Supers, protect your Ambassadors!

데버 여러분! 배의 뒤쪽으로 가야 해요! 슈퍼히어로들은 대사님들을 보호해 주세요!

BRICK Follow!

브릭 따라 오세요!

INT. HYDROLINER
ELASTIGIRL and VOYD sprint up the stairs to the top of the Hydroliner just barely missing the jet as it lifts into the air.

내부. 하이드로라이너
엘라스티걸과 보이드가 하이드로라이너의 꼭대기로 가려고 계단을 전력으로 뛰어오르는데 공중으로 올라오는 제트기와 거의 부딪힐 뻔한다.

INT. JET COCKPIT
Evelyn presses a button on the dashboard that releases the jet from the top of the Hydroliner. The jet **lifts off of** the boat.

내부. 제트기 조종실
에블린이 계기판에서 하이드로라이너의 꼭대기에서 제트기를 내보내는 버튼을 누른다. 제트기가 배에서 공중으로 뜬다.

VOYD We're too late!

보이드 우리가 너무 늦었어요!

ELASTIGIRL (**pointing up**) Get me up to the jet!

엘라스티걸 (위를 가리키며) 날 제트기로 올려줘요!

---

glare 노려/쏘아보다
shove (거칠게) 밀치다
thruster (항공기의) 반동 추진 엔진
harrier 수륙이착륙 공격 헬기
poke 쿡 찌르다, 밀다, 누르다
seal 봉(인)하다, 봉쇄하다, 밀봉하다
lift off of ~에서 떼어져/분리되어 이륙하다
point up 위 방향을 가리키다

❶ **It's for your own good.**
너 자신을 위해서 하는 거야.
for your own good는 '너 자신의 이익을 위해'라는 의미인데, 중간에 own이 들어간 것은 생략해도 같은 의미로 쓸 수 있지만, own이 있어야 '(다른 그 누구도 아닌) 너 자신을 위한'이라는 의미가 강조되기 때문에 넣어줘야 표현의 맛이 산답니다.

VOYD opens a portal in front of ELASTIGIRL. ELASTIGIRL jumps through and comes out of VOYD's other portal in the middle of the sky. She misses the jet and sends ELASTIGIRL spiraling through the air.

보이드가 엘라스티걸 앞에서 문 하나를 연다. 엘라스티걸이 뛰어올라 그 문을 통과하고 공중 위에서 보이드의 또 다른 문에서 나온다. 그녀가 제트기를 못 맞추고 엘라스티걸이 공중에서 소용돌이치며 돌게 한다.

VOYD (nervous frustration)

보이드 (초조해하는 좌절감)

ELASTIGIRL (impact of landing on jet)

엘라스티걸 (제트기에 착지한 충격)

VOYD opens a portal that drops ELASTIGIRL right on top of the jet, but the winds are too powerful and send ELASTIGIRL flying off the back of the plane.

보이드가 문을 열자 엘라스티걸이 제트기의 위에 떨어진다. 하지만 바람이 너무 강해서 엘라스티걸이 제트기의 뒤쪽으로 날아간다.

VOYD catches a falling ELASTIGIRL in one of her portals and throws her higher into the air. VOYD then puts a portal on the **underside** of the plane. ELASTIGIRL stretches to reach inside of that portal and slingshots herself into the belly of the plane.

보이드가 떨어지고 있는 엘라스티걸을 그녀의 문으로 잡아서 하늘 위 더 높은 곳으로 던져버린다. 보이드가 그러고는 비행기의 아래쪽으로 문을 놓는다. 엘라스티걸이 몸을 늘려 그 문의 안쪽으로 손을 뻗어 새총처럼 자신의 몸을 쏴서 비행기의 아래 볼록한 부분 안쪽으로 들어간다.

EVELYN / ELASTIGIRL ON HYDROJET
Elastigirl opens floor hatch and a **WARNING LIGHT** brightens on Evelyn's CONTROL PANEL. She **assumes** it's Elastigirl and goes into a sudden, spinning climb, throwing Elastigirl to the back wall of the jet.

에블린 / 수상제트기를 탄 엘라스티걸
엘라스티걸이 바닥의 해치형 문을 열자 에블린의 제어판에 경고등이 들어온다. 그녀가 엘리스티걸 때문일 것으로 추정하고, 급속 회전 상승모드를 설정해 엘라스티걸이 제트기의 뒤쪽 벽에 부딪히게 만든다.

ELASTIGIRL (impacts hitting jet walls)

엘라스티걸 (제트기 벽에 부딪히는 충격)

바로 이 장면!*

EVELYN (over speaker) **Welcome aboard**❶ Elastigirl. Although we haven't yet reached our **cruising altitude**, feel free to **ROAM about** the cabin.

에블린 (스피커를 통해) 탑승을 환영해요, 엘라스티걸. 아직 우리가 순항 고도에 오르진 못했지만, 선실에서 마음껏 돌아다녀 보세요.

Evelyn takes the **high performance** JET through some **VOMIT-COMET maneuvers**; climbing, diving, spinning – throwing Elastigirl all over the place.

에블린이 이 고성능 제트기를 곡예비행을 시킨다: 상승하다가 낙하하고 돌며 – 엘라스티걸이 사방으로 돌아다니게 한다.

underside 밑면/아랫면
warning light 경고등
assume 가정하다, 추정하다
cruising altitude 순항 고도
roam about 돌아다니다, 배회하다
high performance 고성능
vomit-comet 곡예비행
maneuver (기술적으로 하는) 동작/움직임

❶ **Welcome aboard!**
승선하신 것을 환영합니다!
비행기나 배에 오른 승객들에게 승무원들이 직접 말하거나 기내방송으로 기장/선장들이 '저희 비행기/배를 이용해 주셔서 감사합니다'라고 말하는 환영 인사예요.

EVELYN OR just relax and the let the CABIN roam about YOU...!

에블린 아니면 그냥 편하게 선실에 몸을 맡기시던가...!

EVELYN (**g-force tension**)

에블린 (중력 가속도 긴장 상태)

INTERCUT
Elastigirl pulls herself toward the controls and Evelyn. They **trade blows**, but as they climb higher and higher, Elastigirl's punches start to lose **juice**.

장면 중간 삽입
엘라스티걸이 조종실과 에블린이 있는 곳에 다다른다. 그들이 서로 펀치를 교환하지만, 고도가 높아질수록 엘라스티걸의 펀치에는 힘이 실리지 않는다.

EVELYN You know what's sad...**If it weren't for** your **CORE BELIEFS**, I think we could've been good friends.

에블린 참 안타까운 게 뭔지 알아요…만일 당신에게 그 절대 신념이 없었다면, 아마 우린 좋은 친구가 될 수 있었을 거예요.

ELASTIGIRL (**labored breathing**)

엘라스티걸 (호흡곤란을 겪으며)

ELASTIGIRL At least I have...have core beliefs...(falls to ground)

엘라스티걸 적어도 내게는…절대 신념이 있으니까…(바닥에 쓰러진다)

EVELYN The **reputations** of superheroes are **ruined**. You will NEVER become legal...EVER.

에블린 슈퍼히어로들의 명성이 망가졌어요. 당신들은 절대 합법화되지 못할 거예요…영원히.

ELASTIGIRL (starting to smile) Never? Ever?

엘라스티걸 (미소 짓기 시작하며) 절대로? 영원히?

EVELYN (chuckles) No... NO.

에블린 (싱긋 웃는다) 안 된다고요… 안 돼.

Elastigirl has stopped approaching Evelyn, and **settles in**.

엘라스티걸이 에블린을 향해 다가가는 것을 멈추고, 자리를 잡는다.

ELASTIGIRL (grinning) **Not even a little smidgee widgee**–?

엘라스티걸 (활짝 웃으며) 정말 요만큼도 가능성이 없을까요 - ?

EVELYN Ah, **hypoxia**. When you don't have enough **oxygen**, things seem really silly!

에블린 아, 저산소증이네요. 산소가 부족하면, 세상을 제대로 보지 못하죠!

ELASTIGIRL (labored breathing)

엘라스티걸 (호흡곤란을 겪으며)

EVELYN Things get sillier and sillier and then you die.

에블린 세상이 점점 취한 듯이 돌아가다가 결국 죽게 되지요.

---

g-force 관성력, 중력 가속도
tension 긴장감, 긴장, 긴장 상태
trade blows 서로 펀치를 날리다
juice 〈비격식〉 가솔린, 전기, 에너지
if it weren't for ~ 만약 ~이 아니었다면
core 핵심적인, 가장 중요한, 중심의
belief 신념, 확신, 믿음
labored breathing 고통스러운 숨결, 호흡곤란
ruin one's reputation ~의 명성/평판을 망치다
settle in 자리 잡다, 정착하다, 적응하다
not even a little ~ (심지어) 조금의 ~조차도
smidge 〈구어〉 아주 적은 양, 미량
widgee 〈비격식〉 작은 것
hypoxia 저산소증
oxygen 산소

ELASTIGIRL (soft **drunken pout**, laughs) I don't wanna die...

엘라스티걸 (조금 취한 듯이 입술을 뿌루퉁 내밀며, 웃는다) 난 죽고 싶지 않아…

EVELYN Ah, nobody does–

에블린 아, 세상에 죽고 싶은 사람은 없지요 –

EVELYN kicks ELASTIGIRL in the face sending her flying backwards.

에블린이 엘라스티걸의 얼굴을 차서 뒤쪽으로 날아가게 한다.

EVELYN –really. (chuckles) Not such a bad way to **go**.

에블린 – 정말로. (낄낄댄다) 이렇게 죽는 것도 그리 나쁘지는 않지.

ELASTIGIRL spots a **flare gun** that had fallen during her first crash against this wall. She picks it up and fires it at EVELYN's **oxygen tank**. This flies EVELYN into one window of the cockpit and **bouncing** towards an opposite window.

엘라스티걸이 첫 번째로 벽에 부딪혔을 때 떨어진 조명탄을 발견한다. 그녀가 조명탄을 집어 들고 에블린의 산소통을 향해 발사한다. 이것으로 인해 에블린이 조종석의 한쪽 창문으로 날아가고 다른 쪽 창문으로 몸이 튕기며 부딪힌다.

EVELYN (**impact** of gun)

에블린 (총의 충격)

EVELYN crashes through the window and begins falling through the air.

에블린이 창문을 깨고 나가서 공중에서 떨어지기 시작한다.

EVELYN (falling through air)

에블린 (공중에서 떨어지며)

Elastigirl **takes a breath** from an oxygen mask and resumes control of the jet.

엘라스티걸이 산소마스크를 통해 숨을 들이쉬고 제트기를 다시 조종한다.

---

drunken 술에 취한
pout (입술이) 불룩해지다, (입술을) 뿌루퉁 내밀다
go 죽다, 세상을 떠나다, 없어지다, 사라지다
flare gun 조명탄 총
oxygen tank 산소통, 산소탱크
bounce 튀어 오르다
impact 충격, 반동
take a breath 숨을 쉬다

Day 29

A Good Feeling

좋은 느낌

29.mp3

SLIGHT INTERCUT
ELASTIGIRL sets the jet on AUTOPILOT and slingshots herself out of the broken jet window towards EVELYN.

약간의 장면 중간 삽입
엘라스티걸이 제트기를 자동비행으로 맞춰놓고 깨진 제트기 창문을 통해 자신을 새총처럼 에블린을 향해 날린다.

SLIGHT INTERCUT
ELASTIGIRL manages to **catch up to** EVELYN and **get a grip on her**. Voyd sees them from atop the Hydroliner. ELASTIGIRL then **expands** into a parachute with Evelyn.

약간의 장면 중간 삽입
엘라스티걸이 가까스로 에블린을 따라잡아 그녀를 꽉 움켜잡는다. 보이드가 하이드로라이너의 꼭대기에서 그들을 본다. 엘라스티걸이 에블린과 함께 낙하산으로 펼쳐진다.

EVELYN Don't save me, super! I hate **irony**!

에블린 날 구하지 말아요, 슈퍼히어로! 난 아이러니를 증오해요!

EVELYN, refusing to be saved by a super, kicks ELASTIGIRL in the face causing ELASTIGIRL to lose grip on her.

슈퍼히어로에게 구조받기를 거부하는 에블린이, 엘라스티걸의 얼굴을 걷어차서 엘라스티걸이 그녀를 잡고 있던 손을 놓치게 한다.

ELASTIGIRL (kicked in face)

엘라스티걸 (얼굴에 발차기를 당했다)

Evelyn drops toward the sea. Voyd sees this:

에블린이 바다 쪽으로 떨어진다. 보이드가 이것을 본다.

VOYD (reaction to seeing Evelyn falling)

보이드 (에블린이 떨어지는 것을 본 반응)

Evelyn and Elastigirl both begin quickly falling towards the ocean.

에블린과 엘라스티걸이 함께 빠른 속도로 바다 쪽으로 떨어지기 시작한다.

VOYD (to herself) Save yourself, make a **chute**!

보이드 (자신에게) 스스로를 구해라, 낙하산을 만들어!

VOYD (to herself) Make a chute, make a chute, MAKE THE CHUTE!!

보이드 (자신에게) 낙하산을 만들어, 낙하산을 만들어, 낙하산을 만들라고!!

ELASTIGIRL **propels** herself **downwards** to **catch up with** EVELYN, wraps her arms around her, and **at the last moment** before they are about to hit the water, one of VOYD's portals catches them, landing them back onto the ship.

엘라스티걸이 에블린을 따라잡기 위해 아래 방향으로 더 빨리 날아가서 팔로 그녀를 휘감는데, 바다에 빠지기 직전에 보이드의 문 중의 하나가 그들을 잡아서 다시 그들을 배 위로 착지하게 한다.

---

catch up to ~을 따라잡다
get a grip on someone ~을 꽉 움켜잡다, ~을 파악하다
expand 팽창/확대/확장 시키다
irony 아이러니, 역설적인 점/상황
chute 낙하산 (=parachute)
propel 나아/몰고 가다
downward 아래쪽으로
catch up with 따라잡다/가다
at the last moment 마지막/임박한 순간에

NEW SHOT WITH FROZONE — 프로존 모습 새로운 장면

FROZONE	BRACE YOURSELVES!!	**프로존** 모두 기운 내라고!!
MR. INCREDIBLE	I can't get to the engine room!	**인크레더블** 엔진실로 못 들어가겠어!
FROZONE	Well we gotta do something, 'cuz trying to **slow it down** ain't working!	**프로존** 무엇이든 해야만 해. 배의 속도를 늦추려는데 효과가 없네!
DASH	Hey! What about turning the boat?!	**대쉬** 아저씨! 배를 돌리는 것은 어때요?!
MR. INCREDIBLE	The steering's been destroyed!	**인크레더블** 조타 장치가 망가졌어!
FROZONE	The steering's been destroyed!	**프로존** 조타 장치가 망가졌대!
VIOLET	Dash means from the outside!	**바이올렛** 대쉬는 밖에서 돌리자는 말이에요!
DASH	Yeah!	**대쉬** 맞아요!
VIOLET	If we **break off** one of the **foils** and turn the **rudder** we can **veer** the ship **away** from the city!	**바이올렛** 우리가 날개 하나를 부수고 배의 키를 돌리면 이 배가 도시에서 멀어지게 방향을 바꿀 수 있어요.
MR. INCREDIBLE	**That might work!** ❶	**인크레더블** 그게 효과가 있을 수도 있겠는걸!
FROZONE	(to Mr. Incredible) I'll turn the front, you turn the **rear**!	**프로존** (인크레더블에게) 내가 앞부분을 돌릴 테니, 네가 뒤쪽을 돌려!
MR. INCREDIBLE	Using the rudder? That's underwater! How am I supposed to get– (grumble) – ugh, alright. Ca'mon, kids!	**인크레더블** 키를 이용해서? 그건 수중에 있다고! 나보고 어떻게 거기로– (투덜댄다) –으그, 알았어. 자, 해보자, 얘들아!
VIOLET	DAD! (Mr. Incredible stops, turns) I know this is going to work, BUT– if it doesn't, and we crash? My **shields** are probably better protection than the ship. I should stay here. With Jack-Jack.	**바이올렛** 아빠! (인크레더블이 멈추고, 고개를 돌린다) 이 방법이 분명히 성공하리란 건 알아요. 하지만– 혹시라도 안 되면. 그리고 우리가 충돌하게 되면? 내 보호막이 아마도 배보다는 더 좋은 보호 장비가 될 거예요. 난 여기 있어야 할 것 같아요. 잭잭과 함께.

---

brace (스스로) 대비를 하다, 대비시키다
slow something down ~의 속도/진행을 늦추다
break off (억지로) 분리시키다/가르다
foil 수중익 (선체의 흘수선 아래에 장치된 날개), (문맥상 hydrofoil의 준말로 보임)
rudder (배의) 키, (항공기의) 방향타
veer away 갑자기 방향을 바꾸다
rear (어떤 것의) 뒤쪽
shield 방패, 보호막

❶ That might work!
효과가 있을 거야!
might는 현재의 가능성을 나타내는 조동사이고, work는 '작동하다, 효과가 있다'는 뜻으로 '그것이 효과가 있을 거야, 통할 거야'라는 의미입니다. 비슷한 표현으로 It will work (out). 이 있어요.

They share a SMILE. And belief. Dash hands her the baby.

그들이 서로에게 미소를 띤다. 그리고 신뢰를. 대쉬가 그녀에게 아기를 건네준다.

MR. INCREDIBLE That's my girl.[1]

인크레더블 역시 우리 딸이야.

As Mr. Incredible and Dash exit, Frozone calls after them.

미스터 인크레더블과 대쉬가 나가는데 프로존이 그들에게 외친다.

FROZONE Remember, Bob—
WE'RE BOTH TURNING RIGHT!!!

프로존 기억해, 밥— 우리 둘 다 오른쪽으로 돌리는 거라고!!!

Mr. Incredible acknowledges with a wave and disappears. Frozone resumes **shooting** ICE, this time at the ships LEFT HYDROFOIL.

인크레더블이 손을 흔들어 답을 하고 사라진다. 프로존이 다시 얼음을 쏘는데, 이번엔 배의 왼쪽 수중익선을 향해 쏜다.

INTERCUT
Mr. Incredible breaks **anchor**. **Attaches** himself to the **remains**.

장면 중간 삽입
인크레더블이 닻을 파괴한다. 남아있는 부분에 자신을 부착시킨다.

MR. INCREDIBLE So Dash, I am going to the rudder! Once I turn the ship, YOU hit the pull up button!

인크레더블 자 대쉬, 난 키로 갈 거야! 내가 배를 돌리면, 넌 멈추는 버튼을 눌러야 해!

DASH Okay, Dad!

대쉬 알았어요, 아빠!

Dash presses a button, Mr. Incredible goes **sailing** into the water below.

대쉬가 버튼을 누르고, 미스터 인크레더블은 수면 아래로 들어간다.

MR. INCREDIBLE Now **lower me down**— AHHHH!!!! (reaction to being dropped)

인크레더블 자 이제 나를 내려줘— 아아아!!! (떨어지는 것에 대한 반응)

INTERCUT
Mr. Incredible makes it down to the rudder. Vi is worried about how long Mr. Incredible has been underwater:

장면 중간 삽입
인크데더블이 키에 도달한다. 인크레더블이 얼마나 오랫동안 물속에 있었는지에 대해서 바이가 걱정한다.

DASH (shouts to Violet) Dad's been underwater for TOO long!

대쉬 (바이올렛에게 소리친다) 아빠가 물속으로 들어간 지 너무 오래됐어!

DASH WE GOTTA **PULL** HIM **UP**!

대쉬 아빠를 끌어 올려야겠어!

VIOLET Wait, it's too soon!

바이올렛 잠깐, 아직 너무 일러!

---

shoot (총 등을) 쏘다
anchor 닻
attach 붙이다, 첨부하다, 들러붙다
remains 남은 것, 나머지, 유적, 유해
sail 항해하다, 나아가다
lower something/someone down ~을 아래쪽으로 내리다
pull up 끌어/당겨 올리다

① That's my girl.
역시 내 딸이야.
부모님이 자녀들(딸, 아들)에게 '잘했다, 훌륭해!' 하고 칭찬할 때 자주 쓰는 구어체 표현입니다. 위 내용에서도 극한의 상황에서 든든한 모습을 보이는 바이올렛을 아빠가 칭찬하는 상황이죠. 아들에게는 That's my boy.라고 할 수 있어요.

DASH I'M GONNA PRESS THE BUTTON!

대쉬 버튼을 누를 거야!

VIOLET NOT YET!!

바이올렛 아직은 안 돼!!

SLIGHT INTERCUT
Mr. Incredible is still underwater trying to turn the rudder.

약간의 장면 중간 삽입
인크레더블이 아직도 수중에서 키를 돌려보려 애쓰고 있다.

VIOLET It's turning! It's working!

바이올렛 돌아가고 있어! 성공이야!

FROZONE Now!

프로존 지금이야!

VIOLET Dash now!

바이올렛 대쉬 지금이야!

MR. INCREDIBLE (gasp, coming out of water)

인크레더블 (숨을 헐떡거리며, 물 밖으로 나오며)

Dash hears Violet and pushes the pull up button. Mr. Incredible is released from the water and up onto the ship. Frozone continues to ice the front of the ship.

대쉬가 바이올렛의 말을 듣고 끌어올리는 버튼을 누른다. 미스터 인크레더블이 물에서 벗어나 배로 올라온다. 프로존이 배의 앞쪽을 계속 얼리고 있다.

MR. INCREDIBLE CRASH POSITIONS!

인크레더블 충돌 대비 위치로!

The ship begins to **run aground**. The ship stops between two **skyscrapers**. The supers **huddle** together, all protected by Violet's forcefield.

배가 좌초되기 시작한다. 두 개의 초고층 건물 사이에 배가 멈춘다. 슈퍼히어로들이 바짝 모여들어 바이올렛의 포스필드 안에서 보호받는다.

ELASTIGIRL I missed Jack-Jack's first power?!

엘라스티걸 잭잭이 처음으로 초능력을 발휘하는 순간을 난 못 본 거예요?!

MR. INCREDIBLE Actually you missed the first seventeen!

인크레더블 솔직히 말하면 당신은 처음 열일곱 번을 놓친 거예요.

Jack-Jack multiplies. Everyone laughs.

잭잭이 여러 명으로 늘어난다. 모두가 웃는다.

CITY BEACH FRONT – CONTINUOUS
It is a **surreal sight** – a giant ship, **resting** on a bank of snow next to a **shoreline** of buildings.

도시의 해변 앞 – 계속
초현실적인 광경이다 – 거대한 배가 건물들의 해안선 옆에서 얼음 제방 위에 놓여있는 장면.

HYDROLINER **AFT** DECK
Police shove Evelyn into the back of a **patrol car**.

하이드로라이너의 꼬리 날개 쪽 갑판
경찰이 순찰차의 뒷좌석 안으로 에블린을 거칠게 민다.

---

run/go/strike aground 배가 좌초되다
skyscraper 고층건물
huddle (춥거나 무서워서) 옹송그리며 모이다
surreal 아주 이상한, 비현실적인, 초현실적인
sight (눈에 보이는) 광경/모습, 시력, 보기
rest (어떤 것에) 받치다/기대다
shoreline 물가, 해안가/선
aft (배, 비행기의) 고물/꼬리날개 쪽에
patrol car 순찰차

바로 이 장면!*

EVELYN The fact that you saved me doesn't make you right.

에블린 당신이 나를 구했다는 사실이 당신을 정당하게 만들지는 않아요.

ELASTIGIRL But it does make you alive!

엘라스티걸 하지만 당신이 살아있게는 만들지요!

DEAVOR And I'm **grateful for** that.

데버 그것에 대해서는 정말 고맙군요.

Elastigirl turns to see Deavor there.

엘라스티걸이 그곳에 있는 데버를 향해 몸을 돌린다.

ELASTIGIRL I'm sorry, but, she'll go to prison.

엘라스티걸 안타깝지만, 그녀는 감옥에 가게 될 거예요.

VIOLET Well, I'm sorry she's rich and will probably get no more than **a slap on the wrist**.

바이올렛 뭐, 그녀가 부자라서 아마도 솜방망이 처벌만 받고 끝날 것 같아 안타깝네요.

DEAVOR First of all, Violet, I like you, and **who knows what the future may bring.**❶ But, I have a good feeling about all of you.

데버 우선, 바이올렛, 난 네가 좋아. 그리고 미래가 어떻게 될지 누가 알겠니. 하지만, 너희들 모두에 대해서 왠지 느낌이 좋은걸.

FROZONE Hmm, good feeling. Should we be worried?

프로존 흠, 좋은 느낌이라. 우리 혹시 걱정해야 하는 거?

Mr. Incredible chuckles. Deavor exits. Elastigirl turns Mr. Incredible and Frozone.

인크레더블이 싱긋 웃는다. 데버가 퇴장한다. 엘라스티걸이 인크레더블과 프로존을 향해 몸을 돌린다.

ELASTIGIRL You guys got the next **shift**. I'm **beat**.

엘라스티걸 다음 근무는 당신들이 하세요. 난 지쳤어요.

Mr. Incredible chuckles, looks over at Voyd and Violet. Smiles.

인크레더블이 빙그레 웃으며 보이드와 바이올렛 쪽을 본다. 미소 짓는다.

VOYD (O.S. to Violet) I saw what you did back there, that was **incredible**! I mean, no **pun intended**.

보이드 (화면 밖, 바이올렛에게) 네가 아까 저기서 하는 것을 봤는데, 정말 그야말로 인크레더블 하더라! 말장난하는 거 아니고 진짜야.

VIOLET (O.S. to Voyd) Sorry I had to punch you.

바이올렛 (화면 밖, 보이드에게) 제가 주먹으로 때려야만 했던 건 미안해요.

The INCREDIBILE pulls up.

인크레더빌이 다가와 멈춘다.

DASH Yea baby! My **sweet ride**. (chuckles)

대쉬 오 예! 나의 끝내주는 자동차. (싱긋 웃는다)

Mr. Incredible takes the Incredible remote from Dash.

미스터 인크레더블이 대쉬에게서 인크레더빌의 리모컨을 가져간다.

---

grateful for ~을 감사하게 생각하는
a slap on the wrist 경고, 가벼운 꾸지람
shift 교대 근무(시간), 교대조
beat 〈비격식〉 지친, 많이 피곤한
incredible 믿을 수 없는, 믿기 힘든
pun (다의어, 동음이의어를 이용한) 말장난
intended 의도하는, 겨냥하는
sweet ride (찬사를 받기에 합당한) 끝내주는 차

❶ **Who knows what the future may bring.**
미래가 어떻게 될지 누가 알겠어.
Who knows는 '누가 알겠어', '그걸 아는 사람이 어디 있겠어'라는 뜻으로 결국 '아무도 모른다'는 의미의 표현이에요. 미지의 미래에 어떤 일이 일어날지 모른다거나 미래의 희망 등에 대해 이야기 할 때도 future 뒤에 동사를 bring으로 쓰는 경우가 많답니다.

Day 30

Date With the Whole Family

온 가족과 함께하는 데이트

30.mp3

ON TV
BREAKING NEWS: SUPERS LEGAL AGAIN

TV에서
뉴스 속보: 슈퍼히어로 다시 합법화

COURTROOM (ON TV)
Packed. A JUDGE is **ruling on** the **legality** of Superheroes

법정 (TV에서)
가득 찼다. 판사가 슈퍼히어로들의 합법화에 대해 판결을 내리고 있다.

JUDGE —and **in recognition of** the extraordinary service they have **demonstrated**, the **legal status** of superheroes is **hereby restored**.

판사 —그리고 그들이 보여준 비범한 봉사에 대한 공을 인정하여, 슈퍼히어로들의 합법성은 이에 복원됨을 선언한다.

A CHEER from the **gallery**. **Assorted** SUPERHEROES (our **big three** among them) hug each other.

관람석에서 쏟아지는 함성. 여러 부문의 슈퍼히어로들이 (그들 사이에 우리의 3대 슈퍼히어로들도 같이 있다) 서로 포옹한다.

IN FRONT OF THE **COURTHOUSE** - MINUTES LATER
MEDIA **swarms** MR. INCREDIBLE, ELASTIGIRL, and FROZONE as they smile and wave to the large, **jubilant** CROWD on the steps.

법원 앞 - 몇 분 후
미스터 인크레더블, 엘라스티걸, 그리고 프로존이 미소 지으며 계단에 모여 있는 환희에 찬 많은 사람에게 손을 흔들며 언론 기자들에게 둘러싸여 있다.

Which leads us to -
STAIRWELL - WESTERN VIEW JUNIOR HIGH SCHOOL - DAY
Tony Rydinger sits reading in the **sill** of a large window located between floors. Violet taps his book. He looks up -

그리고 이어진다 -
계단 - 웨스턴 뷰 중학교 - 낮
토니 라이딘저가 바닥 사이에 위치한 큰 창문틀에 앉아 책을 읽고 있다. 바이올렛이 그의 책을 툭 친다. 그가 고개를 든다 -

VIOLET You don't know me, do you?

바이올렛 너 나 모르지, 그지?

TONY No, I don– wait. Are you the girl with the water?

토니 아니, 잘 모르는- 잠깐. 그때 물 쏟았던 애 맞지?

VIOLET (interrupts) I'm Violet Parr! (offers handshake)

바이올렛 (가로막는다) 난 바이올렛 파라고 해! (악수를 청한다)

TONY (smiles, shakes her hand) I'm Tony.

토니 (미소 지으며, 그녀와 악수를 한다) 난 토니야.

VIOLET (nervous giggle) ...kay.

바이올렛 (긴장한 웃음) …그래.

---

packed (사람들이) 꽉 들어찬
rule on (공식적으로) 판결/결정을 내리다
legality 합법성, 적법성
in recognition of ~을 인정하여, ~의 답례로
demonstrate (행동으로) 보여주다/발휘하다
legal status 합법적 상태
hereby (법률, 문서 등) 이에 의하여
restore 회복시키다, 되찾게/회복하게 하다
gallery 관람하고 있는 사람들, (의회의) 방청석
assorted 여러 가지의, 갖은
the big three, four, etc. 3대, 4대…
courthouse 법원 청사/건물
swarm 떼/무리를 지어 다니다
jubilant 승리감에 넘치는, 기뻐하는
stairwell 계단통, 계단
sill 문틀

WIDEN – as their re-introduction continues with quiet smiles.

화면이 넓어진다 – 조용히 미소 지으며 그들의 재소개가 계속 된다.

TONY (background babble about two truths and a lie) –you **split up** into separate groups and stuff–

토니 (배경으로 두 가지의 진실과 하나의 거짓말에 대한 웅얼거림이 들린다) –너희는 두 그룹으로 나뉘고 뭐 그러잖아–

VIOLET Yea... (chuckles)

바이올렛 맞아… (빙그레 웃는다)

TONY RYDINGER'S HOUSE – FRONT WALK – EARLY EVENING
Tony closes his front door and **trots** out to the STATION WAGON waiting at the curb. He opens a rear door to SEE:

토니 라이딘저의 집 – 집 앞 진입로 – 이른 저녁 시간
토니가 현관문을 닫고 도로 경계석 쪽에서 기다리고 있는 스테이션 왜건 쪽으로 빠르게 걸어간다. 그가 뒷문을 여니 보인다:

VIOLET sitting there **expectantly**... along with the ENTIRE PARR FAMILY. Violet smiles, shakes her head, rolling with the **absurdity**. She pats the seat next to her: get in. Tony does.

기대하며 기다리고 앉아 있는 바이올렛의 모습… 파의 온 가족이 그녀와 함께 있다. 바이올렛이 미소 지으며, 그녀의 고개를 가로젓는다. 우스꽝스러운 상황을 받아들이며. 그녀가 자신의 옆 좌석을 툭툭 치며: 들어와. 토니가 들어온다.

INSIDE THE STATION WAGON – MOVING
Bob drives, Helen in the front passenger seat, **middle row** is Violet and Tony, while Dash and Jack-Jack (in a baby seat) sit in the back. Violet **commences** introductions...

스테이션 왜건 안 – 이동 중
밥이 운전하고, 헬렌이 앞쪽 보조석에 앉아있고, 중간 줄에 바이올렛과 토니가 있고, 대쉬와 잭잭이 (아기 좌석에) 뒤쪽에 앉아있다. 바이올렛이 소개를 시작한다…

바로 이 장면!*

VIOLET Tony, this is my mom...

바이올렛 토니, 이쪽은 우리 엄마…

HELEN Pleased to meet you.

헬렌 만나서 반갑구나.

VIOLET ...this is my dad...

바이올렛 …이쪽은 우리 아빠…

BOB **Oh...we've met.**❶

밥 오…우리 구면이지.

VIOLET (turning to Dash) –and this... is **embarrassing**.

바이올렛 (대쉬를 돌아보며) –그리고 이쪽은… 부끄러운 존재야.

DASH **Charmed** I'm sure.

대쉬 분명 반갑겠죠.

VIOLET My little brother Dash.

바이올렛 내 남동생 대쉬.

---

split up 분리하다, 분할하다, 나뉘다
trot 빠른 속도/속보로 걷다
expectantly 예기하여, 기대하여
absurdity 부조리, 불합리, 모순
middle row 가운뎃줄
commence 〈격식〉 시작되다/하다
embarrassing 난처한, 쑥스러운, 창피한
charmed 매혹된, 〈구어〉 기쁘게 생각하여

❶ **Oh, we've met.**
아, 우린 구면이지.
초면이 아니라 한 번 만난 적이 있으니 구면이라고 할 때 쓰는 표현이에요. 이 표현과 같은 맥락으로, 처음 만난 사람에게 '통성명'을 할 때 Have we met? '우리 만난 적이 있던가요?' 라고 할 수 있어요. 또한, 서로 모르는 두 친구를 소개할 때는 Have you (two) met? '(너희 둘이) 만난 적 있니?'라고 하는 말로 시작한답니다.

Jack-Jack throws a toy at Tony. Violet points to Jack-Jack.

잭잭이 토니에게 장난감을 던진다. 바이올렛이 잭잭을 가리킨다.

VIOLET And the baby is Jack-Jack.

바이올렛 그리고 아기는 잭잭이야.

JACK-JACK (friendly babble)

잭잭 (우호적인 옹알이)

VIOLET I tried to **limit** it to ONE parent.

바이올렛 부모님 한 분으로 제한하려고 애써봤는데 이렇게 됐네.

HELEN We're all goin' to a movie too Tony, **don't mind us.**[1]

헬렌 우리도 다 같이 영화 보러 가는 중이었거든. 토니, 우리 신경 쓰지 마라.

BOB We'll be sitting on **the other side** of the theater. Not watching you.

밥 우린 반대편에 앉아있을 거야. 너희들 모습을 지켜보지 않으면서 말이야.

Bob WINKS at Tony in the **rearview mirror**.

밥이 백미러로 토니에게 윙크를 한다.

VIOLET (chuckle) He's kidding. They're only – (pointed, to parents) – **DROPPING US OFF** AT THE THEATRE. THEY **HAVE OTHER THINGS TO DO**.

바이올렛 (빙긋 웃는다) 아빠 농담하는 거야. 엄마 아빠는 그냥 – (가리키며, 부모님을) – 우리를 영화관에 내려주고 갈 거야. 다른 볼 일이 있으시대.

TONY So... you guys are close, I guess.

토니 그니까… 가족이 서로 친한 것 같네.

VIOLET Yea, I guess.

바이올렛 응, 그런 것 같아.

BOB We can get closer!

밥 우린 더 친해질 수도 있어!

HELEN Bob. (chuckles)

헬렌 밥. (빙그레 웃는다)

THOMPSON THEATER
The station wagon pulls up to the movie theatre. **SQUAD CARS** race past, **in pursuit of** a crime.
The Parrs **exchange knowing looks**. Knowing well what this means–

톰슨 영화관
스테이션 왜건이 영화관 쪽으로 멈춰 선다. 경찰차들이 범죄차량을 추격하며 빠른 속도로 그들 옆을 지나간다.
파의 가족이 서로 알았다는 눈빛을 교환한다. 이것이 무엇을 의미하는지 잘 안다 –

VIOLET STOP! Let us out!

바이올렛 멈춰요! 우리 내려 줘요!

---

limit (허용치를 넘지 못하게) 제한하다
the other side 반대쪽
rearview mirror 백미러
drop someone/something off ~을 바래다주다
have other things to do 다른 할/볼 일이 있다.
squad car 경찰차
in pursuit of ~을 쫓아서, ~을 추적하며
exchange knowing looks (서로 아는) 눈빛 교환을 하다

1 Don't mind us.
우린 신경 쓰지 마세요.
Don't mind someone은 '~에 대해 신경 쓰지 마'라는 의미로 쓰이는 표현이에요. mind가 '마음'이니까 우리말로 '마음 쓰지 마!'하는 뜻으로 외우면 더 기억하기 쉬울 거예요. 문장 끝에 대상을 바꿔서 Don't mind me! '내 신경은 쓰지 마'라고 쓸 수 있어요.

Violet kicks Tony out of the car.

바이올렛이 토니를 발로 차서 차 밖으로 나가게 한다.

VIOLET Here– (hands Tony some money) –large popcorn, small soda. **Save me a seat**, center, about eight rows back.

바이올렛 여기– (토니에게 돈을 건네며) –팝콘은 큰 거, 소다는 작은 거. 내 자리 하나 잡아 놔. 중앙 쪽으로, 앞에서 여덟 번째 줄 정도.

Violet gets back into the car and **sticks her head out** the window.

바이올렛이 다시 차에 올라타서 창문 밖으로 머리를 내민다.

VIOLET I'll be back before the **previews** are over!

바이올렛 예고편들 끝나기 전에 돌아올게!

Tony watches as the car drives off– not **entirely** sure what just happened.

토니가 떠나가는 차를 본다– 지금 방금 무슨 일이 있었는지 알 듯 모를 듯한 표정으로.

INSIDE STATION WAGON – MOVING WITH THE FAMILY
The Parrs put on their MASKS and the station wagon TRANSFORMS around them, revealing itself to be a family-sized INCREDIBILE. Bob hits the **BOOSTERS**— blasting them after the bad guys, and into a new **adventure** —

스테이션 왜건 안 – 가족과 함께 이동하며
파의 가족이 각자의 복면을 쓰고 스테이션 왜건이 그들 주변에서 변신하는데, 패밀리 사이즈 인크레더빌로 변한다. 밥이 추진 로켓 페달을 밟자— 그들이 전속력으로 악당들을 향해, 그리고 또 새로운 모험을 향해 달려간다 —

END CREDITS.

엔딩 크레딧.

---

save someone a seat ~의 좌석/자리를 맡아주다

stick one's head out (창 등에서) 머리를 내밀다

preview 시사회, 예고편

entirely 전적으로, 완전히

booster (우주선, 미사일의) 추진 로켓

adventure 모험

end credits 엔딩 크레딧 (배우, 제작진 소개 자막)

Disney · PIXAR

INCREDIBLES 2

EVERJUST
SATURDAY NIGHT
HAPPILY EVER AFTER
DANCE
7:00pm in the cafegymatorium

30장면으로 끝내는

스크린 영어회화 – 주토피아

국내 유일! 〈주토피아〉 전체 대본 수록!

〈겨울왕국〉, 〈빅 히어로〉 사단의 2016년 야심작!
〈주토피아〉의 30장면만 익히면 영어 왕초보도 영화 주인공처럼 말할 수 있다!

난이도	첫걸음 | 초급 중급 | 고급	기간	30일
대상	영화 대본으로 재미있게 영어를 배우고 싶은 독자	목표	30일 안에 영화 주인공처럼 말하기

30장면으로 끝내는

스크린 영어회화 - 도리를 찾아서

강윤혜 해설 | 408면 | 18,000원

국내 유일! 〈도리를 찾아서〉 전체 대본 수록!

〈니모를 찾아서〉의 흥행 신화를 잇는 픽사 30주년 기념작!
〈도리를 찾아서〉의 30장면만 익히면 영어 왕초보도 영화 주인공처럼 말할 수 있다!

난이도	첫걸음 |  초급 중급 | 고급	기간	30일
대상	영화 대본으로 재미있게 영어를 배우고 싶은 독자	목표	30일 안에 영화 주인공처럼 말하기

Disney · PIXAR

INCREDIBLES 2

Disney · PIXAR

INCREDIBLES 2

〈인크레더블2〉의 30장면만 익히면 영어 왕초보도 영화 주인공처럼 말할 수 있다!

영어 고수들은 영화로 영어 공부한다!

재미는 기본! 생생한 구어체 표현과 정확한 발음까지 익힐 수 있는
최고의 영어 학습법! 영화 한 편으로 영어 고수가 된다!

하루 한 장면, 30일 안에 영화 한 편을 정복한다!

필요 없는 장면은 걷어내고 실용적인 표현이 가득한 30장면만 공략한다!
30일이면 영어 왕초보도 영화 주인공처럼 말할 수 있다!

디즈니 최신 개봉작으로 지금 현지에서 쓰는 표현을 익힌다!

슈퍼히어로 가족의 화려한 귀환! 〈인크레더블 2〉 대본으로
미국 현지에서 쓰는 생생한 표현을 익힌다!

구성 | 스크립트북 + 워크북 + mp3 CD 1장

값 18,000원

ISBN 979-11-5924-185-7

슈퍼히어로 가족의
화려한 귀환!

워크북
Workbook

30장면으로 끝내는

스크린 영어회화

DISNEY · PIXAR
인크레더블 2

전체 대본을 실은
스크립트북

30장면 집중훈련
워크북

디즈니 추천 성우의
mp3 CD

길벗
이지:톡

30장면으로 끝내는

스크린 영어회화

Disney · PIXAR

인크레더블 2

해설 **라이언 강**

이 책의 학습법

이 책은 스크립트 북과 워크북, 전 2권으로 구성되어 있습니다. 이 책은 워크북으로 전체 대본에서 뽑은 30장면을 집중 훈련할 수 있습니다.

Day 01

Superheroes Are Illegal!

슈퍼히어로는 불법!

사건사고가 일어나는 현장이면 어디든지, 언제든지 달려가서 사람들을 구해주는 미스터 인크레더블을 비롯한 슈퍼히어로들. 그야말로 시민들의 영웅인데 어떤 사람들에게는 그들의 존재가 마냥 편치만은 않습니다. 물론 악당들도 그렇겠지만, 정치인들이 슈퍼히어로들을 많이 불편해 한다는 군요. 법치주의의 근간을 흔든다는 이유랍니다. 그래서 정치인들은 슈퍼히어로들이 더 이상 활동하지 못하도록 법을 제정했고, 슈퍼히어로들은 자신들의 정체를 숨긴 채로 살아야만 해요.

Warm Up! 오늘 배울 표현 오늘 등장하는 표현들입니다. 어떤 표현이 들어가야 할지 생각해 보세요.

- one of the kids voices.
  그 아이들 중 한 명의 목소리가 왠지 귀 익은 느낌이었어요.
- alone in a parking lot, babysitting, like an IDIOT!!
  난 혼자 주차장에 갇혀서 멍청이처럼 아기나 돌봐야 하는 신세군!!
- . 이건 네가 생각하는 그런 거 아니.
- . 그것에 대해서 조금 마음이 안 좋아요.

오늘 공부할 장면에 대한 간단한 설명입니다.

Warm up! 오늘 배울 표현

오늘 배울 핵심표현을 살짝. 이 표현을 내가 영어로 말할 수 있는지 테스트해보세요.

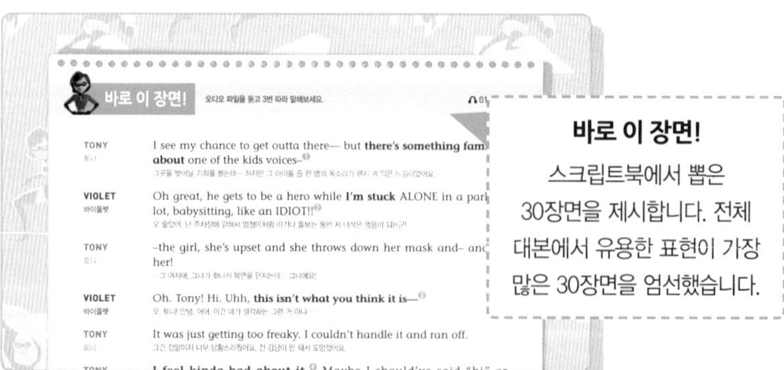

바로 이 장면! 오디오 파일을 듣고 3번 따라 말해보세요. 01

TONY 토니	I see my chance to get outta there— but **there's something fam about** one of the kids voices–① 그곳을 벗어날 기회를 봤는데— 하지만 그 아이들 중 한 명의 목소리가 왠지 귀 익은 느낌이었어요 –
VIOLET 바이올렛	Oh great, he gets to be a hero while **I'm stuck** ALONE in a park lot, babysitting, like an IDIOT!!② 오 좋았어. 난 주차장에 갇혀서 멍청이처럼 아기나 돌보는 동안 저 녀석은 영웅이 되는군!!
TONY 토니	–the girl, she's upset and she throws down her mask and– anc her! – 그 여자애, 그녀가 화나서 복면을 던지는데 – 그녀예요!
VIOLET 바이올렛	Oh. Tony! Hi. Uhh, **this isn't what you think it is**—③ 오. 토니! 안녕. 어어. 이건 네가 생각하는 그런 거 아니 –
TONY 토니	It was just getting too freaky. I couldn't handle it and ran off. 그건 정말이지 너무 당황스러웠어요. 전 감당이 안 돼서 도망쳤어요.

바로 이 장면!

스크립트북에서 뽑은 30장면을 제시합니다. 전체 대본에서 유용한 표현이 가장 많은 30장면을 엄선했습니다.

장면 파헤치기

'바로 이 장면!'에서 뽑은 핵심 표현들을 친절한 설명과 유용한 예문을 통해 깊이 있게 알아봅니다.

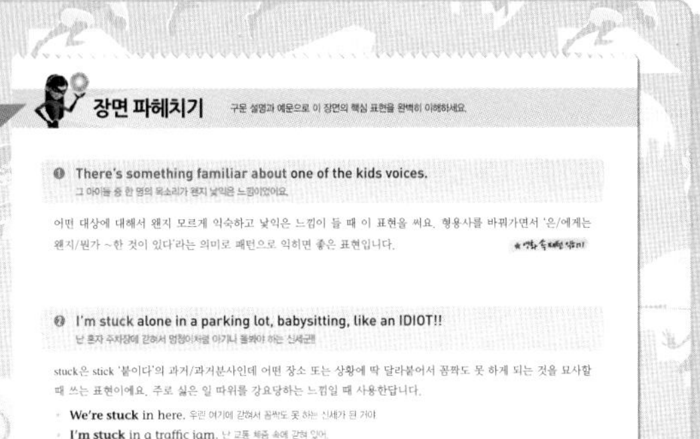

장면 파헤치기 구문 설명과 예문으로 이 장면의 핵심 표현을 완벽히 이해하세요.

❶ There's something familiar about one of the kids voices.
그 아이들 중 한 명의 목소리가 왠지 낯익은 느낌이었어요.

어떤 대상에 대해서 왠지 모르게 익숙하고 낯익은 느낌이 들 때 이 표현을 써요. 형용사를 바꿔가면서 '은/에게는 왠지/뭔가 ~한 것이 있다'라는 의미로 패턴으로 익히면 좋은 표현입니다.

❷ I'm stuck alone in a parking lot, babysitting, like an IDIOT!!
난 혼자 주차장에 갇혀서 멍청이처럼 아기나 돌봐야 하는 신세군!

stuck은 stick '붙이다'의 과거/과거분사인데 어떤 장소 또는 상황에 딱 달라붙어서 꼼짝도 못 하게 되는 것을 묘사할 때 쓰는 표현이에요. 주로 싫은 일 따위를 강요당하는 느낌일 때 사용한답니다.

- We're stuck in here. 우린 여기에 갇혀서 꼼짝도 못 하는 신세가 된 거야.
- I'm stuck in a traffic jam. 난 교통 체증 속에 갇혀 있어.

영화 속 패턴 익히기

영화에 나오는 패턴을 활용하여 다양한 표현을 만들 수 있습니다. Step1에서 기본 패턴을 익히고, Step2에서 패턴을 응용하고, Step3에서 실생활 대화에서 패턴을 적용하는 훈련을 합니다.

영화 속 패턴 익히기 오늘 배운 장면에서 뽑은 핵심 패턴으로 다양한 표현을 만들어 보세요.

01-2.mp3

There's something familiar about ~ ~에게 뭔가 익숙한 느낌이 있다.

Step 1 기본 패턴 연습하기

1 **There's something familiar about** this place. 이곳은 왠지 낯익은 느낌이 있어.
2 **There's something familiar about** all this. 이 모든 것이 왠지 모르게 낯설지가 않네.
3 **There's something familiar about** the plot. 이 줄거리는 뭔가 좀 익숙한데.
4 .... that man. 그 남자에게는 뭔가 익숙한 느낌이 있다.
5 .... you. 너에게는 왠지 모르게 낯익은 느낌이 있어.

확인학습

오늘 배운 표현과 패턴을 확인해 보는 코너입니다. 문제를 풀며 표현들을 완벽히 내 것으로 만드세요.

확인학습 문제를 풀며 오늘 배운 표현을 완벽히 내 것으로 만드세요.

A | 영화 속 대화를 완성해 보세요.

TONY I see my chance to get outta there— but ❶ .... one of the kids voices–

VIOLET Oh great, he ❷ .... a hero while ❸ .... ALONE in a parking lot, babysitting, like an IDIOT!!

TONY –the girl, she's upset and she throws down her mask and– and it's her!

VIOLET Oh. Tony! Hi. Uhh, ❹ ....

TONY It was just ❺ .... I couldn't handle it and ran off.

TONY ❻ .... Maybe I ❼ .... "hi" or something? It's not her fault Superheroes are illegal. And it's not like I don't like strong girls, I'm pretty secure... manhood-wise, – what is that...?

정답 A
❶ there's something

차례

Day 01 **Superheroes Are Illegal!** ···· 7
슈퍼히어로는 불법!

Day 02 **Underminer Vs. The Incredibles** ···· 12
언더마이너 대 인크레더블 가족

Day 03 **The Motel Life** ···· 17
모텔 인생

Day 04 **The Elephant in the Room** ···· 22
방 안의 코끼리

Day 05 **What a Friend Lucius Is!** ···· 27
참 좋은 친구 루시우스!

Day 06 **Meeting With Deavors** ···· 32
데버 남매와의 만남

Day 07 **Helen in Demand** ···· 37
잘 나가는 헬렌

Day 08 **Elastigirl With Elasticycle** ···· 42
엘라스티사이클을 탄 엘라스티걸

Day 09 **A Potential Threat** ···· 47
잠재적 위협

Day 10 **Elastigirl in Action** ···· 52
작전에 나선 엘라스티걸

Day 11 **Bob Doing House Chores** ···· 57
집안일 하는 밥

Day 12 **Meeting With the Ambassador** ···· 62
대사와의 만남

Day 13 **Lost Memories** ···· 67
잃어버린 기억들

Day 14 **Leaders and Supers From All Over the World** ···· 72
전 세계에서 오는 지도자들과 슈퍼히어로들

Day 15 **It's a Man's World!** ···· 77
남자들의 세상이야!

C o n t e n t s

Day 16 **The Happy Platter** ···· 82
해피 플래터 레스토랑

Day 17 **The Incredibile, Whose Car Is It?** ···· 87
인크레더빌, 누구의 차인가?

Day 18 **Jack-Jack With Powers** ···· 92
초능력자 잭잭

Day 19 **Jack-Jack's Babysitter, E** ···· 97
잭잭의 베이비시터, E

Day 20 **The Screenslaver, Too Easy for Elastigirl?** ···· 102
일레스티걸에게 스크린슬레이버는 너무 쉬운 상대인가?

Day 21 **Who Is the Real Screenslaver?** ···· 107
누가 진짜 스크린슬레이버인가?

Day 22 **The Ship at DevTech** ···· 112
데브텍에 있는 배

Day 23 **No Mom, No Dad, No Lucius!** ···· 117
엄마도 없고, 아빠도 없고, 루시우스 아저씨도 없다!

Day 24 **Where Are the Supers Now?** ···· 122
슈퍼히어로들은 지금 어디에 있는가?

Day 25 **Amused but Quiet Jack-Jack?** ···· 127
신났지만 조용한 잭잭?

Day 26 **May the Fittest Survive!** ···· 132
적자들만이 살아남을지어다!

Day 27 **Not Enough Time** ···· 137
촉박한 시간

Day 28 **Nobody Wants to Die!** ···· 142
죽고 싶은 사람은 아무도 없다!

Day 29 **A Good Feeling** ···· 147
좋은 느낌

Day 30 **Date With the Whole Family** ···· 152
온 가족과 함께하는 데이트

Disney · PIXAR
INCREDIBLES 2

Day 01

Superheroes Are Illegal!

슈퍼히어로는 불법!

사건사고가 일어나는 현장이면 어디든지, 언제든지 달려가서 사람들을 구해주는 미스터 인크레더블을 비롯한 슈퍼히어로들. 그야말로 시민들의 영웅인데 어떤 사람들에게는 그들의 존재가 마냥 편치만은 않습니다. 물론 악당들도villains 그렇겠지만, 정치인들이politicians 슈퍼히어로들을 많이 불편해 한다는 군요. 법치주의의legalism 근간을foundation 흔든다는 이유랍니다. 그래서 정치인들은 슈퍼히어로들이 더 이상 활동하지 못하도록 법을 제정했고, 슈퍼히어로들은 자신들의 정체를identity 숨긴 채로 살아야만 해요.

Warm Up! 오늘 배울 표현 오늘 등장하는 표현들입니다. 어떤 표현이 들어가야 할지 생각해 보세요.

* one of the kids voices.
그 아이들 중 한 명의 목소리가 왠지 귀 익은 느낌이었어요.

* alone in a parking lot, babysitting, like an IDIOT!!
난 혼자 주차장에 갇혀서 멍청이처럼 아기나 돌봐야 하는 신세군!!

* . 이건 네가 생각하는 그런 거 아냐.

* . 그것에 대해서 조금 마음이 안 좋아요.

바로 이 장면!

오디오 파일을 듣고 3번 따라 말해보세요.

01-1.mp3

TONY 토니

I see my chance to get outta there— but **there's something familiar about** one of the kids voices–[1]

그곳을 벗어날 기회를 봤는데— 하지만 그 아이들 중 한 명의 목소리가 왠지 귀 익은 느낌이었어요 –

VIOLET 바이올렛

Oh great, he gets to be a hero while **I'm stuck** ALONE in a parking lot, babysitting, like an IDIOT!![2]

오 좋았어, 난 주차장에 갇혀서 멍청이처럼 아기나 돌보는 동안 저 녀석은 영웅이 되는군!

TONY 토니

–the girl, she's upset and she throws down her mask and– and it's her!

– 그 여자애, 그녀가 화나서 복면을 던지는데 – 그녀예요!

VIOLET 바이올렛

Oh. Tony! Hi. Uhh, **this isn't what you think it is**—[3]

오. 토니! 안녕. 어어. 이건 네가 생각하는 그런 거 아냐—

TONY 토니

It was just getting too freaky. I couldn't handle it and ran off.

그건 정말이지 너무 당황스러웠어요. 전 감당이 안 돼서 도망쳤어요.

TONY 토니

I feel kinda bad about it.[4] Maybe I should've said "hi" or something? It's not her fault Superheroes are illegal. And it's not like I don't like strong girls, I'm pretty secure... manhood-wise, – what is that...?

조금 마음이 안 좋더라고요. 그냥 "안녕"이라든지 뭐 그런 인사라도 할 걸 그랬나 봐요? 슈퍼히어로가 불법인 건 그녀의 잘못이 아니잖아요. 그리고 제가 강한 여자아이를 안 좋아하는 것도 아니고, 전 상당히 안정적이거든요··· 남자다움 면에서, – 그게 뭔가요···?

DICKER 딕커

Have you told anyone else about this? Your parents?

누구 다른 사람에게 이 이야기를 한 적이 있나? 부모님에게라도?

TONY 토니

No. They'd only think I was hiding something. You know what I mean?

아니요. 괜히 말해봤자 우리 부모님은 내가 뭔가를 숨기고 있다고 생각하실 거예요. 이해하시죠?

DICKER 딕커

Sure, kid.

당연하지, 얘야.

TONY 토니

I liked this girl, Mr. Dicker. I'm supposed to go out with her Friday night. Now things are just gonna be...weird. I wish I could forget I ever saw her in that suit.

전 그 여자애를 좋아했어요, 딕커 씨. 원래 금요일 밤에 그녀와 데이트하기로 했었어요. 그런데 이젠 상황이 많이··· 어색하겠네요. 차라리 그녀가 그 복장을 한 모습을 잊어버릴 수 있었으면 좋겠어요.

장면 파헤치기

구문 설명과 예문으로 이 장면의 핵심 표현을 완벽히 이해하세요.

❶ There's something familiar about one of the kids voices.
그 아이들 중 한 명의 목소리가 왠지 낯익은 느낌이었어요.

어떤 대상에 대해서 왠지 모르게 익숙하고 낯익은 느낌이 들 때 이 표현을 써요. 형용사를 바꿔가면서 '은/에게는 왠지/뭔가 ~한 것이 있다'라는 의미로 패턴으로 익히면 좋은 표현입니다.

★ 영화 속 패턴 익히기

❷ I'm stuck alone in a parking lot, babysitting, like an IDIOT!!
난 혼자 주차장에 갇혀서 멍청이처럼 아기나 돌봐야 하는 신세군!!

stuck은 stick '붙이다'의 과거/과거분사인데 어떤 장소 또는 상황에 딱 달라붙어서 꼼짝도 못 하게 되는 것을 묘사할 때 쓰는 표현이에요. 주로 싫은 일 따위를 강요당하는 느낌일 때 사용한답니다.

* **We're stuck** in here. 우린 여기에 갇혀서 꼼짝도 못 하는 신세가 된 거야.
* **I'm stuck** in a traffic jam. 난 교통 체증 속에 갇혀 있어.

❸ This isn't what you think it is. 이건 네가 생각하는 그런 거 아냐.

지금 이 상황은 네가 눈으로 목격하며 상상하고 있는 그런 상황이 아니라며 변명/해명할 때 쓰는 표현이에요. 오해할 수밖에 없는 상황에서 오해하지 말거나, 네가 상상하는 것과는 다른 것이라고 말할 때도 쓴답니다.

* Open your eyes. **This isn't what you think it is.** 눈을 크게 떠 보세요. 이건 당신이 생각하는 그게 아니랍니다.
* **This isn't what you think it is.** I'll explain later. 네가 생각하는 그런 거 아냐. 나중에 해명할게.

❹ I feel kinda bad about it. 그것에 대해서 조금 마음이 안 좋아요.

feel bad about something은 '~에 대해서 기분이 나쁘다'는 뉘앙스로 화를 낼 때 보다는 안타까움이나 후회를 나타낼 때 쓰는 표현이에요. 내가 뭔가 잘못한 것에 대해 후회가 되거나, 상대방에 대해 미안한/안쓰러운 마음이 생길 때 이 표현을 씁니다.

* **I feel so bad about** what I did. 내가 한 일에 대해서 마음이 좀 많이 안 좋다.
* **I feel bad about** rejecting David. 데이빗을 거절해서 마음이 좀 그렇네.

영화 속 패턴 익히기

오늘 배운 장면에서 뽑은 핵심 패턴으로 다양한 표현을 만들어 보세요.

01-2.mp3

There's something familiar about ~ ~에게 뭔가 익숙한 느낌이 있다.

Step 1 기본 패턴 연습하기

1 **There's something familiar about** this place. 이곳은 왠지 낯익은 느낌이 있어.

2 **There's something familiar about** all this. 이 모든 것이 왠지 모르게 낯설지가 않네.

3 **There's something familiar about** the plot. 이 줄거리는 뭔가 좀 익숙한데.

4 ______________________ that man. 그 남자에게는 뭔가 익숙한 느낌이 있다.

5 ______________________ you. 너에게는 왠지 모르게 낯익은 느낌이 있어.

Step 2 패턴 응용하기 There's something + 형용사 + about ~

1 **There's something different about** his smile. 그의 미소에는 다른 사람들과는 뭔가 다른 느낌이 있어.

2 **There's something odd about** this case. 이 사건은 뭔가 좀 이상해.

3 **There's something wonderful about** Susan. 수잔에게는 뭔가 경이로운 면이 있어.

4 ______________________ our love. 우리의 사랑은 뭔가 더 특별해.

5 ______________________ the fire. 그 화재는 뭔가 좀 의심스러운 데가 있네.

Step 3 실생활에 적용하기

A Do you know that guy?
B 아니, 근데 왠지 모르게 낯익은 느낌이 있네.
A That's probably because he looks like me. He's my little brother.

A 너 저 남자 알아?
B No, but there's something familiar about him.
A 그건 아마도 그가 날 닮아서 그럴 거야. 재가 내 남동생이야.

정답 Step 1 4 There's something familiar about 5 There's something familiar about Step 2 4 There's something special about 5 There's something suspicious about

확인학습

문제를 풀며 오늘 배운 표현을 완벽히 내 것으로 만드세요.

A | 영화 속 대화를 완성해 보세요.

TONY I see my chance to get outta there— but ❶ ______________ one of the kids voices–
그곳을 벗어날 기회를 봤는데— 하지만 그 두 아이 중 한 명의 목소리가 왠지 귀 익은 느낌이었어요 –

VIOLET Oh great, he ❷ ______ a hero while ❸ ______ ALONE in a parking lot, babysitting, like an IDIOT!!
오 좋았어. 난 주차장에 갇혀서 멍청이처럼 아기나 돌보는 동안 저 녀석은 영웅이 되는군!!

TONY –the girl, she's upset and she throws down her mask and– and it's her! –그 여자애, 그녀가 화나서 복면을 던지는데 – 그녀예요!

VIOLET Oh. Tony! Hi. Uhh, ❹ ______________—
오. 토니! 안녕. 어어. 이건 네가 생각하는 그런 거 아냐—

TONY It was just ❺ ______________. I couldn't handle it and ran off. 그건 정말이지 너무 당황스러웠어요. 전 감당이 안 돼서 도망쳤어요.

TONY ❻ ______________. Maybe I ❼ ______ "hi" or something? It's not her fault Superheroes are illegal. And it's not like I don't like strong girls, I'm pretty secure... manhood-wise, – what is that...?
조금 마음이 안 좋더라고요. 그냥 "안녕"이라든지 뭐 그런 인사라도 할 걸 그랬나 봐요? 슈퍼히어로가 불법인 건 그녀의 잘못이 아니잖아요. 그리고 제가 강한 여자아이를 안 좋아하는 것도 아니고, 전 상당히 안정적이거든요… 남자다움 면에서. – 그게 뭔가요…?

DICKER Have you ❽ ______________ about this? Your parents?
누구 다른 사람에게 이 이야기를 한 적이 있나? 부모님에게라도?

TONY No. They'd only think I was hiding something. You know what I mean?
아니요. 괜히 말해봤자 우리 부모님은 내가 뭔가를 숨기고 있다고 생각하실 거예요. 이해하시죠?

DICKER Sure, kid. 당연하지, 얘야.

TONY I liked this girl, Mr. Dicker. I'm ❾ ______________ with her Friday night. Now things are just gonna be...weird. ❿ ______________ forget I ever saw her in that suit.
전 그 여자애를 좋아했어요, 딕커 씨. 원래 금요일 밤에 그녀와 데이트하기로 했었어요. 그런데 이젠 상황이 많이…어색하겠네요. 차라리 그녀가 그 복장을 한 모습을 잊어버릴 수 있었으면 좋겠어요.

B | 다음 빈칸을 채워 문장을 완성해 보세요.

1 이곳은 왠지 낯익은 느낌이 있어.
______________ this place.

2 그 남자에게는 뭔가 익숙한 느낌이 있다.
______________ that man.

3 이 사건은 뭔가 좀 이상해.
______________ this case.

4 우리의 사랑은 뭔가 더 특별해.
______________ our love.

5 그 화재는 뭔가 좀 의심스러운 데가 있네.
______________ the fire.

정답 A

❶ there's something familiar about
❷ gets to be
❸ I'm stuck
❹ this isn't what you think it is
❺ getting too freaky
❻ I feel kinda bad about it
❼ should've said
❽ told anyone else
❾ supposed to go out
❿ I wish I could

정답 B

1 There's something familiar about
2 There's something familiar about
3 There's something odd about
4 There's something special about
5 There's something suspicious about

Day 02

Underminer Vs. The Incredibles

언더마이너 대 인크레더블 가족

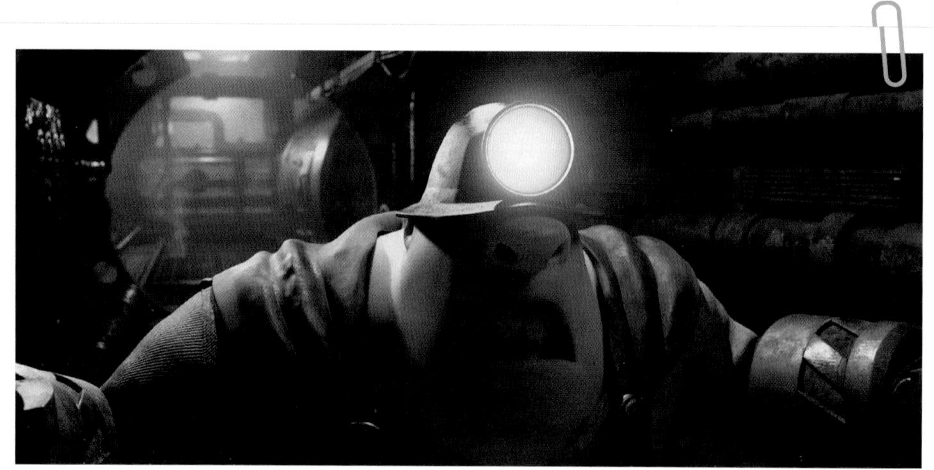

거대한[gigantic] 드릴을 팽팽 돌리며 땅밑에서 갑자기 솟아오른 언더마이너. 난동을 부리며[rampage] 자신의 존재를 드러내고, 사람들이 혼비백산하며[frightened to death] 달아납니다. 다행히도[fortunately] 우리의 영웅, 인크레더블 가족이 그곳에 있으니 안심하셔도 되겠어요. 1편에서 무시무시한 악당[monstrous villain] '신드롬'을 물리치고 온 인크레더블 가족에게 언더마이너쯤은 아무것도 아닐걸요. 하지만 언더마이너는 그렇게 만만한 상대가 아니에요. 과연, 인크레더블 가족이 언더마이너와의 결투에서 승리할 수 있을까요?

Warm Up! 오늘 배울 표현

오늘 등장하는 표현들입니다. 어떤 표현이 들어가야 할지 생각해 보세요.

* Now HE'S __________ . 이제 저놈이 골칫거리군.
* Everybody __________ , okay?! 모두들 뒤로 물러서요, 알았죠?!
* You're not __________ babysitting! 나만 아기를 돌보고 앉아있을 수는 없지!
* I'll __________ keep it away from the buildings! 이놈이 건물들에 가까이 가지 못하게 해 볼게요!

바로 이 장면!

오디오 파일을 듣고 3번 따라 말해보세요. 02-1.mp3

MR. INCREDIBLE 인크레더블
Underminer. We meet again--ahhh!!!
언더마이너. 다시 만났군—아아!!!

UNDERMINER 언더마이너
Oh, GREAT--!! Now HE'S **on the agenda**.[1]
오, 이런—!! 이제 저놈이 골칫거리군.

UNDERMINER 언더마이너
INCREDIBLE!! Meet JACK HAMMER!!
인크레더블!! 착암기와 인사 나눠라!!

UNDERMINER 언더마이너
BUH BYE!!!
잘 가거라!!!

MR. INCREDIBLE 인크레더블
No, no, no NO NO NO NO!!!!!!
안돼, 안돼, 안돼 아니 아니 아니 아니!!!

DASH 대쉬
Everybody **stay back**, okay?![2] Stay back!!
모두들 뒤로 물러서요, 알았죠?! 물러서라고요!!

VIOLET 바이올렛
You're not **sticking me with** babysitting![3]
나만 아기를 돌보고 앉아있을 수는 없지!

MR. INCREDIBLE 인크레더블
I can't steer it or stop it! AND the Underminer's escaped!
이 기계를 조종 할 수도 없고 멈출 수도 없어요! 그리고 언더마이너는 탈출했어요!

ELASTIGIRL 엘라스티걸
We'll have to stop it from—BOB! THE MONORAIL!!
이것을 못 하게 막아야 하는데—밥! 모노레일이 있잖아요!!

MR. INCREDIBLE 인크레더블
FROZONE!!! Yeah!!!
프로존!!! 오 예!!!

ELASTIGIRL 엘라스티걸
We have to stop this thing before it gets to the overpass!!
이놈이 고가도로에 다다르기 전에 멈춰야만 해요!!

MR. INCREDIBLE 인크레더블
I'll **try to** keep it away from the buildings![4]
이놈이 건물들에 가까이 가지 못하게 해 볼게요!

장면 파헤치기

구문 설명과 예문으로 이 장면의 핵심 표현을 완벽히 이해하세요.

❶ Now HE'S on the agenda. 이제 저놈이 골칫거리군.

agenda는 '의제, 안건'이라는 의미의 명사인데, on the agenda는 '의제/안건으로 상정된'이라는 뜻의 숙어예요. 이 문맥에서는 on the agenda를 '처리해야 할 문제/골칫거리'라고 의역을 했어요.

* What's **on the agenda** today? 오늘 의제가 뭐죠?
* That's the first item **on the agenda.** 그것이 첫 번째로 이야기를 나눌 의제입니다.

❷ Everybody stay back, okay?! 모두들 뒤로 물러서요, 알았죠?!

stay back 또는 stand back은 '뒤로 물러서다'라는 뜻이에요. 위험하니 뒤로 물러서 있으라고 명령할 때 주로 쓰이는 표현들이지요. 어떤 일에 있어서 앞으로 나서지 않고 뒤로 물러서 있는 것을 표현할 때도 쓰일 수 있답니다.

* The police shouted to the bystanders to **stay back.** 경찰이 구경꾼들에게 뒤로 물러서 있으라고 소리쳤다.
* We need you to **stay back.** 뒤로 물러서 있으세요.

❸ You're not sticking me with babysitting! 나만 아기를 돌보고 앉아있을 수는 없지!

stick with는 '~의 곁에 머물다' 또는 '(힘든 일 따위를 포기하지 않고) 계속하다, 고수하다'라는 숙어예요. stick의 기본적인 의미가 '(풀 같은 것으로) 붙이다'로, 끈적끈적하게 들러붙어 있는 모습을 상상하면 기억에 잘 남을 거예요.

* I know it's not easy, but **stick with** your plan. 나도 쉽지 않다는 건 알아, 하지만 계속 네 계획을 고수해라.
* **Stick with** your wife. 네 아내의 곁에 머물러 있어라.

❹ I'll try to keep it away from the buildings! 이놈이 건물들에 가까이 가지 못하게 해 볼게요!

〈try to + 동사〉 패턴은 '~을 하려고 하다/시도하다/애쓰다'라는 뜻으로 쓰이지요. try를 보면 자동적으로 '시도하다'라는 해석을 떠올리기 쉬운데, '~하려고 하다/애쓰다'의 어감으로 기억해야 자연스러운 문장으로 만들 수 있답니다.

★ 영화 속 패턴 익히기

영화 속 패턴 익히기

오늘 배운 장면에서 뽑은 핵심 패턴으로 다양한 표현을 만들어 보세요.

02-2.mp3

I'll try to + 동사 ~하려고 할게/시도할게/노력해볼게.

Step 1 기본 패턴 연습하기

1 **I'll try to be** there as soon as possible. 최대한 빨리 가도록 애써볼게.

2 **I'll try to tell** him when I get a chance. 기회가 될 때 그에게 말해 볼게.

3 **I'll try to stay** away from Dan. 댄을 멀리하도록 해 볼게.

4 ______________ my nose clean. 말썽 일으키지 않도록 애써볼게.

5 ______________ it up to you. 네게 보상하도록 애써볼게.

Step 2 패턴 응용하기 주어 + try/tried/(be동사 + trying to) + 동사

1 **We tried to reach** Kendra over the phone. 캔드라에게 전화로 연락해 보려고 했어요.

2 **She was trying to finish** it in time. 그녀가 시간 안에 그것을 끝내려고 애썼어요.

3 **Dick tried to get** as much sleep as possible. 딕은 최대한 많은 자려고 노력했어요.

4 ______________ a good father. 난 좋은 아빠가 되려고 노력한다.

5 Why don't ______________ a little? 조금 진정해 보는 게 어때?

Step 3 실생활에 적용하기

A Have you contacted him yet?
B No, but 전화 할 수 있을 때 해 볼게.
A You'd better do it soon.

A 그에게 연락 해 봤니?
B 아니, 그런데, I'll try to call him when I can.
A 빨리하는 게 좋을 거야.

정답 Step 1 4 I'll try to keep 5 I'll try to make Step 2 4 I try to be 5 you try to relax

확인학습

문제를 풀며 오늘 배운 표현을 완벽히 내 것으로 만드세요.

A | 영화 속 대화를 완성해 보세요.

MR. INCREDIBLE Underminer. ❶ ______________–ahhh!!!
언더마이너. 다시 만났군 – 아아!!!

UNDERMINER Oh, GREAT–!! Now HE'S ❷ ______________.
오, 이런 –!! 이제 저놈이 골칫거리군.

UNDERMINER INCREDIBLE!! ❸ ________ JACK HAMMER!!
인크레더블!! 착암기와 인사 나눠라!!

UNDERMINER BUH BYE!!! 잘 가거라!!!

MR. INCREDIBLE No, no, no NO NO NO NO!!!!!!
안돼, 안돼, 안돼 아니 아니 아니 아니!!!!!!

DASH Everybody ❹ ______________, okay?! Stay back!!
모두들 뒤로 물러서요, 알았죠?! 물러서라고요!!

VIOLET You're not ❺ ______________ babysitting!
나만 아기를 돌보고 앉아있을 수는 없지!

MR. INCREDIBLE ❻ ______________ or stop it! AND the Underminer's ❼ ______________!
이 기계를 조종 할 수도 없고 멈출 수도 없어요! 그리고 언더마이너는 탈출했어요!

ELASTIGIRL We'll have to stop it from—BOB! THE MONORAIL!!
이것을 못 하게 막아야 하는데—밥! 모노레일이 있잖아요!!

MR. INCREDIBLE FROZONE!!! Yeah!!! 프로존!!! 오 예!!!

ELASTIGIRL We have to ❽ ______________ before it gets to the ❾ ______________!! 이놈이 고가도로에 다다르기 전에 멈춰야만 해요!!

MR. INCREDIBLE I'll ❿ ______________ keep it away from the buildings!
이놈이 건물들에 가까이 가지 못하게 해 볼게요!

B | 다음 빈칸을 채워 문장을 완성해 보세요.

1 최대한 빨리 가도록 애써볼게.
______________ there as soon as possible.

2 말썽 일으키지 않도록 애써볼게.
______________ my nose clean.

3 그녀가 시간 안에 그것을 끝내려고 애썼어요.
______________ it in time.

4 딕은 최대한 많이 자려고 노력했어요.
______________ as much sleep as possible.

5 난 좋은 아빠가 되려고 노력한다.
______________ a good father.

정답 A

❶ We meet again
❷ on the agenda
❸ Meet
❹ stay back
❺ sticking me with
❻ I can't steer it
❼ escaped
❽ stop this thing
❾ overpass
❿ try to

정답 B

1 I'll try to be
2 I'll try to keep.
3 She was trying to finish
4 Dick tried to get
5 I try to be

Day 03

The Motel Life

모텔 인생

악당 언더마이너를 놓친 인크레더블 가족을 향한 여론이public sentiment 악화되고getting worse and worse, 결국 정치인들이 슈퍼히어로들의 히어로 활동을 불법화시키겠다고illegalize 합니다. 1편에서 신드롬과 싸우다가 집도 완전히 불타버려서completely burned down 갈 곳도 없는 인크레더블 가족은 그나마 에이전트 딕커 씨의 배려로consideration 모텔에서 딱 2주간 지낼 수 있게 됐어요. 밥은 실직lost his job 상태이기 때문에, 앞으로 어떻게 생계를 꾸려야 할지 막막한 상황이랍니다.

Warm Up! 오늘 배울 표현

오늘 등장하는 표현들입니다. 어떤 표현이 들어가야 할지 생각해 보세요.

* The program's been ______. 프로그램이 종료되었다네.
* Politicians don't understand people who do good ______ it's right.
  정치인들은 단순히 옳은 일이기 때문에 선한 일을 하는 사람들을 이해하지 못한다네.
* I'm afraid two more weeks in the motel ______.
  모텔에서 앞으로 2주 동안 더 지내게 해 주는 것이 내가 할 수 있는 최선이야.
* ______ workin' with you good people.
  자네들처럼 좋은 사람들과 일해서 영광이었어.

바로 이 장면!

오디오 파일을 듣고 3번 따라 말해보세요.

03-1.mp3

DICKER 딕커
The program's been **shut down.**[1]
프로그램이 종료되었다네.

BOB 밥
What...??
뭐라고요…??

DICKER 딕커
Politicians don't understand people who do good **simply because** it's right.[2] Makes 'em nervous. They've been gunnin' for supers for years. Today was all they needed--
정치인들은 단순히 옳은 일이기 때문에 선한 일을 하는 사람들을 이해하지 못한다네. 그런 사람들은 그들을 초조하게 만들지. 벌써 수년 동안 그들은 슈퍼히어로들을 노리고 있었어. 그들에게 필요했던 것이 오늘 벌어진 일로 다 충족됐어.

DICKER 딕커
Anyway...I'm done. I'm afraid two more weeks in the motel **is the best I can do for ya.**[3] It ain't much.
아무튼…난 이걸로 끝이네. 모텔에서 앞으로 2주 동안 더 지내게 해 주는 것이 내가 할 수 있는 최선이야. 별건 아니네만.

HELEN 헬렌
You've done plenty, Rick.
이미 충분히 많이 편의를 봐 주셨어요, 릭.

BOB 밥
We won't forget.
잊지 않을 거예요.

DICKER 딕커
Well, **it has been a great honor** workin' with you good people.[4]
음, 자네들처럼 좋은 사람들과 일해서 영광이었어.

BOB 밥
Thanks for everything. And good luck.
모든 것에 대해서 감사 드려요. 그리고 행운을 빌게요.

DICKER 딕커
Yea, you too.
그래, 자네들도.

장면 파헤치기

구문 설명과 예문으로 이 장면의 핵심 표현을 완벽히 이해하세요.

❶ The program's been shut down. 프로그램이 종료되었다네.

shut down은 공장이나 가게가 망해서 문을 닫았을 때, 즉 폐업했을 때 쓰는 표현이에요. 기계나 프로그램, 시스템 등이 더 이상 작동하지 않고 멈추어 버린 것을 표현할 때도 많이 쓰이고요.

- The whole system will be **shut down** tonight. 오늘 밤엔 전체 시스템이 가동되지 않을 것입니다.
- The store was **shut down**. 그 가게가 폐업했더라.

❷ Politicians don't understand people who do good simply because it's right.
정치인들은 단순히 옳은 일이기 때문에 선한 일을 하는 사람들을 이해하지 못한다네.

simply because는 특별한 이유 없이 '단순히 ~때문에'라는 의미의 표현을 할 때 쓰는 패턴이에요. simply 대신에 only 또는 just를 넣어도 같은 의미로 쓸 수 있습니다.

★ 영화 속 패턴 익히기

❸ I'm afraid two more weeks in the motel is the best I can do for ya.
모텔에서 앞으로 2주 동안 더 지내게 해 주는 것이 내가 할 수 있는 최선이야.

문장의 끝에 있는 ya는 you를 구어체적으로 표기한 거예요. the best I can do for you는 '너를 위해 내가 할 수 있는 최선/최고의 것'이라고 해석할 수 있어요. can을 과거형 could를 쓰거나 주어와 목적어를 바꿔가면서 활용하면 좋아요.

- That'**s the best I can do for you.** 그게 내가 너를 위해 할 수 있는 최선이야.
- Is that **the best you could do for me?** 그게 네가 나를 위해 할 수 있는 최선이니?

❹ It has been a great honor workin' with you good people. 자네들처럼 좋은 사람들과 일해서 영광이었어.

같이 몸담았던 직장이나 모임, 학교 등에서 동료/친구/선생님/학생과 마지막으로 인사하는 상황에 쓰이는 표현이에요. great을 빼고 It has been an honor로만 쓸 수도 있고, honor를 pleasure로 바꿔서 It has been a pleasure '같이 ~할 수 있어서 즐거웠어요'라고 표현할 수도 있답니다.

- **It has been a great honor** to be your student. 당신의 학생이었다는 것이 정말 영광이었어요.
- **It has been a pleasure** working with you. 당신과 같이 일할 수 있어서 즐거웠어요.

영화 속 패턴 익히기

오늘 배운 장면에서 뽑은 핵심 패턴으로 다양한 표현을 만들어 보세요.

03-2.mp3

simply because ~ 단순히/그저 ~때문에

Step 1 기본 패턴 연습하기

1 I'm happy **simply because** you're happy. 그저 네가 행복하다니까 나도 행복해.

2 You have to listen to me **simply because** you are my child.
그저 넌 내 자식이니까 내 말을 들어야만 해.

3 You shouldn't treat Joe that way **simply because** he is different from others.
단순히 조가 다른 사람들과 다르다고 해서 그를 그런 식으로 대하면 안 된다.

4 I lost all my money ______________ I wasn't careful.
단순히 내가 조심하지 않았기 때문에 난 내 돈을 다 잃었다.

5 I'm staying here ______________ I had no place to go.
그저 난 갈 곳이 없기 때문에 여기에 있는 것이야.

Step 2 패턴 응용하기 only/just because ~

1 It's **only because** I care. 단지 내가 관심이 있으니까 이러는 거야.

2 I'm doing this **only because** I love you. 단지 내가 널 사랑하기 때문에 이러는 거야.

3 You can't tell me what to do **just because** you're older than me. 단지 당신이 나보다 나이가 많다고 해서 나더러 이래라저래라 할 수는 없는 거예요.

4 ______________ you can doesn't mean you should.
단지 네가 할 수 있다고 해서 해야만 하는 건 아니야.

5 Don't assume she'll do everything for you ______________ she's your mom.
단지 그녀가 네 엄마라고 해서 널 위해 모든 것을 다 해 줄 거라고 가정하지는 마라.

Step 3 실생활에 적용하기

A Hillary doesn't want you here anymore.

B 단지 몇 번 늦었다고 날 해고한다는 건 말도 안 돼.

A I wish there was something I could do to help you.

A 힐러리가 더 이상 네가 여기에 있는 것을 원하지 않아.

B She can't fire me simply because I was late a few times.

A 나도 도울 수만 있다면 널 돕고 싶어.

정답 Step 1 4 simply because 5 simply because Step 2 4 Only because 5 just because

확인학습

문제를 풀며 오늘 배운 표현을 완벽히 내 것으로 만드세요.

A | 영화 속 대화를 완성해 보세요.

DICKER The program's been ❶ __________. 프로그램이 종료되었다네.

BOB What...?? 뭐라고요…??

DICKER Politicians don't understand people who do good ❷ __________ it's right. Makes 'em nervous. They've been gunnin' for supers for years. Today was ❸ __________– 정치인들은 단순히 옳은 일이기 때문에 선한 일을 하는 사람들을 이해하지 못한다네. 그런 사람들은 그들을 초조하게 만들지. 벌써 수년 동안 그들은 슈퍼히어로들을 노리고 있었어. 그들에게 필요했던 것이 오늘 벌어진 일로 다 충족됐어 –

DICKER Anyway... ❹ __________. I'm afraid two more weeks in the motel ❺ __________. It ain't much. 아무튼…난 이걸로 끝이네. 모텔에서 앞으로 2주 동안 더 지내게 해 주는 것이 내가 할 수 있는 최선이야. 별건 아니네만.

HELEN You've ❻ __________, Rick. 이미 충분히 많이 편의를 봐 주셨어요, 릭.

BOB ❼ __________. 잊지 않을 거예요.

DICKER Well, ❽ __________ workin' with you good people. 음, 자네들처럼 좋은 사람들과 일해서 영광이었어.

BOB ❾ __________. And good luck. 모든 것에 대해서 감사 드려요. 그리고 행운을 빌게요.

DICKER Yea, ❿ __________. 그래, 자네들도.

정답 A

❶ shut down
❷ simply because
❸ all they needed
❹ I'm done
❺ is the best I can do for ya
❻ done plenty
❼ We won't forget
❽ it has been a great honor
❾ Thanks for everything
❿ you too

B | 다음 빈칸을 채워 문장을 완성해 보세요.

1 단순히 내가 조심하지 않았기 때문에 난 내 돈을 다 잃었다.
I lost all my money __________ I wasn't careful.

2 그저 난 갈 곳이 없기 때문에 여기에 있는 것이야.
I'm staying here __________ I had no place to go.

3 단지 당신이 나보다 나이가 많다고 해서 날더러 이래라저래라 할 수는 없는 거예요.
You can't tell me what to do __________ you're older than me.

4 단지 내가 널 사랑하기 때문에 이러는 거야.
I'm doing this __________ I love you.

5 단지 네가 할 수 있다고 해서 해야만 하는 건 아니야.
__________ you can doesn't mean you should.

정답 B

1 simply because
2 simply because
3 just because
4 only because
5 Only because

Day 04

The Elephant in the Room

방 안의 코끼리

악당 언더마이너와 엄마, 아빠가 싸울 때, 대쉬와 바이올렛도 돕고[help out] 싶었지만, 아기 잭잭을 돌보느라[look after] 싸움에는 참여하지 못했답니다. 결국, 언더마이너를 놓쳤고요. 아이들은 '신드롬'과 싸울 때 다 같이 싸워서 이겼던 일을 부모님께 상기시키며[remind] 자기들도 충분히 악당들과 싸울 수 있다고 말하지만, 부모 입장에서는 당연히 아이들을 위험에 노출시키고[be exposed to danger] 싶지 않답니다. 자신들의 초능력을 발휘하고 싶어 안달이 난 아이들이 아빠, 엄마에게 계속 졸라대네요[keep nagging].

오늘 등장하는 표현들입니다. 어떤 표현이 들어가야 할지 생각해 보세요.

* ______________ . 방 안의 코끼리 이야기.
* ______________ , then. 그럼 없나 보네요.
* ______________ . 오늘 일에 대해서 말하는 거로구나.
* Yeah, ______________ ? 맞아요. 오늘 도대체 어떻게 된 거예요?

바로 이 장면!

오디오 파일을 듣고 3번 따라 말해보세요. 04-1.mp3

VIOLET 바이올렛
Are we going to talk about it?
우리 그 얘기는 할 건가요?

BOB 밥
What...?
무슨 얘기…?

VIOLET 바이올렛
The **elephant in the room.** ①
방 안의 코끼리 이야기.

BOB 밥
What elephant?
무슨 뜬금없이 코끼리?

VIOLET 바이올렛
I guess not, then. ②
그럼 없나 보네요.

HELEN 헬렌
You're referring to today. ③
오늘 일에 대해서 말하는 거로구나.

DASH 대쉬
Yeah, **what's the deal with today**? ④
맞아요. 오늘 도대체 어떻게 된 거예요?

HELEN 헬렌
We all made mistakes. For example, you kids were supposed to watch Jack-Jack.
우린 모두가 다 실수를 한 거야. 예를 들어, 너희들은 원래 잭잭을 돌보기로 되어 있었잖니.

VIOLET 바이올렛
Babysitting. While you guys did the important stuff.
아기 돌보기. 엄마 아빠가 중요한 일을 하는 동안.

HELEN 헬렌
We talked about this. You're not old enough to decide about these things–
이 얘긴 이미 나눴잖니. 이런 일들에 대해서 결정을 내리기엔 아직 너희는 어려서 안돼 –

VIOLET 바이올렛
We are old enough to help out–
우리도 충분히 도울 수 있는 나이라고요 –

DASH 대쉬
Yeah!
옳소!

VIOLET 바이올렛
Isn't that what you tell us, Dad?
아빠는 우리에게 그렇게 가르치시지 않나요?

BOB 밥
Yea, well, "help out" can mean many different things...
응, 그래. "도와준다"고 하는 것에는 여러 가지의 의미가 있을 수 있지…

장면 파헤치기

구문 설명과 예문으로 이 장면의 핵심 표현을 완벽히 이해하세요.

❶ (The) elephant in the room. 방 안의 코끼리 이야기.

방 안에 코끼리가 있어서 엄청나게 불편하지만 그 누구도 마치 그 커다란 코끼리가 보이지 않는 것처럼 행동하는 상황에 빗대어서 하는 표현이에요. 모두가 꺼리지만 다 알고 있는 화젯거리/문제에 대해 은유적인 표현으로 사용하는 관용표현이랍니다.

* There's **an elephant in the room.** 모두가 다 알고 있지만 꺼내기를 꺼리는 화제가 있다.
* No one wants to bring up **the elephant in the room** about our parents' divorce.
  우리 부모님의 이혼에 대해서 그 누구도 이야기를 꺼내지 못하고 서로 눈치만 보고 있다.

❷ I guess not, then. 그럼 없나 보네요.

상대방이 한 말에 대해서 '그런가 보네'라고 할 때는 I guess so라고 말하고, '그럼 아닌가 보네', '그럼 없나 보네' 또는 부정문에 대해서 동조하며 '그런가 봐'라고 말할 때는 I guess not을 쓴답니다.

* A: Sharon didn't want to come with us, did she? 샤론은 우리와 같이 가고 싶지 않았나 봐, 그지?
* B: **I guess not.** 그런가 봐.

❸ You're referring to today. 오늘 일에 대해서 말하는 거로구나.

refer to는 '무엇에 대해 언급하다/거론하다/이야기하다'라는 의미로 쓰는 표현이에요. talk about 보다 조금은 더 격식 차린 표현이랍니다.

★ 영화 속 패턴 익히기

❹ Yeah, what's the deal with today? 맞아요. 오늘 도대체 어떻게 된 거예요?

What's the deal with something/someone?은 평소와는 다르게 보이는 그 무엇에 대해 '저거 왜 저러지?', '저거 좀 이상한데?'라고 하거나, 이상하게 행동하는 사람에 대해서 '도대체 왜 저러는 거지?'라는 의미로 쓰는 표현이에요.

* **What's the deal with** you **today?** 너 오늘 도대체 왜 이러는 거니?
* **What's the deal with** my brain **today?** 오늘 내 머리가 왜 이러는 거지?

영화 속 패턴 익히기

오늘 배운 장면에서 뽑은 핵심 패턴으로 다양한 표현을 만들어 보세요.

04-2.mp3

You're referring to + 명사 　넌 ~에 대해서 이야기/언급하는 거구나.

Step 1 기본 패턴 연습하기

1 **You're referring to** yourself. 넌 너 자신에 대해 언급하는 거구나.

2 **You're referring to** the conversation we had last night.
너 우리가 어젯밤에 나눴던 대화에 대해서 말하는 거구나.

3 **You're referring to** my writing. 제 글에 대해서 언급하는 거로군요.

4 ______________________. 어제에 대해서 언급하는 거로구나.

5 ______________________. 너 내 얘기 하는 거로구나.

Step 2 패턴 응용하기 be동사 + referring to

1 What **are you referring to**? 무엇에 대해서 이야기하는 건가요?

2 **Is she referring to** my husband? 그녀가 내 남편에 대해서 거론하는 건가요?

3 I **wasn't referring to** you personally. 개인적으로 당신에 대해서 언급한 건 아니에요.

4 Is this the person ______________________? 네가 거론했던 사람이 이 사람이니?

5 ______________________ your attitude. 네 태도에 대해서 얘기 하는 거야.

Step 3 실생활에 적용하기

A Do you know what I'm saying?	A 내가 무슨 말 하는지 알겠지?
B 네가 무슨 이야기를 하는 건지 난 도무지 모르겠는데.	B I have no idea what you're referring to.
A I'm referring to your rude behavior.	A 난 너의 무례한 행동에 대해 이야기하고 있는 거야.

정답 Step 1 4 You're referring to yesterday 5 You're referring to me Step 2 4 you were referring to 5 I'm referring to

확인학습

문제를 풀며 오늘 배운 표현을 완벽히 내 것으로 만드세요.

A | 영화 속 대화를 완성해 보세요.

VIOLET Are we going to talk about it? 우리 그 얘기는 할 건가요?

BOB What...? 무슨 얘기…?

VIOLET The ❶ ______________. 방 안의 코끼리 이야기.

BOB What elephant? 무슨 뜬금없이 코끼리?

VIOLET ❷ ______________, then. 그럼 없나 보네요.

HELEN ❸ ______________. 오늘 일에 대해서 말하는 거로구나.

DASH Yeah, ❹ ______________? 맞아요, 오늘 도대체 어떻게 된 거예요?

HELEN We all made mistakes. For example, you kids were ❺ ______________ Jack-Jack. 우리 모두가 다 실수를 한 거야. 예를 들어, 너희들은 원래 잭잭을 돌보기로 되어 있었잖니.

VIOLET Babysitting. While you guys ❻ ______________. 아기 돌보기. 엄마 아빠가 중요한 일을 하는 동안.

HELEN We talked about this. You're ❼ ______________ to decide about these things– 이 얘긴 이미 나눴잖니. 이런 일들에 대해서 결정을 내리기엔 아직 너희는 어려서 안돼 –

VIOLET We are old enough to ❽ ______________– 우리도 충분히 도울 수 있는 나이라고요 –

DASH Yeah! 옳소!

VIOLET ❾ ______________ you tell us, Dad? 아빠는 우리에게 그렇게 가르치시지 않나요?

BOB Yea, well, "help out" ❿ ______________ different things... 응, 그래, "도와준다"고 하는 것에는 여러 가지의 의미가 있을 수 있지…

B | 다음 빈칸을 채워 문장을 완성해 보세요.

1 너 우리가 어제 밤에 나눴던 대화에 대해서 말하는 거구나.
______________ the conversation we had last night.

2 어제에 대해서 언급하는 거로구나.
______________.

3 무엇에 대해서 이야기하는 건가요?
What ______________?

4 개인적으로 당신에 대해서 언급한 건 아니에요.
I ______________ you personally.

5 네가 거론했던 사람이 이 사람이니?
Is this the person ______________?

정답 A

❶ elephant in the room
❷ I guess not
❸ You're referring to today
❹ what's the deal with today
❺ supposed to watch
❻ did the important stuff
❼ not old enough
❽ help out
❾ Isn't that what
❿ can mean many

정답 B

1 You're referring to
2 You're referring to yesterday
3 are you referring to
4 wasn't referring to
5 you were referring to

Day 05

What a Friend Lucius Is!

참 좋은 친구 루시우스!

인크레더블 가족이 모텔에서 지내는 모습을 보며 안쓰러운feel bad for them 루시우스는 자기 집으로 와서 지내도 괜찮으니 언제든지 오라고 합니다. 아이들이 셋이나 딸린 밥과 헬렌은 고맙지만 미안해서 도저히 그렇게는 못 하겠다고 정중히politely 거절합니다turn down the offer. 그런데, 루시우스가 누군가로부터 새로운 기회가 될 수 있는 만남을 제안 받은get an offer 얘기를 합니다. 히어로 트리오, 미스터 인크레더블과 엘레스티걸 그리고 프로존 모두 말이죠. 헬렌은 선뜻 내키지 않네요reluctant to do it. 슈퍼히어로 일과 관련해 가족들이 위험에 빠지지 않길 바라는 마음이에요.

오늘 등장하는 표현들입니다. 어떤 표현이 들어가야 할지 생각해 보세요.

* Now you know ________. 그 제안은 여전히 유효한 거 알고 있겠지.
* You're very generous, but ________. 네 배려는 정말 고맙지만, 우린 다섯 식구야.
* ________. 언제든지 환영이니까 그것만 알아둬.
* ________. 난 이 일에서는 빠질게.

바로 이 장면!

오디오 파일을 듣고 3번 따라 말해보세요.

05-1.mp3

LUCIUS 루시우스
I heard the program shut down. How much longer you in this motel?
프로그램이 종료되었다고 들었네. 이 모텔에서 언제까지 있을 건가?

BOB 밥
Two weeks.
2주.

LUCIUS 루시우스
Now you know **the offer still stands.**[1]
그 제안은 여전히 유효한 거 알고 있겠지.

HELEN 헬렌
You're very generous, but **there's five of us.**[2] We wouldn't do that to you and Honey.
네 배려는 정말 고맙지만, 우린 다섯 식구야. 너하고 허니에게 우리가 그런 짓을 할 수는 없어.

LUCIUS 루시우스
Door's always open.[3] You know, the news isn't all bad. While you guys were being– DETAINED, I was approached by a dude who represents this tycoon.
언제든지 환영이니까 그것만 알아둬. 그리고 나쁜 소식만 있는 건 아냐. 너희들이– 구류되어 있는 동안, 어떤 거물 기업가를 모신다는 남자가 내게 접근해 왔어.

BOB 밥
Winston Deavor.
윈스턴 데버.

LUCIUS 루시우스
Wants to talk. With me, with you two. About hero stuff.
얘기를 좀 하고 싶어 하더군. 나와, 그리고 너희 둘과. 히어로 일에 관해서.

LUCIUS 루시우스
I checked him out. He's legit. Trained under Dicker. He wants to meet.
그에 대해 내가 좀 알아봤어. 사기꾼은 아니야. 딕커 밑에서 훈련받았더군. 그가 만나고 싶어 해.

HELEN 헬렌
Aw, geez, more superhero trouble? We just came from the police station, Lucius.
아, 참내, 또 슈퍼히어로 문제야? 우리 지금 막 경찰서에서 나왔다고, 루시우스.

BOB 밥
When?
언제?

LUCIUS 루시우스
Tonight. I'm going there now.
오늘 밤. 난 지금 거기로 가는 중이야.

HELEN 헬렌
You enjoy. **I'm sittin' this one out.**[4]
즐거운 시간 되길. 난 이 일에서는 빠질게.

LUCIUS 루시우스
He wants all three of us...
그가 우리 셋 다 왔으면 좋겠다고 하던데…

BOB 밥
Honey, let's just at least hear what he has to say.
여보, 그 사람이 뭐라고 하는지 들어보기라도 합시다.

장면 파헤치기

구문 설명과 예문으로 이 장면의 핵심 표현을 완벽히 이해하세요.

❶ Now you know the offer still stands. 그 제안은 여전히 유효한 거 알고 있겠지.

stand는 보통 '일어서다'라는 의미로 알고 있지만, 이 문장에서처럼 이미 앞서서 했던 제의, 제안, 결정 등이 아직도 유효하다 또는 변함없다는 의미로도 쓰일 수 있어요. The offer 대신에 The invitation '초대'와 같은 단어를 넣어서 활용할 수도 있답니다.

* The invitation **still stands.** 내 초대는 여전히 유효하다.
* Does your **offer still stand?** 아직도 네 제안은 유효한 거니?

❷ You're very generous, but there's five of us. 네 배려는 정말 고맙지만, 우린 다섯 식구야.

우리 또는 그들의 가족/그룹에는 몇 명이 있다고 말을 할 때 '숫자 + of us/them'을 써서 표현해요. 주로 우리 둘 'the two of us' 우리 셋 'the three of us' 등과 같이 우리가 하나됨을 강조할 때 정관사 the와 함께 쓰이는 경우가 많답니다. 위의 문장에서 There's는 문법적으로는 there are가 더 정확하지만, 구어체에서는 There's와 there are를 잘 구분하지 않고 쓴답니다.

★영화 속 패턴 익히기

❸ Door's always open. 언제든지 환영이니까 그것만 알아둬.

이 표현은 굳이 설명하지 않아도 의미를 파악할 수 있을 거예요. 직역해도 '문은 항상 열려 있다'이니까요. 앞에 My, our와 같은 소유격을 넣어서 표현할 수도 있답니다.

* If you have any questions, **door's always open.** 혹시 질문이 있다면, 언제든지 환영이야.
* I want you to know that my **door's always open.** 난 항상 널 도울 준비가 되어있다는 것을 알아줬으면 좋겠네.

❹ I'm sittin' this one out. 난 이 일에서는 빠질게.

sit something out은 '(어딘가 안에 있으면서) ~이 끝나기를 기다린다'는 의미인데, 어떤 계획이나 활동 등에 동참하지 않고 빠져 있다는 의미로도 쓸 수 있어요. sittin'은 sitting을 구어적으로 발음이 나는 대로 표기한 것이고요.

* I want to **sit this one out.** 이번 건은 난 빠지고 싶네.
* Taylor **sat out** the game because of his injury. 테일러는 부상 때문에 게임에 출전할 수 없었다.

영화 속 패턴 익히기

오늘 배운 장면에서 뽑은 핵심 패턴으로 다양한 표현을 만들어 보세요.

05-2.mp3

There is/are + 숫자 + of us

우린 몇 식구/명이야.

Step 1 기본 패턴 연습하기

1 **There are four of us** in our group. 우리 그룹에는 네 명이 있다.

2 **There are eleven of us** in my family. 우리 가족은 11명이야.

3 **There are three of us** and five of them. 우린 세 명인데 그들은 다섯 명이야.

4 ______________ in the room. 이 방에 우리 여덟 명이 있다.

5 ______________ in our class. 우리 학급에는 20명의 학생이 있어요.

Step 2 패턴 응용하기 The 숫자 + of us

1 It's a secret between **the two of us**. 우리 둘만의 비밀이야.

2 **The three of us** will always be one. 우리 셋은 항상 하나가 될 것이야.

3 **The five of us** had a really good time. 우리들 다섯이 정말 재미있게 놀았다.

4 ______________ stayed together until the morning. 우리 여섯은 아침까지 함께 있었어.

5 We'll do this alone, ______________. 이건 우리끼리 할 거야. 우리들 일곱 명만이.

Step 3 실생활에 적용하기

A How many of you are in your party?
B 우린 세 명이 같이 왔어요.
A Okay, we have a table available for you. This way, please.

A 몇 분이 같이 오셨나요?
B There are three of us.
A 네, 빈 테이블이 있네요. 이쪽으로 오세요.

정답 Step 1 4 There are eight of us 5 There are twenty of us Step 2 4 The six of us 5 just the seven of us

확인학습

문제를 풀며 오늘 배운 표현을 완벽히 내 것으로 만드세요.

A | 영화 속 대화를 완성해 보세요.

LUCIUS I heard the program shut down. ❶ ______________ you in this motel? 프로그램이 종료되었다고 들었네. 이 모텔에서 언제까지 있을 건가?

BOB Two weeks. 2주.

LUCIUS Now you know ❷ ______________. 그 제안은 여전히 유효한 거 알고 있겠지.

HELEN You're very generous, but ❸ ______________. We wouldn't do that to you and Honey. 네 배려는 정말 고맙지만, 우린 다섯 식구야. 너하고 허니에게 우리가 그런 짓을 할 수는 없어.

LUCIUS ❹ ______________. You know, the news isn't all bad. While you guys were being– DETAINED, I was ❺ ______________ a dude who represents this tycoon. 언제든지 환영이니까 그것만 알아둬. 그리고 나쁜 소식만 있는 건 아냐. 너희들이– 구류되어 있는 동안, 어떤 거물 기업가를 모신다는 남자가 내게 접근해 왔어.

BOB Winston Deavor. 윈스턴 데버.

LUCIUS Wants to talk. With me, with you two. About hero stuff. 얘기를 좀 하고 싶어 하더군. 나와, 그리고 너희 둘과. 히어로 일에 관해서.

LUCIUS I checked him out. He's legit. Trained under Dicker. He wants to meet. 그에 대해 내가 좀 알아봤어. 사기꾼은 아니야. 딕커 밑에서 훈련받았더군. 그가 만나고 싶어 해.

HELEN Aw, geez, ❻ ______________? We just came from the police station, Lucius. 아, 참내, 또 슈퍼히어로 문제야? 우리 지금 막 경찰서에서 나왔다고, 루시우스.

BOB When? 언제?

LUCIUS Tonight. I'm ❼ ______________. 오늘 밤. 난 지금 거기로 가는 중이야.

HELEN You enjoy. ❽ ______________. 즐거운 시간 되길. 난 이 일에서는 빠질게.

LUCIUS ❾ ______________ of us... 그가 우리 셋 다 왔으면 좋겠다고 하던데…

BOB Honey, let's just at least hear ❿ ______________. 여보, 그 사람이 뭐라고 하는지 들어보기라도 합시다.

B | 다음 빈칸을 채워 문장을 완성해 보세요.

1 우리 세 명인데 그들은 다섯 명이야.
______________ and five of them.

2 우리 학급에는 20명의 학생이 있어요.
______________ in our class.

3 우리 둘만의 비밀이야.
It's a secret between ______________.

4 우리 셋은 항상 하나가 될 것이야.
______________ will always be one.

5 이건 우리끼리 할 거야. 우리들 일곱 명만이.
We'll do this alone, ______________.

정답 A

❶ How much longer
❷ the offer still stands
❸ there's five of us
❹ Door's always open
❺ approached by
❻ more superhero trouble
❼ going there now
❽ I'm sittin' this one out
❾ He wants all three
❿ what he has to say

정답 B

1 There are three of us
2 There are twenty of us
3 the two of us
4 The three of us
5 just the seven of us

Day 06

Meeting With Deavors

데버 남매와의 만남

루시우스의 제안에 결국 한 기업가와[an entrepreneur] 만남에 응하게 된 밥과 헬렌은 세계 최고 수준의 통신회사[a world-class telecommunications company] 데브텍의 경영자 데버와 그의 파트너인 여동생 에블린과 첫 만남을 갖습니다. 그들의 아버지가 살아생전 슈퍼히어로의 열렬한 지지자였으며[an ardent advocate] 몇몇 슈퍼히어로들과는 친분이 있었는데 불행히도, 그들의 부모님이 강도에게[robber] 죽임을 당하고 말았답니다. 슈퍼히어로들에게 도움을 청했지만 그들의 활동이 불법이었던 터에 아무 도움도 받지 못했다는 안타까운 사연이 있었죠. 그래서, 자기는 아버지의 유지를 받들어 슈퍼히어로들의 활동을 다시 합법화[legalize] 시키는 데 온 힘을 쏟고 싶다고 말하네요.

오늘 등장하는 표현들입니다. 어떤 표현이 들어가야 할지 생각해 보세요.

* . 많이 힘들었겠어요.
* .
슈퍼히어로들이 강압적으로 잠적하게 하지 않았더라면, 그런 일은 절대 일어나지 않았을 테죠.
* . 지금 그 얘기는 더 하지 맙시다.
* — 핵심은—

바로 이 장면!

오디오 파일을 듣고 3번 따라 말해보세요. 06-1.mp3

DEAVOR 데버

There was a break in. My father called Gazerbeam– the direct line. No answer. He called Fironic, no answer. Superheroes had just been made illegal. The robbers discovered him on the phone... and shot him. So...

집에 강도가 들었었어요. 아버지는 게이저빔에게 전화를 하셨죠 – 직통전화로. 응답이 없었어요. 파이로닉에게도 전화했지만, 응답이 없었죠. 슈퍼히어로들이 불법화된 지 얼마 되지 않았던 때였거든요. 강도들이 그가 통화하는 모습을 보고… 그에게 총을 쐈어요. 그래서…

ELASTIGIRL 엘라스티걸

Must have been hard. ❶

많이 힘들었겠어요.

EVELYN 에블린

Especially for mother. She died, a few months later. Heartbreak.

어머니가 특히 많이 힘드셨죠. 그녀는 그 일이 있고 몇 달 후에 돌아가셨어요. 너무 큰 상심 때문이었죠.

DEAVOR 데버

If superheroes had not been forced underground, it never would've happened. ❷

슈퍼히어로들이 강압적으로 잠적하게 하지 않았더라면, 그런 일은 절대 일어나지 않았을 테죠.

EVELYN 에블린

Or... Dad could've taken Mom to the safe room as soon as he knew there was trouble.

그게 아니면… 문제가 생긴 것을 알자마자 아빠가 엄마를 안전한 곳으로 데려갈 수도 있었을 테고요.

DEAVOR 데버

I disagree STRONGLY, but **we're not going into it right now.** ❸ **The point is–** ❹ nobody expected us to be able to actually run dad's company, but with Evelyn as designer and myself as operator, we threw ourselves into building DEVTECH into what it is today.

난 그 의견엔 전혀 동의하지 않아요. 하지만 지금 그 얘기는 더 하지 맙시다. 핵심은 – 그 누구도 우리가 아버지의 회사를 제대로 운영할 수 있을 거라고 기대하지 않았지만, 설계자로서의 에블린과 운영자로서의 내가 온몸을 던져 지금의 데브텍을 이루었다는 거예요.

FROZONE 프로존

A world class telecommunications company.

세계 최고 수준의 통신 회사를.

장면 파헤치기

구문 설명과 예문으로 이 장면의 핵심 표현을 완벽히 이해하세요.

❶ Must have been hard. 많이 힘들었겠어요.

이 문장에서는 가주어, It이 생략되었네요. 구어체에서는 문맥상 의미에 지장을 주지 않으면 주어를 생략하는 경우가 많다는 것 아시죠? 〈(주어) + must have been + 형용사〉 조합은 '~했겠네요/군요'라는 의미로 상대방의 상황에 대해 미루어 짐작할 수 있음을 표현하죠.

* You **must have been** very tired. 많이 피곤했겠네요.
* They **must have been** terrified. 그들이 완전 경악했겠어요.

❷ If superheroes had not been forced underground, it never would've happened.

슈퍼히어로들이 강압적으로 잠적하게 하지 않았더라면, 그런 일은 절대 일어나지 않았을 테죠.

〈If + 주어 + had not + 과거분사, 주어 + never would have + 과거분사〉의 패턴은 '~하지 않았더라면 절대 ~하지 않았을 것이다'라는 의미인데, 길고 복잡해서 패턴으로 공부하기에 절대 쉽지는 않겠지만 우리 한번 도전해 보아요.

★ 영화 속 패턴 익히기

❸ We're not going into it right now. 지금 그 얘기는 더 하지 맙시다.

go into something이라고 하면 '~에 들어가다'라는 직역된 의미 그대로 쓸 수도 있지만, '(어떤 일, 행동을) 하기 시작하다, 어떤 일에 돌입하다'라는 의미로도 쓸 수 있어요. 위의 문장은 괜히 그 얘기를 하면 길어질 것 같으니 자세한 얘기는 지금은 하지 말고 나중에 다시 하자는 의미네요.

* **Let's not go into** details. 세세한 내용까지 얘기하지는 말자고요.
* I **don't want to go into** it. 더 깊이 얘기하고 싶지 않아.

❹ The point is– 핵심은–

'The point is ~'는 '핵심은/요점은'이라는 의미로 쓰이는 표현이에요. '내가 하고 싶은 말은 무엇이냐 하면'을 최대한 짧게 표현한 것이라고 볼 수도 있어요.

* **The point is,** we are staying home tonight. 요점은, 오늘 밤엔 우리가 집에 있을 거라는 거야.
* **The point is,** don't trust anyone. 내가 하고 싶은 말은 뭐냐면, 아무도 믿지 말라는 거다.

영화 속 패턴 익히기

오늘 배운 장면에서 뽑은 핵심 패턴으로 다양한 표현을 만들어 보세요.

06-2.mp3

If you had not + 과거분사, (대)명사 + never would have + 과거분사

네가 ~하지 않았더라면 절대 ~하지 않았을 것이다.

Step 1 기본 패턴 연습하기

1 **If you had not** been there, **it never would have** happened.
네가 거기에 가지 않았더라면, 이런 일은 절대 없었을 거야.

2 **If you had not** told me, **I never would have** known. 네가 나에게 말해주지 않았다면, 난 절대 몰랐을 거야.

3 **If you had not** called Gwen this morning, **she never would have** come.
네가 오늘 아침에 그웬에게 전화하지 않았더라면, 그녀는 절대 오지 않았을 거야.

4 ______________ Luke, ______________ happy.
네가 루크와 결혼하지 않았더라면, 그는 절대 행복하지 못했을 거야.

5 ______________ helped me, ______________ been able to do this.
네가 날 도와주지 않았더라면, 난 이것을 절대 할 수 없었을 거야.

Step 2 패턴 응용하기 If + 주어 + had not + 과거분사, (대)명사 + would have + 과거분사

1 **If he had not** asked me, **I would have** left. 그가 내게 묻지 않았다면, 난 가버렸을 거야.

2 **If Jack had not** met Vivian, **he still would have** been single.
잭이 비비안과 만나지 않았다면, 아직도 여전히 솔로였을 거야.

3 **If her parents had not** intervened, **she would have** been a different person.
그녀의 부모님이 개입하지 않았더라면, 그녀는 지금과는 전혀 다른 사람이 되었을 거야.

4 ______________ that movie, ______________ it all my life.
내가 그 영화를 보지 않았더라면, 난 평생 후회했을 거야.

5 ______________ on our team, ______________ lost.
데비가 우리 팀에 없었더라면, 우린 졌을 거야.

Step 3 실생활에 적용하기

A Do you ever regret breaking up with your ex-girlfriend?
B All the time. 내가 그렇게 이기적이지만 않았어도, 우린 절대 안 헤어졌을 텐데.
A Go tell her that now.

A 네 전 여자친구랑 헤어진 거 후회한 적 있니?
B 늘 후회하지. If I had not been so selfish, we never would have broken up.
A 가서 그녀에게 그렇게 말해.

정답 Step 1 4 If you had not married / he never would have been 5 If you had not / I never would have Step 2 4 If I had not seen / I would have regretted 5 If Debby had not been / we would have

확인학습

문제를 풀며 오늘 배운 표현을 완벽히 내 것으로 만드세요.

A | 영화 속 대화를 완성해 보세요.

DEAVOR There was a ❶ __________. My father called Gazerbeam– the direct line. No answer. He called Fironic, no answer. Superheroes had just been ❷ __________. The robbers discovered him ❸ __________... and shot him. So...
집에 강도가 들었었어요. 아버지는 게이저빔에게 전화를 하셨죠 – 직통전화로. 응답이 없었어요. 파이로닉에게도 전화했지만, 응답이 없었죠. 슈퍼히어로들이 불법화된 지 얼마 되지 않았던 때였거든요. 강도들이 그가 통화하는 모습을 보고… 그에게 총을 쐈어요. 그래서…

ELASTIGIRL ❹ __________. 많이 힘들었겠어요.

EVELYN Especially for mother. She died, ❺ __________. Heartbreak. 어머니가 특히 많이 힘드셨죠. 그녀는 그 일이 있고 몇 달 후에 돌아가셨어요. 너무 큰 상심 때문이었죠.

DEAVOR ❻ __________. 슈퍼히어로들이 강압적으로 잠적하게 하지 않았더라면, 그런 일은 절대 일어나지 않았을 테죠.

EVELYN Or... Dad could've taken Mom to the safe room ❼ __________ there was trouble. 그게 아니면… 문제가 생긴 것을 알자마자 아빠가 엄마를 안전한 곳으로 데려갈 수도 있었을 테고요.

DEAVOR I disagree STRONGLY, but ❽ __________. ❾ __________– nobody expected us to be able to actually run dad's company, but with Evelyn as designer and myself as operator, we threw ourselves into building DEVTECH into what it is today. 난 그 의견엔 전혀 동의하지 않아요. 하지만 지금 그 얘기는 더 하지 맙시다. 핵심은 – 그 누구도 우리가 아버지의 회사를 제대로 운영할 수 있을 거라고 기대하지 않았지만, 설계자로서의 에블린과 운영자로서의 내가 온몸을 던져 지금의 데브텍을 이루었다는 거예요.

FROZONE ❿ __________ telecommunications company.
세계 최고 수준의 통신 회사를.

정답 A

❶ break in
❷ made illegal
❸ on the phone
❹ Must have been hard
❺ a few months later
❻ If superheroes had not been forced underground, it never would've happened
❼ as soon as he knew
❽ we're not going into it right now
❾ The point is
❿ A world class

B | 다음 빈칸을 채워 문장을 완성해 보세요.

1 네가 나에게 말해주지 않았다면, 난 절대 몰랐을 거야.
__________ told me, __________ known.

2 네가 오늘 아침에 그웬에게 전화하지 않았더라면, 그녀는 절대 오지 않았을 거야.
__________ called Gwen this morning, __________ come.

3 네가 날 도와주지 않았더라면, 난 이것을 절대 할 수 없었을 거야.
__________ helped me, __________ been able to do this.

4 내가 그 영화를 보지 않았더라면, 난 평생 후회했을 거야.
__________ that movie, __________ it all my life.

5 데비가 우리 팀에 없었더라면, 우린 졌을 거야.
__________ on our team, __________ lost.

정답 B

1 If you had not / I never would have
2 If you had not / she never would have
3 If you had not / I never would have
4 If I had not seen / I would have regretted
5 If Debby had not been / we would have

Day 07

Helen in Demand

잘 나가는 헬렌

데버 남매는 슈퍼히어로 활동의 합법화를 위해서는 그동안 정치인들과 언론이[media] 대중들에게 심어놓은[planted] 슈퍼히어로들의 부정적인 이미지를 긍정적인 이미지로 바꿔놓아야만 한다고 설파합니다. 그러기 위해서는, 자기들의 도움이 절대적으로 필요하다고 하고요. 그런데, 그들이 대중들에게 긍정적인 어필을[positive appeal] 할 수 있는 대상으로 선택한 첫 번째 슈퍼히어로는 바로 엘라스티걸이라고 하네요. 이 이야기를 듣고 미스터 인크레더블은 첫 번째 주자가[the first runner] 자신이 아닌 것에 대해 적잖이 당황하며 내심 섭섭해합니다. 그들이 조사한 데이터에 따르면, 미스터 인크레더블은 누구보다 강력한 힘을 가지고 있지만 섬세함이[delicacy] 부족하다고 합니다.

Warm Up! 오늘 배울 표현

오늘 등장하는 표현들입니다. 어떤 표현이 들어가야 할지 생각해 보세요.

* ________________ him? 그에게 무슨 문제가 있어요?
* ________________! 그래야만 하고요!
* ________________. 그래서 당신이 그러한 선택권을 가질 수 있도록 말이죠.
* I would do a GREAT job, ________________ what Deavor's pie charts say or what-ever.
  난 아주 훌륭하게 할 수 있어요, 데버의 원그래프인지 뭔지가 뭐라고 하건 상관없이.

바로 이 장면!

오디오 파일을 듣고 3번 따라 말해보세요. 07-1.mp3

BOB
밥

Jack-Jack? **What's wrong with him?**[1]
잭잭? 잭잭에게 무슨 문제가 있어요?

HELEN
헬렌

Okay, nothing's wrong with Jack- Jack. But even a normal baby needs a lot of attention. I'm just not sure I can leave.
알았어요. 잭잭에겐 아무 문제도 없어요. 하지만 정상적인 아기도 엄청난 보살핌이 필요한데. 아무래도 내가 떠나는 건 어려울 것 같아요.

BOB
밥

Of course you can leave! **You've got to!**[2] So that I— WE can be supers again, so our kids can have that choice!
당신은 당연히 떠날 수 있어요! 또 그래야만 하고요! 그래서 내가— 우리가 또 다시 슈퍼히어로가 될 수 있도록, 그래서 우리 아이들도 그러한 선택권을 가질 수 있도록!

HELEN
헬렌

So YOU can have that choice.[3]
그래서 당신이 그러한 선택권을 가질 수 있도록 말이죠.

BOB
밥

Alright– yes! So I can have that choice! And I would do a GREAT job, **regardless of** what Deavor's pie charts say or what-ever.[4] But they want you.
그래요 – 맞아요! 그래서 내가 그러한 선택권을 가질 수 있도록 말이에요! 그리고 난 아주 훌륭하게 할 수 있어요. 데버의 원그래프인지 뭔지가 뭐라고 하건 상관없이. 하지만 그들은 당신을 원하는군요.

BOB
밥

– and you'll... do a great– job. Too.
– 그리고 아주 – 훌륭하게 잘 해낼 거예요. 당신 역시.

HELEN
헬렌

Well that was excruciating to watch.
안쓰러워서 못 봐주겠네요.

HELEN
헬렌

I can't lie to you, it's nice to be wanted, flattering, you know? But...
전 거짓말은 못하겠어요. 솔직히 누군가가 나를 필요로 한다는 건 정말 기분 좋은 일이에요. 알죠? 하지만…

BOB
밥

What's the choice? One: do this right, get well paid, we're out of the motel and things get better for all supers – INCLUDING our kids. OR two: I find a job in two weeks or we're homeless.
무엇을 선택할 건가요? 하나: 이 일을 제대로 처리하고, 돈도 많이 받고, 우리 식구는 모텔에서 벗어나고 모든 슈퍼히어로들의 상황이 좋아지는 것 – 우리 아이들까지 포함해서. 그렇지 않으면 둘: 내가 2주 안에 취업하거나 우리가 노숙자가 되는 거죠.

장면 파헤치기

구문 설명과 예문으로 이 장면의 핵심 표현을 완벽히 이해하세요.

❶ What's wrong with him? 그에게 무슨 문제가 있어요?

누군가의 근황을 물으면서 '~에게 무엇이 잘못되었느냐 / 무슨 문제가 있느냐?'고 할 때 이 표현을 쓰는데, 누군가의 행동이 이해가 되지 않을 때 '~가 왜 이러는 거냐?'라는 의미로도 쓸 수 있답니다.

* **What's wrong with** you? 너 왜 이러는 거니?
* **What's wrong with** mom? 엄마에게 무슨 문제가 있는데?

❷ You've got to! 그래야만 하고요!

무엇을 해야만 한다고 할 때 have to나 must를 쓰듯이 같은 상황에서 have got to를 쓰기도 하는데, have got to는 무엇을 꼭 하고야 말겠다는 의지를 강하게 드러낼 때 더 자주 쓰인답니다.

* **I've got to** finish what I have started. 내가 시작한 건 내가 꼭 마무리하고야 말 거야.
* **You've got to** be careful! 너 정말 조심해야만 해!

❸ So YOU can have that choice. 그래서 당신이 그러한 선택권을 가질 수 있도록 말이죠.

〈so (that) + 주어 + can + 동사〉는 '(~을 함으로써) 그래서 ~할 수 있도록'이라는 의미의 쓰이는 패턴이에요.

★ 영화 속 패턴 익히기

❹ I would do a GREAT job, regardless of what Deavor's pie charts say or what-ever.

난 아주 훌륭하게 할 수 있어요. 데버의 원그래프인지 뭔지가 뭐라고 하건 상관없이.

regardless of는 '~와 상관없이, ~에 구애받지 않고'라는 의미로 쓰이는 전치사예요. 주로 이 표현을 익힐 때 뒤에 단어 하나만 넣고 하는 경우가 많은데 여기에서는 관계사로 연결해서 더 길게 쓰는 연습도 같이 해보도록 할게요.

* **Regardless of** what you say, I'm going to marry her. 당신이 뭐라고 하건 간에 난 그녀와 결혼할 거예요.
* We can all be friends **regardless of** where you come from.
  당신이 어디에서 왔건 간에 상관없이 우린 모두 친구가 될 수 있답니다.

영화 속 패턴 익히기

오늘 배운 장면에서 뽑은 핵심 패턴으로 다양한 표현을 만들어 보세요.

07-2.mp3

~ so (that) you can + 동사 ~ 그래서 네가 ~할 수 있도록

Step 1 기본 패턴 연습하기

1 Try harder **so you can** make it to the top. 정상에 오를 수 있도록 더 열심히 노력해라.

2 I'll close the door **so that you can** get some sleep. 네가 잠을 잘 수 있게 문을 닫을게.

3 Get closer **so you can** hear me better. 내 말을 더 잘 들을 수 있게 더 가까이 와 봐.

4 Please, speak a little louder ______________ hear you.
당신이 하는 말이 들리도록 조금 더 크게 말해줘요.

5 Fail ______________. 실패하라 그래서 네가 성공할 수 있도록.

Step 2 패턴 응용하기 so (that) + 주어 + can + 동사

1 I studied very hard **so I can** get good grades. 좋은 점수를 받도록 열심히 공부했다.

2 I'm leaving her **so that she can** find someone more deserving than me.
그녀가 나보다 더 좋은 사람을 찾을 수 있도록 난 그녀를 떠난다.

3 Follow rules **so we can** help you. 우리가 너희들을 도울 수 있도록 규칙을 지켜라.

4 We made it really easy ______________ understand.
모두가 다 이해할 수 있도록 우리 이것을 정말 쉽게 만들었다.

5 I never give money to my kids ______________ independent.
난 절대 우리 아이들에게 돈을 주지 않는다. 그래야 그들 스스로 자립할 수 있으니까.

Step 3 실생활에 적용하기

A There's something that keeps bothering me.	A 뭔가 계속 신경 쓰이는 게 있어.
B 뭔데? 내가 널 도울 수도 있을 테니 말해줘 봐	B What is it? Let me know so that I can help you.
A I'll tell you later.	A 나중에 말해 줄게.

정답 Step 1 4 so that I can 5 so that you can succeed Step 2 4 so that everyone can 5 so they can be

확인학습

문제를 풀며 오늘 배운 표현을 완벽히 내 것으로 만드세요.

A | 영화 속 대화를 완성해 보세요.

BOB Jack-Jack? ❶ __________ him? 잭잭? 잭잭에게 무슨 문제가 있어요?

HELEN Okay, ❷ __________ Jack- Jack. But even a normal baby needs ❸ __________. I'm just not sure I can leave. 알았어요. 잭잭에겐 아무 문제도 없어요. 하지만 정상적인 아기도 엄청난 보살핌이 필요한데. 아무래도 내가 떠나는 건 어려울 것 같아요.

BOB Of course you can leave! ❹ __________! So that I– WE can be supers again, so our kids can have that choice! 당신은 당연히 떠날 수 있어요! 또 그래야만 하고요! 그래서 내가– 우리가 또 다시 슈퍼히어로가 될 수 있도록. 그래서 우리 아이들도 그러한 선택권을 가질 수 있도록!

HELEN ❺ __________. 그래서 당신이 그러한 선택권을 가질 수 있도록 말이죠.

BOB Alright– yes! So I can have that choice! And I would do a GREAT job, ❻ __________ what Deavor's pie charts say or what–ever. But ❼ __________. 그래요– 맞아요! 그래서 내가 그러한 선택권을 가질 수 있도록 말이에요! 그리고 난 아주 훌륭하게 할 수 있어요. 데버의 원그래프인지 뭔지가 뭐라고 하건 상관없이. 하지만 그들은 당신을 원하는군요.

BOB –and you'll... do a great– job. Too. –그리고 아주– 훌륭하게 잘 해낼 거예요. 당신 역시.

HELEN Well that was ❽ __________. 안쓰러워서 못 봐주겠네요.

HELEN I can't lie to you, it's nice to be wanted, flattering, you know? But... 전 거짓말은 못하겠어요. 솔직히 누군가가 나를 필요로 한다는 건 정말 기분 좋은 일이에요. 알죠? 하지만…

BOB What's the choice? One: ❾ __________, get well paid, we're out of the motel and things get better for all supers – INCLUDING our kids. OR two: I find a job in two weeks or ❿ __________. 무엇을 선택할 건가요? 하나: 이 일을 제대로 처리하고, 돈도 많이 받고, 우리 식구는 모텔에서 벗어나고 모든 슈퍼히어로들의 상황이 좋아지는 것 – 우리 아이들까지 포함해서. 그렇지 않으면 둘: 내가 2주 안에 취업하거나 우리가 노숙자가 되는 거죠.

B | 다음 빈칸을 채워 문장을 완성해 보세요.

1 네가 잠을 잘 수 있게 문을 닫을게.
I'll close the door __________ get some sleep.

2 당신이 하는 말이 들리도록 조금 더 크게 말해줘요.
Please, speak a little louder __________ hear you.

3 실패하라 그래서 네가 성공할 수 있도록.
Fail __________.

4 모두가 다 이해할 수 있도록 우린 이것을 정말 쉽게 만들었다.
We made it really easy __________ understand.

5 난 절대 우리 아이들에게 돈을 주지 않는다. 그래야 그들 스스로 자립할 수 있으니까.
I never give money to my kids __________ independent.

정답 A

❶ What's wrong with
❷ nothing's wrong with
❸ a lot of attention
❹ You've got to
❺ So YOU can have that choice
❻ regardless of
❼ they want you
❽ excruciating to watch
❾ do this right
❿ we're homeless

정답 B

1 so that you can
2 so that I can
3 so that you can succeed
4 so that everyone can
5 so they can be

Day 08

Elastigirl With Elasticycle

엘라스티사이클을 탄 엘라스티걸

악당을 깔끔하게neatly 처치하고take out 위험한 사고를 막는 모습을 대중들에게 보여주기 위해 나설 엘라스티걸에게 데버 남매는 그녀의 활동에 꼭 필요한 장비들을equipment 제공해 줍니다. 그중에서도 가장 돋보이는 건 단연by all means, 그녀의 슈퍼 오토바이 엘라스티사이클이네요. 예전에 그녀가 한참 엘라스티걸로 활동하던 시절 타고 다니던 오토바이인데 지금은 한층 더even more 업그레이드됐네요. 터프하면서도 매끈해sleek 보이는 게 그녀와 정말 잘 어울려요. 밥은 헬렌을 부러워하면서도 다시 엘라스티걸로 활약할 그녀를 응원합니다.

Warm Up! 오늘 배울 표현

오늘 등장하는 표현들입니다. 어떤 표현이 들어가야 할지 생각해 보세요.

* ______________________. 당신에게 오토바이가 있다는 건 금시초문인데요.
* ______________________. 난 당신이 모르는 게 많은 여자예요.
* Wh— ______________? 뭐—그게 무슨 의미죠?
* Eh, ______________________. 뭐, 난 금방 잘 탈 수 있을 거예요.

바로 이 장면!

오디오 파일을 듣고 3번 따라 말해보세요. 08-1.mp3

ELASTIGIRL 엘라스티걸
A new Elasticycle...
새 엘라스티사이클…

BOB 밥
"Elasticycle"? **I didn't know you had a bike.** ❶
"엘라스티사이클"? 당신에게 오토바이가 있다는 건 금시초문인데요.

ELASTIGIRL 엘라스티걸
Hey, I had a mohawk. **There's a lot about me you don't know.** ❷
나 예전에 모호크식 헤어스타일도 한 적이 있어요. 난 당신이 모르는 게 많은 여자예요.

BOB 밥
Yeah, but– a mohawk?
알아요. 그런데 – 모호크 헤어스타일을 했다고요?

ELASTIGIRL 엘라스티걸
Eh, you didn't miss anything.
네, 그때 안 보길 잘했어요.

ELASTIGIRL 엘라스티걸
Oh... yeah. This one's electric...
오… 예. 이건 전자로 되어 있고…

BOB 밥
Wh—**what's that mean?** ❸
뭐—그게 무슨 의미죠?

ELASTIGIRL 엘라스티걸
WO WO WO!! OHH!!!
워 워 워!! 오!!!

ELASTIGIRL 엘라스티걸
Means it's torque-y. Eh, **I'll get the hang of it.** ❹
이게 회전력이 엄청 좋다는 뜻이에요. 뭐, 난 금방 잘 탈 수 있을 거예요.

BOB 밥
You will be great.
당신은 정말 잘할 거예요.

ELASTIGIRL 엘라스티걸
I will be great. And you will, too—
난 잘할 거예요. 당신도 그럴 거고요—

BOB 밥
We will both be great.
우리 둘 다 아주 잘 해낼 거예요.

ELASTIGIRL 엘라스티걸
Bye, sweetie.
잘 있어요, 여보.

장면 파헤치기

구문 설명과 예문으로 이 장면의 핵심 표현을 완벽히 이해하세요.

❶ I didn't know you had a bike. 당신에게 오토바이가 있다는 건 금시초문인데요.

상대방으로부터 그에 대한 예상 밖의 정보를 들었을 때, 또는 그동안 생각도 그에 대한 정보를 접하게 되었을 때 'I didn't know you ~' 패턴을 써서 '난 네가 ~인지/한지 몰랐다'라고 표현해요. 같은 의미를 더 강조하고 싶을 때는 'I had no idea you ~' 패턴으로 '난 네가 ~인지/한지 전혀 몰랐다'를 활용할 수 있겠어요. ★영화 속 패턴 익히기

❷ There's a lot about me you don't know. 난 당신이 모르는 게 많은 여자예요.

껍질을 까고 까도 안에 알맹이가 계속 남아있는 양파처럼 다양한 면을 많이 가져서 보여 줄 것이 참 많은 '양파 같은 사람'이라는 뜻으로 이 문장을 썼네요.

* **There's a lot about** him **we don't know.** 그에게는 우리가 아직 모르고 있는 면이 많이 있다.
* **There's a lot about you** I **don't know.** 당신에게는 내가 모르고 있는 많은 면들이 있네요.

❸ Wh—what's that mean? 뭐—그게 무슨 의미죠?

'그게 무슨 뜻이야?'라고 물을 때 쓰는 문장은 What does that mean?인데 구어체에서는 What과 does를 붙여서 What's로 발음하기도 해요. 이 경우, What's는 What is를 축약한 것이 아닌 What does를 축약한 것이라는 사실에 유의해 주세요.

* A: This phone is not a phone. 이 전화기는 전화기가 아니란다.
* B: What? **What's that mean?** 네? 그게 무슨 뜻이에요?

❹ Eh, I'll get the hang of it. 뭐, 난 금방 잘 탈 수 있을 거예요.

get the hang of something은 '~을 할/쓸 줄 알게 되다, ~을 이해하다, (무엇에 대한) 감을 잡다'라는 의미로 쓰이는 숙어예요. 처음 접해서 어색한 것에 대해 곧 친숙/익숙해진다는 어감으로 get used to something '~에 익숙해지다'와 비슷한 표현이에요.

* Don't worry about it. You**'ll get the hang of it.** 걱정 마라. 넌 금방 감을 잡을 거야.
* Once you **get the hang of it**, you'll do a great job. 일단 어떻게 하는지 감을 잡으면 넌 아주 잘할 것이다.

영화 속 패턴 익히기

오늘 배운 장면에서 뽑은 핵심 패턴으로 다양한 표현을 만들어 보세요.

08-2.mp3

I didn't know you ~ 네가 ~한 건/인 건 몰랐네.

Step 1 기본 패턴 연습하기

1 **I didn't know you** had a car. 네게 차가 있는지 몰랐네.

2 **I didn't know you** knew how to drive. 네가 운전을 할 수 있는지 몰랐어.

3 **I didn't know you** were so smart. 네가 그렇게 똑똑한지 몰랐어.

4 ________________ so popular. 네가 그렇게 인기가 많은지 몰랐구나.

5 ________________ married. 당신이 결혼한 사람인지 몰랐어요.

Step 2 패턴 응용하기 I had no idea you ~

1 **I had no idea you** had children. 당신에게 아이들이 있는지 전혀 몰랐어요.

2 **I had no idea you** were sick. 네가 아팠는지 전혀 모르고 있었어.

3 **I had no idea you** could dance so well. 네가 그렇게 춤을 잘 추는지는 전혀 몰랐구나.

4 ________________ such a talent. 네가 그렇게 재능이 뛰어난지 전혀 몰랐어.

5 ________________ feelings for her. 네가 그녀를 좋아하는지 난 전혀 몰랐다.

Step 3 실생활에 적용하기

A This is where I live.

B 정말? 난 네가 이렇게 부자인지 몰랐어.

A There's a lot about me you don't know.

A 여기가 내가 사는 곳이야.

B Really? I didn't know you were so rich.

A 나에 대해서 네가 모르고 있는 게 아주 많지.

정답 Step 1 4 I didn't know you were 5 I didn't know you were Step 2 4 I had no idea you had 5 I had no idea you had

확인학습

문제를 풀며 오늘 배운 표현을 완벽히 내 것으로 만드세요.

A | 영화 속 대화를 완성해 보세요.

ELASTIGIRL A new Elasticycle... 새 엘라스티사이클…

BOB "Elasticycle"? ❶ ______________________________. "엘라스티사이클"? 당신에게 오토바이가 있다는 건 금시초문인데요.

ELASTIGIRL Hey, ❷ ______________ a mohawk. ❸ ______________________________. 나 예전에 모호크식 헤어스타일도 한 적이 있어요. 난 당신이 모르는 게 많은 여자예요.

BOB Yeah, but– a mohawk?
알아요. 그런데 – 모호크 헤어스타일을 했다고요?

ELASTIGIRL Eh, you didn't ❹ ______________________.
네, 그때 안 보길 잘했어요.

ELASTIGIRL Oh... yeah. ❺ ______________________...
오… 예. 이건 전자로 되어 있고…

BOB Wh—❻ ______________________? 뭐—그게 무슨 의미죠?

ELASTIGIRL WO WO WO!! OHH!!! 워 워 워!! 오!!!

ELASTIGIRL Means it's torque-y. Eh, ❼ ______________________.
이게 회전력이 엄청 좋다는 뜻이에요. 뭐, 난 금방 잘 탈 수 있을 거예요.

BOB ❽ ______________________. 당신은 정말 잘할 거예요.

ELASTIGIRL I will be great. And you will, too—
난 잘할 거예요. 당신도 그럴 거고요—

BOB We will ❾ ______________________. 우리 둘 다 아주 잘 해낼 거예요.

ELASTIGIRL Bye, ❿ ______________. 잘 있어요, 여보.

정답 A

❶ I didn't know you had a bike
❷ I had
❸ There's a lot about me you don't know
❹ miss anything
❺ This one's electric
❻ what's that mean
❼ I'll get the hang of it
❽ You will be great
❾ both be great
❿ sweetie

B | 다음 빈칸을 채워 문장을 완성해 보세요.

1 네가 그렇게 인기가 많은지 몰랐구나.
______________________ so popular.

2 당신이 결혼한 사람인지 몰랐어요.
______________________ married.

3 당신에게 아이들이 있는지 전혀 몰랐어요.
______________________ children.

4 네가 그렇게 춤을 잘 추는지는 전혀 몰랐구나.
______________________ could dance so well.

5 네가 그녀를 좋아하는지 난 전혀 몰랐다.
______________________ feelings for her.

정답 B

1 I didn't know you were
2 I didn't know you were
3 I had no idea you had
4 I had no idea you
5 I had no idea you had

Day 09

A Potential Threat

잠재적 위협

대중들에게 적극적으로actively 슈퍼히어로들의 긍정적인 이미지와 존재감을 홍보하기 위해 적당한 먹잇감이prey 되어줄 악당을 찾고 있는 엘라스티걸. 악당이 범죄를 저질러주기를 기다리고 있는 자기 모습이 마치 남편 밥이 슈퍼히어로 시절의 향수를nostalgia 못 잊어 경찰의 스캐너를 듣고 있던 모습이 연상됩니다. 왠지 위선자가hypocrite 된 것 같은 느낌이네요. 그즈음, 어디선가somewhere 범죄계획을 세우고 있다는 소식이 들립니다. 앞으로 있을 시의 큰 행사에 잠재적 위협이 될 수도 있는 범죄계획인 것 같네요.

오늘 등장하는 표현들입니다. 어떤 표현이 들어가야 할지 생각해 보세요.

* You're smack ________________ the worst crime area in the city.
당신은 도시의 최악 우범지역 한가운데 떨어져 있는 거예요.

* ________________ . 난 그런 짓을 하는 남편에게 화가 났고요.

* ________________ . 나도 참 위선자예요.

* ________________ . 무슨 일이 생겼어요.

바로 이 장면!

오디오 파일을 듣고 3번 따라 말해보세요.

09-1.mp3

SCANNER VOICE #1 스캐너 음성 #1

Alright, all locations we need to know where you want us.

자, 우리가 어디에 있어야 할지 위치를 모두 알려주기 바란다.

SCANNER VOICE #2 스캐너 음성 #2

Standby...Corner of MacArthur and Broadway.

대기하라…맥아더와 브로드웨이 모퉁이에서.

ELASTIGIRL 엘라스티걸

Seems strange to wait for crime.

범죄가 일어나기를 기다리는 게 좀 이상해 보이네요.

DEAVOR 데버

Relax. You're smack **in the middle of** the worst crime area in the city.[1] It's perfect. It's a superhero's playground!

진정해요. 당신은 도시의 최악 우범지역 한가운데 떨어져 있는 거예요. 완벽하잖아요. 여기는 슈퍼히어로의 놀이터라고요!

ELASTIGIRL 엘라스티걸

–it's a superhero's playground, right. You know, after we went underground, my husband used to listen to a police scanner, waiting for something to happen. And **I got mad at him for it.**[2] **I'm such a hypocrite...**[3]

–여기는 슈퍼히어로의 놀이터죠, 맞아요. 우리가 수면 아래 숨어살 때, 남편은 경찰 스캐너를 들으면서 무슨 일이든 일어나기를 바랐었죠. 그리고 난 그런 짓을 하는 남편에게 화가 났고요. 그러고 보면 나도 참 위선자예요…

SCANNER VOICE #3 스캐너 음성 #3

All unite.

모두 협력하라.

ELASTIGIRL 엘라스티걸

Something's up...[4]

무슨 일이 생겼어요…

SCANNER VOICE #3 스캐너 음성 #3

We've been picking up some chatter about a potential disruption to the Mayor's ceremony to open the new Hovertrain line.

새로운 호버열차 선을 개통하는 시장의 기념행사에 그것을 방해하려는 소식이 있다.

SCANNER VOICE #4 스캐너 음성 #4

"Disruption" or "threat"..?

'방해'인가 혹은 '위협'인가…?

SCANNER VOICE #3 스캐너 음성 #3

Both. Station's at 54th and Nottingham.

둘 다. 54가와 노팅엄 역에 있음.

장면 파헤치기

구문 설명과 예문으로 이 장면의 핵심 표현을 완벽히 이해하세요.

❶ You're smack in the middle of the worst crime area in the city.

당신은 도시의 최악 우범지역 한가운데 떨어져 있는 거예요.

in the middle of something은 위치적으로 '한가운데, 중앙에'라는 의미로 쓰이기도 하지만, 어떤 일/상황이 벌어지고 있을 때 '한창 ~이 진행되는 / ~을 하는 가운데'라는 의미로 쓰이는 경우가 많답니다.

* We were **in the middle of** dinner when he came. 그가 왔을 때 우리는 한참 저녁식사 중이었다.
* It happened **in the middle of** the night. 그 일은 한밤중에 일어났다.

❷ I got mad at him for it. 난 그런 짓을 하는 남편에게 화가 났고요.

'~에게 화가 나다 / 화를 내다'라는 표현은 get mad at someone인데, 그 뒤에 for를 넣어서 연결하면 '~때문에 ~에게 화가 났다'라는 의미가 된답니다.

* You are **getting mad at** me for no reason. 넌 아무 이유도 없이 나에게 화를 내는구나.
* I **got mad at** Tim for constantly texting me. 팀이 문자를 끊임없이 계속 보내서 난 화가 났다.

❸ I'm such a hypocrite. 나도 참 위선자예요.

'난 참 ~한 사람이야'라고 할 때 'I'm such a ~' 패턴을 쓰는데, 주로 자기를 부정적으로 말할 때 쓰이는 경향이 있어요. 물론, 자화자찬하기를 좋아하는 사람들은 긍정적인 표현으로 쓰기도 하지만요.

★영화 속 패턴 익히기

❹ Something's up. 무슨 일이 생겼어요.

무슨 일이 생겼을 때 특히 뭔가 낌새가 이상한 일이 생겼을 때 쓰는 표현이에요. 예를 들어, Something's up with you. '너 뭔가 낌새가 수상해' 이런 식으로 쓰인답니다. 참고로, 친구 간에, 특히 남성 친구들 사이에서 인사말로 자주 쓰이는 What's up?은 직역하면 '무슨 일이 일어났니?'라는 뜻인데, '별일 없니?'라고 해석하면 더 자연스럽답니다.

* **Something's up.** We have to leave right away. 뭔가 일이 생겼다. 우리 당장 나가야 해.
* **Something's up** with her. 그녀에겐 뭔가 이상한 일이 생겼어.

영화 속 패턴 익히기

오늘 배운 장면에서 뽑은 핵심 패턴으로 다양한 표현을 만들어 보세요.

09-2.mp3

I'm such a/an ~ 나는 정말/참 ~에요.

Step 1 기본 패턴 연습하기

1 **I'm such a** chicken. 난 참 겁쟁이야.

2 **I'm such a** great friend. 난 정말 대단히 좋은 친구야.

3 **I'm such an** emotional person. 난 정말 감성적인 사람이야.

4 ______________. 난 정말 멍청이야.

5 ______________ loser. 난 정말 한심한 인간이야.

Step 2 패턴 응용하기 주어 + be동사 + such a/an ~

1 **She is such a** nice person. 그녀는 정말 착한 사람이야.

2 **Noah is such a** good singer. 노아는 정말 노래를 잘해.

3 **Cindy is such an** inspiration. 신디는 참으로 감동을 주는 사람이야.

4 ______________ liar. 그는 정말 거짓말쟁이야.

5 ______________ cutie. 넌 정말 귀염둥이야.

Step 3 실생활에 적용하기

A What am I to you?
B 넌 정말 좋은 친구야.
A That's another way of saying you have no feelings for me.

A 난 너에게 뭐니?
B You are such a good friend.
A 결국 넌 나에게 관심이 없다는 얘기로구나.

정답 Step 1 4 I'm such an idiot 5 I'm such a Step 2 4 He is such a 5 You are such a

확인학습

문제를 풀며 오늘 배운 표현을 완벽히 내 것으로 만드세요.

A | 영화 속 대화를 완성해 보세요.

SCANNER VOICE #1 Alright, all locations ❶ ______________ where you want us.
자, 우리가 어디에 있어야 할지 위치를 모두 알려주기 바란다.

SCANNER VOICE #2 Standby...Corner of MacArthur and Broadway.
대기하라...맥아더와 브로드웨이 모퉁이에서.

ELASTIGIRL Seems strange to ❷ ______________.
범죄가 일어나기를 기다리는 게 좀 이상해 보이네요.

DEAVOR Relax. You're smack ❸ ______________ the worst crime area in the city. It's perfect. It's a superhero's ❹ ______________!
진정해요. 당신은 도시의 최악 우범지역 한가운데 떨어져 있는 거예요. 완벽하잖아요. 여기는 슈퍼히어로의 놀이터라고요!

ELASTIGIRL –it's a superhero's playground, right. You know, after we went underground, my husband ❺ ______________ to a police scanner, waiting for something to happen. And ❻ ______________ ______________. ❼ ______________...
– 여기는 슈퍼히어로의 놀이터죠, 맞아요. 우리가 수면 아래 숨어살 때, 남편은 경찰 스캐너를 들으면서 무슨 일이든 일어나기를 바랐었죠. 그리고 난 그런 짓을 하는 남편에게 화가 났고요. 그러고 보면 나도 참 위선자예요…

SCANNER VOICE #3 ❽ ______________. 모두 협력하라.

ELASTIGIRL ❾ ______________... 무슨 일이 생겼어요…

SCANNER VOICE #3 We've been picking up some chatter about a ❿ ______________ to the Mayor's ceremony to open the new Hovertrain line.
새로운 호버열차 선을 개통하는 시장의 기념행사에 그것을 방해하려는 소식이 있다.

SCANNER VOICE #4 "Disruption" or "threat"..? '방해'인가 혹은 '위협'인가…?

SCANNER VOICE #3 Both. Station's at 54th and Nottingham.
둘 다. 54가와 노팅엄 역에 있음.

B | 다음 빈칸을 채워 문장을 완성해 보세요.

1 난 참 겁쟁이야.
______________ chicken.

2 난 정말 멍청이야.
______________.

3 그녀는 정말 착한 사람이야.
______________ nice person.

4 그는 정말 거짓말쟁이야.
______________ liar.

5 넌 정말 귀염둥이야.
______________ cutie.

정답 A

❶ we need to know
❷ wait for crime
❸ in the middle of
❹ playground
❺ used to listen
❻ I got mad at him for it
❼ I'm such a hypocrite
❽ All unite
❾ Something's up
❿ potential disruption

정답 B

1 I'm such a
2 I'm such an idiot
3 She is such a
4 He is such a
5 You are such a

Day 10

Elastigirl in Action

작전에 나선 엘라스티걸

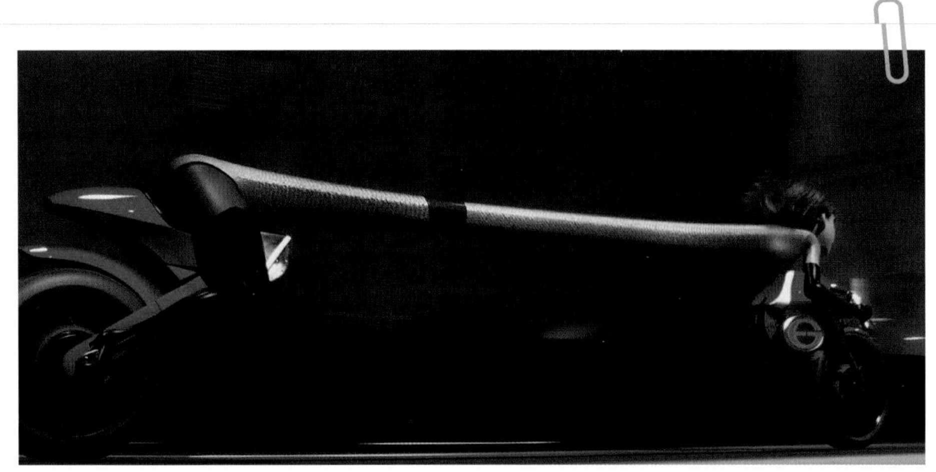

뉴 우르벰 시에 새로운 열차선로가[a new railroad track] 개통하는 날이에요. 수많은 시민의 환호 속에 뉴 우르벰 시의 시장이 개통을 축하하는 리본 커팅을[ribbon cutting] 하고 열차가 시운전을[a trial run] 하는 그 순간, 전혀 예기치 못했던 일이 발생합니다. 알 수 없는 힘에 의해 열차가 반대쪽으로 움직이기 시작하는 거예요. 도대체 무슨 일이 일어난 걸까요? 상황이 악화되기[deteriorate] 전에 어서 열차를 멈춰야 할 것 같아요. 그런데, 시스템 접근이[access to the system] 차단되어 열차 안에 설치된 자동안전장치가 모두 무용지물이 되어 버렸어요. 이 대혼란을 막을 수 있는 이는 단 한 사람, 우리의 영웅 엘라스티걸. 그녀가 드디어 작전에 나섭니다.

오늘 등장하는 표현들입니다. 어떤 표현이 들어가야 할지 생각해 보세요.

* They've tried! ________ ! 시도는 해봤대요! 실패했지만!
* They're ________ ! 시스템 접근이 불가능한 상태라고 하네요!
* ________ ! 시간이 넉넉지 않아요!
* ________ ? 시간이 얼마나 있나요?

바로 이 장면!

오디오 파일을 듣고 3번 따라 말해보세요.

10-1.mp3

ELASTIGIRL 엘라스티걸
This thing's really movin'! 200 and climbing! How much track is built??
이거 정말장난 아닌데요! 200을 훌쩍 넘어요! 이 선로가 얼마나 완공됐죠??

EVELYN 에블린
About 25 miles.
약 25마일 정도요.

ELASTIGIRL 엘라스티걸
No one can shut this thing down??
아무도 이 열차를 멈출 수 없는 건가요?

EVELYN 에블린
They've tried! **No go**![1]
시도는 해봤대요! 실패했지만!

COP #1 경찰 #1
Is that Elastigirl?
저거 엘라스티걸인가?

COP #4 경찰 #4
Ahhhh!!!
아아아!!!

ELASTIGIRL 엘라스티걸
Overrides??
중단장치는요??

EVELYN 에블린
They're **locked out of the system**![2]
시스템 접근이 불가능한 상태라고 하네요!

ELASTIGIRL 엘라스티걸
What about a failsafe??
자동안전장치는요??

EVELYN 에블린
Not enough time![3]
시간이 넉넉지 않아요!

ELASTIGIRL 엘라스티걸
Someone's calling! Switching over!
누가 전화를 걸었어요! 통화 전환!

DASH 대쉬
Hey Mom– I can't find my HI-TOPS and Dad can't find 'em either, but he won't call you and ask, so I am.
엄마– 내 농구화가 어디 갔는지 안 보이는데 아빠도 못 찾겠대요. 그런데 아빠가 엄마한테 전화를 안 하겠다고 해서 제가 하는 거예요.

BOB'S VOICE 밥의 목소리
DO NOT CALL YOUR MOTHER!!
엄마한테 전화하지 말라고!!

ELASTIGIRL 엘라스티걸
Dash, honey?? Can't talk right now, but look under your bed, okay? **How much time**??[4]
대쉬, 얘야?? 지금은 엄마가 통화하기 힘들어. 근데 침대 밑에 봐봐. 알았지? 시간이 얼마나 있나요??

EVELYN 에블린
Less than 2 minutes! There's a shortcut! Cut through the culvert up ahead!
2분 이내! 지름길이 있어요! 앞쪽에 나오는 지하배수로를 통해서 가요!

장면 파헤치기

구문 설명과 예문으로 이 장면의 핵심 표현을 완벽히 이해하세요.

❶ They've tried! No go! 시도는 해봤대요! 실패했지만!

No go는 주어도 없고 동사도 없는 비격식 표현인데, 의미는 '실패한, 가능하지 않은, 안 되는'이라는 의미랍니다. 제대로 문장으로 만들어서 쓰고 싶다면, 앞에 It's를 넣어서 It's (a) no go!라고 하면 돼요.

* I asked her to lend me some money, but it was (a) **no go**. 그녀에게 돈 좀 빌려달라고 했는데, 실패했어.
* I'm afraid it's a **no go**. He didn't accept the deal. 안타깝지만 안 되겠어. 그가 거래 제안을 받아들이지 않더라고.

❷ They're locked out of the system! 시스템 접근이 불가능한 상태라고 하네요!

lock out of는 '열쇠가 없어서 ~에 못 들어간다'는 의미로 쓰는 표현이에요. 위의 문장에서처럼 수동형으로 be locked out of로 쓸 경우엔 '접근할 수/들어갈 수 없는 상태가 되다'라고 해석할 수 있겠어요.

* I **locked** myself **out of** my room. 방안에 열쇠를 두고 방문을 걸어 잠그고 나왔어.
* Are you **locked out of** your email account? 이메일 계정에 들어가지 못하고 있나요?

❸ Not enough time! 시간이 넉넉지 않아요!

시간이 부족하다고 할 때 급하게 외치는 표현이에요. 완전한 문장으로 쓰면 We don't have enough time! 또는 There's not enough time!인데, 너무 급박한 상황일 때는 짧게 위의 표현으로 대체하면 되겠어요.

* We have to go now! **Not enough time**! 지금 가야만 해요! 시간이 없다고요!
* You always say, '**not enough time**'. 당신은 항상 말하지요. '시간이 부족해'라고.

❹ How much time? 시간이 얼마나 있나요?

How much time do we have? 또는 How much time is left? 이렇게 길게 표현하지 않고, How much time?이라고만 해도 '시간이 얼마나 남았나요/있나요?'라는 의미를 전달할 수 있기 때문에 구어체에서는 이렇게 짧게 표현할 수 있어요. 여기서 우리는 How much time으로 시작하는 문장을 패턴으로 연습해 보도록 하죠. 더 확장해서, How much 뒤에 time 이외의 다른 명사를 넣어서도 활용문장을 만들어 볼게요. ★ 영화 속 패턴 익히기

영화 속 패턴 익히기

오늘 배운 장면에서 뽑은 핵심 패턴으로 다양한 표현을 만들어 보세요.

10-2.mp3

How much time ~? 시간이/을 얼마나 ~?

Step 1 기본 패턴 연습하기

1 **How much time** do we have? 우리에게 시간이 얼마나 있나요?

2 **How much time** do people spend on social media? 사람들은 소셜미디어에 시간을 얼마나 쓰나요?

3 **How much time** do you need? 시간이 얼마나 필요하니?

4 ______________ left in the game? 이 시합 끝나려면 시간이 얼마나 남았니?

5 ______________ it take to boil an egg? 계란 하나 삶는데 시간이 얼마나 걸리지?

Step 2 패턴 응용하기 How much + 명사 ~?

1 **How much money** do you need? 돈이 얼마큼 필요하니?

2 **How much gas** do we have? 휘발유가 얼마나 남았니?

3 **How much water** should you drink a day? 하루에 물을 얼마나 마셔야 하나요?

4 ______________ too much love? 얼마나 많이 사랑하면 너무 심하게 사랑하는 거니?

5 ______________ we waste a year? 우린 1년에 얼마나 많은 양의 음식을 낭비하는가?

Step 3 실생활에 적용하기

A 시간이 얼마나 있니?
B Not much.
A We are so not going to make it.

A How much time do we have?
B 별로 없어.
A 우린 절대 시간 안에 해내지 못할 거야.

정답 Step 1 4 How much time is 5 How much time does Step 2 4 How much love is 5 How much food do

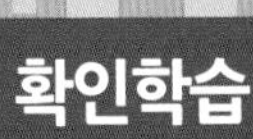

확인학습

문제를 풀며 오늘 배운 표현을 완벽히 내 것으로 만드세요.

A | 영화 속 대화를 완성해 보세요.

ELASTIGIRL This thing's really movin'! 200 and climbing! ❶ ______________ is built?? 이거 정말장난 아닌데요! 200을 훌쩍 넘어요! 이 선로가 얼마나 완공됐죠??

EVELYN ❷ ______________. 약 25마일 정도요.

ELASTIGIRL ❸ ______________ shut this thing down?? 아무도 이 열차를 멈출 수 없는 건가요??

EVELYN They've tried! ❹ ______________! 시도는 해봤대요! 실패했지만!

COP #1 Is that Elastigirl? 저거 엘라스티걸인가?

COP #4 Ahhhh!!! 아아아!!!

ELASTIGIRL Overrides?? 중단장치는요??

EVELYN They're ❺ ______________! 시스템 접근이 불가능한 상태라고 하네요!

ELASTIGIRL What about a failsafe?? 자동안전장치는요??

EVELYN ❻ ______________! 시간이 넉넉지 않아요!

ELASTIGIRL Someone's calling! Switching over! 누가 전화를 걸었어요! 통화 전환!

DASH Hey Mom– I can't find my HI-TOPS and Dad can't find 'em either, but ❼ ______________ and ask, so I am. 엄마– 내 농구화가 어디 갔는지 안 보이는데 아빠도 못 찾겠대요. 그런데 아빠가 엄마한테 전화를 안 하겠다고 해서 제가 하는 거예요.

BOB'S VOICE DO NOT CALL YOUR MOTHER!! 엄마한테 전화하지 말라고!!

ELASTIGIRL Dash, honey?? Can't talk right now, but ❽ ______________, okay? ❾ ______________?? 대쉬, 얘야?? 지금은 엄마가 통화하기 힘들어. 근데 침대 밑에 봐봐. 알았지? 시간이 얼마나 있나요??

EVELYN Less than 2 minutes! ❿ ______________! Cut through the culvert up ahead! 2분 이내! 지름길이 있어요! 앞쪽에 나오는 지하배수로를 통해서 가요!

B | 다음 빈칸을 채워 문장을 완성해 보세요.

1 이 시합 끝나려면 시간이 얼마나 남았니?
______________ left in the game?

2 계란 하나 삶는데 시간이 얼마나 걸리지?
______________ it take to boil an egg?

3 휘발유가 얼마나 남았니?
______________ do we have?

4 하루에 물을 얼마나 마셔야 하나요?
______________ should you drink a day?

5 우린 1년에 얼마나 많은 양의 음식을 낭비하는가?
______________ we waste a year?

정답 A

❶ How much track
❷ About 25 miles
❸ No one can
❹ No go
❺ locked out of the system
❻ Not enough time
❼ he won't call you
❽ look under your bed
❾ How much time
❿ There's a shortcut

정답 B

1 How much time is
2 How much time does
3 How much gas
4 How much water
5 How much food do

Day 11

Bob Doing House Chores

집안일 하는 밥

엘라스티걸이 영웅 활동에 나서는 동안, 육아 대디가 된 밥은 세 아이를 돌보느라 몸이 세 개라도 모자를 지경이에요. 큰 딸 바이올렛은 좋아하는 남자아이와[her crush] 첫 데이트를 하기로 되어 있었는데, 그만 바람을 맞았답니다[got stood up]. 둘째 대쉬는 수학 숙제를[math assignment] 들고 왔는데 도대체 요즘 아이들이 배우는 수학은 왜 이리도 어려운지. 막내 아기 잭잭은 알고 보니 엄청난 초능력 소유자였네요. 너구리와[raccoon] 대적하는데 갑자기 괴물로 변하고 난리법석입니다. 세상을 구하는 슈퍼히어로 미스터 인크레더블도 아빠 역할은 쉽지 않네요.

Warm Up! 오늘 배울 표현

오늘 등장하는 표현들입니다. 어떤 표현이 들어가야 할지 생각해 보세요.

* ! 그에게 사고가 났군요!
* ! 내 그럴 줄 알았다니까!
* – 내가 절대로 그러지 말아야 했는데 –
* And Jack-Jack no trouble? 그리고 잭잭이 아무 말썽 일으키지 않았나요?

바로 이 장면!

오디오 파일을 듣고 3번 따라 말해보세요. 11-1.mp3

HELEN 헬렌
Sounds like I just woke you up.
왠지 제가 당신을 깨운 것 같은데요.

BOB 밥
No, no, it's just— Jack-Jack—
아뇨, 아뇨, 그냥 그러니까— 잭잭이—

HELEN 헬렌
He had an accident![1] **I knew it!**[2] I'm coming home right now! **I never should've–**[3]
그에게 사고가 났군요! 내 그럴 줄 알았다니깐! 지금 당장 집으로 갈게요! 이래서 내가 절대로 그러지 말아야 했는데 –

BOB 밥
No, no–! No accident. Stay there and finish your mission! And you "never should've" what?? You don't think I can do this?
아니, 아니에요 –! 사고는 아니에요. 거기에서 임무나 마치고 와요! 근데 뭘 '절대 그러지 말아야' 했죠?? 내가 이걸 못할 거라 생각하는 거예요?

HELEN 헬렌
N– sorry. I misspoke. Do you need me to come back?
아니 – 미안해요. 말이 잘 못 나왔어요. 내가 집으로 돌아갔으면 좋겠나요?

BOB 밥
NO, no no. I've got this. Everything's GREAT.
아니, 아니, 아뇨. 내가 할 수 있다니까요. 다 좋아요.

HELEN 헬렌
What happened with Jack-Jack?
잭잭에게 무슨 일이 있었던 거죠?

BOB 밥
Nothing. He's in excellent health.
아무 일도 아녜요. 잭잭은 아주 건강해요.

HELEN 헬렌
Well, that's good. How was Violet's date?
네, 좋네요. 바이올렛 데이트는 어땠어요?

BOB 밥
Uhh—
어—

HELEN 헬렌
That was tonight, right?
오늘 밤이었죠, 그죠?

BOB 밥
Oh–yes. Good. All fine and...good.
오 – 네. 좋아요. 모든 것이 괜찮고…좋아요.

HELEN 헬렌
And Jack-Jack **went down with** no trouble?[4]
그리고 잭잭이 아무 말썽 일으키지 않았나요?

BOB 밥
Fine. Yes. No trouble.
좋아요. 네. 말썽 안 부렸죠.

HELEN 헬렌
And Dash got his homework done?
그리고 대쉬는 숙제 다 하고요?

BOB 밥
All done.
다 했죠.

장면 파헤치기

구문 설명과 예문으로 이 장면의 핵심 표현을 완벽히 이해하세요.

❶ He had an accident! 그에게 사고가 났군요!

자동차 사고와 같은 사고를 말할 때 영어로 accident라고 하죠. have 동사를 써서 관사 an을 넣고 have an accident '사고를 당하다/일으키다' 이렇게 쓴답니다.

* We **had a car accident** yesterday. 우리 어젯밤에 자동차 사고가 났어요.
* What should I do first when I **have an accident**? 사고가 나면 제일 먼저 해야 하는 것이 무엇이죠?

❷ I knew it! 내 그럴 줄 알았다니까!

추측만 하고 있던 일을 누군가가 확인해 주었을 때 '내 그럴/이럴 줄 알았다니까!'라는 의미로 쓰는 표현이에요. 예를 들어, Frank said he would be late. '프랭크는 늦게 온다고 하네.'라고 다른 친구가 말해 줄 때, 그가 늦을 것만 같다고 추측/예상했던 내가 I knew it! '내 그럴 줄 알았어!' 이렇게 말할 수 있어요.

* **I knew it!** I knew she wouldn't come. 내 이럴 줄 알았어! 그녀가 안 올 줄 알았다니까.
* **I knew it!** That's exactly what I thought. 내 그럴 줄 알았다니까! 내가 생각한 그대로야.

❸ I never should've– 내가 절대로 그러지 말아야 했는데–

무엇을 후회하면서 '난 절대/결코 ~을 하지 말았어야 했다'라고 말할 때 〈never should have (+ 과거분사)〉 패턴을 써요. 어떤 경우에는 never가 주어 바로 뒤에 오지 않고 I should never have, 또는 더 뒤로 가서, I should have never 라고 쓰기도 하는데, never가 어디에 들어가는지에 따라 어감이 조금씩 달라질 수 있습니다.

★ 영화 속 패턴 익히기

❹ And Jack-Jack went down with no trouble? 그리고 잭잭이 아무 말썽 일으키지 않았나요?

go down with는 주로 감기에 걸리거나 어떤 병/질환에 걸렸을 때 쓰는 표현인데, 여기에서는 병은 아니지만, 조금 문제가 생기거나 말썽을 일으키는 것을 의미하는 trouble을 go down with와 함께 썼네요.

* I **went down with** bronchitis. 나 기관지염에 걸렸어.
* Half of Jenny's class has **gone down with** flu. 제니네 반 아이들 중 반이 독감에 걸렸다.

영화 속 패턴 익히기

오늘 배운 장면에서 뽑은 핵심 패턴으로 다양한 표현을 만들어 보세요.

11-2.mp3

I never should've- 난/내가 절대로 그러지 말았어야 했는데-

Step 1 기본 패턴 연습하기

1 **I never should've** come. 난 절대 오지 말았어야 했는데.

2 **I never should've** gone out with Esther. 에스더와 절대로 사귀는 게 아니었는데.

3 **I never should've** told you about that. 너에게 그 이야기를 절대 하는 게 아닌데.

4 ______________ that place. 난 절대 그곳을 떠나지 말았어야 했다.

5 ______________ that offer. 결코 그 제안을 받아들이지 말았어야 했다.

Step 2 패턴 응용하기 주어 + never should've ~

1 **We never should've** gotten back together. 우린 절대 다시 사귀지 말았어야 했어.

2 **They never should've** done that. 그들은 절대 그런 짓을 하지 말았어야 했다.

3 **He never should've** picked up smoking in the first place. 애초에 그는 담배를 배우지 말았어야만 했다.

4 ______________ committed that crime. 그녀는 결코 그 범죄를 저지르면 안 되는 거였어.

5 ______________ called me an idiot. 넌 결코 나에게 멍청이라고 놀리면 안 되는 거였어.

Step 3 실생활에 적용하기

A Keep an eye on my bag.

B Okay. (after a while) I'm sorry somebody took your bag.

A What? 너한테 절대 맡기지 말았어야 하는 건데.

A 내 가방 좀 봐주고 있어.

B 알았어. (잠시 후) 미안해, 어떤 사람이 네 가방을 가져가 버렸어.

A 뭐라고? I never should've left it with you.

정답 Step 1 4 I never should've left 5 I never should've accepted Step 2 4 She never should've 5 You never should've

확인학습

문제를 풀며 오늘 배운 표현을 완벽히 내 것으로 만드세요.

A | 영화 속 대화를 완성해 보세요.

HELEN Sounds like I just ❶ ______________. 왠지 제가 당신을 깨운 것 같은데요.

BOB No, no, it's just— Jack-Jack— 아뇨, 아뇨, 그냥 그러니까— 잭잭이—

HELEN ❷ ______________! ❸ ______________! I'm coming home right now! ❹ ______________– 그에게 사고가 났군요! 내 그럴 줄 알았다니까! 지금 당장 집으로 갈게요! 이래서 내가 절대로 그러지 말아야 했는데 –

BOB No, no–! No accident. Stay there and ❺ ______________! And you "never should've" what?? You don't think ❻ ______________? 아니, 아니에요 –! 사고는 아니에요. 거기에서 임무나 마치고 와요! 근데 뭘 '절대 그러지 말아야' 했죠?? 내가 이걸 못할 거라 생각하는 거예요?

HELEN N– sorry. ❼ ______________. Do you need ❽ ______________? 아니 – 미안해요. 말이 잘 못 나왔어요. 내가 집으로 돌아갔으면 좋겠나요?

BOB NO, no no. I've got this. Everything's GREAT. 아니, 아니, 아뇨. 내가 할 수 있다니까요. 다 좋아요.

HELEN What happened with Jack-Jack? 잭잭에게 무슨 일이 있었던 거죠?

BOB Nothing. He's in excellent health. 아무 일도 아녜요. 잭잭은 아주 건강해요.

HELEN Well, that's good. ❾ ______________? 네, 좋네요. 바이올렛 데이트는 어땠어요?

BOB Uhh— 어—

HELEN That was tonight, right? 오늘 밤이었죠, 그죠?

BOB Oh–yes. Good. All fine and...good. 오 – 네. 좋아요. 모든 것이 괜찮고…좋아요.

HELEN And Jack-Jack ❿ ______________ no trouble? 그리고 잭잭이 아무 말썽 일으키지 않았나요?

BOB Fine. Yes. No trouble. 좋아요. 네. 말썽 안 부렸죠.

HELEN And Dash got his homework done? 그리고 대쉬는 숙제 다 하고요?

BOB All done. 다 했죠.

B | 다음 빈칸을 채워 문장을 완성해 보세요.

1 너에게 그 이야기를 절대 하는게 아닌데.
______________ told you about that.

2 난 절대 그곳을 떠나지 말았어야 했다.
______________ that place.

3 우린 절대 다시 사귀지 말았어야 했어.
______________ gotten back together.

4 그들은 절대 그런 짓을 하지 말았어야 했다.
______________ done that.

5 넌 결코 나에게 멍청이라고 놀리면 안 되는 거였어.
______________ called me an idiot.

정답 A

❶ woke you up
❷ He had an accident
❸ I knew it
❹ I never should've
❺ finish your mission
❻ I can do this
❼ I misspoke
❽ me to come back
❾ How was Violet's date
❿ went down with

정답 B

1 I never should've
2 I never should've left
3 We never should've
4 They never should've
5 You never should've

Meeting With the Ambassador

대사와의 만남

폭주 열차를a runaway train 전복사고에서 안전하게 지켜낸 엘라스티걸은 시민들의 영웅이 되었어요. 엘라스티걸의 활약으로 다시 한번 슈퍼히어로들의 활동을 합법화해야 한다는 움직임이movement 대중들 사이에서 활발하게 일어나고 있습니다. 언론에서도 엘라스티걸의 영웅적 행위를heroic act 대서특필하며headline 그녀를 칭송하고, 여기저기서 방송 인터뷰가 쇄도하네요. 방송에 나가게 된 엘라스티걸은 국제사회의 지속적인 평화를lasting piece 도모하기 위해 방문한 외국 대사님과도 만나서 인사를 나눕니다.

Warm Up! 오늘 배울 표현

오늘 등장하는 표현들입니다. 어떤 표현이 들어가야 할지 생각해 보세요.

* ______, coming from you. 대사님께서 그렇게 말씀해 주시니 정말 의미가 남다르네요.
* Bring... ______! 계속된 평화를…구축해주세요!
* ______. 이쪽입니다.
* ______ changing. 그 사실이 이제 다시 바뀔지도 모르겠습니다.

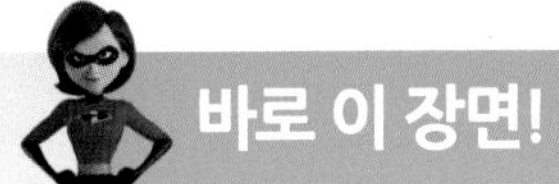

바로 이 장면!

오디오 파일을 듣고 3번 따라 말해보세요. 12-1.mp3

ELASTIGIRL
엘라스티걸

Oh-! Madame Ambassador, hello! I'm– I'm Elast–
오–! 대사님, 안녕하세요! 전 – 전 엘라스 –

AMBASSADOR
대사

YOU–ARE–ELASTIGIRL! This is why now I'm shaking your hand! Oh it was so sad when you went underground. I am glad to see you back in your shiny outfit!
당신은 – 엘라스티걸이로군요! 그래서 제가 당신에게 악수를 하고 있는 거고요! 당신들이 활동을 못하게 되었을 때 얼마나 안타까웠는지 몰라요. 빛나는 의상을 입은 당신을 다시 보게 되니 정말 기쁘네요!

ELASTIGIRL
엘라스티걸

That means so much, coming from you.[1] Good luck with your speech! Bring...**lasting peace**![2]
대사님께서 그렇게 말씀해 주시니 정말 의미가 남다르네요. 연설 잘하시길 기원할게요! 계속된 평화를… 구축해주세요!

SECURITY #2
보안 요원 #2

This way.[3] Ambassador.
이쪽입니다. 대사님.

AMBASSADOR
대사

I will, when you defeat evil!
그렇게 하지요. 당신이 사악한 무리들을 물리친다면 말이에요!

ELASTIGIRL
엘라스티걸

Okay.
그럴게요.

STAGE MANAGER
무대 감독

Three, two –
쓰리, 투 –

BRENTLEY
브렌틀리

For over fifteen years superheroes have been in hiding, forced in to it by a society no longer willing to support them. **That may soon be** changing, due to a growing movement to bring the supers back.[4] Here, fresh on the heels of her own heroic save of a runaway train, and sporting a new look, is the superhero, Elastigirl. Welcome!
15년을 넘는 세월 동안 슈퍼히어로들은 숨어 지냈습니다. 그들을 더 이상 지지하지 않는 사회로 인해 강제적으로 말이죠. 그 사실이 이제 다시 바뀔지도 모르겠습니다. 슈퍼히어로들을 다시 되돌리자고 하는 운동이 커지고 있기 때문이죠. 자 여기, 바로 얼마 전 폭주 열차를 영웅적으로 구하고 새로운 모습으로 돌아온 우리의 슈퍼히어로, 엘라스티걸을 모셨습니다. 엘라스티걸, 환영합니다!

장면 파헤치기

구문 설명과 예문으로 이 장면의 핵심 표현을 완벽히 이해하세요.

❶ That means so much, coming from you. 대사님께서 그렇게 말씀해 주시니 정말 의미가 남다르네요.

That means so much/a lot (to me).는 '그것은 저에게 아주 큰 의미가 있습니다'라는 뜻인데, 의역하면 '그렇게 해 주시니 정말 감사합니다'라는 뜻이 됩니다. coming from you 부분은 직역하면 '당신에게서 나오는'인데, 이것 역시 의역하면 '당신께서 그렇게 말씀을 해 주시니'가 됩니다.

* I can't thank you enough. **That means a lot** to me. 정말 감사해요. 이 일이 저에겐 정말 큰 의미가 있어요.
* Thank you so much for taking care of my son. **That means so much** to me. 제 아들을 돌봐주셔서 정말 감사해요. 저에겐 정말 중요한 소중한 의미예요.

❷ Bring...lasting peace! 계속된 평화를… 구축해주세요!

last는 동사로 '지속하다, 계속하다'라는 의미예요. 형용사 lasting '영속적인, 지속적인'도 함께 알아 두세요. 한 가지 더 추가해서, lasting 앞에 long을 붙여서 long-lasting이라고 하면 '오랫동안 지속되는'이라는 뜻의 형용사가 됩니다.

* I want to build a **lasting friendship**. 난 지속하는 우정을 쌓고 싶다.
* Financial decisions can have **long-lasting effects**. 재무에 관련된 결정들은 오래도록 지속하는 영향을 미칠 수 있다.

❸ This way. 이쪽입니다.

식당이나 호텔 등에서 직원이 안내할 때 주로 쓰는 표현이에요. '이쪽으로 오세요'라고 하고요. 굳이 동사 come을 넣지 않고 이것이 하나의 표현으로 쓰인답니다. 뒤에 please를 붙여서 쓰면 더 좋겠어요.

* **This way,** please. I'll show you to the door. 이쪽으로 오세요. 제가 문으로 안내해 드릴게요.
* **This way,** sir. 이쪽으로 오시죠, 손님.

❹ That may soon be changing. 그 사실이 이제 다시 바뀔지도 모르겠습니다.

may be는 can be, will be처럼 조동사 'may'와 be동사 'be'가 함께 쓰인 것이에요. '~할 수도/~하게 될 수도 있다'라는 의미지요. 여기에서는 may soon be '곧 ~하게 될 수도 있다'와 may be를 패턴 문장으로 연습해 볼게요.

★ 영화 속 패턴 익히기

영화 속 패턴 익히기

오늘 배운 장면에서 뽑은 핵심 패턴으로 다양한 표현을 만들어 보세요.

12-2.mp3

That may soon be ~ 그것은 이제 곧 ~하게 될 수도 있다.

Step 1 기본 패턴 연습하기

1 **That may soon be** extinct. 그것은 곧 멸종될 수도 있다.

2 **That may soon be** outdated. 그것은 이제 곧 구식이 되어 버릴 수도 있어.

3 **That may soon be** gone. 그것은 곧 사라질지도 몰라.

4 ______________ underwater. 그것은 곧 침수될 수도 있다.

5 ______________ legal. 그것은 곧 합법화될지도 몰라.

Step 2 패턴 응용하기 주어 + try/tried/(be동사 + trying to) + 동사

1 **That may be** true. 그것이 사실일 수도 있어.

2 **That may not be** the case. 그런 경우가 아닐 수도 있어.

3 **That may be** all you need to know. 그것이 네가 알아야 할 전부일 수도 있어.

4 ______________ happening. 그런 일은 일어나지 않을 것 같구나.

5 ______________ different from what you expect. 네가 예상하는 것과는 좀 다를 수도 있어.

Step 3 실생활에 적용하기

A How much is the bus fare?
B It's 1,000 won. 하지만 곧 더 올라갈 수도 있어.
A Oh, I hope it doesn't go up by too much.

A 버스 요금이 얼마니?
B 천원이야. But that may soon be going up.
A 아, 너무 많이 오르진 않았으면 좋겠네.

정답 Step 1 4 That may soon be 5 That may soon be Step 2 4 That may not be 5 That may be

확인학습

문제를 풀며 오늘 배운 표현을 완벽히 내 것으로 만드세요.

A | 영화 속 대화를 완성해 보세요.

ELASTIGIRL Oh-! Madame Ambassador, hello! I'm– I'm Elast–
오-! 대사님, 안녕하세요! 전 - 전 엘라스 -

AMBASSADOR YOU–ARE–ELASTIGIRL! ❶ __________ now I'm shaking your hand! Oh it was so sad when you went underground. ❷ __________ you back in your shiny outfit! 당신이 - 엘라스티걸이로군요! 그래서 제가 당신에게 악수를 하고 있는 거고요! 당신들이 활동을 못하게 되었을 때 얼마나 안타까웠는지 몰라요. 빛나는 의상을 입은 당신을 다시 보게 되니 정말 기쁘네요!

ELASTIGIRL ❸ __________, coming from you. Good luck ❹ __________! Bring... ❺ __________!
대사님께서 그렇게 말씀해 주시니 정말 의미가 남다르네요. 연설 잘하시길 기원할게요! 계속된 평화를…구축해주세요!

SECURITY #2 ❻ __________. Ambassador. 이쪽입니다, 대사님.

AMBASSADOR I will, ❼ __________ evil!
그렇게 하지요, 당신이 사악한 무리들을 물리친다면 말이에요!

ELASTIGIRL Okay. 그럴게요.

STAGE MANAGER Three, two – 쓰리, 투 –

BRENTLEY ❽ __________ superheroes have been in hiding, forced in to it by a society no longer willing to support them. ❾ __________ changing, due to a growing movement to bring the supers back. Here, fresh on the heels of her own heroic save of a runaway train, and ❿ __________, is the superhero, Elastigirl. Welcome!
15년을 넘는 세월 동안 슈퍼히어로들은 숨어 지냈습니다, 그들을 더 이상 지지하지 않는 사회로 인해 강제적으로 말이죠. 그 사실이 이제 다시 바뀔지도 모르겠습니다, 슈퍼히어로들을 다시 되돌리자고 하는 운동이 커지고 있기 때문이죠. 자 여기, 바로 얼마 전 폭주 열차를 영웅적으로 구하고 새로운 모습으로 돌아온 우리의 슈퍼히어로, 엘라스티걸을 모셨습니다. 엘라스티걸, 환영합니다!

B | 다음 빈칸을 채워 문장을 완성해 보세요.

1 그것은 곧 멸종될 수도 있다.
__________ extinct.

2 그것은 곧 사라질지도 몰라.
__________ gone.

3 그것은 곧 합법화될지도 몰라.
__________ legal.

4 그것이 사실일 수도 있어.
__________ true.

5 네가 예상하는 것과는 좀 다를 수도 있어.
__________ different from what you expect.

정답 A

❶ This is why
❷ I am glad to see
❸ That means so much
❹ with your speech
❺ lasting peace
❻ This way
❼ when you defeat
❽ For over fifteen years
❾ That may soon be
❿ sporting a new look

정답 B

1 That may soon be
2 That may soon be
3 That may soon be
4 That may be
5 That may be

Day 13

Lost Memories

잃어버린 기억들

왜 토니가 바이올렛과의 데이트 약속을 어겼는지break the promise 도무지 이해할 수 없어 괴로워하던agonize 바이올렛은 아빠에게 충격적인 이야기를 듣습니다. 바이올렛이 슈퍼히어로 의상을 입은 것을 본 토니는 잠재적으로potentially 위험한 존재라고 여겨 밥이 비밀요원 딕커 아저씨에게 말했고, 딕커 아저씨가 토니의 머릿속에서 바이올렛에 대한 기억을 지워버렸다는to erase 사실. 알고 보니 토니가 자기와 데이트 약속을 기억하지 못했던 것은 바로 아빠 때문이었던 거죠. 광분한furious 바이올렛은 슈퍼히어로로서의 정체성을 포기하겠다고renounce 선언합니다.

Warm Up! 오늘 배울 표현

오늘 등장하는 표현들입니다. 어떤 표현이 들어가야 할지 생각해 보세요.

* . 그가 잊는 게 최선이니까.
* memories Dicker's had to erase over the years.
  지난 세월 동안 딕커가 지워야만 했던 기억들이 얼마나 많은지 셀 수 없을 정도야.
* ! 딕커 아저씨였군요!
* ? 누나 사촌기인가요?

바로 이 장면!

오디오 파일을 듣고 3번 따라 말해보세요. 13-1.mp3

VIOLET 바이올렛
Boys are jerks and superheroes suck.
남자애들은 다 재수 없고 슈퍼히어로들은 형편없어.

BOB 밥
Good morning...!
좋은 아침…!

VIOLET 바이올렛
He takes one look at me in that suit and decides to pretend he doesn't even know me.
내가 그 옷 입은 모습을 딱 한 번 봤다고 마치 나를 모르는 사람처럼 대하기로 마음 먹다니.

BOB 밥
Well, he's protecting he really did see you, **it's best that he forget**, it's better for you, too.[1] I me– **I can't tell you how many** memories Dicker's had to erase over the years when– someone figured out your mother's or my identity—[2]
글쎄, 그는 그가 너를 진짜로 봤다는 사실을 지키는 거야. 그가 잊는 게 최선이니까. 너를 위해서도 그게 최선이고. 난 내가– 지난 세월 동안 딕커가 지워야만 했던 기억들이 얼마나 많은지 셀 수 없을 정도야– 누군가 너희 엄마나 나에 대한 정체를 알게 되었을 때 말이야–

VIOLET 바이올렛
It was Dicker![3] You told him about Tony...!
딕커 아저씨였군요! 아빠가 그 아저씨에게 토니 얘기를 한 거였어요…!

BOB 밥
Honey–
얘야–

VIOLET 바이올렛
You had me erased from Tony's mind!
아빠가 토니의 기억 속에서 나를 지워버린 거라고요!

BOB 밥
I–well...ehh...uh.
내가–음…에..어.

VIOLET 바이올렛
I HATE superheroes and I renounce them!
난 슈퍼히어로들을 증오하고 그들과 의절을 선언해요!

VIOLET 바이올렛
I– renounce– the– rrRRRR– RAAARRRRR! RAAAAAAAR!!!!
난– 의절할 거야– 의저르– 라라르르! 라라르!!!!

DASH 대쉬
Is she having adolescence?[4]
누나 사춘기인가요?

장면 파헤치기

구문 설명과 예문으로 이 장면의 핵심 표현을 완벽히 이해하세요.

❶ It's best that he forget(s). 그가 잊는 게 최선이니까.

'~하는 것이 최선이다/가장 좋다'라는 표현을 할 때 문장을 It's best로 시작해요. It's best에 'to + 동사'나 that절로 연결할 수 있습니다. 여기에서는 It's best + that절'을 패턴으로 활용하는 연습을 해 볼게요. 참고로, that절 뒤에 나오는 동사는 가정법 동사로 써서 3인칭 he/she 뒤에 따라오는 동사의 끝에 s를 붙이지 않고 동사원형으로 써요. 그래서, 위의 문장에서 forget 뒤에 s가 붙지 않은 거랍니다. 구어체에서는 원어민들도 일반문장과 차이 없이 동사 뒤에 s를 붙이기도 한답니다. 그래서 위의 문장 뒤에 제가 s를 괄호 안에 넣어서 표기했어요. ★영화 속 패턴 익히기

❷ I can't tell you how many memories Dicker's had to erase over the years.
지난 세월 동안 딕커가 지워야만 했던 기억들이 얼마나 많은지 셀 수 없을 정도야.

I can't tell you how로 시작하는 문장은 직역하면 '얼마나 ~한지 너에게 말할 수가 없다'인데, 의역하면 '얼마나 ~한지 모를 정도야' 정도로 해석할 수 있어요.

* **I can't tell you how many** cookies I ate. 내가 쿠키를 몇 개나 먹었는지 모르겠어.
* **I can't tell you how much** money I spent. 돈을 얼마나 썼는지 모를 정도야.

❸ It was Dicker! 딕커 아저씨였군요!

누군가를 책망하고 싶어도 누가 그랬는지 몰라서 속상하기만 했는데, 그동안 베일에 가려져 있었던 그 대상/범인을 알게 되었을 때 쓰는 표현이에요. 'It was + 이름/대상'의 형태로 쓰입니다.

* **It was you!** You are the one who told my mom about my secret!
  너였구나! 우리 엄마에게 내 비밀을 얘기한 사람이 바로 너였어!
* **It was Johnson!** He did all this. 존슨이었어! 그가 이 모든 짓을 한 거였어.

❹ Is she having adolescence? 누나 사춘기인가요?

사춘기 또는 청소년기를 영어로 adolescence라고 해요. 같은 의미로 puberty라는 단어도 많이 쓰는데, 위와 같이 '걔 요즘 사춘기니?'라고 묻는 말을 할 때 위의 문장처럼 표현할 수도 있고, Is she going through puberty? 이렇게 표현하기도 해요.

* I think I'm **going through puberty.** 아무래도 요즘 내가 사춘기인가 봐.
* Why do boys and girls **have adolescence?** 왜 소년 소녀들은 사춘기를 겪는 것일까?

영화 속 패턴 익히기

오늘 배운 장면에서 뽑은 핵심 패턴으로 다양한 표현을 만들어 보세요.

13-2.mp3

It's best that + he + 동사 그가 ~하는 게 최선이야.

Step 1 기본 패턴 연습하기

1 **It's best that he** tell(s) his mom the truth. 그가 엄마에게 사실대로 말하는 게 최선이야.

2 **It's best that he** avoid(s) chocolate. 그가 초콜릿을 피하는 게 최선이야.

3 **It's best that he** stay(s) where he is. 그가 지금 있는 곳에 머물러 있는 것이 최선이야.

4 ______________ remain(s) invisible. 그가 사람들 눈에 안 띄게 다니는 게 최선이야.

5 ______________ quit(s) drinking all together. 그가 아예 술을 끊는 것이 최선이야.

Step 2 패턴 응용하기 It's best that + 주어 + 동사

1 **It's best that you** call them first. 그들에게 네가 먼저 전화하는 게 제일 좋아.

2 **It's best that you** find someone new. 새로운 누군가를 만나는 게 너에게 최선이야.

3 **It's best that we** go now. 우리가 지금 가는 게 최선이야.

4 ______________ stay out of this. 그들은 이 일에서 빠져 있는 게 최선이야.

5 ____________________ nothing about it. 그것에 대해서 네가 아무것도 안 하는 게 최선이야.

Step 3 실생활에 적용하기

A I don't know if I should stay or leave. What do you think?

B 네가 여기에 계속 있는 것이 최선일 것 같아.

A You think? Alright, I will stay then.

A 내가 여기에 계속 있어야 할지 떠나야 할지 모르겠어. 네 생각은 어때?

B I think it's best that you stay.

A 그래? 알았어, 그럼 계속 있을게.

정답 Step 1 4 It's best that he 5 It's best that he Step 2 4 It's best that they 5 It's best that you do

확인학습

문제를 풀며 오늘 배운 표현을 완벽히 내 것으로 만드세요.

A | 영화 속 대화를 완성해 보세요.

VIOLET Boys are jerks and superheroes ❶ ________________.
남자애들은 다 재수 없고 슈퍼히어로들은 형편없어.

BOB Good morning...! 좋은 아침…!

VIOLET He takes ❷ ________________ in that suit and ❸ ________________ he doesn't even know me.
내가 그 옷 입은 모습을 딱 한 번 봤다고 마치 나를 모르는 사람처럼 대하기로 마음 먹다니.

BOB Well, he's protecting he really did see you, ❹ ________________, it's better for you, too. I me– ❺ ________________ memories Dicker's had to erase over the years when– –someone ❻ ________________ your mother's or my identity— 글쎄, 그는 그가 너를 진짜로 봤다는 사실을 지키는 거야. 그가 잊는 게 최선이니까. 너를 위해서도 그게 최선이고. 난 내가— 지난 세월 동안 딕커가 지워야만 했던 기억들이 얼마나 많은지 셀 수 없을 정도야– 누군가 너희 엄마나 나에 대한 정체를 알게 되었을 때 말이야—

VIOLET ❼ ________________! You told him about Tony...!
딕커 아저씨였군요! 아빠가 그 아저씨에게 토니 얘기를 한 거였어요…!

BOB Honey– 얘야–

VIOLET You had me ❽ ________________ Tony's mind!
아빠가 토니의 기억 속에서 나를 지워버린 거라고요!

BOB I–well...ehh...uh. 내가–음…에..어.

VIOLET I HATE superheroes and I ❾ ________________!
난 슈퍼히어로들을 증오하고 그들과 의절을 선언해요!

VIOLET I– renounce– the– rrRRRR– RAAARRRRR! RAAAAAAAR!!!!
난– 의절할 거야– 의저르– 라라르르! 라라르!!!!

DASH ❿ ________________? 누나 사춘기인가요?

정답 A

❶ suck
❷ one look at me
❸ decides to pretend
❹ it's best that he forget
❺ I can't tell you how many
❻ figured out
❼ It was Dicker
❽ erased from
❾ renounce them
❿ Is she having adolescence

B | 다음 빈칸을 채워 문장을 완성해 보세요.

1 그가 엄마에게 사실대로 말하는 게 최선이야.
________________ tell(s) his mom the truth.

2 그가 지금 있는 곳에 머물러 있는 것이 최선이야.
________________ stay(s) where he is.

3 그들에게 네가 먼저 전화하는 게 제일 좋아.
________________ call them first.

4 그들은 이 일에서 빠져 있는 게 최선이야.
________________ stay out of this.

5 그것에 대해서 네가 아무것도 안 하는 게 최선이야.
________________ nothing about it.

정답 B

1 It's best that he
2 It's best that he
3 It's best that you
4 It's best that they
5 It's best that you do

Day 14

Leaders and Supers From All Over the World

전 세계에서 오는 지도자들과 슈퍼히어로들

악당 스크린슬레이버로부터 대사를 구한 엘라스티걸의 대중적 인기는popularity 하늘 높은 줄 모르고 치솟고soar 사람들은 점점 더 목소리를 높여 슈퍼히어로들에 대한 합법화를legalization 외치네요. 분위기가 무르익은 참에 데버는 더 큰 계획을 세웁니다. 전 세계에 있는 지도자들과 슈퍼히어로들을 한데 모아 슈퍼히어로에 대한 지지를 표방하는profess 합의문을accord 작성하는 것이지요. 그들을 모두 데버의 회사 데브텍 소유의 거대한 배에 초대해 조인식을signing ceremony 연다는 계획으로 데버는 더없이 기쁩니다. 그런데, 엘라스티걸의 표정은 뭔가 찜찜한 듯하네요. 그 이유는 아직 악당 스크린슬레이버가 버젓이 활동하고 다니기 때문이랍니다.

Warm Up! 오늘 배울 표현

오늘 등장하는 표현들입니다. 어떤 표현이 들어가야 할지 생각해 보세요.

* Turns out saving someone's life ______________________ them.
  알고 보니 목숨을 구해주면 좋은 인상을 남기나 봐.
* ______________________? 누가 알겠어, 응?
* I'm getting calls ______________________! 전 세계에서 전화가 오고 있어요!
* ______________________?
  당신이 기쁘다고는 하는데, 그런 감정이 왜 전혀 안 느껴지죠?

바로 이 장면!

오디오 파일을 듣고 3번 따라 말해보세요. 14-1.mp3

DEAVOR
데버

He-hey! It's working! Hey, the Ambassador made a BIG speech about superheroes today! Turns out saving someone's life **makes a good impression on** them.① **Who knew, huh?**②

이-이야! 제대로 통하고 있어요! 봐요. 대사가 오늘 슈퍼히어로들에 대해서 대단히 의미 있는 연설을 했어요! 알고 보니 목숨을 구해주면 좋은 인상을 남기나 봐. 누가 알겠어, 응?

DEAVOR
데버

I'm getting calls **from all over the world!**③ Media awareness is up SEVENTY-TWO percent! The push for superhero legalization is becoming a worldwide movement! I have big plans for our next move— we're gonna have a SUMMIT at sea. We'll use our ship. We'll gather leaders and supers from all over the world...

전 세계에서 전화가 오고 있어요! 언론의 관심은 72%나 올랐고요! 슈퍼히어로에 대한 합법화 노력이 전 세계적인 운동이 되어가고 있어요! 제가 우리의 다음 단계에 대한 큰 계획을 세워 놨답니다—– 바다 위에서 정상회담을 개최할 거예요. 우리의 배를 사용할 것이고요. 전 세계에 있는 지도자들과 슈퍼히어로들을 한자리에 모아서…

ELASTIGIRL
엘라스티걸

That's great. I'm happy. I'm happy the numbers are up, I'm happy the Ambassador is pro-superhero and I'm happy you're happy.

정말 잘됐네요. 기뻐요. 숫자가 올라가고 있어서 기쁘고, 대사가 슈퍼히어로들을 지지해서 기쁘고, 당신이 기쁘다니 기쁘네요.

DEAVOR
데버

I'm hearing that you're happy, but why am I not feeling it?④

당신이 기쁘다고는 하는데, 그런 감정이 왜 전혀 안 느껴지죠?

ELASTIGIRL
엘라스티걸

Because I didn't get him! Screen-slaver is Still out there. All I did was play his game and win this round. He's gonna want more. And as long as he gets to play, he wins.

왜냐하면 내가 그를 못 잡았으니까요! 스크린슬레이버는 여전히 활동하고 있어요. 난 그저 그의 게임에 동참하고 이번 판만 이긴 거예요. 그는 분명 더 많은 것을 원할 거예요. 그가 게임을 계속하는 한, 그가 이길 거고요.

장면 파헤치기

구문 설명과 예문으로 이 장면의 핵심 표현을 완벽히 이해하세요.

❶ Turns out saving someone's life makes a good impression on them.
알고 보니 목숨을 구해주면 좋은 인상을 남기나 봐.

이 문장의 처음에 나오는 turn out은 '~인 것으로 드러나다/밝혀지다'라는 의미예요. 이 문장에서 집중할 부분은 문장 뒤쪽에 나오는 make a good impression on someone '~에게 좋은 인상을 주다/남기다'예요. 동사 make를 leave로 대체해서 쓰기도 한답니다. 패턴 문장으로 활용해 볼게요.

★ 영화 속 패턴 익히기

❷ Who knew, huh? 누가 알겠어, 응?

누구나 알만한 뻔한 사실을 마치 몰랐던 것처럼 반어적으로 장난스럽게 또는 비아냥거리는 말투로 '아 그건 몰랐네', '그걸 누가 알았겠냐고?'와 같은 뉘앙스로 쓰는 표현이에요.

* A: Did Katlyn really say she would go out with you? 케이틀린이 정말 너하고 사귀겠대?
* B: **Who knew, huh?** 그러게 그걸 누가 알았겠냐고?

❸ I'm getting calls from all over the world! 전 세계에서 전화가 오고 있어요!

all over the world '전 세계 방방곡곡의, 세계 곳곳에'라는 의미예요. 앞에 from을 붙이면 '전 세계에서'라는 의미가 됩니다.

* Strange things are happening **all over the world.** 세계도처에서 이상한 일이 벌어지고 있어요.
* We have super cars from **all over the world.** 전 세계에서 온 슈퍼카들이 있어요.

❹ I'm hearing that you're happy, but why am I not feeling it?
당신이 기쁘다고는 하는데, 그런 감정이 왜 전혀 안 느껴지죠?

우리가 흔히 쓰는 말로 누군가가 아무 관심 없이 무심하게 말할 때 '영혼이 없다'라는 표현을 쓰는 것과 비슷한 상황에서 위의 문장을 활용할 수 있겠네요. 말로는 그렇다고 하는데 전혀 그런 것처럼 느껴지지 않는 거죠.

* **You say you love me, but why am I not feeling it?**
  네가 날 사랑한다고 하는데, 왜 난 그게 느껴지지 않는 거지?
* **You say you really want it, but why am I not feeling it?**
  네가 정말 이걸 원한다고 하는데, 왜 난 그게 느껴지지 않지?

영화 속 패턴 익히기

오늘 배운 장면에서 뽑은 핵심 패턴으로 다양한 표현을 만들어 보세요.

14-2.mp3

make a good impression on someone ~에게 좋은 인상을 남기다.

Step 1 기본 패턴 연습하기

1 Tom **made a good impression on** me. 톰은 내게 좋은 인상을 남겼어.

2 Sam **made a good impression on** his boss. 샘이 그의 상사에게 좋은 인상을 남겼다.

3 It's important to **make a good impression on** a client. 의뢰인에게 좋은 인상을 주는 것은 중요해.

4 These tips will help you ______________________ people.
이 조언들이 당신이 사람들에게 좋은 인상을 남기는데 도움을 줄 거예요.

5 I need to ______________________ her. 난 그녀에게 좋은 인상을 남겨야 해.

Step 2 패턴 응용하기 leave an impression / first impression

1 She didn't **leave a good impression on** me. 그녀는 내게 좋은 인상을 심어주지 못했다.

2 It takes 5 seconds to **leave a good first impression.** 좋은 첫인상을 남기는데 5초 걸린다.

3 Paris **left a lasting impression on** me. 파리는 내게 깊은 인상을 남겼다.

4 ______________________ your customers. 당신의 고객들에게 기억될만한 첫 인상을 남겨라.

5 He ______________________ my parents. 그는 우리 부모님께 아주 좋은 첫인상을 남겼다.

Step 3 실생활에 적용하기

A 사람들에게 어떻게 하면 좋은 인상을 남길 수 있는지 알려줄 수 있겠니?

B You tell me! I have no idea.

A I thought you knew about that because you always leave a good impression.

A Can you tell me how to make a good impression on people?

B 네가 나한테 알려줘라! 나도 몰라.

A 난 네가 알 줄 알았지 왜냐하면 넌 항상 사람들에게 좋은 인상을 남기니까.

정답 Step 1 4 make a good impression on 5 make a good impression on Step 2 4 Leave a lasting first impression on 5 left a great first impression on

확인학습

문제를 풀며 오늘 배운 표현을 완벽히 내 것으로 만드세요.

A | 영화 속 대화를 완성해 보세요.

DEAVOR He-hey! ❶ ______________! Hey, the Ambassador made a BIG speech about superheroes today! Turns out saving someone's life ❷ ______________ them. ❸ ______________? 이–이야! 제대로 통하고 있어요! 봐요, 대사가 오늘 슈퍼히어로들에 대해서 대단히 의미 있는 연설을 했어요! 알고 보니 목숨을 구해주면 좋은 인상을 남기나 봐. 누가 알겠어, 응?

DEAVOR I'm getting calls ❹ ______________! Media awareness is up SEVENTY-TWO percent! The push for ❺ ______________ is becoming a worldwide movement! I have big plans for our next move— we're gonna have a SUMMIT at sea. We'll use our ship. We'll ❻ ______________ and supers from all over the world... 전 세계에서 전화가 오고 있어요! 언론의 관심은 72%나 올랐고요! 슈퍼히어로에 대한 합법화 노력이 전 세계적인 운동이 되어가고 있어요! 제가 우리의 다음 단계에 대한 큰 계획을 세워 놨답니다—바다 위에서 정상회담을 개최할 거예요. 우리의 배를 사용할 것이고요. 전 세계에 있는 지도자들과 슈퍼히어로들을 한자리에 모아서…

ELASTIGIRL That's great. I'm happy. I'm happy the ❼ ______________, I'm happy the Ambassador is pro-superhero and I'm happy you're happy. 정말 잘됐네요. 기뻐요. 숫자가 올라가고 있어서 기쁘고, 대사가 슈퍼히어로들을 지지해서 기쁘고, 당신이 기쁘다니 기쁘네요.

DEAVOR ❽ ______________? 당신이 기쁘다고는 하는데, 그런 감정이 왜 전혀 안 느껴지죠?

ELASTIGIRL Because I didn't get him! Screen-slaver is Still out there. ❾ ______________ play his game and win this round. He's gonna want more. And ❿ ______________ gets to play, he wins. 왜냐하면 내가 그를 못 잡았으니까요! 스크린슬레이버는 여전히 활동하고 있어요. 난 그저 그의 게임에 동참하고 이번 판만 이긴 거예요. 그는 분명 더 많은 것을 원할 거예요. 그가 게임을 계속하는 한, 그가 이길 거고요.

정답 A

❶ It's working
❷ makes a good impression on
❸ Who knew, huh
❹ from all over the world
❺ superhero legalization
❻ gather leaders
❼ numbers are up
❽ I'm hearing that you're happy, but why am I not feeling it
❾ All I did was
❿ as long as he

B | 다음 빈칸을 채워 문장을 완성해 보세요.

1 샘이 그의 직장상사에게 좋은 인상을 남겼다.
Sam ______________ his boss.

2 난 그녀에게 좋은 인상을 남겨야 해.
I need to ______________ her.

3 그녀는 내게 좋은 인상을 심어주지 못했다.
She didn't ______________ me.

4 당신의 고객들에게 기억될만한 첫인상을 남겨라.
______________ your customers.

5 그는 우리 부모님께 아주 좋은 첫인상을 남겼다.
He ______________ my parents.

정답 B

1 made a good impression on
2 make a good impression on her
3 leave a very good impression on
4 Leave a lasting first impression on
5 left a great first impression on

Day 15

It's a Man's World!

남자들의 세상이야!

소통과[communication] 홍보의[marketing] 귀재[genius] 데버 오빠의 그늘에 가려져 자신의 재능을 마음껏 드러내지 못하는 에블린에게는 왠지 모를 어두운 구석이 있어요. 그녀가 약간은 비아냥대듯[sarcastically] 엘라스티걸에게 미스터 인크레더블보다 더 잘 나가게 돼서 좋겠다고 말을 하네요. 기분은 썩 좋지는 않지만[a little offended] 엘라스티걸이 그리 속 좁은 스타일은 아니라서 계속 그녀와의 대화를 계속 이어갑니다. 엘라스티걸은 에블린에게 더 자신감을 있게 자신을 드러내라고[impose your will] 조언을 해주는데, 에블린은 자기 오빠처럼 애기한다면서 달갑지 않아 하네요.

Warm Up! 오늘 배울 표현

오늘 등장하는 표현들입니다. 어떤 표현이 들어가야 할지 생각해 보세요.

* Being out front __________ . 이 긴 세월을 지나서 전면에 나서게 되었으니 말이에요.
* Well... __________ your superhero days.
  흠… 예전에 슈퍼히어로 활동한 지가 꽤 오래되었잖아요.
* __________ . 제 의견은 좀 달라요.
* The believer would tell you to __________ . 믿는 자로서의 나는 유명해지라고 말할 것 같아요.

바로 이 장면!

오디오 파일을 듣고 3번 따라 말해보세요. 15-1.mp3

EVELYN 에블린
It must be nice for you. Being out front **after all this time.**[1]
기분 좋으시겠어요. 이 긴 세월을 지나서 전면에 나서게 되었으니 말이에요.

ELASTIGIRL 엘라스티걸
"Out front"–?
"전면에" – ?

EVELYN 에블린
Well... **it's been a while since** your superhero days.[2] And even then, you were kind of in Mr. Incredible's shadow.
흠… 예전에 슈퍼히어로 활동한 지가 꽤 오래되었잖아요. 그리고 그 당시에도, 당신은 미스터 인크레더블의 그늘에 가려져 있는 것 같은 느낌이었고요.

ELASTIGIRL 엘라스티걸
Nah–**I beg to differ.**[3]
글쎄요 – 내 생각은 다른데요.

EVELYN 에블린
I'm not–I'm not saying you weren't BIG, you were and ARE a superstar, but– you have the stage to yourself now, and people have to pay attention...
제 말은—당신이 대단하지 않았다는 말이 아니에요. 당신이 대단했었고 지금도 슈퍼스타죠. 하지만— 이제는 혼자 무대에 올라서야 하니, 사람들의 이목이 당신에게 집중될 수밖에 없고…

ELASTIGIRL 엘라스티걸
Ah, you mean "it's a man's world" and all of that? Well, what world do you live in? Your brother runs DEVTECH...
아, 당신 말은 그러니까 "이 세상은 남자들의 세상이다" 그런 말씀? 음, 당신이 사는 세상은 어떤 세상인가요? 당신 오빠가 데브텍의 경영자라서…

EVELYN 에블린
I don't want his job. I invent, he sells. I ask you, which of us has the greater influence?
난 그의 일을 탐내지 않아요. 난 발명하고, 그는 팔아요. 당신 생각은 어때요, 우리 둘 중에 누가 더 영향력이 크다고 생각하시나요?

ELASTIGIRL 엘라스티걸
Which side of me are you asking? The believer or the cynic?
그 질문은 어떤 나에게 묻는 건가요? 꿈과 희망을 믿는 사람으로서의 나 아니면 냉소적인 나?

EVELYN 에블린
The cynic—
냉소가로서의 당신에게—

ELASTIGIRL 엘라스티걸
–would say selling is more important because the best sellers have the most buyers. Doesn't matter WHAT you're selling, it only matters what people buy.
– 냉소적인 나는 판매가 더 중요하다고 생각하죠. 왜냐하면 판매를 잘해야 사는 사람이 많을 수밖에 없으니까. 파는 것이 무엇이건 그건 중요하지 않아요. 중요한 건 사람들이 사는 것이 무엇이냐는 거죠.

EVELYN 에블린
This is true. If I discovered the origin of the universe, my brother would find a way to market it as f– -foot massager. So, what would the believer say–?
그건 사실이에요. 만약 내가 세상의 기원을 발견했다고 해도, 우리 오빠는 그것을 홍보할 방법을 마련할 거라고요. 마치 바– 발 마사지기처럼. 그렇다면, 믿는 사람으로서의 당신의 생각은 어떤가요?

ELASTIGIRL 엘라스티걸
The believer would tell you to **make your mark.**[4] Don't wait for permission, assert yourself and impose your will on the status quo.
엘라스티걸 믿는 자로서의 나는 유명해지라고 말할 것 같아요. 허락을 기다리지 말고 현재의 상황에 대해 확고한 의지를 가지고 자신을 드러내라고요.

장면 파헤치기

구문 설명과 예문으로 이 장면의 핵심 표현을 완벽히 이해하세요.

❶ Being out front after all this time. 이 긴 세월을 지나서 전면에 나서게 되었으니 말이에요.

after all this time은 '이제서야, 이 모든 일이 있고 나서'라는 의미로 해석할 수 있어요. 긴 세월이 지나고 많은 일을 겪고 나서 마침내 무엇을 하게 되었다는 어감으로 말할 때 쓰이는 표현이에요.

* We are finally here together **after all this time.** 이제서야 마침내 우리가 여기에 함께 있네요.
* **After all this time**, you are still on my mind. 이렇게 긴 세월이 흘렀는데, 당신은 아직도 내 마음에 있어요.

❷ Well... it's been a while since your superhero days.
흠… 예전에 슈퍼히어로 활동한 지가 꽤 오래되었잖아요.

It's been a while은 '(~한 이후로) 꽤 오래됐다', '그것도 옛날 일이다'와 같은 뉘앙스로 쓰는 표현이에요. a while은 '꽤 오랜 기간'을 뜻하는 명사구랍니다. 같은 맥락에서 It's been ages since ~ 라는 표현도 자주 쓰여요.

★ 영화 속 패턴 익히기

❸ I beg to differ. 제 의견은 좀 달라요.

'제 생각/의견은 조금 다릅니다'라는 뜻으로 쓰이는 관용표현이에요. 더 쉽게 표현하면, I don't think so. 또는 I don't agree with you. 라고 할 수 있겠네요.

* I'm sorry but **I beg to differ.** 죄송하지만 제 의견은 좀 다릅니다.
* You are saying I can't do this? **I beg to differ.** 제가 이걸 못할 거라는 말인가요? 제 생각은 좀 다른데요.

❹ The believer would tell you to make your mark. 믿는 자로서의 나는 유명해지라고 말할 것 같아요.

make one's mark는 '이름을 떨치다, 성공하다'라는 뜻으로 쓰이는 숙어예요. 같은 의미로 make one's name이라는 표현도 쓸 수 있어요. make one's mark in the world라고 하면 '세상에/천하에 이름을 떨치다/족적을 남기다'라고 해석할 수 있겠네요.

* Dorothy **made her mark** with her debut. 도로시는 데뷔와 함께 명성을 떨쳤다.
* I will someday **make my mark** in the world. 난 언젠가 세상에 내 이름을 떨칠 거야.

영화 속 패턴 익히기

오늘 배운 장면에서 뽑은 핵심 패턴으로 다양한 표현을 만들어 보세요.

15-2.mp3

It's been a while since ~ ~한지 꽤 오래되었다.

Step 1 기본 패턴 연습하기

1 **It's been a while since** we talked. 우리가 연락한지도 꽤 오래되었다.

2 **It's been a while since** I last posted. 내가 마지막으로 글을 올린 지도 꽤 오래되었네.

3 **It's been a while since** I fell in love. 사랑해 본 지 꽤 오래됐다.

4 ______________________ last met. 그들이 마지막으로 만난 지도 꽤 오래되었다.

5 ______________________ felt this way about someone.
누군가에 대해서 이런 감정을 가져 본 지도 꽤 오래되었다.

Step 2 패턴 응용하기 It's been ages since ~

1 **It's been ages since** I played the piano. 피아노를 쳐 본 지도 정말 오래됐다.

2 **It's been ages since** I wrote you a letter. 네게 편지를 쓴 것도 정말 오래됐다.

3 **It's been ages since** you came here. 네가 여기에 온 적도 이제 정말 오래됐어.

4 ______________________ took off. 그들이 떠난 지도 정말 오래됐네.

5 ______________________ moved to China. 그가 중국으로 이민 간 지도 정말 오래됐네.

Step 3 실생활에 적용하기

A I missed you so much.
B 우리가 마지막으로 만난 것도 꽤 오래됐이네.
A Tell me about it. Let's try to get together more often.

A 정말 보고 싶었어.
B It's been a while since we last met.
A 그러게 말이야. 우리 좀 더 자주 만나자고.

정답 Step 1 4 It's been a while since they 5 It's been a while since I Step 2 4 It's been ages since they 5 It's been ages since he

확인학습

문제를 풀며 오늘 배운 표현을 완벽히 내 것으로 만드세요.

A | 영화 속 대화를 완성해 보세요.

EVELYN It must be nice for you. Being out front ❶ ____________.
기분 좋으시겠어요. 이 긴 세월을 지나서 전면에 나서게 되었으니 말이에요.

ELASTIGIRL "Out front"–? "전면에"–?

EVELYN Well... ❷ ____________ your superhero days. And ❸ ____________, you were kind of in Mr. Incredible's shadow. 흠··· 예전에 슈퍼히어로 활동한 지가 꽤 오래되었잖아요. 그리고 그 당시에도, 당신은 미스터 인크레더블의 그늘에 가려져 있는 것 같은 느낌이었고요.

ELASTIGIRL Nah–❹ ____________. 글쎄요 – 내 생각은 다른데요.

EVELYN I'm not–I'm not saying you weren't BIG, you were and ARE a superstar, but-- you have the stage to yourself now, and people ❺ ____________...
제 말은—당신이 대단하지 않았다는 말이 아니에요. 당신이 대단했었고 지금도 슈퍼스타죠. 하지만—이제는 혼자 무대에 올라서야 하니, 사람들의 이목이 당신에게 집중될 수밖에 없고···

ELASTIGIRL Ah, you mean "it's a man's world" ❻ ____________? Well, ❼ ____________ live in? Your brother runs DEVTECH... 아, 당신 말은 그러니까 "이 세상은 남자들의 세상이다" 그런 말씀? 음, 당신이 사는 세상은 어떤 세상인가요? 당신 오빠가 데브텍의 경영자라서···

EVELYN ❽ ____________. I invent, he sells. I ask you, which of us has the greater influence?
난 그의 일을 탐내지 않아요. 난 발명하고, 그는 팔아요. 당신 생각은 어때요, 우리 둘 중에 누가 더 영향력이 크다고 생각하시나요?

ELASTIGIRL Which side of me are you asking? The believer or the cynic?
그 질문은 어떤 나에게 묻는 건가요? 꿈과 희망을 믿는 사람으로서의 나 아니면 냉소적인 나?

EVELYN The cynic– 냉소가로서의 당신에게–

ELASTIGIRL –would say ❾ ____________ because the best sellers have the most buyers. Doesn't matter WHAT you're selling, ❿ ____________ what people buy. –냉소적인 나는 판매가 더 중요하다고 생각하죠. 왜냐하면 판매를 잘해야 사는 사람이 많을 수밖에 없으니까. 파는 것이 무엇이건 그건 중요하지 않아요. 중요한 건 사람들이 사는 것이 무엇이냐는 거죠.

B | 다음 빈칸을 채워 문장을 완성해 보세요.

1 내가 마지막으로 글/사진을 올린 지도 꽤 오래되었네.
____________ I last posted.

2 그들이 마지막으로 만난 지도 꽤 오래되었다.
____________ last met.

3 누군가에 대해서 이런 감정을 가져 본 지도 꽤 오래되었다.
____________ felt this way about someone.

4 피아노를 쳐 본 지도 정말 오래됐다.
____________ I played the piano.

5 그들이 떠난 지도 정말 오래됐이네.
____________ took off.

정답 A

❶ after all this time
❷ it's been a while since
❸ even then
❹ I beg to differ
❺ have to pay attention
❻ and all of that
❼ what world do you
❽ I don't want his job
❾ selling is more important
❿ it only matters

정답 B

1 It's been a while since
2 It's been a while since they
3 It's been a while since I
4 It's been ages since
5 It's been ages since they

Day 16

The Happy Platter

해피 플래터 레스토랑

인크레더블 가족인 이유로 그리도 바라던 데이트 기회를 날려버린 딸 바이올렛을 위해 밥은 새로운 작전을 세웁니다. 딕커 씨를 통해 토니에 대한 정보를 얻은 밥은 토니가 아르바이트 한다는[work part time] 레스토랑에 아이들을 데리고 갑니다. 바이올렛과 토니를 자연스럽게[casually] 만나게 해 줄 계획이었죠. 아무것도 모르고 따라온 바이올렛은 계속 투덜댑니다[grumble]. 예상치 못하게 토니의 서빙을 받은 바이올렛은 너무 놀라서 물이 입으로 들어가는지 코로 들어가는지 모르겠네요. 아빠의 심사숙고한[consideration] 계획은 과연 성공할까요?

오늘 등장하는 표현들입니다. 어떤 표현이 들어가야 할지 생각해 보세요.

* Why did we drive across town for the...Happy Platter?
  우리 왜 우리 동네에서 이렇게 먼 곳까지 운전해서 해피 플래터에 온 거예요?
* This platter happy to me. 내가 보기에 이 요리는 그렇게 행복해 보이지 않는데요.
* I thought Vi would want from drive-in food.
  바이가 맨날 드라이브인 음식만 먹어서 기분전환 좀 하라고 데려온 거야.
* . 익숙해져라.

바로 이 장면!

오디오 파일을 듣고 3번 따라 말해보세요.

16-1.mp3

VIOLET 바이올렛
Why did we drive **all the way** across town for the...Happy Platter?[1]
그런데 우리 왜 우리 동네에서 이렇게 먼 곳까지 운전해서 해피 플래터에 온 거예요?

BOB 밥
We'd like a booth over there, near the Philodendron.
저쪽에 덩굴 식물 근처에 있는 부스 테이블로 주세요.

BOB 밥
Good, right? Near the Philodendron.
좋지, 응? 덩굴 식물 근처.

VIOLET 바이올렛
This platter **doesn't look all that** happy to me.[2] It looks...bored.
내가 보기에 이 요리는 그렇게 행복해 보이지 않는데요. 지루해...보여요.

DASH 대쉬
Ha! The bored platter.
하! 지루한 플래터.

BOB 밥
I thought Vi would want **a change of pace** from drive-in food.[3]
바이가 맨날 드라이브인 음식만 먹어서 기분전환 좀 하라고 데려온 거야.

VIOLET 바이올렛
I like drive-in food.
난 드라이브인 음식이 좋아요.

DASH 대쉬
Does this mean vegetables?
이건 채소라는 뜻인가요?

BOB 밥
A balanced diet means vegetables, kiddo. **Get used to it.**[4]
균형 잡힌 식단엔 채소가 있다는 의미지, 꼬마야. 익숙해져라.

장면 파헤치기

구문 설명과 예문으로 이 장면의 핵심 표현을 완벽히 이해하세요.

❶ Why did we drive all the way across town for the...Happy Platter?

우리 왜 우리 동네에서 이렇게 먼 곳까지 운전해서 해피 플래터에 온 거예요?

all the way는 '먼 길을 (오다/가다)'라는 의미로 거리가 먼 것을 강조하기 위해 쓰는 문구예요. 다른 경우에는 '완전히, 시종/내내, 끝까지'와 같은 의미로도 쓰입니다. 두 가지 경우 모두 패턴 문장으로 자세히 살펴보도록 할게요.

★ 영화 속 패턴 익히기

❷ This platter doesn't look all that happy to me. 내가 보기에 이 요리는 그렇게 행복해 보이지 않는데요.

not all that 조합은 '그렇게 ~하진 않다'라는 의미로 해석할 수 있어요. 뭔가 딱히/그다지/별로 ~하지 않은 것을 표현할 때 쓰이지요.

* It's **not all that** bad. 이건 그렇게 나쁘지만은 않아.
* Wayne's **not all that** into you. 웨인이 너에게 그다지 빠져있는 것 같진 않아.

❸ I thought Vi would want a change of pace from drive-in food.

바이가 맨날 드라이브인 음식만 먹어서 기분전환 좀 하라고 데려온 거야.

a change of pace는 '기분전환, 활동의 변경'이라는 의미예요. 늘 똑같은 일상/패턴으로 살다가 아주 작으나마 변화를 시도해 보는 것에 대해 이야기할 때 쓰이지요.

* I'm tired of cooking. How about we eat out for **a change of pace**?
  요리하는 것에 질렸어. 기분전환을 위해서 우리 외식하는 건 어떨까?
* Going on a short trip to New Orleans will be **a change of pace**.
  뉴올리언즈로 잠깐 여행을 떠나면 기분전환이 될 거야.

❹ Get used to it. 익숙해져라.

get used to는 '~에 익숙해지다'라는 의미예요. 조심하실 것은 used to와 헷갈리지 말아야 한다는 건데, get이 없이 그냥 used to라고 하면 '~하곤 했다'라는 뜻이랍니다. 예를 들어, I used to play baseball.은 '나 한때 야구했었다.'라는 의미로 익숙해지는 것과는 관련이 없어요.

* I need to **get used to** being alone. 이제 난 혼자 있는 것에 익숙해져야 해요.
* You'll **get used to it** sooner or later. 조만간 익숙해지게 될 거야.

영화 속 패턴 익히기

오늘 배운 장면에서 뽑은 핵심 패턴으로 다양한 표현을 만들어 보세요.

16-2.mp3

(come/go 등 이동) 동사 + all the way

그 먼 거리를 ~했다.

Step 1 기본 패턴 연습하기

1 We came **all the way** from Minnesota. 우린 멀고 먼 미네소타에서 왔다.

2 These shoes came **all the way** from New York. 이 신발은 저 멀리 뉴욕에서 온 거야.

3 I had to walk **all the way** home. 난 그 멀고 먼 집까지 걸어가야만 했어.

4 They went ________________ the summit. 그들은 저 멀고 먼 정상까지 갔다.

5 We drove ________________ Chicago. 우린 그 멀고 먼 시카고에서 여기까지 운전하고 왔다.

Step 2 패턴 응용하기 all the way

1 I'll support you **all the way**. 난 끝까지 당신을 지지할 거예요.

2 We must go **all the way**. 우린 끝까지 가야만 한다.

3 Let's take it **all the way**. 우리 이 상황을 끝까지 한번 몰고 가 보자고.

4 Press it ________________ down. 완전히 끝까지 누르세요.

5 I don't think the turkey is ________________ yet. 칠면조가 아직 완전히 다 구워진 것 같지 않아요.

Step 3 실생활에 적용하기

A You look exhausted. Where are you coming from?

B 지금 일산에서 여기까지 걸어서 오는 길이야.

A You must be kidding me!

A 너 정말 지쳐 보인다. 어디서 오는 길이니?

B I came all the way from Ilsan by foot.

A 말도 안돼!

정답 Step 1 4 all the way to 5 all the way from Step 2 4 all the way 5 all the way cooked

확인학습

문제를 풀며 오늘 배운 표현을 완벽히 내 것으로 만드세요.

A | 영화 속 대화를 완성해 보세요.

VIOLET Why did we drive ❶ ________________ across town for the...Happy Platter? 그런데 우리 왜 우리 동네에서 이렇게 먼 곳까지 운전해서 해피 플래터에 온 거예요?

BOB We'd like a ❷ ________________, near the Philodendron. 저쪽에 덩굴 식물 근처에 있는 부스 테이블로 주세요.

BOB Good, right? Near the Philodendron. 좋지, 응? 덩굴 식물 근처.

VIOLET This platter ❸ ________________ happy to me. ❹ ________________...bored. 내가 보기에 이 요리는 그렇게 행복해 보이지 않는데요. 지루해...보여요.

DASH Ha! ❺ ________________ platter. 해! 지루한 플래터.

BOB I thought Vi would want ❻ ________________ from drive-in food. 바이가 맨날 드라이브인 음식만 먹어서 기분전환 좀 하라고 데려온 거야.

VIOLET ❼ ________________ drive-in food. 난 드라이브인 음식이 좋아요.

DASH Does this ❽ ________________? 이건 채소라는 뜻인가요?

BOB A ❾ ________________ means vegetables, kiddo. ❿ ________________. 균형 잡힌 식단엔 채소가 있다는 의미지, 꼬마야. 익숙해져라.

정답 A

❶ all the way
❷ booth over there
❸ doesn't look all that
❹ It looks
❺ The bored
❻ a change of pace
❼ I like
❽ mean vegetables
❾ balanced diet
❿ Get used to it

B | 다음 빈칸을 채워 문장을 완성해 보세요.

1 이 신발은 저 멀리 뉴욕에서 온 거야.
These shoes came ________________ from New York.

2 우린 그 멀고 먼 시카고에서 여기까지 운전하고 왔다.
We drove ________________ Chicago.

3 난 끝까지 당신을 지지할 거예요.
I'll support you ________________.

4 우리 이 상황을 끝까지 한번 몰고 가 보자고.
Let's take it ________________.

5 완전히 끝까지 누르세요.
Press it ________________ down.

정답 B

1 all the way
2 all the way from
3 all the way
4 all the way
5 all the way

Day 17

The Incredibile, Whose Car Is It?

인크레더빌, 누구의 차인가?

대쉬를 수학 숙제를 돕느라 진땀을 흘리며[sweat] 분수, 십진법[decimals], 백분율 등의 수학 공부를 함께 하는 밥. TV에서 어디서 많이 봤던 슈퍼카가 나오는데, 알고 보니 자신이 예전에 몰던[used to drive] 자동차 '인크레더빌'이네요. 그런데, 그 차가 경매시장에[auction] 매물로 나와 어떤 대부호의 손에 넘어갔다는군요. 그 사실을 알고 밥은 격분하는데[be outraged] 옆에서 같이 지켜보던 대쉬가 매끄럽게 잘 빠진 인크레더빌 자동차를 보더니 같이 흥분하네요[get excited]. 아빠가 설마 저런 멋진 차를 몰고 다녔다는 말인지 믿기지 않는가 봐요. 그런데, 밥은 이대로 가만히 집안에 앉아서 인크레더빌 자동차를 잃게 되는 걸까요?

Warm Up! 오늘 배울 표현

오늘 등장하는 표현들입니다. 어떤 표현이 들어가야 할지 생각해 보세요.

* We're doing fractions and decimals and percentages and ________.
  우리 분수하고 십진법하고 백분율을 배우는데 잘 이해가 안 돼요.
* Didn't we ________? 우리 저번에 다 따라잡은 거 아니니?
* ________ it was beyond repair... 저 차는 수리가 불가능하다고 했었는데…
* The famous car ________ at private auction. 그 유명한 차가 개인 경매에 매물로 나왔습니다.

바로 이 장면!

오디오 파일을 듣고 3번 따라 말해보세요. 17-1.mp3

DASH 대쉬

Hey Dad... we're doing fractions and demicels and percentages and **I don't get 'em.**①
아빠… 우리 분수하고 십잔법하고 백분율을 배우는데 잘 이해가 안 돼요.

BOB 밥

Aren't you... didn't we **get all caught up**?②
너 저번에… 우리 저번에 다 따라잡은 거 아니니?

DASH 대쉬

Yea, we WERE caught up – and now we're doing fractions and percentages and demicels.
네, 우리가 따라잡았었지요 – 그리고 지금은 분수하고 백분율하고 십잔법 하는 거고요.

BOB 밥

Decimals.
십진법.

TV ANCHOR TV 앵커

Superheroes are back in the news again, and so is their gear. The car collection of billionaire Victor Cachet grew a little bit more SUPER today with the addition of the INCREDIBILE, the super car once driven by superhero Mr. Incredible.
다시 한 번 슈퍼히어로들이 뉴스거리가 되고 있습니다. 그리고 이번엔 그들의 장비에 관련된 뉴스가 있습니다. 억만장자 빅터 카쳇의 자동차 컬렉션에 인크레더블이 추가되면서 조금 더 화려한 라인업을 이루게 되었습니다. 인크레더블은 슈퍼히어로 미스터 인크레더블이 한때 몰고 다니던 슈퍼 카랍니다.

CACHET 카쳇

It's the kind of thing you buy when you have everything else...
이런 차는 다른 모든 것을 다 소유하게 되면 사는 그런 차라고 볼 수 있죠…

BOB 밥

They said it was beyond repair...③
저 차는 수리가 불가능하다고 했었는데…

CACHET 카쳇

... and hey– it was in perfect condition.
… 그리고 어– 이 차가 완전히 멀쩡하더라고요.

DASH 대쉬

You used to drive THAT?
아빠가 예전에 저 차를 몰았다고요?

BOB 밥

They said it was destroyed...
파괴됐다고 그랬었는데…

TV ANCHOR TV 앵커

Long thought lost or destroyed, the famous car **turned up** at private auction...④
꽤 오랫동안 분실됐거나 파괴됐다고 알려진, 그 유명한 차가 개인 경매에 매물로 나왔습니다…

장면 파헤치기

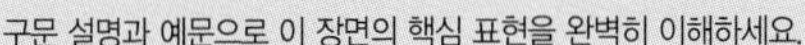

구문 설명과 예문으로 이 장면의 핵심 표현을 완벽히 이해하세요.

❶ We're doing fractions and demicels and percentages and I don't get 'em.

우리 분수하고 십진법하고 백분율을 배우는데 잘 이해가 안 돼요.

'~을 이해하다'라는 말을 할 때 동사를 understand라고 쓰는 경우도 많지만, 간단하게 get으로 대체해서 쓰기도 한답니다.

* A: Do you get it? 이해되니?
* B: No, **I don't get it.** 아니, 이해 안 되는데.

❷ Didn't we get all caught up? 우리 저번에 다 따라잡은 거 아니니?

get caught up은 '~에 휘말리다, 감을 잡다'라는 의미로 쓰이는 숙어예요. catch up이 '따라잡다'라는 의미이고 이 표현을 get caught up 형태로 바꾸면 '따라잡은 상태가 되다', 다시 말해 '감을 잡게 되다, 이해하게 되다'라는 의미가 될 수도 있어요. 하지만, 이 의미로 쓰이는 경우보다는, 어떤 일에 휘말리거나 얽매이게 되는 경우에 더 자주 쓰이는데, 이 경우에는 get caught up in something 형태로 표현이 된답니다.

* I **got caught up** in traffic. 교통체증에 걸려버렸어.
* Don't **get caught up** in the details. 세세한 부분에 너무 얽매이지 말아라.

❸ They said it was beyond repair. 저 차는 수리가 불가능하다고 했었는데.

사람들이 말하기를, 소문에 의하면'이라는 뜻으로 They said를 쓸 수 있어요. 문장의 시작을 They said로 하고 뒤에 that절로 연결하면 되지요. 물론, that은 생략 가능하고요. 속담이나 격언 등에 대해 말할 때는 동사를 현재형으로 써서 They say라고 한답니다.

★ 영화 속 패턴 익히기

❹ The famous car turned up at private auction. 그 유명한 차가 개인 경매에 매물로 나왔습니다.

turn up은 '(잃어버렸던 물건 등이, 특히 뜻밖에) 나타나다/찾게 되다'라는 의미예요. turn out도 '모습을 드러내다, 나타내다'라는 의미로 쓰일 수 있는데, 뜻밖에 잃어버렸던 물건이 나타났을 경우에는 turn up으로 써야만 자연스럽게 들린답니다.

* The ring I lost **turned up** in that woman's purse. 내가 분실했던 그 반지가 그 여자의 핸드백에서 나왔다.
* A wallet lost 20 years ago just **turned up** at a postal office.
  20년 전에 분실됐던 지갑이 방금 우체국에서 나왔다.

영화 속 패턴 익히기

오늘 배운 장면에서 뽑은 핵심 패턴으로 다양한 표현을 만들어 보세요.

17-2.mp3

They said (that) ~ (사람들이 말하기를) ~라고 그랬다/했다.

Step 1 기본 패턴 연습하기

1 **They said** he will come back soon. 사람들이 말하기를 그가 곧 복귀할 거래.

2 **They said** no one could escape from the island. 그 섬에서는 절대로 나올 수 없다고 했어.

3 **They said** humans couldn't fly, but look at him flying.
인간을 절대 날 수 없다고 했는데, 저 사람 나는 것 좀 봐.

4 ______________ there would be snow at Christmas. 크리스마스에 눈이 올 거라고 했어요.

5 ______________ Santa wasn't real. 산타는 진짜가 아니라고 했어요.

Step 2 패턴 응용하기 They say (that) ~

1 **They say** that it's bad luck to break a mirror. 거울을 깨면 운이 나쁘다고 하더라고.

2 **They say** that hope is happiness. 희망이 있으면 행복하다고 하더라.

3 **They** say that time heals everything. 시간이 모든 것을 치유해 준다고 하더라.

4 ______________ in love is wonderful. 사랑에 빠지는 건 멋진 일이라고 하더라.

5 ______________ is easy but staying quit is tough.
끊는 건 쉬워도 계속 끊은 상태로 있는 게 어렵다고 하더라.

Step 3 실생활에 적용하기

A 사람들이 말하기를 외계인은 존재하지 않는다고 했어.

B Of course not.

A But I think they do exist.

A They said there were no aliens.

B 당연히 존재하지 않지.

A 하지만 내 생각에 그들은 분명히 존재해.

정답 Step 1 4 They said 5 They said Step 2 4 They say falling 5 They say quitting

확인학습

문제를 풀며 오늘 배운 표현을 완벽히 내 것으로 만드세요.

A | 영화 속 대화를 완성해 보세요.

DASH Hey Dad... we're doing fractions and demicels and percentages and ❶ __________.
아빠… 우리 분수하고 십잔법하고 백분율을 배우는데 잘 이해가 안 돼요.

BOB Aren't you... didn't we ❷ __________?
너 저번에… 우리 저번에 다 따라잡은 거 아니니?

DASH Yea, we WERE caught up – and ❸ __________ fractions and percentages and demicels.
네, 우리가 따라잡았었지요 – 그리고 지금은 분수하고 백분율하고 십잔법 하는 거고요.

BOB Decimals. 십진법.

TV ANCHOR Superheroes are back in the news again, and so is their gear. The car collection of billionaire Victor Cachet grew a little bit more SUPER today with the addition of the INCREDIBILE, the super car once driven by superhero Mr. Incredible. 다시 한 번 슈퍼히어로들이 뉴스거리가 되고 있습니다. 그리고 이번엔 그들의 장비에 관련된 뉴스가 있습니다. 억만장자 빅터 카쳇의 자동차 컬렉션에 인크레더블이 추가되면서 조금 더 화려한 라인업을 이루게 되었습니다. 인크레더블은 슈퍼히어로 미스터 인크레더블이 한때 몰고 다니던 슈퍼 카랍니다.

CACHET It's the kind of thing you ❹ __________ everything else... 이런 차는 다른 모든 것을 다 소유하게 되면 사는 그런 차라고 볼 수 있죠.

BOB ❺ __________ it was beyond repair...
저 차는 수리가 불가능하다고 했었는데…

CACHET ... and hey– it was in ❻ __________.
… 그리고 어– 이이 차가 완전히 멀쩡하더라고요.

DASH You ❼ __________ THAT? 아빠가 예전에 저 차를 몰았다고요?

BOB They said ❽ __________... 파괴됐다고 그랬었는데…

TV ANCHOR ❾ __________ lost or destroyed, the famous car ❿ __________ at private auction...
꽤 오랫동안 분실됐거나 파괴됐다고 알려졌던, 그 유명한 차가 개인 경매에 매물로 나왔습니다…

B | 다음 빈칸을 채워 문장을 완성해 보세요.

1 사람들이 말하기를 그가 곧 복귀할 거래.
__________ he will come back soon.

2 크리스마스에 눈이 올 거라고 했어요.
__________ there would be snow at Christmas.

3 산타는 진짜가 아니라고 했어요.
__________ Santa wasn't real.

4 시간이 모든 것을 치유해 준다고 하더라.
__________ that time heals everything.

5 끊는 건 쉬워도 계속 끊은 상태로 있는 게 어렵다고 하더라.
__________ is easy but staying quit is tough.

정답 A

❶ I don't get 'em
❷ get all caught up
❸ now we're doing
❹ buy when you have
❺ They said
❻ perfect condition
❼ used to drive
❽ it was destroyed
❾ Long thought
❿ turned up

정답 B

1 They said
2 They said
3 They said
4 They say
5 They say quitting

Day 18

Jack-Jack With Powers

초능력자 잭잭

잭잭에게 어마어마한tremendous 초능력이 있다는 걸 알게 된 대쉬와 바이올렛. 아빠에게 이 사실을 알고도 숨겼냐고, 어떻게 엄마에게도 우리에게도 말을 안 해 줬냐고 따지네요nitpick. 아빠의 마음은 알지도 못하면서 말이에요. 아이들의 다그침에 그간 쌓인 스트레스가under a lot of stress 빵 터져서 분노표출을outburst of anger 하고 맙니다. 자기는 모두의 영웅, 터프가이의 대명사 미스터 인크레더블인데 이젠 집에서 자식들한테 시달리고 집안일에 애를 보고 있는 상황이 너무 처량하다는miserable 신세 한탄이네요.

오늘 등장하는 표현들입니다. 어떤 표현이 들어가야 할지 생각해 보세요.

* ?! 저게 대체 뭐죠?!
* . 나도 모르겠구나.
* ?! 반대 상황이었다면 아빠도 우리가 얘기해 주기를 바랐을 거잖아요, 안 그래요?!
* BY , BABY!! 힘들지만 유연하게 대처하려고 애쓰는 거야, 얘들아!!

바로 이 장면!

오디오 파일을 듣고 3번 따라 말해보세요. 18-1.mp3

VIOLET 바이올렛
Ack! **What the heck is that**?![1]
으악! 저게 대체 뭐죠?!

DASH 대쉬
Jack-Jack has powers...??
잭잭에게 초능력이 있어요…??

BOB 밥
Well yea, but um–
응 그렇단다. 하지만 음 –

VIOLET 바이올렛
You knew about this?? Why didn't you tell us? Did you tell mom??
아빠 알고 있었어요? 왜 우리에게 얘기 안 하셨어요? 엄마한테는 말했어요??

BOB 밥
Yeah. **I dunno.**[2] NO. Your mother is not– Because I didn't wanna– Because it's not the time– Because–
그래. 나도 모르겠구나. 아니. 너희 엄마는 아직 – 왜냐하면 난 원치 않 – 왜냐하면 아직 때가 아니라서 – 왜냐하면 –

VIOLET 바이올렛
Why not?? Why would you not tell mom?
왜 안 했어요?? 왜 엄마한테 얘기를 안 하는 거죠?

DASH 대쉬
We're your kids! We need to know these things! **You'd want us to tell YOU, wouldn't you**?![3] Come on, man. So uncool.
우린 아빠의 자식들이에요! 우리도 이런 건 알아야 한다고요! 반대 상황이었다면 아빠도 우리가 얘기해 주기를 바랐을 거잖아요. 안 그래요? 아 정말. 아빠. 너무 별로네요.

VIOLET 바이올렛
What! Why?!
뭐예요! 왜 그랬죠?!

BOB 밥
Because I'm FORMULATING, OKAY??
왜냐하면 난 학습 중이니까. 알겠니??

BOB 밥
I'M TAKING IN INFORMATION!! I'M PROCESSING! I'M DOING THE MATH, I'M FIXING THE BOYFRIEND AND KEEPING THE BABY FROM TURNING INTO A FLAMING MONSTER!! HOW DO I DO IT?? BY **ROLLING WITH THE PUNCHES**, BABY!![4] I EAT THUNDER AND CRAP LIGHTNING, OKAY??? CUZ I'M MR. INCREDIBLE!!! NOT "MR. SO-SO" OR "MR. MEDIOCRE- GUY"!! MR. INCREDIBLE!!
난 정보를 이해하려고 하고 있기 때문이야!! 난 데이터를 처리하고 있는 중이라고! 난 수학을 하고 있고. 남자친구 문제를 해결하려고 하고 있고. 아기가 불타는 괴물로 변하는 것을 막으려고 하고 있기 때문이야!! 내가 그런 걸 어떻게 하냐고?? 힘들지만 유연하게 대처하려고 애쓰는 거야. 얘들아!! 난 천둥을 먹어서 번개를 똥으로 싼다고. 알아??? 왜냐하면 난 미스터 인크레더블이기 때문이지!!! "미스터 그저 그런 놈"이나 "미스터 평범한– 사내"가 아니기 때문이라고!! 미스터 인크레더블이야!!

장면 파헤치기

구문 설명과 예문으로 이 장면의 핵심 표현을 완벽히 이해하세요.

❶ What the heck is that? 저게 대체 뭐죠?

the heck은 의문사 뒤에 따라오는 속어인데 특별한 의미는 없고, 강조(격한 감정)의 기능을 해요. 주로, '도대체/대체'로 해석합니다. the heck의 자리에 the hell을 넣을 수도 있는데 the hell은 욕설이기 때문에 기왕이면 강도가 덜한 the heck을 쓰는 게 좋겠네요.

* **What the heck** did you just say to me? 너 지금 방금 나한테 도대체 뭐라고 한 거야?
* **What the heck** did I just watch? 내가 지금 방금 본 게 대체 뭐였지?

❷ I dunno. 나도 모르겠구나.

I don't know는 구어체에서 정확하게 발음하는 경우가 거의 없어요. 특히, 자신 없게 말끝을 흐리면서 말하는 '글쎄…', '나도 모르는데…' 같은 경우에는 발음이 '아이 돈 노우'가 아닌 '아은노'에 가깝게 들려요. 비격식적으로 표기할 때는 위의 경우처럼 I dunno라고 하거나, 심지어는 Iunno라고 쓰는 경우까지 있답니다.

* A: Why the heck did you break my cell-phone? 너 도대체 왜 내 휴대폰을 망가뜨렸니?
* B: **I dunno.** 글쎄요, 나도 몰라요.

❸ You'd want us to tell YOU, wouldn't you? (반대 상황이었다면) 아빠도 우리가 얘기해 주기를 바랐을 거잖아요, 안 그래요?

'반대 상황이었다면'이라는 부분이 영어 문장에 나오진 않지만, 문맥상 자연스럽게 하려고 들어갔습니다. You'd는 You would가 축약된 것이고, You would want us to ~는 '(당신도 아마 이런 상황이었다면) 우리가 ~하기를 원할 거예요' 이런 의미가 된답니다. 부가 의문문 wouldn't you?는 '안 그래요?'라는 뜻이고요. ★영화 속 패턴 익히기

❹ BY ROLLING WITH THE PUNCHES, BABY!! 힘들지만 유연하게 대처하려고 애쓰는 거야, 얘들아!!

roll with the punches '힘든 상황에 적응하다/유연하게 대처하다'라는 숙어예요. 권투를 할 때 펀치를 맞으면서 쓰러지지 않고 계속 버티는 것을 빗댄 표현입니다.

* In life, you just have to **roll with the punches.** 삶은 힘들어도 유연하게 적응하며 살아야만 한다.
* You have to learn to **roll with the punches.** 맘에 안 들고 힘들어도 유연하게 대처하는 방법을 배워야만 한다.

영화 속 패턴 익히기

오늘 배운 장면에서 뽑은 핵심 패턴으로 다양한 표현을 만들어 보세요.

18-2.mp3

You would want us to ~, wouldn't you?

(만약 ~상황이었다면) 넌 우리가 ~하기를 바랐을 거잖아, 안 그래?

Step 1 기본 패턴 연습하기

1 **You would want us to** stay home, **wouldn't you?** 당신은 우리가 집에 있기를 원했을 거예요, 안 그래요?

2 **You would want us to** tell you the truth, **wouldn't you?** 넌 우리가 진실을 말해주길 바랐을 거야, 안 그러니?

3 **You would want us to** roll with the punches, **wouldn't you?**
아무리 힘들어도 우리가 참고 유연하게 대처하며 살기를 원했을 거 아니에요, 안 그래요?

4 ______________ confident, ______________?
당신은 우리가 자신감 있게 살기를 원했을 거예요, 안 그래요?

5 ______________ happy, ______________? 내가 행복하길 원했을 거잖아, 안 그래?

Step 2 패턴 응용하기 주어 + would want + 사람 + to ~, wouldn't + 주어?

1 **She would want you to** stick with it, **wouldn't she?** 그녀는 네가 그것을 고수하기를 바랐을 거야, 안 그렇겠니?

2 **My dad would want me to** stay out of trouble, **wouldn't he?**
우리 아빠는 내가 문제를 일으키지 않기 바랐을 거야, 안 그렇겠니?

3 **I'd want him to** be himself, **wouldn't I?** 난 그가 그 자신이 되기를 바랐어, 안 그래?

4 He would want me ______________, ______________? 그는 내가 오기를 원했을 거야, 안 그렇겠어?

5 ______________ behave, ______________? 엄마는 팀이 얌전하게 행동하기를 원했을 거야, 안 그렇겠니?

Step 3 실생활에 적용하기

A I had no other choice but to leave.
B 만약 내가 그 상황이었다면 당신은 내가 머물기를 바랐을 거예요, 안 그래요?
A I think so. But that's different.

A 난 어쩔 수 없이 떠나야만 했단다.
B You'd want me to stay, wouldn't you?
A 그랬겠지. 하지만 그건 다른 얘기야.

정답 Step 1 4 You would want us to be / wouldn't you? 5 You'd want me to be / wouldn't you? Step 2 4 to come / wouldn't he? 5 Mom would want Tim to / wouldn't she?

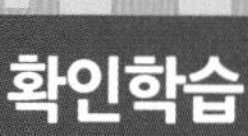

확인학습

문제를 풀며 오늘 배운 표현을 완벽히 내 것으로 만드세요.

A | 영화 속 대화를 완성해 보세요.

VIOLET Ack! ❶ ______________?! 으악! 저게 대체 뭐죠?!

DASH Jack-Jack has powers...?? 잭잭에게 초능력이 있어요…??

BOB Well yea, but um– 응 그렇단다. 하지만 음–

VIOLET ❷ ______________?? Why didn't you tell us? ❸ ______________?? 아빠 알고 있었어요? 왜 우리에게 얘기 안 하셨어요? 엄마한테는 말했어요??

BOB Yeah. ❹ ______________. NO. Your mother is not– Because I didn't wanna–Because ❺ ______________ – Because– 그래. 나도 모르겠구나. 아니. 너희 엄마는 아직 – 왜냐하면 난 원치 않 – 왜냐하면 아직 때가 아니라서 – 왜냐하면 –

VIOLET Why not?? Why would you ❻ ______________? 왜 안 했어요?? 왜 엄마한테 얘기를 안 하는 거죠?

DASH We're your kids! We need to know these things! ❼ ______________?! Come on, man. So uncool. 우린 아빠의 자식들이에요! 우리도 이런 건 알아야 한다고요! 반대 상황이었다면 아빠도 우리가 얘기해 주기를 바랐을 거잖아요, 안 그래요? 아 정말, 아빠. 너무 별로네요.

VIOLET What! Why?! 뭐예요! 왜 그랬죠?!

BOB Because I'm ❽ ______________, OKAY?? 왜냐하면 난 학습 중이니까, 알겠니??

BOB I'M TAKING IN INFORMATION!! I'M PROCESSING! ❾ ______________ THE MATH, I'M FIXING THE BOYFRIEND AND KEEPING THE BABY FROM TURNING INTO A FLAMING MONSTER!! HOW DO I DO IT?? BY ❿ ______________, BABY!! 난 정보를 이해하려고 하고 있기 때문이야!! 난 데이터를 처리하고 있는 중이라고! 난 수학을 하고 있고, 남자친구 문제를 해결하려고 하고 있고, 아기가 불타는 괴물로 변하는 것을 막으려고 하고 있기 때문이야!! 내가 그런 걸 어떻게 하냐고?? 힘들지만 유연하게 대처하려고 애쓰는 거야, 얘들아!!

B | 다음 빈칸을 채워 문장을 완성해 보세요.

1 당신은 우리가 자신감 있게 살기를 원했을 거예요, 안 그래요?
______________ confident, ______________?

2 내가 행복하길 원했을 거잖아, 안 그래?
______________ happy, ______________?

3 그녀는 네가 그것을 고수하기를 바랐을 거야, 안 그렇겠니?
______________ stick with it, ______________?

4 난 그가 그 자신이 되기를 바랐을 거라고, 안 그렇겠어?
______________ be himself, ______________?

5 그는 내가 오기를 원했을 거야, 안 그렇겠어?
______________?

정답 A

❶ What the heck is that
❷ You knew about this
❸ Did you tell mom
❹ I dunno
❺ it's not the time
❻ not tell mom
❼ You'd want us to tell YOU, wouldn't you
❽ FORMULATING
❾ I'M DOING
❿ ROLLING WITH THE PUNCHES

정답 B

1 You would want us to be / wouldn't you
2 You would want me to be / wouldn't you
3 She would want you to / wouldn't she
4 I'd want him to / wouldn't I
5 He would want me to come, wouldn't he

Day 19

Jack-Jack's Babysitter, E

잭잭의 베이비시터, E

비범하다extraordinary 못해 강렬한intense 잭잭의 초능력에 큰 충격을 받은 밥은 루시우스에게 도움을 청했지만, 잭잭은 그들이 감당할 수 있는 아기가 아닌 것 같아요. 밥은 슈퍼히어로 의상 디자이너 E에게 잭잭을 하룻밤만overnight 돌봐달라고 요청합니다. E는 아이라면 질색을 하는 사람이지만, 잭잭의 범상치 않은 모습에 큰 관심을 갖고fascinate 밥의 요청을 수락합니다accept. 하룻밤 잭잭 돌보기가 엄청난 도전 과제로challenging project 보이네요. 잭잭과 E는 서로 잘 어울릴 수 있을까요?

Warm Up! 오늘 배울 표현

오늘 등장하는 표현들입니다. 어떤 표현이 들어가야 할지 생각해 보세요.

* _____________ . 제가 며칠 동안 잠을 못 잤어요.
* _____________ , parenting is a heroic act. 제대로만 해내면, 부모 노릇을 한다는 것은 영웅적인 행위야.
* _____________ . 연구할만한 가치가 있을 거예요.
* _____________ , Robert! 난 아기를 좋아하는 사람이 아니야, 로버트!

바로 이 장면!

오디오 파일을 듣고 3번 따라 말해보세요. 19-1.mp3

BOB 밥

I haven't been sleeping...[1] ...I broke my daughter... they keep changing math... we needed double A batteries but I got triple A's and now we still need double A batteries, I put one red thing in with a load of whites and now everything's...pink. And I think we need eggs.

제가 며칠 동안 잠을 못 잤어요… …제 딸의 삶의 의지를 꺾어버리고… 사람들은 수학을 계속 바꿔대고… 더블 A 사이즈의 건전지가 필요했는데 트리플 A 건전지를 사 와서 여전히 더블 A 건전지가 필요한 상황이고요, 세탁기 돌릴 때 하얀 옷들 속에 빨간 옷 하나 넣었다가 지금은 다…분홍색이 되어버렸어요. 그리고 우리 집에 계란이 필요한 것 같아요.

E E

Done properly, parenting is a heroic act.[2] Done properly. I am fortunate that it has never afflicted me. But you do not come to me for eggs and batteries, Robert. I design herowear... and Elastigirl must have a new suit.

제대로만 해내면, 부모 노릇을 한다는 것은 영웅적인 행위야. 제대로 해낸 경우에 말이지. 난 단 한번도 그런 고통을 당해보지 않아서 다행이야. 하지만 나한테 와서 계란을 달라 건전지를 달라 하면 안 되는 거야, 로버트. 난 히어로 의상을 디자인하는 사람이야… 그리고 엘라스티걸에겐 새로운 의상이 필요해.

BOB 밥

Actually, it's... Jack-Jack–

실은, 잭잭 때문에 그러는데요 –

E E

You also wish a new suit for the baby? I would hardly classify this as an emergency...

아기 옷도 다시 만들어 달라고? 이런 건 비상상태하고는 거리가 좀 먼 것 같은데…

BOB 밥

Well, he's a special case. **Worth studying.**[3] If I could just leave him with you for a while I—

흠, 얘는 좀 특별한 케이스예요. 연구할만한 가치가 있어요. 얘를 선생님께 잠시 맡겨둘 수 있다면 –

E E

"Leave him"?? HERE?

"나한테 맡겨"?? 여기에?

E E

I am not a baby person, Robert![4] I have no baby facilities! I am an artist, I do not involve myself in the prosaic day to day...

난 아기를 좋아하는 사람이 아니야, 로버트! 우리 집엔 아기를 위한 시설도 없다고! 난 예술가야, 난 평범하고 따분한 일상을 사는 일 따위는 안 해…

장면 파헤치기

구문 설명과 예문으로 이 장면의 핵심 표현을 완벽히 이해하세요.

❶ I haven't been sleeping. 제가 며칠 동안 잠을 못 잤어요.

'haven't been ~'은 '한동안 ~을 못했다'라고 할 때 쓰는 패턴이에요. 이 패턴은 특히 평소에 해 오던 일을 일정 기간 못하게 되었을 때 자주 쓰는 편이에요.

★ 영화 속 패턴 익히기

❷ Done properly, parenting is a heroic act. 제대로만 해내면, 부모 노릇을 한다는 것은 영웅적인 행위야.

문맥을 보면 이 문장은 가정법 문장이랍니다. 그렇기 때문에 여기서 done properly는 If/when it's done properly '제대로 한다면'에서 앞부분을 생략한 형태로 보시면 되겠어요.

* **Done properly**, it can help you a lot. 제대로만 하면, 많은 도움을 얻을 수 있지.
* **Done the wrong way**, it can lead to disaster. 제대로 못 하면, 이것은 재앙이 될 수도 있어.

❸ Worth studying. 연구할만한 가치가 있을 거예요.

'~을 할 만한 가치가 있다'고 할 때 'worth + ~ing' 형태를 써서 표현할 수 있어요. '~을 할 만한 가치가 없다'고 하고 싶다면, 이 앞에 not을 넣으면 되고요.

* It might be **worth trying.** 시도해 볼 만한 가치가 있을 수도 있어.
* That question is not **worth asking**. 그 질문은 할 만한 가치도 없어.

❹ I am not a baby person, Robert! 난 아기를 좋아하는 사람이 아니야, 로버트!

자신이 아기와 잘 어울리며 놀아주는 타입의 사람이 아니라고 할 때 쓰는 표현이에요. 아기와 잘 놀아주려면 기본적으로 아기를 좋아해야 하는데 자신은 그렇지 않다는 거죠. 보통 부정문에서 이런 식으로 not a ~ person이라는 패턴을 써서 '~와 잘 안 맞는 타입의 사람'이라는 표현을 한답니다.

* **I'm not a** morning **person.** 난 아침형 인간이 아니야.
* Julie says that **she's not a** cat **person**. 줄리는 자신이 고양이와 맞는 타입은 아니라고 하더라.

영화 속 패턴 익히기

오늘 배운 장면에서 뽑은 핵심 패턴으로 다양한 표현을 만들어 보세요.

19-2.mp3

I haven't been ~ 내가 한동안 ~하지/~을 못 했다.

Step 1 기본 패턴 연습하기

1 **I haven't been** taking care of myself. 한동안 나 자신을 돌보지 못했어.
2 **I haven't been** working out. 한동안 운동을 못 했네.
3 **I haven't been** myself lately. 요즘 내가 제정신이 아니야.
4 ______________ to the dentist in 5 years. 5년 동안 한 번도 치과에 안 갔네.
5 ______________ happy for the past 10 years. 지난 10년간 행복하지 못했어.

Step 2 패턴 응용하기 주어 + haven't/hasn't been ~

1 **She hasn't been** online in a while. 그녀가 한동안 인터넷 접속을 안 했어.
2 **Eric hasn't been** in a relationship for 7 years. 에릭은 7년간 누구를 사귄 적이 없어.
3 **They haven't been** keeping in touch. 그들은 요즘 서로 연락을 안 하고 지낸다.
4 ______________ going out lately, have you? 너 요즘엔 밖에 잘 안 나가나 봐, 그지?
5 ______________________ to each other for a long time.
우린 오랫동안 서로 이야기를 나눠 본 적이 없어.

Step 3 실생활에 적용하기

A You look terrible. What happened?
B 요즘 밥을 제대로 못 먹어서 그래.
A You should eat well. Otherwise, you'll ruin your health.

A 너 안색이 너무 안 좋다. 무슨 일이야?
B I haven't been eating well lately.
A 밥을 잘 먹어야 해. 안 그러면 건강 망가져.

정답 Step 1 4 I haven't been 5 I haven't been Step 2 4 You haven't been 5 We haven't been talking

확인학습

문제를 풀며 오늘 배운 표현을 완벽히 내 것으로 만드세요.

A | 영화 속 대화를 완성해 보세요.

BOB ❶ ______________... ...I broke my daughter... they ❷ ______________ math... we needed double A batteries but I got triple A's and ❸ ______________ double A batteries, I put one red thing in with a load of whites and now everything's...pink. And I think ❹ ______________. 제가 며칠 동안 잠을 못 잤어요… …제 딸의 삶의 의지를 꺾어버리고… 사람들은 수학을 계속 바꿔대고… 더블 A 사이즈의 건전지가 필요했는데 트리플 A 건전지를 사 와서 여전히 더블 A 건전지가 필요한 상황이고요. 세탁기 돌릴 때 하얀 옷들 속에 빨간 옷 하나 넣었다가 지금은 다…분홍색이 되어버렸어요. 그리고 우리 집에 계란이 필요한 것 같아요.

E ❺ ______________, parenting is a heroic act. Done properly. I am fortunate that it has never afflicted me. But you do not ❻ ______________ eggs and batteries, Robert. I design herowear... and Elastigirl must have a new suit. 제대로만 해내면, 부모 노릇을 한다는 것은 영웅적인 행위야. 제대로 해낸 경우에 말이지. 난 단 한번도 그런 고통을 당해보지 않아서 다행이야. 하지만 나한테 와서 계란을 달라 건전지를 달라 하면 안 되는 거야, 로버트. 난 히어로 의상을 디자인하는 사람이야… 그리고 엘라스티걸에겐 새로운 의상이 필요해.

BOB Actually, it's... Jack-Jack– 실은, 잭잭 때문에 그러는데 –

E You also ❼ ______________ for the baby? I would ❽ ______________ this as an emergency... 아기 옷도 다시 만들어 달라고? 이런 건 비상상태하고는 거리가 좀 먼 것 같은데…

BOB Well, he's a special case. ❾ ______________. If I could just leave him with you for a while I— 흠, 얘는 좀 특별한 케이스예요. 연구할만한 가치가 있어요. 얘를 선생님께 잠시 맡겨둘 수 있다면 –

E "Leave him"?? HERE? "나한테 맡겨"?? 여기에?

E ❿ ______________, Robert! I have no baby facilities! I am an artist, I do not involve myself in the prosaic day to day... 난 아기를 좋아하는 사람이 아니야, 로버트! 우리 집엔 아기를 위한 시설도 없다고! 난 예술가야, 난 평범하고 따분한 일상을 사는 일 따위는 안 해…

B | 다음 빈칸을 채워 문장을 완성해 보세요.

1 한동안 운동을 못 했네.

______________ working out.

2 요즘 내가 제정신이 아니야.

______________ myself lately.

3 지난 10년간 행복하지 못했어.

______________ happy for the past 10 years.

4 그녀가 한동안 인터넷 접속을 안 했어.

______________ online in a while.

5 그들은 요즘 서로 연락을 안 하고 지낸다.

______________ keeping in touch.

정답 A

❶ I haven't been sleeping
❷ keep changing
❸ now we still need
❹ we need eggs
❺ Done properly
❻ come to me for
❼ wish a new suit
❽ hardly classify
❾ Worth studying
❿ I am not a baby person

정답 B

1 I haven't been
2 I haven't been
3 I haven't been
4 She hasn't been
5 They haven't been

Day 20

The ScreenSlaver, Too Easy for Elastigirl?

엘라스티걸에게 스크린슬레이버는 너무 쉬운 상대인가?

파티장에서 마치 사업가나 정치인처럼 사람들에게 일일이 악수해 주고, 웃어주는 행동에grip and grins 지친burnt-out 엘라스티걸이 잠시 바람을 쐬러 나옵니다. 혼자만의 시간이 필요했던 그녀에게 에블린이 다가와approach 말을 건네네요. 무언가로부터 벗어나고get away from something 싶은 서로의 처지에 대해 대화를 나누다가 에블린이 사람들은 편안함과 안락함을ease 원한다고 하자, 엘라스티걸이 스크린슬레이버에게 그와 비슷한 이상한 점이 있다고 말합니다. 스크린슬레이버를 상대하기가 이상할 정도로 쉬워서 뭔가 함정이 있는 것 같다고 말이죠.

오늘 등장하는 표현들입니다. 어떤 표현이 들어가야 할지 생각해 보세요.

* I had to step away from the   , you know.
  악수하고 웃고 이런 걸 너무 많이 해서 조금 쉬어야 할 것 같네요.
* Gotta   to keep it pure. 순수해지려면 좀 벗어날 필요가 있죠.
*   ? 그놀이 뭘 원한다고 생각하세요?
* Yeah,   . 네, 뭔가 쉽게 수긍되지 않는 부분이 있어요.

바로 이 장면!

오디오 파일을 듣고 3번 따라 말해보세요. 20-1.mp3

ELASTIGIRL 엘라스티걸
I know I should be up there but, had to step away from the **grip n' grins**, you know.[1]
내가 저 위에 있어야 한다는 건 알지만, 악수하고 웃고 이런 걸 너무 많이 해서 조금 쉬어야 할 것 같네요.

EVELYN 에블린
Gotta **get away** to keep it pure.[2] I know I do.
순수해지려면 좀 벗어날 필요가 있죠. 저도 그렇답니다.

ELASTIGIRL 엘라스티걸
What're YOU getting away from...?
당신은 무엇으로부터… 벗어나야 하죠?

EVELYN 에블린
Eh, you know, company stuff. My brother, mostly.
어, 뭐 아시잖아요, 회사 관련 일들. 대부분은 오빠와 관련된 것들이죠.

ELASTIGIRL 엘라스티걸
But you love him. You two are this company, Yin and Yang.
하지만 오빠를 사랑하시잖아요. 두 분이 이 회사 자체인걸요. 음과 양처럼.

EVELYN 에블린
Yeah, I invent the stuff, he's good at people– pleasing them, engaging them, figuring out what they want. I never know what people want.
네, 제가 발명을 하고, 오빠는 교류를 잘하니까요 – 사람들을 기분 좋게 하고, 관계를 맺고, 그들이 무엇을 원하는지 이해하고 그런 것. 전 사람들이 뭘 원하는지 절대 몰라요.

ELASTIGIRL 엘라스티걸
What do you think they want?[3]
그들이 뭘 원한다고 생각하세요?

EVELYN 에블린
Ease. People will trade quality for ease every time. It may be crap, but hey, it's convenient-
편안함. 사람들은 편안함을 위해서라면 언제든지 품질을 포기하죠. 완전 거지 같은 물건일 수도 있어요. 하지만 뭐, 편하니까 –

ELASTIGIRL 엘라스티걸
Yeah. Kinda like this case.
네, 이번 건하고 비슷하게 말이죠.

EVELYN 에블린
What? The Screenslaver?
네? 스크린슬레이버요?

ELASTIGIRL 엘라스티걸
Yeah, **something's not sitting right.**[4] It was too easy.
네, 뭔가 쉽게 수긍되지 않는 부분이 있어요. 이번 건은 너무 쉬웠어요.

EVELYN 에블린
THAT was too easy? Wow...
그게 너무 쉬웠다고요? 우와…

장면 파헤치기

구문 설명과 예문으로 이 장면의 핵심 표현을 완벽히 이해하세요.

❶ I had to step away from the grip n' grins, you know.

악수하고 웃고 이런 걸 너무 많이 해서 조금 쉬어야 할 것 같네요.

정치인들의 선거유세를 하면서 유권자들과 악수를 나누고 미소 공세를 펼치고 하는 것을 grip and grins라고 해요. grip은 '꽉 움켜잡다'라는 의미로 악수를 뜻하고, grin은 '활짝 웃다'라는 의미랍니다. n'은 and를 구어체에서 간단하게 표기하는 방식이에요.

* I'm so tired of **grip and grins.** 사람들에게 악수하고 웃어주는 것도 이젠 신물 난다.
* I don't mind doing **grip and grins.** 난 사람들에게 악수하고 웃어주고 하는 거 괜찮아.

❷ Gotta get away to keep it pure. 순수해지려면 좀 벗어날 필요가 있죠.

get away from ~은 '~에서/로부터 벗어나다/떠나다/탈출하다'라는 의미의 숙어예요. 이 문장에서는 from '~로부터'는 쓰지 않았네요. 지겹고 힘든 일에서 좀 벗어나 쉬고 싶다는 표현을 할 때 자주 등장하죠. 문맥에 따라서는 '휴가를 가다'라는 뜻으로 쓸 수도 있어요.

* I wish I could **get way** for a few days. 며칠 정도 휴가를 떠날 수 있으면 얼마나 좋을까.
* You need to **get away** from it all. 모든 일을 접어두고 잠시 떠날 필요가 있어.

❸ What do you think they want? 그들이 뭘 원한다고 생각하세요?

〈What do you think + 주어 + 동사〉는 '~가 무엇을 ~한다고 생각하니?'라는 의미인데요. 단어의 순서에 유의하셔야 해요. What 다음에 do you think가 나오고 그다음이 '주어 + 동사'예요. 이 표현은 정의를 내리기보다는 패턴으로 활용해서 연습해야 쏙쏙 이해가 될 것 같아요.

★영화 속 패턴 익히기

❹ Yeah, something's not sitting right. 네, 뭔가 쉽게 수긍되지 않는 부분이 있어요.

not sit right는 '뭔가가 잘 맞지 않는, 수긍이 되지 않는, 경우가 좋지 않은'이라는 뜻이에요. not sit well이라고 말하기도 해요. 어떤 생각이 머릿속에서 제대로/가만히 앉아있지를 않는다는 것이니까, 좀 이해가 안 된다는, 마음에 들지 않는다는, 동의하기 어렵다는 의미가 되겠네요.

* Her remarks **didn't sit well** with me. 그녀의 발언들은 좀 수긍하기가 어렵더라고.
* The school's decision did **not sit right** with many parents.
  학교 측의 결정에 많은 부모들이 별로 동의하지 않았다.

영화 속 패턴 익히기

오늘 배운 장면에서 뽑은 핵심 패턴으로 다양한 표현을 만들어 보세요.

20-2.mp3

What do you think they ~ 넌 그들이 (~하는 게) 무엇인 것 같니?

Step 1 기본 패턴 연습하기

1 **What do you think they** are doing? 그들이 뭘 하고 있는 것 같니?
2 **What do you think they** would do to us? 그들이 우리에게 무슨 짓을 할 거라고 생각하니?
3 **What do you think they** have in common? 그들의 공통점이 무엇이라고 생각하니?
4 ______________ mean by that? 그들이 한 그 말의 뜻이 무엇인 것 같니?
5 ______________ should do? 그들이 무엇을 해야 할 것 같니?

Step 2 패턴 응용하기 What do you think + 주어 + 동사?

1 **What do you think** that is? 저게 무엇이라고 생각하니?
2 **What do you think** Harry does for a living? 해리가 뭘 해서 먹고 산다고 생각하니?
3 **What do you think** she wants to do? 그녀가 뭘 하고 싶어 하는 것 같니?
4 ______________ like? 내가 뭐하고 비슷하게 생긴 것 같니?
5 ______________ do differently? 우리가 뭘 다르게 할 수 있을 것 같니?

Step 3 실생활에 적용하기

A That guy is still calling you?
B 그래. 내가 어떻게 해야 할 것 같니?
A I think you should report him to the police.

A 그 남자가 아직도 네게 전화한다고?
B Yes. What do you think I should do?
A 경찰에 신고해야지.

정답 Step 1 4 What do you think they 5 What do you think they Step 2 4 What do you think I look 5 What do you think we could

확인학습

문제를 풀며 오늘 배운 표현을 완벽히 내 것으로 만드세요.

A | 영화 속 대화를 완성해 보세요.

ELASTIGIRL I know I ❶ ______ but, had to ❷ ______ from the ❸ ______, you know.
내가 저 위에 있어야 한다는 건 알지만, 악수하고 웃고 이런 걸 너무 많이 해서 조금 쉬어야 할 것 같네요.

EVELYN Gotta ❹ ______ to keep it ❺ ______. I know I do. 순수해지려면 좀 벗어날 필요가 있죠. 저도 그렇답니다.

ELASTIGIRL What're YOU ❻ ______...?
당신은 무엇으로부터… 벗어나야 하죠?

EVELYN Eh, you know, company stuff. My brother, mostly.
어, 뭐 아시잖아요. 회사 관련 일들. 대부분은 오빠와 관련된 것들이죠.

ELASTIGIRL But you love him. You two are this company, Yin and Yang. 하지만 오빠를 사랑하시잖아요. 두 분이 이 회사 자체인걸요. 음과 양처럼.

EVELYN Yeah, I invent the stuff, he's good at people– pleasing them, engaging them, figuring out ❼ ______. I never know what people want. 네, 제가 발명을 하고, 오빠는 교류를 잘하니까요 – 사람들을 기분 좋게 하고, 관계를 맺고, 그들이 무엇을 원하는지 이해하고 그런 것. 전 사람들이 뭘 원하는지 절대 몰라요.

ELASTIGIRL ❽ ______?
그들이 뭘 원한다고 생각하세요?

EVELYN Ease. People will trade quality ❾ ______. It may be crap, but hey, it's convenient- 편안함. 사람들은 편안함을 위해서라면 언제든지 품질을 포기하죠. 완전 거지 같은 물건일 수도 있어요. 하지만 뭐, 편하니까 –

ELASTIGIRL Yeah. Kinda like this case. 네. 이번 건하고 비슷하게 말이죠.

EVELYN What? The Screenslaver? 네? 스크린슬레이버요?

ELASTIGIRL Yeah, ❿ ______. It was too easy. 네. 뭔가 쉽게 수긍되지 않는 부분이 있어요. 이번 건은 너무 쉬웠어요.

EVELYN THAT was too easy? Wow... 그게 너무 쉬웠다고요? 우와…

B | 다음 빈칸을 채워 문장을 완성해 보세요.

1 그들이 뭘 하고 있는 것 같니?
______ are doing?

2 그들이 우리에게 무슨 짓을 할 거라고 생각하니?
______ would do to us?

3 그들이 무엇을 해야 할 것 같니?
______ should do?

4 그녀가 뭘 하고 싶어 하는 것 같니?
______ she wants to do?

5 내가 뭐하고 비슷하게 생긴 것 같니?
______ like?

정답 A

❶ should be up there
❷ step away
❸ grip n' grins
❹ get away
❺ pure
❻ getting away from
❼ what they want
❽ What do you think they want
❾ for ease every time
❿ something's not sitting right

정답 B

1 What do you think they
2 What do you think they
3 What do you think they
4 What do you think
5 What do you think I look

Day 21

Who Is the Real Screenslaver?

누가 진짜 스크린슬레이버인가?

냉동 컴퓨터실에 팔과 다리가 묶인 채로 감금되어[detained] 정신을 잃은[unconscious] 엘라스티걸이 누군가의 음성을 듣고 깨어납니다. 마침내 스크린슬레이버의 정체를 알게 되는 순간이에요. 그런데, 스크린슬레이버의 목소리가 귀에 익습니다[sounds very familiar]. 그동안 굳게 믿고 파트너로 일했던 바로 그 사람이에요. 어떻게 이런 일이![How is this even possible!] 배신감에[feeling of betrayal] 치를 떨며 도대체 왜 이런 짓을 하느냐고 물으니, 슈퍼히어로들에게 기대어 자신들의 안락함을 추구하는 일반 대중 모두에게 경각심을 일깨워주기 위해서였답니다.

Warm Up! 오늘 배울 표현

오늘 등장하는 표현들입니다. 어떤 표현이 들어가야 할지 생각해 보세요.

* The temperature around you is   freezing. 당신 주변의 온도는 영하도 한참 영하니까요.
* I created the character and pre-recorded the messages.
  내가 그 캐릭터를 만들었고 메시지를 미리 녹음해 둔 것이라고 하면 어떨까요.
* . 당연히 모르죠.
* an innocent man is in jail?
  아무 죄도 없는 사람이 감옥에 들어갔는데 당신은 아무렇지도 않나요?

바로 이 장면!

오디오 파일을 듣고 3번 따라 말해보세요.

21-1.mp3

EVELYN 에블린

I would resist the temptation to stretch. The temperature around you is **well below** freezing.[1] Try to stretch and– you'll break.

몸을 늘려보려고 하는 유혹은 참는 것이 좋을 거예요. 당신 주변의 온도는 영하도 한참 영하니까요. 몸을 늘리려고 하면– 몸이 깨져버릴 거예요.

ELASTIGIRL 엘라스티걸

So you're the Screenslaver...

당신이 스크린슬레이버였군요…

EVELYN 에블린

Yes. And no. **Let's say** I created the character and pre-recorded the messages.[2]

네. 그러면서 또 아니오. 내가 그 캐릭터를 만들었고 메시지를 미리 녹음해 둔 것이라고 하면 어떨까요.

ELASTIGIRL 엘라스티걸

Does Winston know?

윈스턴도 이 사실을 아나요?

EVELYN 에블린

That I'm the Screenslaver?? **Of course not**.[3] Can you imagine what Mr. Free Enterprise would do with my hypnosis technology??

내가 스크린슬레이버라는 사실?? 당연히 모르죠. 그 미스터 자유기업 체제께서 이 사실을 알게 되면 내 최면 기술을 가지고 뭘 하게 될지 상상이 되나요??

ELASTIGIRL 엘라스티걸

Worse than what you're doing?

설마 당신이 지금 하고 있는 짓보다 더 심한 짓을 할까요?

EVELYN 에블린

Hey, I'm using the technology to destroy people's trust in it. Like I'm using superheroes.

이봐요, 난 기술을 이용해서 기술에 대한 사람들의 믿음을 파괴하려고 하는 거라고요. 내가 슈퍼히어로들을 이용하는 것처럼 말이에요.

ELASTIGIRL 엘라스티걸

Who did I put in jail?

내가 감옥에 들어가게 한 사람은 누구인 거죠?

EVELYN 에블린

Pizza delivery guy. Seemed the right height and build. He gave you a pretty good fight. I should say I gave you a good fight THROUGH him.

피자 배달부. 키하고 덩치가 딱 괜찮아 보이더라고요. 그가 당신과 꽤 잘 싸우던데요. 그보다는 내가 그를 통해서 당신과 잘 싸웠다고 해야겠군요.

ELASTIGIRL 엘라스티걸

But **it doesn't bother you that** an innocent man is in jail?[4]

아무 죄도 없는 사람이 감옥에 들어갔는데 당신은 아무렇지도 않나요?

장면 파헤치기

구문 설명과 예문으로 이 장면의 핵심 표현을 완벽히 이해하세요.

❶ The temperature around you is well below freezing. 당신 주변의 온도는 영하도 한참 영하니까요.

well가 강조 부사로 쓰인 경우로, well below는 '~보다 훨씬 아래에, 아주 아래에'라는 의미예요. 반대로, well above는 '~보다 훨씬 위에, 아주 위에'라는 뜻으로 쓸 수 있고요.

* Your score is **well below** average. 네 점수는 평균을 훨씬 밑돈다.
* It was **well above** my expectations. 그것은 내 기대를 훨씬 웃돌았다.

❷ Let's say I created the character and pre-recorded the messages.
내가 그 캐릭터를 만들었고 메시지를 미리 녹음해 둔 것이라고 하면 어떨까요.

Let's say로 시작하는 문장은 '예를 들면, ~라고 해 두자, ~라고 가정해 보자'로 해석할 수 있어요. 직접적으로 표현하기보다는 에둘러 말할 때 주로 쓰는 표현이랍니다.

* **Let's say** it takes about two hours. Then we'd be there by noon.
  한 2시간 정도 걸린다고 해 보자. 그럼 우리가 거기에 정오쯤 도착할 거야.
* **Let's say** I ask her out. Do you think she'd say yes?
  내가 그녀에게 데이트 신청을 한다고 치자. 그녀가 받아줄 것 같니?

❸ Of course not. 당연히 모르죠.

상대방이 한 말에 대해 '당연히/물론 아니다'라고 답할 때 쓰는 표현이에요. 상황에 따라 주어와 동사가 들어간 완전한 문장을 만들어 쓰는 것이 더 좋을 수도 있겠지만, 짧게 대답해도 되는 상황이라면 편하게 이렇게 말하는 것이 좋지요.

* A: Do you want me to hate you? 내가 널 미워하길 원하는 거니?
* B: **Of course not.** 당연히 아니죠.

❹ It doesn't bother you that an innocent man is in jail?
아무 죄도 없는 사람이 감옥에 들어갔는데 당신은 아무렇지도 않나요?

not bother someone은 '~는 ~에 신경 쓰지 않는다'라는 뜻이에요. 일반적으로 생각할 때 신경 쓸 만한 상황임에도 불구하고 별로 신경을 쓰지 않는다고 말할 때 주로 쓰이지요. 여기에서는 〈It doesn't bother someone (+ that절)〉 '~에 대해 아무렇지도 않다, 별로 신경 쓰지 않다'의 형식으로 패턴 연습해 볼게요. ★ 영화 속 패턴 익히기

영화 속 패턴 익히기

오늘 배운 장면에서 뽑은 핵심 패턴으로 다양한 표현을 만들어 보세요.

21-2.mp3

It doesn't bother you that ~? ~한데 당신은 아무렇지도 않나요?

Step 1 기본 패턴 연습하기

1 **It doesn't bother you that** I'm older than you? 내가 너보다 연상인데 아무렇지도 않아?

2 **It doesn't bother you that** she is a teacher? 그녀가 교사인데도 신경이 안 쓰여요?

3 **It doesn't bother you that** he's using your laptop? 그가 네 노트북을 쓰고 있는데 신경 안 쓰이니?

4 ______________________ you don't know anything?
네가 아무것도 모르고 있다는 사실이 아무렇지도 않니?

5 ______________________ your ex-girlfriend is going out with me?
네 전 여자친구가 나랑 사귀는데도 아무렇지도 않아?

Step 2 패턴 응용하기 It doesn't bother me (that) ~

1 **It doesn't bother me that** they speak to me in French.
그들이 나에게 프랑스어로 말해도 난 신경 쓰지 않아.

2 **It doesn't bother me that** you are not human. 네가 인간이 아니어도 난 상관 안 해.

3 **It doesn't bother me that** you talk about me behind my back.
네가 나 없을 때 내 뒷담화 하는 거 난 별로 신경 안 쓰여.

4 ______________________ doesn't like me. 그가 날 안 좋아해도 난 신경 안 써.

5 ______________________ my boyfriend doesn't remember my birthday.
내 남자친구가 내 생일을 기억 못 해도 난 괜찮아.

Step 3 실생활에 적용하기

A 내가 여기에 있어도 넌 신경 쓰이지 않니?
B Not at all. Why do you think that would bother me?
A Well, because... I thought you didn't like me.

A It doesn't bother you that I'm here?
B 전혀. 왜 내가 신경 쓸 거로 생각하니?
A 아, 왜냐하면… 난 네가 날 안 좋아하는 줄 알았거든.

정답 Step 1 4 It doesn't bother you that 5 It doesn't bother you that Step 2 4 It doesn't bother me that he 5 It doesn't bother me that

확인학습

문제를 풀며 오늘 배운 표현을 완벽히 내 것으로 만드세요.

A | 영화 속 대화를 완성해 보세요.

EVELYN I would resist the ❶ ________________. The temperature around you is ❷ ________________ freezing. Try to stretch and—you'll break.
몸을 늘려보려고 하는 유혹은 참는 것이 좋을 거예요. 당신 주변의 온도는 영하도 한참 영하니까요. 몸을 늘리려고 하면– 몸이 깨져버릴 거예요.

ELASTIGIRL So you're the Screenslaver... 당신이 스크린슬레이버였군요…

EVELYN Yes. And no. ❸ ________________ I created the character and ❹ ________________ the messages. 네. 그러면서 또 아니오. 내가 그 캐릭터를 만들었고 메시지를 미리 녹음해 둔 것이라고 하면 어떨까요.

ELASTIGIRL Does Winston know? 윈스턴도 이 사실을 아나요?

EVELYN That I'm the Screenslaver?? ❺ ________________. Can you imagine what Mr. Free Enterprise would do with my ❻ ________________?? 내가 스크린슬레이버라는 사실?? 당연히 모르죠. 그 미스터 자유기업 체제께서 이 사실을 알게 되면 내 최면 기술을 가지고 뭘 하게 될지 상상이 되나요??

ELASTIGIRL Worse than ❼ ________________?
설마 당신이 지금 하고 있는 짓보다 더 심한 짓을 할까요?

EVELYN Hey, I'm using the technology to ❽ ________________ in it. Like I'm using superheroes. 이봐요, 난 기술을 이용해서 기술에 대한 사람들의 믿음을 파괴하려고 하는 거라고요. 내가 슈퍼히어로들을 이용하는 것처럼 말이에요.

ELASTIGIRL Who did I put in jail? 내가 감옥에 들어가게 한 사람은 누구인 거죠?

EVELYN Pizza delivery guy. Seemed the right height and build. He gave you a pretty good fight. I should say I gave you a good fight THROUGH him. 피자 배달부. 키하고 덩치가 딱 괜찮아 보이더라고요. 그가 당신과 꽤 잘 싸우던데요. 그보다는 내가 그를 통해서 당신과 잘 싸웠다고 해야겠군요.

ELASTIGIRL But ❾ ________________ an innocent man is ❿ ________________?
아무 죄도 없는 사람이 감옥에 들어갔는데 당신은 아무렇지도 않나요?

B | 다음 빈칸을 채워 문장을 완성해 보세요.

1 그녀가 교사인데도 신경이 안 쓰여요?
________________ she is a teacher?

2 그가 네 노트북을 쓰고 있는데 신경 안 쓰이니?
________________ he's using your laptop?

3 네 전 여자친구가 나랑 사귀는데도 아무렇지도 않아?
________________ your ex-girlfriend is going out with me?

4 네가 인간이 아니어도 난 상관 안 해.
________________ you are not human.

5 네가 나 없을 때 내 뒷담화 하는 거 난 별로 신경 안 쓰여.
________________ you talk about me behind my back.

정답 A

❶ temptation to stretch
❷ well below
❸ Let's say
❹ pre-recorded
❺ Of course not
❻ hypnosis technology
❼ what you're doing
❽ destroy people's trust
❾ it doesn't bother you that
❿ in jail

정답 B

1 It doesn't bother you that
2 It doesn't bother you that
3 It doesn't bother you that
4 It doesn't bother me that
5 It doesn't bother me that

Day 22

The Ship at DevTech

데브텍에 있는 배

에블린에게 엘라스티걸이 곤경에 처했다고 연락을 받은got a phone call 밥이 미스터 인크레더블 의상을 챙겨 입고 집을 나섭니다. 집에 아이들만 두고 갈 수는 없어서 루시우스에게 연락을 해서get in touch with 집으로 최대한 빨리as soon as possible 와달라고 부탁합니다. 한편meanwhile, 수상한 전화를 받자마자 히어로 의상까지 차려입고 다급하게hastily 나가려는 아빠에게 바이올렛이 어디를 가느냐고 묻는데 아이들이 걱정할까 봐서 밥은 대답할 수가 없네요. 데브텍의 배로 오라고 했는데 밥도 함정에 빠지지 않을까 걱정되는 상황입니다.

Warm Up! 오늘 배울 표현 오늘 등장하는 표현들입니다. 어떤 표현이 들어가야 할지 생각해 보세요.

* Elastigirl's ______________ . 엘라스티걸에게 문제가 생겼어요.
* ______________ fifteen minutes. 15분 안에 거기로 가겠습니다.
* ______________ the kids. 아이들을 돌봐줄 사람이 필요해.
* ______________ . 늦어도 15분 안에는 갈 거야.

바로 이 장면!

오디오 파일을 듣고 3번 따라 말해보세요. 22-1.mp3

BOB 밥	Hello. 여보세요.
EVELYN 에블린	Elastigirl's **in trouble.** ❶ 엘라스티걸에게 문제가 생겼어요.
BOB 밥	What—?? What happened to her? 뭐라고요—?? 그녀에게 무슨 일이 생긴 거죠?
EVELYN 에블린	Sorry to tell you on the phone. Meet me on our ship at DEVTECH. 전화상으로 전해드려서 죄송해요. 데브텍에 있는 우리 배에서 만나죠.
BOB 밥	The ship at DEVTECH. **I'll be there in** fifteen minutes. ❷ 데브텍에 있는 배. 15분 안에 거기로 가겠습니다.
VIOLET 바이올렛	What's at the ship at DEVTECH? 데브텍에 있는 배에 뭐가 있나요?
BOB 밥	Lucius? Bob. Helen's in trouble, **I need someone to watch** the kids. ❸ 루시우스? 밥이야. 헬렌에게 문제가 생겼어. 아이들을 돌봐줄 사람이 필요해.
BOB 밥	Suit up, it might get weird. 의상을 입고 오게. 좀 희한한 일이 벌어질 수도 있으니.
LUCIUS 루시우스	I'll be there asap. **Fifteen tops.** ❹ 최대한 빨리 갈게. 늦어도 15분 안에는 갈 거야.
HONEY'S VOICE 허니의 목소리	Where you going asap? You better be back asap! And leaving that suit! 어디를 최대한 빨리 간다는 거예요? 최대한 빨리 돌아오는 게 좋을 거예요! 그리고 그 옷은 두고 가는 게 좋을 거고요!
BOB 밥	I gotta go. I'll be home soon. Lucius'll be here sooner. NO firing the baby around the house. Okay? Love you! 아빠는 가야만 해. 금방 돌아올게. 루시우스 아저씨가 나보다 더 빨리 올 거야. 아기 데리고 집에서 불 쏘고 돌아다니고 그러면 안돼. 알았지? 사랑해!

장면 파헤치기

구문 설명과 예문으로 이 장면의 핵심 표현을 완벽히 이해하세요.

❶ Elastigirl's in trouble. 엘라스티걸에게 문제가 생겼어요.

in trouble은 '곤경/위험한 상황에 처한'이라는 의미예요. 정말 심각하고 곤란한 문제가 생겼을 때는 in serious trouble 또는 in deep trouble이라고 하죠.

* You're **in deep trouble.** 넌 이제 큰일 났다.
* The company is **in serious trouble.** 그 회사는 심각한 위험에 처했다.

❷ I'll be there in fifteen minutes. 15분 안에 거기로 가겠습니다.

'(몇 시간/분 안에) 곧/금방 갈게'라고 할 때 〈I'll be there in (+ 시간)〉을 써요. 금방 간다고 해서 동사를 go로 써서 'I'll go there in (+ 시간)'의 형식은 잘 쓰지 않는다는 것 꼭 알아두세요. 관용적으로 이럴 때는 동사를 be로 쓴답니다.

* **I'll be there in** an hour. 한 시간 안에 갈게.
* **I'll be there in** a few minutes. 몇 분 안에 갈게.

❸ I need someone to watch the kids. 아이들을 돌봐줄 사람이 필요해.

〈I need someone to + 동사〉는 '~을 할/해줄 사람이 필요하다'라고 할 때 쓰는 패턴 표현이에요. 누군가의 도움이 필요하다는 의미죠. 주어와 뒤에 나오는 동사를 바꿔가며 연습해 보도록 하죠.

★ 영화 속 패턴 익히기

❹ Fifteen tops. 늦어도 15분 안에는 갈 거야.

구어체에서 많이 쓰이는 top의 용법으로 '아무리 많이 쳐봐야/잡아도 ~ 이상은 안 나온다'는 뜻이에요. 주로 시간이나 돈에 대해 이야기할 때 많이 쓰인답니다.

* **Three hours, tops!** 아무리 많이 잡아도 3시간 넘게는 안 걸려!
* He can make $20 **an hour, tops.** 그는 아무리 많이 벌어봤자 한 시간에 20달러 이상은 못 벌어.

영화 속 패턴 익히기

오늘 배운 장면에서 뽑은 핵심 패턴으로 다양한 표현을 만들어 보세요.

22-2.mp3

I need someone to + 동사 난 ~해줄/할 사람이 필요해.

Step 1 기본 패턴 연습하기

1 **I need someone to** help me with my homework. 내 숙제를 도와줄 사람이 필요해요.

2 **I need someone to** cook for me. 나를 위해 요리를 해 줄 사람이 필요해요.

3 **I need someone to** talk to. 얘기를 나눌 사람이 필요해요.

4 ______________ rely on. 의지할 수 있는 사람이 필요해요.

5 ______________ with me. 나와 함께 있어 줄 사람이 필요해요.

Step 2 패턴 응용하기 주어 + need someone to + 동사

1 **We need someone to** turn things around. 우리에겐 상황을 반전시킬 수 있는 사람이 필요해.

2 **They need someone to** blame. 그들에게 책망할 사람이 필요해.

3 **He needs someone to** look up to. 그에겐 우러러볼 수 있는 사람이 필요해.

4 ______________ lend a shoulder to cry on.
팸에겐 기대서 눈물 흘릴 수 있게 어깨를 빌려줄 사람이 필요해.

5 ______________ love. 세상 모든 이들은 다 사랑할 사람이 필요하다.

Step 3 실생활에 적용하기

A I'm not feeling well.
B Why don't you go see a doctor?
A 날 병원에 데려다줄 사람이 필요해.

A 몸이 안 좋아.
B 의사를 만나보는 게 어때?
A I need someone to take me to the hospital.

정답 Step 1 4 I need someone to 5 I need someone to be Step 2 4 Pam needs someone to 5 Everybody needs someone to

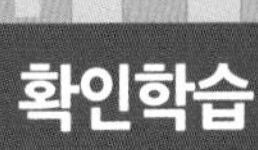

확인학습

문제를 풀며 오늘 배운 표현을 완벽히 내 것으로 만드세요.

A | 영화 속 대화를 완성해 보세요.

BOB Hello. 여보세요.

EVELYN Elastigirl's ❶ ____________. 엘라스티걸에게 문제가 생겼어요.

BOB What–?? ❷ ____________? 뭐라고요-?? 그녀에게 무슨 일이 생긴 거죠?

EVELYN Sorry to ❸ ____________. Meet me on our ship at DEVTECH. 전화상으로 전해드려서 죄송해요. 데브텍에 있는 우리 배에서 만나죠.

BOB The ship at DEVTECH. ❹ ____________ fifteen minutes. 데브텍에 있는 배. 15분 안에 거기로 가겠습니다.

VIOLET ❺ ____________ at DEVTECH? 데브텍에 있는 배에 뭐가 있나요?

BOB Lucius? Bob. Helen's in trouble, ❻ ____________ the kids. 루시우스? 밥이야. 헬렌에게 문제가 생겼어. 아이들을 돌봐줄 사람이 필요해.

BOB ❼ ____________, it might get weird. 의상을 입고 오게. 좀 희한한 일이 벌어질 수도 있으니.

LUCIUS I'll be there asap. ❽ ____________. 최대한 빨리 갈게. 늦어도 15분 안에는 갈 거야.

HONEY'S VOICE Where you going asap? You better ❾ ____________p! And leaving that suit! 어디를 최대한 빨리 간다는 거예요? 최대한 빨리 돌아오는 게 좋을 거예요! 그리고 그 옷은 두고 가는 게 좋을 거고요!

BOB I gotta go. I'll ❿ ____________. Lucius'll be here sooner. NO firing the baby around the house. Okay? Love you! 아빠는 가야만 해. 금방 돌아올게. 루시우스 아저씨가 나보다 더 빨리 올 거야. 아기 데리고 집에서 불 쏘고 돌아다니고 그러면 안돼. 알았지? 사랑해!

B | 다음 빈칸을 채워 문장을 완성해 보세요.

1 내 숙제를 도와줄 사람이 필요해요.
____________ help me with my homework.

2 얘기를 나눌 사람이 필요해요.
____________ talk to.

3 나와 함께 있어 줄 사람이 필요해요.
____________ with me.

4 그에겐 우러러볼 수 있는 사람이 필요해.
____________ look up to.

5 세상 모든 이들은 다 사랑할 사람이 필요하다.
____________ love.

정답 A

❶ in trouble
❷ What happened to her
❸ tell you on the phone
❹ I'll be there in
❺ What's at the ship
❻ I need someone to watch
❼ Suit up
❽ Fifteen tops
❾ be back asap
❿ be home soon

정답 B

1 I need someone to
2 I need someone to
3 I need someone to be
4 He needs someone to
5 Everybody needs someone to

Day 23

No Mom, No Dad, No Lucius!

엄마도 없고, 아빠도 없고, 루시우스 아저씨도 없다!

에블린의 연락을 받고 밥은 루시우스에게 집에 와달라고 요청한[call on] 후 데브텍을 향해[toward DEVTECH] 급히 출발합니다. 엄마 아빠 없이 집에 남은 아이들은 뭔가 불안한 상황을 감지하고[detect] 출동 준비에 나서려는 그때! 최면에 걸린 워너비들이 아이들을 데리러 문 앞에 옵니다[standing at the door]. 다행이 프로존이 나타나 위기를 모면하지만, 그것도 잠시, 워너비들과 아이들, 프로존의 쫓고 쫓기는 전쟁은[cat-and-mouse game] 계속되고 대쉬의 기지로 인크레더빌을 타고 가까스로[barely] 집을 탈출합니다[escape]. 안타깝게도 프로존은 워너비들에게 잡히고 말았네요.

Warm Up! 오늘 배울 표현

오늘 등장하는 표현들입니다. 어떤 표현이 들어가야 할지 생각해 보세요.

* ______________ . 어찌 된 일인지 얘기해줘요.
* ______________ . 그녀의 행동이 좀 이상해요.
* ______________ ? 어떻게 이상하다는 거죠?
* Incredibile: ______________ . 인크레더빌: 멈춰.

바로 이 장면!

오디오 파일을 듣고 3번 따라 말해보세요. 23-1.mp3

MR. INCREDIBLE 인크레더블
Fill me in.[1]
어찌 된 일인지 얘기해줘요.

EVELYN 에블린
Good news and bad news; we've found her, she seems physically fine, but she's had an encounter with Screenslaver, and **she's acting kind of strange.**[2] In here–
좋은 소식과 나쁜 소식이 있어요; 그녀를 찾았어요. 육체적으로는 문제가 없어 보이는데, 그녀가 스크린슬레이버와 만남을 가졌었네요. 그리고 그녀의 행동이 좀 이상해요. 이 안에서 –

MR. INCREDIBLE 인크레더블
Strange how?[3]
어떻게 이상하다는 거죠?

MR. INCREDIBLE 인크레더블
Helen?!
헬렌?!

MR. INCREDIBLE 인크레더블
Helen, what are you--?!
헬렌, 당신 뭐 하는 – ?

MR. INCREDIBLE 인크레더블
Helen... it's me–!
헬렌… 나예요 – !

VIOLET 바이올렛
Incredibile: **Pull over.**[4]
인크레더빌: 멈춰.

VIOLET 바이올렛
We can't go to E's. You saw those goggles they put on Lucius. They were wearing them too. They're all under someone's control. They've probably done the same to Mom...
E 선생님 집으로는 못 가. 너도 그들이 루시우스 아저씨에게 씌운 고글을 봤잖아. 그들도 그것을 쓰고 있더라고. 그들은 모두 누군가에게 조종당하고 있는 거야. 아마 그들이 엄마에게도 똑같은 짓을 했을 거야…

DASH 대쉬
Okay. Bad guys after us. No Mom, no Dad. No Lucius. But we have our powers. This car. Annnnd... what?
알았어. 악당들이 우리를 쫓고 있는 거네. 엄마도 없고, 아빠도 없어. 루시우스 아저씨도 없고. 하지만 우리에겐 우리의 초능력이 있지. 이 차도 있고. 그리~~~고… 뭐가 있지?

VIOLET 바이올렛
Incredibile; take us to DEVTECH.
인크레더빌; 우리를 데브텍으로 데리고 가줘.

장면 파헤치기

구문 설명과 예문으로 이 장면의 핵심 표현을 완벽히 이해하세요.

❶ Fill me in. 어찌 된 일인지 얘기해줘요.

fill someone in은 누군가에게 무슨 일이 있었는지 아주 자세하게 이야기해준다는 뜻으로 쓰는 표현이에요. 문장 뒤에 on으로 연결해서 '~에 대해서'라는 의미를 더 할 수 있답니다.

* **Fill me in** on what happened last night. 어젯밤에 무슨 일이 있었는지 자세히 얘기해주라.
* What did I miss? **Fill me in!** 내가 놓친 게 뭐지? 자세히 이야기해줘!

❷ She's acting kind of strange. 그녀의 행동이 좀 이상해요.

뭔가 정상적이지 않게 행동을 한다고 할 때 act strange라고 하는데, act 뒤에 형용사를 연결하면 '~하게 행동하다, ~한 행동을 하다'라는 의미의 표현이 된답니다. 형용사를 바꿔가며 패턴 연습해 보도록 할게요. ★영화 속 패턴 익히기

❸ Strange how? 어떻게 이상하다는 거죠?

상대방이 무엇인가에 대해서 언급한 상황/상태에 대해서 조금 더 구체적으로 이야기해 달라고 하며 '어떻게 ~한 건데?'라는 의미의 '형용사 + how?'의 형식으로 쓰는 표현이에요.

* A: He looks kind of different. 그는 좀 평범하지는 않은 스타일로 보여.
* B: **Nerdy how?** 어떤 식으로 평범하지 않다는 거야?

❹ Incredibile: Pull over. 인크레더빌: 멈춰.

차량을 세우는 것에 대해서 표현할 때 영어에서 가장 흔히 쓰는 동사는 stop이 아니라, pull이에요. 운전하고 가다가 갑자기 멈추라고 할 때는 'Stop the car!'라고 외치긴 하지만, 일반적으로 길가에 차를 대다, 주유소에 차를 대다, 주차장에 차를 세우다 등의 차를 세우는 행위에 대해서 말할 때는 주로 pull up 또는 pull over라고 표현한답니다.

* He **pulled up** next to me. 그가 내 차 옆으로 자신의 차를 세웠다.
* **Pull over** to the side of the road! 갓길 쪽으로 차를 세워요!

영화 속 패턴 익히기

오늘 배운 장면에서 뽑은 핵심 패턴으로 다양한 표현을 만들어 보세요.

03-2.mp3

She's acting kind of + 형용사

그녀가 좀 ~한 행동을 한다.

Step 1 기본 패턴 연습하기

1 **She's acting kind of** weird. 그녀의 행동이 좀 이상하다.

2 **She's acting kind of** cold. 그녀가 좀 냉담하게 행동한다.

3 **She's acting kind of** distant. 그녀가 좀 친하지 않은 사람처럼 행동한다.

4 ______________ shady. 그녀의 행동이 좀 수상하다.

5 ______________ crazy. 그녀가 좀 미친 사람처럼 행동한다.

Step 2 패턴 응용하기 주어 + be동사 + acting kind of + 형용사

1 **Uncle Michael is acting kind of** mean. 마이클 삼촌이 좀 못되게 행동한다.

2 **Adam's acting kind of** awkward. 아담이 좀 어색하게 행동한다.

3 **You are acting kind of** different. 너 평소와 행동이 좀 다르다.

4 ______________ pissed. 그가 좀 열 받은 것 같이 행동한다.

5 Jose ______________ arrogant. 호세가 좀 거만하게 행동한다.

Step 3 실생활에 적용하기

A 너 오늘 행동하는 게 좀 이상하다.
B I am?
A Yes, you are! Totally!

A You are acting kind of strange today.
B 내가 그래?
A 그렇다니까! 완전 이상해!

정답 Step 1 4 She's acting kind of 5 She's acting kind of Step 2 4 He's acting kind of 5 is acting kind of

확인학습

문제를 풀며 오늘 배운 표현을 완벽히 내 것으로 만드세요.

A | 영화 속 대화를 완성해 보세요.

MR. INCREDIBLE ❶ ____________. 어찌 된 일인지 얘기해줘요.

EVELYN Good news and bad news; we've found her, she seems physically fine, but she's had an encounter with Screenslaver, and ❷ ____________. In here– 좋은 소식과 나쁜 소식이 있어요; 그녀를 찾았어요. 육체적으로는 문제가 없어 보이는데, 그녀가 스크린슬레이버와 만남을 가졌었네요. 그리고 그녀의 행동이 좀 이상해요. 이 안에서–

MR. INCREDIBLE ❸ ____________? 어떻게 이상하다는 거죠?

MR. INCREDIBLE Helen?! 헬렌?!

MR. INCREDIBLE Helen, what are you–?! 헬렌, 당신 뭐 하는–?

MR. INCREDIBLE Helen... it's me–! 헬렌… 나예요–!

VIOLET Incredibile: ❹ ____________. 인크레더빌: 멈춰.

VIOLET We can't go to E's. You ❺ ____________ they put on Lucius. They were wearing them too. They're all ❻ ____________. They've probably ❼ ____________ to Mom... E 선생님 집으로는 못 가. 너도 그들이 루시우스 아저씨에게 씌운 고글을 봤잖아. 그들도 그것을 쓰고 있더라고. 그들은 모두 누군가에게 조종당하고 있는 거야. 아마 그들이 엄마에게도 똑같은 짓을 했을 거야…

DASH Okay. Bad guys ❽ ____________. No Mom, no Dad. No Lucius. But we ❾ ____________. This car. Annnnd... what? 알았어. 악당들이 우리를 쫓고 있는 거네. 엄마도 없고, 아빠도 없어. 루시우스 아저씨도 없고. 하지만 우리에겐 우리의 초능력이 있지. 이 차도 있고. 그리~~~고… 뭐가 있지?

VIOLET Incredibile; ❿ ____________ DEVTECH. 인크레더빌: 우리를 데브텍으로 데리고 가줘.

B | 다음 빈칸을 채워 문장을 완성해 보세요.

1 그녀가 좀 냉담하게 행동한다.
____________ cold.

2 그녀가 좀 친하지 않은 사람처럼 행동한다.
____________ distant.

3 그녀의 행동이 좀 수상하다.
____________ shady.

4 아담이 좀 어색하게 행동한다.
____________ awkward.

5 너 평소와 행동이 좀 다르다.
____________ different.

정답 A

❶ Fill me in
❷ she's acting kind of strange
❸ Strange how
❹ Pull over
❺ saw those goggles
❻ under someone's control
❼ done the same
❽ after us
❾ have our powers
❿ take us to

정답 B

1 She's acting kind of
2 She's acting kind of
3 She's acting kind of
4 Adam's acting kind of
5 You are acting kind of

Day 24

Where Are the Supers Now?

슈퍼히어로들은 지금 어디에 있는가?

전 세계의 수많은 지도자들이 함께 모여 조인식을signing ceremony 하려는데, 이 자리의 주인공인 슈퍼히어로 트리오가 보이지 않습니다. 미스터 인크레더블, 엘라스티걸, 프로존은 지금 어디에 있는 걸까요? 데버가 에블린에게 어찌 된 일이냐고 묻자, 그들이 사람들의 관심을people's attention 독차지하길monopolize 원치 않아 조금 후에 합류하기로 했다고 둘러댑니다. 그들이 드디어 모습을 드러내는데, 이상하게 생긴 고글을weird-looking goggles 쓰고 있어요. 에블린 말로는 야간 투시경night vision 같은 거라는데, 그들이 대체 어떤 상황인지 궁금해지는군요.

Warm Up! 오늘 배울 표현

오늘 등장하는 표현들입니다. 어떤 표현이 들어가야 할지 생각해 보세요.

* ! 이곳에 모시게 되어 기쁩니다!
* . 매우 즐겁고 알찬 시간이 될 거예요.
* something. 뭐라도 잡고 있으세요.
* . 너무 쉬워서, 심지어는 그도 할 수 있을 정도예요.

오디오 파일을 듣고 3번 따라 말해보세요.

24-1.mp3

DEAVOR 데버
Hello! **Glad you could come!**[1] Welcome to the conference.
안녕하세요! 이곳에 모시게 되어 기쁩니다! 콘퍼런스에 오신 것을 환영합니다!

DEAVOR 데버
Our stars? Where are they? The event's about to start...
우리의 스타들? 그들은 어디에 있지? 행사가 곧 시작되는데...

EVELYN 에블린
They didn't want to upstage the others. They'll join for the signing.
다른 사람들을 향한 관심을 가로채고 싶지 않다고 하네요. 조인식 할 때 합류할 거래요.

DEAVOR 데버
Welcome, guests! **You're in for a treat.**[2] This ship is the largest hydrofoil on the planet, so **hold on to** something...[3] because we're going to OPEN HER UP!
환영합니다, 여러분! 매우 즐겁고 알찬 시간이 될 거예요. 이 배는 지구상에서 가장 큰 수중익선이죠. 그러니 뭐라도 잡으셔야 합니다··· 왜냐하면 우리는 바다 위를 날거니까요!

DEAVOR 데버
And HERE THEY ARE, FOLKS! The Supers who started this whole thing!
그들이 드디어 오셨군요, 여러분! 이 모든 것이 시작될 수 있게 해 주신 장본인들입니다!

EVELYN 에블린
I told you they'd be there in time.
제가 그들이 시간에 맞춰 올 거라고 했잖아요.

DEAVOR 데버
Hey, did you make them new masks?
이봐, 네가 그들에게 새로운 복면을 만들어 준 거니?

EVELYN 에블린
Yeah, night vision, et cetera. They look good, right?
네, 야간 투시경, 뭐 그런 거요. 멋져 보이죠, 그죠?

COMMERCIAL 광고
So simple, even HE can do it.[4]
너무 쉬워서, 심지어는 그도 할 수 있을 정도예요.

장면 파헤치기

구문 설명과 예문으로 이 장면의 핵심 표현을 완벽히 이해하세요.

❶ Glad you could come! 반가워요. 오신 것을 환영합니다!

〈(I'm) Glad + 주어 + 동사〉는 '~해서 기쁘다/반갑다'라는 의미의 패턴으로 쓸 수 있는 표현이에요. 구어체에서는 I'm을 생략하고 바로 Glad로 시작하는 경우가 많아요. 여기에서는 I'm 넣어서 문장을 만들고, 생략한 것으로도 연습을 해 볼게요.

★ 영화 속 패턴 익히기

❷ You're in for a treat. 매우 즐겁고 알찬 시간이 될 거예요.

상대방에게 기대감을 심어주며 '이제 당신은 아주 즐거운/유익한 경험을 하게 될 거예요'라는 의미로 쓰는 표현이에요. 주어를 바꿔서 쓸 수도 있어요. a treat을 빼고 in for 뒤에 다른 말을 넣으면 주로 부정적인 어감으로 '~이 곧 닥쳐올, ~을 맞게/겪게 될'이라는 뜻으로 쓰이기도 한답니다.

* **They are in for a treat** when the new theater opens. 새 영화관이 문을 열면 사람들이 아주 좋아할 거예요.
* It's going to be an awesome party. **You are in for a treat.**
  아주 멋진 파티가 될 거예요. 모두들 정말 재미있을 거예요.

❸ Hold on to something. 뭐라도 잡고 있으세요.

hold on to something은 '~을 꼭 (붙)잡다, 고수하다, 매달리다'라는 의미로 쓰이는 숙어예요. 손으로 '꼭 붙잡아라'라는 의미가 되기도 하지만, 좋은 것을 놓치지 말고, 포기하지 말고 '계속 붙잡고 있어라/고수하라'는 뜻이 되기도 하지요.

* **Hold on to** your dreams! 꿈을 포기하지 말고 계속 붙잡고 있어라!
* It's going to be a bumpy ride. **Hold on to** your hats! 길이 울퉁불퉁해질 거예요. 모자를 꼭 잡으세요!

❹ So simple, even HE can do it. 너무 쉬워서, 심지어는 그도 할 수 있을 정도예요.

예전에 어떤 공익 광고에서 'If I can do it, you can do it, too!'라고 '내가 할 수 있다면, 당신도 할 수 있어요!'라는 슬로건이 있었어요. 사람들이 많이 패러디해서 이젠 식상한 문구가 되었을 정도죠. 위의 문장도 그 슬로건을 패러디한 것으로 보이네요. 비슷한 문구들을 아래의 예문으로 볼게요.

* **So easy, even a caveman can do it!** 너무 쉬워서 원시인도 할 수 있을 정도예요!
* If **he can do it, so can you!** 그가 할 수 있다면 당신도 할 수 있어요!

영화 속 패턴 익히기

오늘 배운 장면에서 뽑은 핵심 패턴으로 다양한 표현을 만들어 보세요.

24-2.mp3

(I'm) Glad you could ~ 당신이 ~하니 기쁘네요/반갑네요.

Step 1 기본 패턴 연습하기

1 **Glad you could** make it. 와 주셔서 정말 반가워요.
2 **Glad you could** join us. 당신이 우리와 함께하게 돼서 정말 기뻐요.
3 **Glad you could** drop by. 이렇게 들러주시니 너무 반갑네요.
4 ________________ tune in. (방송에서 청취자/시청자에게) 청취/시청해 주셔서 기뻐요.
5 ________________ finish it. 네가 끝마쳤다니 기쁘구나.

Step 2 패턴 응용하기 I'm glad + that절 (that은 생략 가능)

1 **I'm glad** you like it. 마음에 드신다니 기쁘네요.
2 **I'm glad that** I could help. 제가 도움이 되어서 기쁘네요.
3 **I'm glad** I met you. 널 만나 알게 돼서 기쁘다.
4 ________________ went well. 모든 게 잘 되었다니 다행이네요.
5 ________________ contacted me. 연락을 주셔서 반갑네요.

Step 3 실생활에 적용하기

A 와 주셔서 정말 반가워요!
B I'm so glad to finally have met you.
A So am I!

A Glad you could make it!
B 드디어 당신을 만나게 되다니 정말 기뻐요.
A 저도 마찬가지예요!

정답 Step 1 4 Glad you could 5 Glad you could Step 2 4 I'm glad everything 5 I'm glad you

확인학습

문제를 풀며 오늘 배운 표현을 완벽히 내 것으로 만드세요.

A | 영화 속 대화를 완성해 보세요.

DEAVOR Hello! ❶ ______________! Welcome to the conference.
안녕하세요! 이곳에 모시게 되어 기쁩니다! 콘퍼런스에 오신 것을 환영합니다!

DEAVOR Our stars? Where are they? The event's ❷ ______________... 우리의 스타들? 그들은 어디에 있지? 행사가 곧 시작되는데...

EVELYN They didn't want to ❸ ______________. They'll join for the signing. 다른 사람들을 향한 관심을 가로채고 싶지 않다고 하네요. 조인식 할 때 합류할 거래요.

DEAVOR Welcome, guests! ❹ ______________. This ship is the largest hydrofoil on the planet, so ❺ ______________ to something... because we're going to OPEN HER UP! 환영합니다, 여러분! 매우 즐겁고 알찬 시간이 될 거예요. 이 배는 지구상에서 가장 큰 수중익선이죠. 그러니 뭐라도 잡으셔야 합니다… 왜냐하면 우리는 바다 위를 날거니까요!

DEAVOR And HERE THEY ARE, FOLKS! The Supers who started ❻ ______________!
그들이 드디어 오셨군요, 여러분! 이 모든 것이 시작될 수 있게 해 주신 장본인들입니다!

EVELYN I told you they'd ❼ ______________.
제가 그들이 시간에 맞춰 올 거라고 했잖아요.

DEAVOR Hey, did you ❽ ______________?
이봐, 네가 그들에게 새로운 복면을 만들어 준 거니?

EVELYN Yeah, night vision, et cetera. They ❾ ______________, right? 네, 야간 투시경, 뭐 그런 거요. 멋져 보이죠, 그죠?

COMMERCIAL ❿ ______________.
너무 쉬워서, 심지어는 그도 할 수 있을 정도예요.

B | 다음 빈칸을 채워 문장을 완성해 보세요.

1 와 주셔서 정말 반가워요.
______________ make it.

2 이렇게 들러주시니 너무 반갑네요.
______________ drop by.

3 마음에 드신다니 기쁘네요.
______________ you like it.

4 제가 도움이 되어서 기쁘네요.
______________ I could help.

5 모든 게 잘 되었다니 다행이네요.
______________ went well.

정답 A

❶ Glad you could come
❷ about to start
❸ upstage the others
❹ You're in for a treat
❺ hold on to
❻ this whole thing
❼ be there in time
❽ make them new masks
❾ look good
❿ So simple, even HE can do it

정답 B

1 Glad you could
2 Glad you could
3 I'm glad
4 I'm glad that
5 I'm glad everything

Day 25

Amused but Quiet Jack-Jack?

신났지만 조용한 잭잭?

슈퍼히어로들을 합법적으로 다시 활동할 수 있게 해 줄 합의서에 대사들이 서명하려는 순간이에요. 이때 밖에서는 아이들이 밥과 헬렌을 구하기[rescue] 위해 작전을 세우고[map out a plan] 있네요. 특별한 작전은 아니지만, 바이올렛이 일단 동정을 살피는 동안[check out what's going on], 대쉬는 잭잭을 돌봐야 합니다. 대쉬는 자신도 엄마 아빠를 찾는 일에 나서고 싶지만, 누나가 잭잭을 돌보라고 해서 불만이 커요[not happy]. 그런데, 누나의 지시는[instruction] 잭잭과 재미있게 놀아주되 잭잭이 소리 내지 않게 조용히 해야 한다는군요. 이게 가능할까요?

오늘 등장하는 표현들입니다. 어떤 표현이 들어가야 할지 생각해 보세요.

* ________ more deserving than you. 당신만큼 자격이 있는 사람은 없을 것입니다.
* ________ ! 자, 됐습니다!
* ________ , I won't be long. 받아들여, 금방 돌아올 테니까.
* It's ________ US, to US! 우리에게 달려있다고, 우리에게!

바로 이 장면!

오디오 파일을 듣고 3번 따라 말해보세요. 25-1.mp3

DEAVOR 데버
We agree to UNDO a bad decision, to make sure a few extraordinarily gifted members of the world's many countries are treated fairly. To invite them, once again, to use their gifts to benefit the world. I thank all of you for representing your nation's commitment to superheroes, with special thanks to Ambassador Selick–
우리는 이 세상 곳곳에 사는 비범한 재능을 가진 몇몇 사람들이 공정한 대우를 받을 수 있게, 나쁜 결정을 원상태로 돌리는 데 동의합니다. 그들이 다시 한 번 그들의 재능을 가지고 세상에 유익함을 끼칠 수 있도록 초대하는 것에, 슈퍼히어로들에 대한 각각 나라의 책임감을 대표해서 오신 여러분께 감사 드리고, 그중에서도 특히 셀릭 대사님께 감사를 드립니다–

DEAVOR 데버
Yea, it's ok, let her hear you!
네, 좋습니다, 그녀가 여러분들의 환호 소리를 듣게 해 주세요!

AMBASSADOR 대사
Thank you. Thank you so much.
감사해요. 정말 감사합니다.

DEAVOR 데버
Thank you Ambassador, for your early and very CRUCIAL support. **I can't think of anyone** more deserving than you, to be the first signature on the INTERNATIONAL SUPERHERO ACCORD! ❶
대사님, 당신의 조속한 그리고 아주 중대한 지지에 대해서 감사 드립니다. 국제 슈퍼히어로 합의서에 가장 먼저 서명하시는 분으로 당신만큼 자격이 있는 사람은 없을 것입니다.

AMBASSADOR 대사
There it is! ❷
자, 됐습니다!

VIOLET 바이올렛
We need to find mom and dad. Stay here, I'm gonna search for them.
엄마와 아빠를 찾아야 해. 여기에 있어, 내가 찾아보고 올게.

DASH 대쉬
Wait—who's gonna watch Jack-Jack?
잠깐—잭잭은 누가 돌보지?

VIOLET 바이올렛
Suck it up, I won't be long. ❸
받아들여. 금방 돌아올 테니까.

DASH 대쉬
Wait, wait, what but—but wuh wuh wait!!!
잠깐, 잠깐, 잠깐 하지만—하지만 자, 잠, 잠깐!!!

VIOLET 바이올렛
This is important. They are in trouble. It's **up to** US, to US! ❹ Understand? Keep him amused but QUIET.
지금은 중요한 상황이야. 엄마 아빠에게 문제가 생겼어. 우리에게 달려있다고, 우리에게! 알겠어? 잭잭과 잘 놀아주되 조용히 해야 돼.

장면 파헤치기

구문 설명과 예문으로 이 장면의 핵심 표현을 완벽히 이해하세요.

❶ I can't think of anyone more deserving than you. 당신만큼 자격이 있는 사람은 없을 것입니다.

〈I can't think of anyone more ~ than someone〉은 '~보다 더 ~한 사람은 생각할 수가 없다/떠올릴 수가 없다'라는 의미로 쓸 수 있는 패턴 표현이에요. 기본적으로 think of ~는 '~을 떠올리다'라는 의미인데, 여기에서는 〈I can't think of anyone/anything + 비교급〉 패턴 연습을 해 볼게요.

★영화 속 패턴 익히기

❷ There it is! 자, 됐습니다!

일반적으로 There it is!는 그리 달갑지 않은 상황을 받아들여야 할 때, '상황이/사실이 그렇다 (그러니 뭐 어쩌겠냐?)'라는 어감으로 쓰이는 경우가 많아요. 그런데, 위의 대본에서는 무엇을 완수/완성한 후 '자, 다 됐습니다', '여기에 있습니다'라는 의미로 쓰였네요.

* I don't want to do it. But, my kid wants me to, so **there it is.**
  나 이거 하기 싫어. 하지만, 내 아이가 원하는 걸, 그러니 뭐 그냥 해야지.
* **There it is.** It's all finished. 자, 여기요. 다 마쳤습니다.

❸ Suck it up, I won't be long. 받아들여, 금방 돌아올 테니까.

좋지 않은 일에 대해 마음에 들지 않을지라도 잘 받아들여야 한다는 의미로 쓰이는 구어적 관용표현이에요. 꼭 명령형으로만 쓸 필요는 없어요. (I) won't be long은 금방 돌아올 것이라고 말할 때 쓰는 표현으로 '오래 걸리지 않을 것이다'라는 뜻이고요.

* You just have to **suck it up.** 그냥 받아들이는 수밖에 없어.
* **Suck it up** and deal with it. 그냥 받아들이고 잘 대처해라.

❹ It's up to US, to US! 우리에게 달려있다고, 우리에게!

up to someone은 '~에게 달려있다, ~가 결정할 일이다'라는 의미예요. 자신이 결정을 못 내리고 상대방에게 어떻게 할 거냐고 미적거리며 묻는 사람에게, It's up to you. '이건 네가 결정할 일이야'라고 대답하는 경우가 많아요.

* It's not **up to** me to decide. 이 결정은 내게 달려있는 게 아니야.
* It's **up to** all of us to make it happen. 그 일이 성사되게 하는 건 우리 모두에게 달려있어.

영화 속 패턴 익히기

오늘 배운 장면에서 뽑은 핵심 패턴으로 다양한 표현을 만들어 보세요.

25-2.mp3

I can't think of someone more ~ than someone

~보다 더 ~한 사람은 생각할 수가 없네요.

Step 1 기본 패턴 연습하기

1 **I can't think of anyone more** suitable for this position than you.
이 자리에 당신보다 더 어울리는 사람은 떠올릴 수가 없네요.

2 **I can't think of anyone more** energetic than Roy. 로이보다 더 에너지가 넘치는 사람은 생각이 나지 않네요.

3 **I can't think of anyone more** positive than you. 너보다 더 긍정적인 사람은 생각할 수가 없다.

4 ------------------------------ worthy than professor Kang.
강교수보다 더 훌륭한 사람은 떠오르지 않네요.

5 ------------------------------ than you. 당신보다 더 자격이 있는 사람은 생각할 수가 없네요.

Step 2 패턴 응용하기 주어 + can't/couldn't think of anything + 비교급

1 **I can't think of anything better than** this. 이것보다 더 나은 건 생각이 안 나.

2 **She couldn't think of anything more** intelligent. 그녀는 그것보다 더 똑똑한 것은 생각해낼 수가 없었다.

3 **They couldn't think of anything more** fun than a scavenger hunt.
그들은 보물찾기보다 더 재미있는 게임은 생각해 낼 수가 없었다.

4 ------------------------------ disgusting than that.
빈스는 그보다 더 혐오스러운 것을 생각해 낼 수는 없었다. (빈스가 정말 혐오스러운 말/행동을 했다는 뜻)

5 ------------------------------ than trying to be a singer.
가수가 되려고 하는 것보다 더 신나는 일은 떠오르지 않아요.

Step 3 실생활에 적용하기

A What do you think we should do?
B 피구보다 더 재미있는 건 생각나는 게 없는데.
A Come on, try to think of something better than that.

A 우리가 뭘 하면 좋을 것 같니?
B I can't think of anything more fun than dodgeball.
A 왜 이래, 좀 더 괜찮은 걸로 생각해 봐.

정답 Step 1 4 I can't think of anyone more 5 I can't think of anyone more qualified Step 2 4 Vince couldn't think of anything more 5 I can't think of anything more exciting

확인학습

문제를 풀며 오늘 배운 표현을 완벽히 내 것으로 만드세요.

A | 영화 속 대화를 완성해 보세요.

DEAVOR We agree to ❶ __________, to make sure a few ❷ __________ members of the world's many countries are treated fairly. To invite them, once again, to use their gifts to ❸ __________. I thank all of you for representing your nation's commitment to superheroes, with special thanks to Ambassador Selick– 우리는 이 세상 곳곳에 사는 비범한 재능을 가진 몇몇 사람들이 공정한 대우를 받을 수 있게, 나쁜 결정을 원상태로 돌리는 데 동의합니다. 그들이 다시 한 번 그들의 재능을 가지고 세상에 유익함을 끼칠 수 있도록 초대하는 것에. 슈퍼히어로들에 대한 각각 나라의 책임감을 대표해서 오신 여러분께 감사 드리고, 그중에서도 특히 셀릭 대사님께 감사를 드립니다 –

DEAVOR Yea, it's ok, let her ❹ __________! 네, 좋습니다. 그녀가 여러분들의 환호 소리를 듣게 해 주세요!

AMBASSADOR Thank you. Thank you so much. 감사해요. 정말 감사합니다.

DEAVOR Thank you Ambassador, for your early and very CRUCIAL support. ❺ __________ more deserving than you, to be the first signature on the INTERNATIONAL SUPERHERO ACCORD! 대사님, 당신의 조속한 그리고 아주 중대한 지지에 대해서 감사 드립니다. 국제 슈퍼히어로 합의서에 가장 먼저 서명하시는 분으로 당신만큼 자격이 있는 사람은 없을 것입니다.

AMBASSADOR ❻ __________! 자, 됐습니다!

VIOLET We need to find mom and dad. Stay here, I'm gonna ❼ __________. 엄마와 아빠를 찾아야 해. 여기에 있어, 내가 찾아보고 올게.

DASH Wait—who's gonna watch Jack-Jack? 잠깐—잭잭은 누가 돌보지?

VIOLET ❽ __________, I won't be long. 받아들여. 금방 돌아올 테니까.

DASH Wait, wait, what but—but wuh wuh wait!!! 잠깐, 잠깐, 잠깐 하지만—하지만 자, 잠, 잠깬!!!

VIOLET This is important. They are ❾ __________. It's ❿ __________ US, to US! Understand? 지금은 중요한 상황이야. 엄마 아빠에게 문제가 생겼어. 우리에게 달려있다고, 우리에게! 알겠어?

B | 다음 빈칸을 채워 문장을 완성해 보세요.

1 로이보다 더 에너지가 넘치는 사람은 생각이 나지 않네요.
__________ energetic than Roy.

2 너보다 더 긍정적인 사람은 생각을 할 수가 없다.
__________ positive than you.

3 당신보다 더 자격이 있는 사람은 생각할 수가 없네요.
__________ than you.

4 이것보다 더 나은 건 생각이 안 나.
__________ than this.

5 가수가 되려고 하는 것보다 더 신나는 일은 떠오르지 않아요.
__________ than trying to be a singer.

정답 A

❶ UNDO a bad decision
❷ extraordinarily gifted
❸ benefit the world
❹ hear you
❺ I can't think of anyone
❻ There it is
❼ search for them
❽ Suck it up
❾ in trouble
❿ up to

정답 B

1 I can't think of anyone more
2 I can't think of anyone more
3 I can't think of anyone more qualified
4 I can't think of anything better
5 I can't think of anything more exciting

May the Fittest Survive!

적자들만이 살아남을지어다!

스크린슬레이버의 최면에 걸려 제정신이 아닌not quite themselves 미스터 인크레더블, 엘라스티걸, 그리고 프로존이 마이크를 통해 자기들의 생각이 아닌 스크린슬레이버가 그들에게 주입한indoctrinate 생각을 말하고 있어요. 슈퍼히어로들에게 빌붙어 사는mooch off 사람들은 응징 받아야pay for it 한다고, 적자생존의survival of the fittest 생태계에서 오로지 자기들과 같은 적자들만이 살아남을 것이라고 무시무시한 메시지를 전하네요. 배 안에 있는 모든 대사도 최면에 빠진 상태에서 그 메시지를 듣고 있고, 전국으로 방영되고 있는 뉴스에도 이 장면이 연결되어서 일반 대중들까지도 다 같이 듣고 있어요.

오늘 등장하는 표현들입니다. 어떤 표현이 들어가야 할지 생각해 보세요.

* YOUR ! 너희들의 약속은 헛된 약속들뿐이야!
* YOU WILL ! 너희들은 그것에 대해 응징받을 것이야!
* ! 적자들이 살아남을 것이로다!
* Please, . 조금만 더 참고 계속 시청해 주시기 바랍니다.

바로 이 장면!

오디오 파일을 듣고 3번 따라 말해보세요.

26-1.mp3

EVELYN 에블린

Go on Phase 2.
2단계로 넘어가.

ELASTIGIRL 엘라스티걸

Years of mandated hiding and silence have made us bitter! YOU BRING US OUT INTO THE LIGHT ONLY TO CLEAN UP THE MESSES YOUR LACK OF DISCIPLINE CREATES!
법의 명령에 의해 침묵하며 숨어있어야만 했던 지난 수년간 우리는 억울했다! 너희들은 자기 절제력 부족으로 생긴 쓰레기들을 우리가 청소해주길 바랄 때만 우리를 밖으로 나오게 했어!

MR. INCREDIBLE 인크레더블

YOUR BODIES AND YOUR CHARACTER ARE WEAK! YOUR **PROMISES ARE EMPTY!**[1] AND YOU WILL **PAY FOR IT!**[2]
너희들의 몸과 성품은 약해빠졌다! 너희들의 약속은 헛된 약속들뿐이야! 너희들은 그것에 대해 응징받을 것이야!

FROZONE 프로존

WE NO LONGER SERVE YOU! WE SERVE ONLY US! **MAY THE FITTEST SURVIVE!**[3]
우린 더 이상 너희들을 위해 봉사하지 않는다! 우리는 우리 자신만을 도울 거야! 적자들이 살아남을 것이로다!

BRENTLEY 브렌틀리

Well... we, um– some very alarming moments there, before the, uh... technical difficulties, please **bear with us**...[4]
아… 우리는, 음 – 아주 걱정스러운 순간이, 그 전에, 어… 기술적인 문제가 있어서, 조금만 더 참고 계속 시청해 주시기 바랍니다…

OFFICER 항해사

Huh?
뭐지?

OFFICER 항해사

Whaa? Mayday mayday mayday!
뭐야? 메이데이 메이데이 메이데이!

EVELYN 에블린

Hold! Let him talk–
멈춰! 그들이 말하게 해 –

OFFICER 항해사

Superheroes have forcibly taken the bridge! Repeat—
슈퍼히어로들이 강압적으로 갑판을 점령했다! 다시 한 번 말한다 –

EVELYN 에블린

–now.
– 지금이야.

OFFICER 항해사

Superheroes have–AHH!!!!
슈퍼히어로들이 – 으악!!!

EVELYN 에블린

A little further... a little further...STOP.
조금만 더… 조금만 더…멈춰.

장면 파헤치기

구문 설명과 예문으로 이 장면의 핵심 표현을 완벽히 이해하세요.

❶ YOUR PROMISES ARE EMPTY! 너희들의 약속은 헛된 약속들뿐이야!

empty는 '빈, 텅 빈, 공허한' 이런 뜻을 가진 형용사이지요. 약속 앞에 이 단어를 넣어 empty promise '공허한/헛된 약속'이라는 의미로 쓸 수 있답니다. 위에서처럼 따로 떼어내어 문장으로 쓸 수도 있고요.

* Politicians are good at making **empty promises.** 정치인들은 헛된 약속을 잘한다.
* Patrick is a big fat liar. All his **promises are empty**. 패트릭은 거짓말 대장이야. 그의 약속은 모두 헛된 약속들이지.

❷ YOU WILL PAY FOR IT! 너희들은 그것에 대해 응징받을 것이야!

pay for something은 기본적으로는 '~의 값을 지불하다'라는 의미이지만, 조금 더 확장해서 보면 '보복당하다, 벌을 받다, 대가를 치르다'라는 의미로도 쓰인답니다. 위의 문장에서는 응징을 받는다고 해석했는데요, 이 표현을 패턴 문장으로 만들어서 익혀보도록 할게요.

★ 영화 속 패턴 익히기

❸ MAY THE FITTEST SURVIVE! 적자들이 살아남을 것이로다!

생물학에서 나오는 '먹이 사슬' food chain 이야기를 할 때 꼭 등장하는 용어가 '적자생존'이죠? 적자생존을 영어로는 survival of the fittest라고 한답니다. 위의 문장은 그 표현을 변형해서 쓴 것이에요.

* Only **the fittest can survive** in a jungle. 정글에서는 적자들만이 살아남는다.
* **Survival of the fittest** is how the world works. 적자생존이 세상이 돌아가는 방식이란다.

❹ Please, bear with us. 조금만 더 참아 주시기 바랍니다.

bear with someone/something은 '~을 참을성 있게 대해 주다/참아주다, ~가 말하는 것을 끈기 있게 들어주다'는 뜻으로 쓰는 표현이에요. be patient with someone/something과 동의표현이에요.

* I know my story is long but please, **bear with me**. 내 이야기가 긴 건 알지만 조금만 더 참고 들어주라.
* Just **bear with me** while I explain myself. 제가 해명할 테니 조금만 더 참을성 있게 들어주세요.

영화 속 패턴 익히기

오늘 배운 장면에서 뽑은 핵심 패턴으로 다양한 표현을 만들어 보세요.

26-2.mp3

You will pay for ~! 너는 ~에 대해 응징받을/대가를 치를 것이야!

Step 1 기본 패턴 연습하기

1 **You will pay for** what you did to me! 내게 한 짓에 대해서 넌 대가를 치를 것이야!

2 **You will pay for** your act! 네가 한 짓에 대해서 응징할 거야!

3 **You will pay for** the sins of your ancestors! 네 조상들의 죄에 대해서 네가 대가를 치를 것이야!

4 ______________ all the bad things you've done! 네가 한 모든 나쁜 짓들에 대해 응징받을 것이야!

5 ______________ laziness when you work. 일할 때 너의 게으름에 대한 대가를 치르게 될 거야.

Step 2 패턴 응용하기 pay for

1 This is the price you **pay for** the life you choose. 이게 네가 선택한 인생의 죗값이야.

2 In his old age, he **paid for** the dissipation of his youth.
그의 노년 시절에 그는 젊은 시절의 방탕에 대한 대가를 치렀다.

3 Everybody **pays for** their mistakes in some way.
모든 사람은 어떤 방식으로든 자신의 실수들에 대한 대가를 치르게 되어 있어.

4 You betrayed me and I'm going to make you ______________.
넌 나를 배신했고 난 네가 그에 대한 대가를 치르게 할 것이야.

5 The robber ______________ his crimes. 그 강도는 자신의 범죄에 대한 값을 치를 것이야.

Step 3 실생활에 적용하기

A 네가 한 짓에 대해서 대가를 치르게 될 거야!
B What? What have I done?
A You called me stupid!

A You'll pay for what you've done!
B 뭐라고? 내가 뭘 했다고?
A 나보고 무식하다고 했잖아!

정답 Step 1 4 You will pay for 5 You will pay for your Step 2 4 pay for it 5 will pay for

확인학습

문제를 풀며 오늘 배운 표현을 완벽히 내 것으로 만드세요.

A | 영화 속 대화를 완성해 보세요.

EVELYN Go on Phase 2. 2단계로 넘어가.

ELASTIGIRL Years of ❶ ______________ and silence have ❷ ______________! YOU BRING US OUT INTO THE LIGHT ONLY TO CLEAN UP THE MESSES YOUR LACK OF DISCIPLINE CREATES! 법의 명령에 의해 침묵하며 숨어있어야만 했던 지난 수년간 우리는 억울했다! 너희들은 자기 절제력 부족으로 생긴 쓰레기들을 우리가 청소해주길 바랄 때만 우리를 밖으로 나오게 했어!

MR. INCREDIBLE YOUR BODIES AND YOUR CHARACTER ARE WEAK! YOUR ❸ ______________! AND YOU WILL ❹ ______________! 너희들의 몸과 성품은 약해빠졌다! 너희들의 약속은 헛된 약속들뿐이야! 너희들은 그것에 대해 응징받을 것이야!

FROZONE WE ❺ ______________ SERVE YOU! WE SERVE ONLY US! ❻ ______________! 우린 더 이상 너희들을 위해 봉사하지 않는다! 우리는 우리 자신만을 도울 거야! 적자들이 살아남을 것이로다!

BRENTLEY Well... we, um– some very ❼ ______________ there, before the, uh... technical difficulties, please ❽ ______________... 아… 우리는, 음– 아주 걱정스러운 순간이, 그 전에, 어… 기술적인 문제가 있어서, 조금만 더 참고 계속 시청해 주시기 바랍니다…

OFFICER Huh? 뭐지?

OFFICER Whaa? Mayday mayday mayday! 뭐야? 메이데이 메이데이 메이데이!

EVELYN Hold! ❾ ______________– 멈춰! 그들이 말하게 해–

OFFICER Superheroes have ❿ ______________ the bridge! Repeat— 슈퍼히어로들이 강압적으로 갑판을 점령했다! 다시 한번 말한다–

EVELYN –now. –지금이야.

OFFICER Superheroes have–AHH!!!! 슈퍼히어로들이–으악!!!

EVELYN A little further... a little further...STOP. 조금만 더… 조금만 더…멈춰.

정답 A

❶ mandated hiding
❷ made us bitter
❸ PROMISES ARE EMPTY
❹ PAY FOR IT
❺ NO LONGER
❻ MAY THE FITTEST SURVIVE
❼ alarming moments
❽ bear with us
❾ Let him talk
❿ forcibly taken

B | 다음 빈칸을 채워 문장을 완성해 보세요.

1 내게 한 짓에 대해서 넌 대가를 치를 것이야!
______________ what you did to me!

2 네가 한 짓에 대해서 응징할 거야!
______________ your act!

3 네가 한 모든 나쁜 짓들에 대해 응징받을 것이야!
______________ all the bad things you've done!

4 이것이 네가 선택한 인생의 죗값이야.
This is the price you ______________ the life you choose.

5 넌 나를 배신했고 난 네가 그에 대한 대가를 치르게 할 것이야.
You betrayed me and I'm going to make you ______________.

정답 B

1 You will pay for
2 You will pay for
3 You will pay for
4 pay for
5 pay for it

Day 27

Not Enough Time

촉박한 시간

아이들의 기지로[wits] 엄마와 아빠가 제정신으로 돌아오고[come to their senses] 스크린슬레이버를 통해 만행을[brutality] 저질렀던 에블린은 탈출하려고 합니다. 엘라스티걸이 에블린을 추격해서 그녀의 임무를 완성해야 하는데, 아이들을 그냥 두고 갈 수가 없네요. 그러나, 이 아이들은 자신들의 앞가림을[look after themselves] 누구보다도 잘하기 때문에 전혀 걱정할 필요가 없지요. 이때, 미스터 인크레더블은 으스러뜨리기 대장 크루샤우어와 맞서는데[confront], 시간이 촉박해서 그와 더 이상 다투고 있을 수가 없네요.

Warm Up! 오늘 배울 표현

오늘 등장하는 표현들입니다. 어떤 표현이 들어가야 할지 생각해 보세요.

* Go. ______________. 가세요. 여긴 우리가 알아서 할게요.
* Wait, ______________! 잠깐, 없어진 사람이 있어요!
* What, ______________? 뭐, 한번도 그런 부탁은 받아본 적이 없나 보지?
* ______________, we don't have enough time. 에잇 됐고, 이젠 시간이 모자라네.

바로 이 장면!

오디오 파일을 듣고 3번 따라 말해보세요. 27-1.mp3

ELASTIGIRL 엘라스티걸
Evelyn. She's escaping!
에블린이에요. 그녀가 탈출하고 있어요!

MR. INCREDIBLE 인크레더블
Well, go after her! Finish your mission!
그렇다면, 그녀를 추격해야죠! 당신의 임무를 마무리해요!

ELASTIGIRL 엘라스티걸
I can't just GO! What about the kids, Jack-Jack?? Who's gonna–
이대로 갈 수는 없어요! 아이들은 어떻게 하고요, 잭잭은요? 누가 잭잭을 –

VIOLET 바이올렛
MOM!!
엄마!!

VIOLET 바이올렛
Go. **We've got this.**[1]
가세요. 여긴 우리가 알아서 할게요.

ELASTIGIRL 엘라스티걸
Voyd, come with me!
보이드, 나와 함께 가요!

MR. INCREDIBLE 인크레더블
I'll go shut down the engine!
내가 가서 엔진을 중지시킬게!

FROZONE 프로즌
I'll try to slow the ship from the bow!
난 배의 앞쪽에서 배의 속도를 늦추도록 해볼게!

DASH 대쉬
Wait, **someone's missing**![2] Where's the crusher-guy?!
잠깐, 없어진 사람이 있어요! 뭉개는 놈은 어디 간 거죠?!

MR. INCREDIBLE 인크레더블
Hey. You did this. Can you UNdo it?
이봐, 네가 이렇게 했잖아. 혹시 이걸 원상태로 복원시킬 수 있나?

KRUSHAUER 크루샤우어
You want me... to UN-crush??
나보고… 으스러뜨린 것을 펴라고??

MR. INCREDIBLE 인크레더블
What, **no one's ever asked for that**?[3]
뭐, 한번도 그런 부탁은 받아본 적이 없나 보지?

KRUSHAUER 크루샤우어
No. To uncrush is silly. Why uncrush?
없지. 으스러뜨린 것을 복구하는 것은 어리석어. 왜 그딴 짓을 하지?

MR. INCREDIBLE 인크레더블
To get into the engine roo— awww **forget it**, we don't have enough time–[4]
엔진실에 들어가기 위해— 에잇 됐고, 이젠 시간이 모자라네 –

KRUSHAUER 크루샤우어
What if I say to un-punch someone?! What you do?
만약 펀치한 것을 다시 되돌려놓으라고 한다면?! 그러면 넌 어떻게 할건데?

장면 파헤치기

구문 설명과 예문으로 이 장면의 핵심 표현을 완벽히 이해하세요.

❶ Go. We've got this. 가세요. 여긴 우리가 알아서 할게요.

알아서 잘할 테니 걱정하지 말라고 상대방을 안심시킬 때 쓰는 표현이에요. 다른 말로 하면, We can take care of it. 이라고 할 수도 있겠네요. 주어를 바꿔가며 예문으로 표현을 익혀보세요.

* **I've got this.** You don't have to worry. 이건 내가 처리할게. 걱정 안 해도 돼.
* **They've got this.** Let's move. 그들이 잘 알아서 할 거야. 우린 가자고.

❷ Wait, someone's missing! 잠깐, 없어진 사람이 있어요!

missing은 '분실된/사라진/실종된'이라는 뜻이에요. 누군가 또는 뭔가 없어졌을 때 활용할 수 있는 표현이에요.

* **My dog's missing!** 내 강아지가 실종됐어!
* I don't know what it is, but **something's missing!** 뭔지 모르겠는데, 뭔가가 없어졌어!

❸ What, no one's ever asked for that? 뭐, 한번도 그런 부탁은 받아본 적이 없나 보지?

부정문(no~)이 쓰인 문장에서 ever는 '한번이라도, 언제든'이라는 뜻으로 해석됩니다. 직역을 하면 '아무도 한번이라도 그것에 대해 물어보지 않았다(않았나 보구나)' 입니다.

★ 영화 속 패턴 익히기

❹ Forget it, we don't have enough time. 에잇 됐고, 이젠 시간이 모자라네.

중요하지 않으니 걱정하지 말라는 의미로 쓰기는 표현이기도 하지만, 상대방이 내 말을 잘 못 알아듣거나 내가 한 말에 대해서 다시 물어올 때 약간은 짜증스럽게 '됐어, 별거 아냐, 신경 쓰지 마!'와 같은 뉘앙스로 쓰는 표현이랍니다.

* **Forget it**, it's not that important. 신경 쓰지 않아도 돼, 그렇게 중요한 일 아니니까.
* Oh, **forget it**. I can do it myself. 아, 신경 쓰지 마라. 내가 알아서 할게.

영화 속 패턴 익히기

오늘 배운 장면에서 뽑은 핵심 패턴으로 다양한 표현을 만들어 보세요.

27-2.mp3

No one's ever asked ~ (지금껏) 아무도 ~한 요청/부탁/질문은 한 적이 없다.

Step 1 기본 패턴 연습하기

1 **No one's ever asked me** that question. 아무도 나에게 그런 질문을 한 사람은 없었어.

2 **No one's ever asked me** that before. 그 누구도 전에 내게 그런 걸 물어본 적은 없어.

3 **No one's ever asked** to see my note. 그 누구도 내 노트를 보자고 한 사람은 없어.

4 ______________ out. 지금까지 나한테 데이트 신청한 사람은 아무도 없어.

5 ______________ how I was doing. 내가 잘 지내는지 물어봐 준 사람은 지금껏 아무도 없어.

Step 2 패턴 응용하기 No one's ever + 과거분사

1 **No one's ever done** that to me before! 지금껏 내게 그런 적은 아무도 없었어!

2 **No one's ever seen** me like this. 날 이런 모습으로 본 사람은 지금껏 아무도 없어.

3 **No one's ever said** it was going to be easy. 그 누구도 이 일이 쉬울 거라고 얘기 한 사람은 없어.

4 ______________ me. 지금껏 날 사랑해 준 사람은 없었어.

5 ______________ me this way. 그 누구도 나를 이런 식으로 대한 사람은 없어.

Step 3 실생활에 적용하기

A You are so beautiful!
B Thank you! 지금까지 저에게 그렇게 말해준 사람은 아무도 없어요.
A You can't be serious.

A 당신은 정말 아름다워요!
B 고마워요! No one's ever told me that before.
A 말도 안 돼요.

정답 Step 1 4 No one's ever asked me 5 No one's ever asked Step 2 4 No one's ever loved 5 No one's ever treated

확인학습

문제를 풀며 오늘 배운 표현을 완벽히 내 것으로 만드세요.

A | 영화 속 대화를 완성해 보세요.

ELASTIGIRL	Evelyn. ❶ ____________! 에블린이에요. 그녀가 탈출하고 있어요!
MR. INCREDIBLE	Well, ❷ ____________! Finish your mission! 그렇다면, 그녀를 추격해야죠! 당신의 임무를 마무리해요!
ELASTIGIRL	I can't just GO! ❸ ____________, Jack-Jack?? Who's gonna– 이대로 갈 수는 없어요! 아이들은 어떻게 하고요, 잭잭은요? 누가 잭잭을 –
VIOLET	MOM!! 엄마!!
VIOLET	Go. ❹ ____________. 가세요. 여긴 우리가 알아서 할게요.
ELASTIGIRL	Voyd, ❺ ____________! 보이드, 나와 함께 가요!
MR. INCREDIBLE	I'll go ❻ ____________! 내가 가서 엔진을 중지시킬게!
FROZONE	I'll try to slow the ship from the bow! 난 배의 앞쪽에서 배의 속도를 늦추도록 해볼게!
DASH	Wait, ❼ ____________! Where's the crusher-guy?! 잠깐, 없어진 사람이 있어요! 뭉개는 놈은 어디 간 거죠?!
MR. INCREDIBLE	Hey. You did this. Can you UNdo it? 이봐, 네가 이렇게 했잖아. 혹시 이걸 원상태로 복원시킬 수 있나?
KRUSHAUER	You want me... to UN-crush?? 나보고… 으스러뜨린 것을 펴라고??
MR. INCREDIBLE	What, ❽ ____________? 뭐, 한번도 그런 부탁은 받아본 적이 없나 보지?
KRUSHAUER	No. To uncrush is silly. Why uncrush? 없지. 으스러뜨린 것을 복구하는 것은 어리석어. 왜 그딴 짓을 하지?
MR. INCREDIBLE	To get into the engine roo— awww ❾ ____________, we don't have enough time– 엔진실에 들어가기 위해— 에잇 됐고, 이젠 시간이 모자라네 –
KRUSHAUER	What if I say to ❿ ____________?! What you do? 만약 펀치한 것을 다시 되돌려놓으라고 한다면?! 그러면 넌 어떻게 할건데?

B | 다음 빈칸을 채워 문장을 완성해 보세요.

1 그 누구도 전에 내게 그런 걸 물어본 적은 없어.
____________ me that before.

2 지금까지 나한테 데이트 신청한 사람은 아무도 없어.
____________ out.

3 지금껏 내게 그런 적은 아무도 없었어!
____________ that to me before!

4 날 이런 모습으로 본 사람은 지금껏 아무도 없어.
____________ me like this.

5 그 누구도 나를 이런 식으로 대한 사람은 없어.
____________ me this way.

정답 A

❶ She's escaping
❷ go after her
❸ What about the kids
❹ We've got this
❺ come with me
❻ shut down the engine
❼ someone's missing
❽ no one's ever asked for that
❾ forget it
❿ un-punch someone

정답 B

1 No one's ever asked
2 No one's ever asked me
3 No one's ever done
4 No one's ever seen
5 No one's ever treated

Day 28

Nobody Wants to Die!

죽고 싶은 사람은 아무도 없다!

극적으로[dramatically] 제트기를 타고 탈출하게 된 에블린의 뒤를 쫓아 제트기 위로 몸을 날린 엘라스티걸. 하지만, 에블린이 그녀가 제트기에 올라탄 걸 알아차리고 그녀를 공격합니다. 에블린과 싸움에 절대적으로[absolutely] 불리한[disadvantageous] 엘라스티걸이 큰 위기에 처해 있어요. 에블린이 그녀에게 슈퍼히어로는 절대 합법화될 수 없으니 꿈 깨라고 하며 그녀를 제트기에서 떨어뜨리려 하지만, 엘라스티걸은 끝까지[until the last moment] 희망을 버리지 않네요. 그러다가 마지막 순간[at the last moment] 엘라스티걸이 에블린에게 자신은 죽고 싶지 않다고 하니 에블린이 말하죠, '세상에 죽고 싶은 사람은 아무도 없다'고.

Warm Up! 오늘 배울 표현

오늘 등장하는 표현들입니다. 어떤 표현이 들어가야 할지 생각해 보세요.

* ______, Elastigirl. 탑승을 환영해요, 엘라스티걸.
* ______ ROAM about the cabin. 기내에서 마음껏 돌아다녀 보세요.
* ______ your CORE BELIEFS, I think we could've been good friends.
  만일 당신에게 그 절대 신념이 없었다면, 아마 우린 좋은 친구가 될 수 있었을 거예요.
* When you don't have enough oxygen, ______!
  산소가 부족하면, 세상을 제대로 보지 못하죠!

바로 이 장면!

오디오 파일을 듣고 3번 따라 말해보세요. 28-1.mp3

EVELYN 에블린

Welcome aboard, Elastigirl.[1] Although we haven't yet reached our cruising altitude, **feel free to** ROAM about the cabin.[2]
탑승을 환영해요, 엘라스티걸. 아직 우리가 순항 고도에 오르진 못했지만, 기내에서 마음껏 돌아다녀 보세요.

EVELYN 에블린

OR just relax and the let the CABIN roam about YOU...!
아니면 그냥 편하게 선실에 몸을 맡기던가...!

EVELYN 에블린

You know what's sad... **If it weren't for** your CORE BELIEFS, I think we could've been good friends.[3]
참 안타까운 게 뭔지 알아요… 만일 당신에게 그 절대 신념이 없었다면, 아마 우린 좋은 친구가 될 수 있었을 거예요.

ELASTIGIRL 엘라스티걸

At least I have...have core beliefs...
적어도 내게는…절대 신념이 있으니까…

EVELYN 에블린

The reputations of superheroes are ruined. You will NEVER become legal...EVER.
슈퍼히어로들의 명성이 망가졌어요. 당신들은 절대 합법화되지 못할 거예요…영원히.

ELASTIGIRL 엘라스티걸

Never? Ever?
절대로? 영원히?

EVELYN 에블린

No... NO.
안 된다고요… 안 돼.

ELASTIGIRL 엘라스티걸

Not even a little smidgee widgee--?
정말 요만큼도 가능성이 없을까요—?

EVELYN 에블린

Ah, hypoxia. When you don't have enough oxygen, **things seem really silly**![4]
아, 저산소증이네요. 산소가 부족하면, 세상을 제대로 보지 못하죠!

EVELYN 에블린

Things get sillier and sillier and then you die.
세상이 점점 취한 듯이 돌아가다가 결국 죽게 되지요.

ELASTIGIRL 엘라스티걸

I don't wanna die...
난 죽고 싶지 않아…

EVELYN 에블린

Ah, nobody does–
아, 세상에 죽고 싶은 사람은 없지요 –

장면 파헤치기

구문 설명과 예문으로 이 장면의 핵심 표현을 완벽히 이해하세요.

❶ Welcome aboard, Elastigirl. 탑승을 환영해요, 엘라스티걸.

비행기나 배에 오른 승객들에게 승무원이나 기장/선장이 '저희 비행기/배를 이용해 주셔서 감사합니다'라고 말하는 환영 인사예요. 직장이나 모임 등에서 신입사원/회원에게 쓰는 경우도 있는데, '우리 회사/모임에 합류한 걸 환영해!'라는 의미가 된답니다.

- **Welcome aboard.** You are now ready to start your vacation.
  우리 여객선에 승선하신 것을 환영합니다. 이제 당신은 휴가를 시작할 준비가 되었네요.
- **Welcome aboard.** We're glad you've joined us. 환영해요. 우리 모임에 합류하게 되어 반가워요.

❷ Feel free to roam about the cabin. 기내에서 마음껏 돌아다녀 보세요.

〈feel free to + 동사〉는 '거리낌 없이 자유롭게 ~을 하다'라는 의미로 쓰이는 숙어예요. 보통 명령형으로 쓰이는데 상대방에게 편하게 무엇을 하라고 권유할 때 사용하는 표현이랍니다. roam about은 '돌아다니다, 배회하다, 방황하다'라는 의미이고요.

- **Feel free to** ask me any questions. 어떤 질문이라도 좋으니 자유롭게 질문 하세요.
- **Feel free to** take a look. 편하게 둘러 보세요.

❸ If it weren't for your CORE BELIEFS, I think we could've been good friends.

만일 당신에게 그 절대 신념이 없었다면, 아마 우린 좋은 친구가 될 수 있었을 거예요.

'If it weren't for ~'는 '만약 ~이 아니었다면/없었다면'이라는 표현이에요. 문법적으로 weren't가 맞지만, 구어체에서는 wasn't를 넣어서 'If it wasn't for ~'로 쓰는 경우도 많아요. 'Had it not been for ~'도 많이 쓰이니, 이 두 가지를 패턴 연습해 볼게요.

★ 영화 속 패턴 익히기

❹ When you don't have enough oxygen, things seem really silly!

산소가 부족하면, 세상을 제대로 보지 못하죠!

Things seem really silly! 는 직역하면 '상황이 정말 바보같이/제멋대로 보인다'는 의미로, '세상을 잘못된 시각으로 이상하게 보게 된다'는 뜻이에요. 원래 things는 구어체에서 주로 '상황/돌아가는 상황/형편'을 의미하는 주어로 쓰이는데요, 특히 Things are good/bad. '형편이 좋다/나쁘다'로 많이 쓰고, 의문문으로 How are things (going)? '형편이 어때?/잘 지내니?'라고도 자주 쓴답니다.

- **Things are going well.** 상황이 잘 돌아가고 있어요.
- **Things seem** to be **looking up.** 형편이 좀 좋아지는 것 같아요.

영화 속 패턴 익히기

오늘 배운 장면에서 뽑은 핵심 패턴으로 다양한 표현을 만들어 보세요.

28-2.mp3

If it weren't for ~ 만약 ~가 아니었다면/없었다면

Step 1 기본 패턴 연습하기

1 **If it weren't for** you, I would have given up. 네가 아니었다면, 난 포기했을 거야.

2 **If it weren't for** your support, I would not have made it this far.
당신의 지원이 아니었다면, 전 여기까지 이르지 못했을 거예요.

3 **If it weren't for** my dad, I wouldn't be who I am today.
우리 아빠가 아니었다면, 난 지금의 내가 되지 못했을 거예요.

4 ____________ Mr. Sam, I would have dropped out of school.
샘 선생님이 아니었다면, 난 학교를 그만뒀을 거예요.

5 ____________, I would still be unemployed. 네 도움이 없었다면, 난 지금도 무직이었을 거야.

Step 2 패턴 응용하기 Had it not been for ~

1 **Had it not been for** her, I wouldn't be half the man I am today.
그녀가 아니었다면, 난 지금의 반에도 못 이르는 사람이었을 거예요.

2 **Had it not been for** Paul, I would have died. 폴이 아니었다면, 난 이미 죽었을 거야.

3 **Had it not been for** my mom, I would have married Matthew.
우리 엄마만 아니었다면, 난 매튜랑 결혼했을 거야.

4 ____________, I would have succeeded. 그가 없었다면, 난 성공했을 거야.

5 ____________ her hard work, she would not have made it to the top.
그녀가 그렇게 열심히 노력하지 않았다면, 그녀는 정상의 자리에 이르지 못했을 거야.

Step 3 실생활에 적용하기

A I'm always grateful for having you in my life.
B It's so nice of you to say that.
A No, I'm serious. 당신이 없었으면, 난 지금 이 자리에 있지도 못했을 거라고요.

A 내 인생에 당신이 있어서 늘 얼마나 감사한지 몰라요.
B 그렇게 말해주니 정말 고맙구나.
A 아녜요, 진짜예요. If it weren't for you, I wouldn't even be here today.

정답 Step 1 4 If it weren't for 5 If it weren't for your help Step 2 4 Had it not been for him 5 Had it not been for

확인학습

문제를 풀며 오늘 배운 표현을 완벽히 내 것으로 만드세요.

A | 영화 속 대화를 완성해 보세요.

EVELYN ❶ ______________, Elastigirl. Although we haven't yet reached our cruising altitude, ❷ ______________ ROAM about the cabin. 탑승을 환영해요, 엘라스티걸. 아직 우리가 순항 고도에 오르진 못했지만, 기내에서 마음껏 돌아다녀 보세요.

EVELYN OR ❸ ______________ and the let the CABIN roam about YOU...! 아니면 그냥 편하게 선실에 몸을 맡기던가...!

EVELYN You know what's sad... ❹ ______________ your CORE BELIEFS, I think we could've been good friends. 참 안타까운 게 뭔지 알아요… 만일 당신에게 그 절대 신념이 없었다면, 아마 우린 좋은 친구가 될 수 있었을 거예요.

ELASTIGIRL ❺ ______________...have core beliefs... 적어도 내게는…절대 신념이 있으니까…

EVELYN The reputations of superheroes ❻ ______________. You will NEVER become legal...EVER. 슈퍼히어로들의 명성이 망가졌어요. 당신들은 절대 합법화되지 못할 거예요…영원히.

ELASTIGIRL Never? Ever? 절대로? 영원히?

EVELYN No... NO. 안 된다고요… 안 돼.

ELASTIGIRL ❼ ______________ smidgee widgee–? 정말 요만큼도 가능성이 없을까요–?

EVELYN Ah, hypoxia. When you don't have enough oxygen, ❽ ______________! 아, 저산소증이네요. 산소가 부족하면, 세상을 제대로 보지 못하죠!

EVELYN Things get sillier and sillier and ❾ ______________. 세상이 점점 취한 듯이 돌아가다가 결국 죽게 되지요.

ELASTIGIRL I don't wanna die... 난 죽고 싶지 않아…

EVELYN Ah, ❿ ______________– 아, 세상에 죽고 싶은 사람은 없지요–

B | 다음 빈칸을 채워 문장을 완성해 보세요.

1 네가 아니었다면, 난 포기했을 거야.
______________ you, I would have given up.

2 우리 아빠가 아니었다면, 난 지금의 내가 되지 못했을 거예요.
______________ my dad, I wouldn't be who I am today.

3 네 도움이 없었다면, 난 지금도 무직이었을 거야.
______________, I would still be unemployed.

4 그녀가 아니었다면, 난 지금의 반에도 못 이르는 사람이었을 거예요.
______________ her, I wouldn't be half the man I am today.

5 그녀가 그렇게 열심히 노력하지 않았다면, 그녀는 정상의 자리에 이르지 못했을 거야.
______________ her hard work, she would not have made it to the top.

정답 A

❶ Welcome aboard
❷ feel free to
❸ just relax
❹ If it weren't for
❺ At least I have
❻ are ruined
❼ Not even a little
❽ things seem really silly
❾ then you die
❿ nobody does

정답 B

1 If it weren't for
2 If it weren't for
3 If it weren't for your help
4 Had it not been for
5 Had it not been for

Day 29

A Good Feeling

좋은 느낌

엘라스티걸의 공격으로 에블린이 제트기에서 떨어지고, 그대로 두면[if no one does anything] 추락해서 죽을 수밖에 없는 상황이에요. 하지만, 엘라스티걸이 그대로 둘 사람이 아니죠. 그녀의 주특기인[specialty] 몸을 새총처럼[slingshot] 만들고 멀리 날아가서, 에블린을 붙잡습니다. 그러고 몸을 낙하산처럼[parachute] 만들어 안전하게 착지합니다. 하지만 에블린은 목숨을 구해준 은인인[savior] 엘라스티걸에게 감사는커녕, 자기를 구했다고 정의를 실현한 걸로 착각하지 말라고 싸늘하게 말합니다. 데버는 자기 동생이 비록 벌을 받게 되겠지만, 살아있어서 감사한 일이라고 안도합니다[relief].

Warm Up! 오늘 배울 표현

오늘 등장하는 표현들입니다. 어떤 표현이 들어가야 할지 생각해 보세요.

* I'm   that. 그것에 대해서는 정말 고맙군요.
* I'm sorry she's rich and will probably get no more than   .
  그녀가 부자라서 아마도 솜방망이 처벌만 받고 끝날 것 같아 안타깝네요.
*   . 미래가 어떻게 될지 누가 알겠니.
* I mean,   . 말장난하는 거 아니고 진짜야.

바로 이 장면!

오디오 파일을 듣고 3번 따라 말해보세요. 29-1.mp3

EVELYN 에블린
The fact that you saved me doesn't make you right.
당신이 나를 구했다는 사실이 당신을 정당하게 만들지는 않아요.

ELASTIGIRL 엘라스티걸
But it does make you alive!
하지만 당신이 살아있게는 만들지요!

DEAVOR 데버
And I'm **grateful for** that.①
그것에 대해서는 정말 고맙군요.

ELASTIGIRL 엘라스티걸
I'm sorry, but, she'll go to prison.
안타깝지만, 그녀는 감옥에 가게 될 거예요.

VIOLET 바이올렛
Well, I'm sorry she's rich and will probably get no more than **a slap on the wrist**.②
뭐, 그녀가 부자라서 아마도 솜방망이 처벌만 받고 끝날 것 같아 안타깝네요.

DEAVOR 데버
First of all, Violet, I like you, and **who knows what the future may bring**.③ But, I have a good feeling about all of you.
우선, 바이올렛, 난 네가 좋아. 그리고 미래가 어떻게 될지 누가 알겠니. 하지만, 너희들 모두에 대해서 왠지 느낌이 좋은걸.

FROZONE 프로존
Hmm, good feeling. Should we be worried?
흠, 좋은 느낌이라. 우리 혹시 걱정해야 하는 거?

ELASTIGIRL 엘라스티걸
You guys got the next shift. I'm beat.
다음 근무는 당신들이 하세요. 난 지쳤어요.

VOYD 보이드
I saw what you did back there, that was incredible! I mean, **no pun intended**.④
네가 아까 저기서 하는 것을 봤는데, 정말 그야말로 인크레더블 하더라! 말장난하는 거 아니고 진짜야.

VIOLET 바이올렛
Sorry I had to punch you.
제가 주먹으로 때려야만 했던 건 죄송해요.

DASH 대쉬
Yea baby! My sweet ride.
오 예! 나의 끝내주는 자동차.

장면 파헤치기

구문 설명과 예문으로 이 장면의 핵심 표현을 완벽히 이해하세요.

❶ I'm grateful for that. 그것에 대해서는 정말 고맙군요.

'be grateful for ~'는 '~을 감사하게 생각하다/~에 대하여 감사하게 여기다'라는 의미의 숙어예요. 같은 의미의 be thankful for보다는 조금 더 격식 차린 표현이에요. 감사한 것/일에 대해서 표현할 때 이 숙어를 써 보세요.

★ 영화 속 패턴 익히기

❷ I'm sorry she's rich and will probably get no more than a slap on the wrist.

그녀가 부자라서 아마도 솜방망이 처벌만 받고 끝날 것 같아 안타깝네요.

'a slap on the wrist'는 '경고, 가벼운 꾸지람, 솜방망이 처벌'이라는 뜻으로 쓰이는 관용표현이에요. wrist '손목'에 slap '찰싹 때리는 것'을 맞아봐야 얼마나 아프겠어요? 어떤 처벌/형벌이 저지른 죄에 비해 미약할 때 이 표현을 쓴답니다.

* The current law is like **a slap on the wrist.** 현행법은 죄에 비해 너무 가볍다.
* A two-year sentence is **a slap on the wrist.** 2년 형은 솜방망이 처벌이야.

❸ Who knows what the future may bring. 미래가 어떻게 될지 누가 알겠니.

Who knows는 '누가 알겠어', '그걸 아는 사람이 어디 있겠어'라는 뜻으로 결국 '아무도 모른다'는 의미의 표현이에요. 미지의 미래에 어떤 일이 일어날지 모른다거나 미래의 희망 등에 대해 이야기 할 때도 future 뒤에 동사를 bring으로 쓰는 경우가 많답니다.

* **Who knows what tomorrow will bring.** 내일 무슨 일이 일어날지 누가 알겠어.
* **Who knows what will happen next.** 다음에 어떻게 될지 누가 알겠냐고.

❹ I mean, no pun intended. 말장난하는 거 아니고 진짜야.

pun은 다의어나 동음이의어를 이용한 말장난을 뜻하는 명사예요. intended는 '의도하는, 겨냥하는'이란 의미랍니다. 'No pun intended.'는 '말장난한 거 아님'이라는 의미인데, 실제로 말장난을 해놓고 아닌 것처럼 발뺌할 때 자주 쓰는 관용표현이랍니다.

* A: The Incredibles are really incredible. 인크레더블 가족은 정말 인크레더블 하다.
* B: Don't say, '**No pun intended**'. '말장난 아님'이라고 하지 마. (말장난인 거 다 아니까)

영화 속 패턴 익히기

오늘 배운 장면에서 뽑은 핵심 패턴으로 다양한 표현을 만들어 보세요.

29-2.mp3

I'm grateful for ~

난 ~에 대해서 감사한 마음이다.

Step 1 기본 패턴 연습하기

1 **I'm grateful for** everything I have. 내가 가진 모든 것에 대해 감사한다.

2 **I'm grateful for** your help. 당신의 도움에 대해 감사한 마음이에요.

3 **I'm grateful for** having a friend like you. 너 같은 친구가 있다는 것에 감사한다.

4 ________________ alive. 살아있다는 것에 감사한다.

5 ________________ in Korea. 난 한국에 살고 있다는 것에 대해 감사한다.

Step 2 패턴 응용하기 I'm grateful that ~

1 **I'm grateful that** I met you. 널 만난 것에 대해 감사한 마음이야.

2 **I'm grateful that** you are my wife. 당신이 내 아내라는 것에 감사해.

3 **I'm grateful that** I have such a loving family. 이렇게 서로를 사랑하는 가족과 함께 있어서 감사해요.

4 ________________ my parents are healthy. 우리 부모님께서 건강하셔서 감사해요.

5 ________________ my children make me want to be a better person.
우리 아이들 때문에 내가 더 좋은 사람이 되고 싶어 한다는 사실에 감사해요.

Step 3 실생활에 적용하기

A What makes you such a happy person?

B 전 제 삶의 모든 것에 대해 감사해요.

A I see. That's the key to happiness.

A 무엇 때문에 당신을 그렇게 행복할 수 있는 건가요?

B I'm grateful for everything in my life.

A 아하. 그게 행복의 비결이로군요.

정답 Step 1 4 I'm grateful for being 5 I'm grateful for living Step 2 4 I'm grateful that 5 I'm grateful that

확인학습

문제를 풀며 오늘 배운 표현을 완벽히 내 것으로 만드세요.

A | 영화 속 대화를 완성해 보세요.

EVELYN The fact that you saved me doesn't ❶ ________.
당신이 나를 구했다는 사실이 당신을 정당하게 만들지는 않아요.

ELASTIGIRL But it does ❷ ________!
하지만 당신이 살아있게는 만들지요!

DEAVOR And I'm ❸ ________ that. 그것에 대해서는 정말 고맙군요.

ELASTIGIRL I'm sorry, but, she'll ❹ ________.
안타깝지만, 그녀는 감옥에 가게 될 거예요.

VIOLET Well, I'm sorry she's rich and will probably get no more than ❺ ________.
뭐, 그녀가 부자라서 아마도 솜방망이 처벌만 받고 끝날 것 같아 안타깝네요.

DEAVOR First of all, Violet, I like you, and ❻ ________ ________. But, I have a good feeling ❼ ________. 우선, 바이올렛, 난 네가 좋아, 그리고 미래가 어떻게 될지 누가 알겠니. 하지만, 너희들 모두에 대해서 왠지 느낌이 좋은걸.

FROZONE Hmm, good feeling. Should ❽ ________?
흠, 좋은 느낌이라. 우리 혹시 걱정해야 하는 거?

ELASTIGIRL You guys got the next shift. I'm beat.
다음 근무는 당신들이 하세요. 난 지쳤어요.

VOYD I saw what you did back there, that was incredible! I mean, ❾ ________. 네가 아까 저기서 하는 것을 봤는데, 정말 그야말로 인크레더블 하더라! 말장난하는 거 아니고 진짜야.

VIOLET Sorry I had ❿ ________.
제가 주먹으로 때려야만 했던 건 죄송해요.

DASH Yea baby! My sweet ride. 오 예! 나의 끝내주는 자동차.

B | 다음 빈칸을 채워 문장을 완성해 보세요.

1 내가 가진 모든 것에 대해 감사한다.
________ everything I have.

2 너 같은 친구가 있다는 것에 감사한다.
________ having a friend like you.

3 난 한국에 살고 있다는 것에 대해 감사한다.
________ in Korea.

4 당신이 내 아내라는 것에 감사해.
________ you are my wife.

5 우리 부모님께서 건강하셔서 감사해요.
________ my parents are healthy.

정답 A

❶ make you right
❷ make you alive
❸ grateful for
❹ go to prison
❺ a slap on the wrist
❻ who knows what the future may bring
❼ about all of you
❽ we be worried
❾ no pun intended
❿ to punch you

정답 B

1 I'm grateful for
2 I'm grateful for
3 I'm grateful for living
4 I'm grateful that
5 I'm grateful that

Day 30

Date With the Whole Family

온 가족과 함께하는 데이트

예전에 무산되었던[cancelled] 데이트 약속을 뒤로하고, 드디어 토니와의 첫 데이트에 다시 나서게 된 바이올렛. 그런데 분위기가 좀 이상하네요. 바이올렛과 토니 단둘만의 데이트가 아닌 것 같아요. 온 가족이[the whole family] 함께 차를 타고 영화관으로 향하고 있네요[going to a movie]. 다행히 영화관까지만 같이 가고, 따로 멀리 떨어져 앉을 거라는군요. 그런데, 영화관으로 가는 길에 경찰관들이 범죄차량을 쫓고 있는 것을[chase] 본 인크레더블 가족. 가만히 있을 수가 없겠죠? 바이올렛은 토니를 차에서 내쫓으며[kick out] 먼저 가서 스낵을 사서 자리 잡고 있으면 곧 가겠다고 합니다. 과연 바이올렛과 토니는 함께 영화 관람을 할 수 있을까요?

Warm Up! 오늘 배울 표현

오늘 등장하는 표현들입니다. 어떤 표현이 들어가야 할지 생각해 보세요.

* Oh... ______ . 오…우리 구면이지.
* ______ I'm sure. 분명 반갑겠죠.
* ______ us. 우리 신경 쓰지 마라.
* ______ . 그들은 다른 볼 일이 있으시대.

바로 이 장면!

오디오 파일을 듣고 3번 따라 말해보세요. 30-1.mp3

VIOLET 바이올렛	Tony, this is my mom... 토니, 이쪽은 우리 엄마…
HELEN 헬렌	Pleased to meet you. 만나서 반갑구나.
VIOLET 바이올렛	...this is my dad... …이쪽은 우리 아빠…
BOB 밥	Oh...**we've met.**[1] 오…우리 구면이지.
VIOLET 바이올렛	–and this... is embarrassing. –그리고 이쪽은… 부끄러운 존재야.
DASH 대쉬	**Charmed** I'm sure.[2] 분명 반갑겠죠.
VIOLET 바이올렛	My little brother Dash. 내 남동생 대쉬.
VIOLET 바이올렛	And the baby is Jack-Jack. 그리고 아기는 잭잭이야.
VIOLET 바이올렛	I tried to limit it to ONE parent. 부모님 한 분으로 제한하려고 애써봤는데 이렇게 됐네.
HELEN 헬렌	We're all goin' to a movie too Tony, **don't mind** us.[3] 우리도 다 같이 영화 보러 가는 중이었거든, 토니, 우리 신경 쓰지 마라.
BOB 밥	We'll be sitting on the other side of the theater. Not watching you. 우린 반대편에 앉아있을 거야. 너희들 모습을 지켜보지 않으면서 말이야.
VIOLET 바이올렛	He's kidding. They're only – DROPPING US OFF AT THE THEATRE. **THEY HAVE OTHER THINGS TO DO.**[4] 아빠 농담하는 거야. 엄마 아빠는 그냥 – 우리를 영화관에 내려주고 갈 거야. 다른 볼 일이 있으시대.
TONY 토니	So... you guys are close, I guess. 그니까… 가족이 서로 친한 것 같네.
VIOLET 바이올렛	Yea, I guess. 응, 그런 것 같아.
BOB 밥	We can get closer! 우린 더 친해질 수도 있어!
HELEN 헬렌	Bob. 밥.

장면 파헤치기

구문 설명과 예문으로 이 장면의 핵심 표현을 완벽히 이해하세요.

❶ Oh...we've met. 오… 우리 구면이지.

초면이 아니라 한 번 만난 적이 있으니 구면이라고 할 때 쓰는 표현이에요. 이 표현과 같은 맥락으로, 처음 만난 사람에게 '통성명'을 할 때는 Have we met? '우리 만난 적이 있던가요?/우리 초면이죠?'라고 표현한답니다. 또한, 서로 모르는 두친구를 소개할 때는 Have you (two) met? '(너희 둘이) 인사를 나눴니?/만난 적 있니?'라고 하는 말로 시작하는 경우가 많아요.

* Hello, I don't think **we've met.** 안녕하세요, 우리 아직 인사 못 나눈 것 같아요.
* **We haven't met**, have we? 우리 아직 통성명 못 했죠, 그렇죠?

❷ Charmed I'm sure. 분명 반갑겠죠.

charmed는 '매혹된'이라는 의미이지만, 구어로 '기쁘게/반갑게 생각하여'라는 의미로도 쓰인답니다. pleased와 같은 표현으로 주로 처음 만난 사람과 인사를 나눌 때, I'm pleased/charmed to meet you. '만나서 반가워요'의 형식으로 쓰여요.

* **Charmed** to have met you. 만나서 돼서 반갑습니다.
* **Charmed** to have you here, Mr. Kershaw. 커쇼 씨 당신을 여기에 모시게 돼서 기쁩니다.

❸ Don't mind us. 우리 신경 쓰지 마라.

Don't mind someone은 '~에 대해 신경 쓰지 마'라는 의미로 쓰이는 표현이에요. mind가 '마음'이니까 우리말로 '마음 쓰지 마!'하는 뜻으로 외우면 더 기억하기 쉬울 거예요. 문장의 끝에 대상만 바꿔가며 패턴으로 쓰면 좋아요.

* **Don't mind** me! 내 신경은 쓰지 마라!
* **Don't mind** them, they are just acting. 쟤들은 신경 쓰지 마세요. 괜히 연기하는 거예요.

❹ They have other things to do. 그들은 다른 볼 일이 있으시대.

have other things to do는 '다른 할/볼 일이 있다'는 의미의 표현이에요. 위의 문장에서 주어를 I로 바꿔서 쓰면 '난 다른 볼 일이 있어'가 될 텐데, 상대방에게 다른 볼 일 또는 선약이 있어서 같이 어울리지 못하겠다고 할 때 I have other things to do.라고 해도 좋지만, 그 상황에서는 이 표현보다도 I have plans. '선약이 있어'라는 표현을 더욱 많이 쓴답니다.

★ 영화 속 패턴 익히기

영화 속 패턴 익히기

오늘 배운 장면에서 뽑은 핵심 패턴으로 다양한 표현을 만들어 보세요.

30-2.mp3

주어 + have other things to do ~는 다른 볼/할 일이 있다.

Step 1 기본 패턴 연습하기

1 We **have other things to do.** 우린 다른 볼 일이 있어.

2 Do you **have other things to do?** 너 다른 볼 일이 있니?

3 It looks like they **have other things to do.** 그들은 다른 볼 일이 있어 보인다.

4 ______________________. 난 다른 볼 일이 있어서.

5 Let me know if ______________________. 다른 볼 일이 있으면 알려줘.

Step 2 패턴 응용하기 주어 + have plans

1 I already **have plans** for that weekend. 그 주말에는 이미 약속이 잡혀있어요.

2 Do you **have plans** tonight? 오늘 밤에 선약 있나요?

3 They all must **have plans** tonight. 오늘 밤에 분명 모두 다들 약속이 잡혀있을 거야.

4 ______________ for tomorrow. 내일 선약이 있어요.

5 I'm sorry, but ______________. 죄송해요, 제가 선약이 있어서.

Step 3 실생활에 적용하기

A We are going to the movies tonight. You want to come with?

B 오늘 밤엔 선약이 있어. Can I take a rain check on that?

A Of course you can.

A 우리 오늘 밤에 영화 보러 갈 거야. 너도 같이 갈래?

B I have plans tonight. 다음에 같이 보러 가도 될까?

A 당연하지.

정답 Step 1 4 I have other things to do 5 you have other things to do Step 2 4 I have plans 5 I have plans

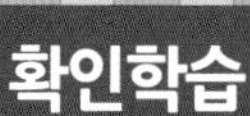

확인학습

문제를 풀며 오늘 배운 표현을 완벽히 내 것으로 만드세요.

A | 영화 속 대화를 완성해 보세요.

VIOLET Tony, ❶ ___... 토니, 이쪽은 우리 엄마···

HELEN ❷ ___ meet you. 만나서 반갑구나.

VIOLET ...this is my dad... ···이쪽은 우리 아빠···

BOB Oh...❸ ___. 오···우리 구면이지.

VIOLET –and this... is ❹ ___. –그리고 이쪽은··· 부끄러운 존재야.

DASH ❺ ___ I'm sure. 분명 반갑겠죠.

VIOLET My ❻ ___ Dash. 내 남동생 대쉬.

VIOLET And the baby is Jack-Jack. 그리고 아기는 잭잭이야.

VIOLET ❼ ___ it to ONE parent. 부모님 한 분으로 제한하려고 애써봤는데 이렇게 됐네.

HELEN We're all goin' to a movie too Tony, ❽ ___ us. 우리도 다 같이 영화 보러 가는 중이었거든. 토니, 우리 신경 쓰지 마라.

BOB We'll be sitting ❾ ___ of the theater. Not watching you. 우린 반대편에 앉아있을 거야. 너희들 모습을 지켜보지 않으면서 말이야.

VIOLET He's kidding. They're only – DROPPING US OFF AT THE THEATRE. ❿ ___.
아빠 농담하는 거야. 엄마 아빠는 그냥 – 우리를 영화관에 내려주고 갈 거야. 다른 볼 일이 있으시대.

TONY So... you guys are close, I guess. 그니까··· 가족이 서로 친한 것 같네.

VIOLET Yea, I guess. 응, 그런 것 같아.

BOB We can get closer! 우린 더 친해질 수도 있어!

HELEN Bob. 밥.

B | 다음 빈칸을 채워 문장을 완성해 보세요.

1 너 다른 볼 일이 있니?
Do you ___?

2 난 다른 볼 일이 있어서.
___.

3 다른 볼 일이 있으면 알려줘.
Let me know if ___.

4 오늘 밤에 분명 모두 다들 약속이 잡혀있을 거야.
They all must ___ tonight.

5 죄송해요, 제가 선약이 있어서.
I'm sorry, but ___.

정답 A

❶ this is my mom
❷ Pleased to
❸ we've met
❹ embarrassing
❺ Charmed
❻ little brother
❼ I tried to limit
❽ don't mind
❾ on the other side
❿ THEY HAVE OTHER THINGS TO DO

정답 B

1 have other things to do
2 I have other things to do
3 you have other things to do
4 have plans
5 I have plans